네트워크 전쟁

테러·범죄·사회적 갈등의 미래

존 아퀼라 · 데이비드 론펠트 엮음 | 한세희 옮김

국립중앙도서관 출판시도서목록(CIP)

네트워크 전쟁: 테러·범죄·사회적 갈등의 미래 / 존 아퀼라 ;
데이비드 론펠트 [공] 엮음 ; 한세희 옮김. -- 파주 : 한울,
2005
    p. ;   cm. -- (한울아카데미 ; 785)

원서명: Networks and Netwars: The Future of Terror, Crime,
    and Militancy
원저자명: Arquilla, John
원저자명: Ronfeldt, David

ISBN 89-460-3437-8 03340

334.4-KDC4
303.625-DDC21   CIP2005002213

Networks and Netwars

The Future of Terror, Crime, and Militancy

Edited by
John Arquilla
and **David Ronfeldt**

Prepared for the Office of the Secretary of Defense

National Defense Research Institute

RAND

Networks and Netwars:
The Future of Terror, Crime, and Militancy
Edited by John Arquilla and David Ronfeldt

굳건한 도움과 날카로운 지적을 아끼지 않은
딕 오닐(Dick O'Neill)에게 이 책을 바친다.

옮긴이 서문

이 책의 서문을 어떻게 쓸지 고민하고 있는데 런던의 연쇄 폭탄 테러 뉴스가 전해졌다.

현재로서는 이 테러 역시 미국과 영국의 이라크 철군을 요구하는 알카에다의 소행으로 보인다. 사건이 터진 지 2주 만에 소규모의 지하철 폭탄 테러가 다시 일어났고, 그러고 나서 얼마 후에는 알카에다 지도자가 또 다른 테러를 하겠다고 위협하는 장면이 담긴 비디오가 서방세계의 방송을 탔다.

테러 위협과 고도의 심리전이 계속되고 있지만, 이 모든 테러의 배후에 누가 있으며 어떤 일을 모의하는지는 확실히 알 수 없는 상태다. 한 가지 확실한 것은, 2001년 9·11 테러 이후 미국을 비롯한 서방세계가 테러 문제를 냉전 이후 세계 안보의 최고 위협으로 규정하고 대대적인 전쟁까지 서슴지 않았는데도 대규모 동시 다발 테러의 재발을 막지 못했다는 것이다. 9·11 이후 강화된 대테러 정보전은 다시 한번 실패했다.

왜 그럴까?

이 책은 인터넷이나 이동통신 같은 정보통신 기술의 발달로 가능해진 네트워크 조직의 발흥에서 그 원인을 찾는다. 그리고 네트워크 형태의 조직과 정보 시대에 걸맞은 전략과 기술을 활용하는 사회적 갈등—이는 테러와 국제 조직범죄에서 민주주의와 인권을 위한 시민사회운동까지 다양한 영역에 걸쳐있다—을 네트워라는 용어로 규정한다. 9·11 테러나 런던 연쇄 폭탄 테러는 네트워의 최악의 형태라 할 수 있다.

네트워크란 구성원들이 위계질서가 아닌 독자적이고 활발한 의사소통망을 통해 서로 연결돼 있는 구조라고 할 수 있다.

우리가 뉴스에서 흔히 보는 "그 마약 조직은 점조직으로 돼있어 경찰이 쉽게 단속하지 못했다"라는 기사에 등장하는 '점조직'은 가장 기초적 형태의 네트워크라 할 수 있고, 좀더 정교한 네트워크로는 수많은 행위자들이 하나의 중심 행위자에 개별적으로 연결돼 있는 '허브' 조직이나 모든 행위자들이 서로 연결돼 있는 '모든 채널' 조직이 있다.

네트워크가 더 복잡해지면, 이를 유지하기 위해 의사소통 체계를 구축하는 비용이 커지지만, 정부를 비롯한 외부 세력이 와해시키기도 어렵게 된다. 일반적 위계 조직과는 달리, 특정한 지도자가 없고 핵심 기능들이 여러 구성원에 중복 분산돼 있어, 조직 내 한 지점을 공격한다 해도 전체적 기능은 조만간 복구되기 때문이다.

이런 네트워크가 이념과 목표를 공유하며 이것을 실현하는 데 필요한 것들을 각 구성원들이 직접 행동에 옮긴다면 상대하기는 더욱 힘들어진다. 세계 최강의 미군이 아직 오사마 빈 라덴을 못 잡고 세계의 군사 대국들이 대인지뢰금지운동에 굴복하는 것도 이 때문이다.

1차 런던 폭탄 테러의 주범들이 영국에서 나고 자란 평범한 아랍계 영국 청년들이었다는 사실도 자신들의 대의명분을 일상 세계에까지 은밀하게 퍼뜨릴 수 있는 네트워크의 위력을 보여주는 것이라 할 수 있다.

물론 네트워크 조직이란 것이 반드시 기술을 전제로 하는 것은 아니다. 첨단 기술의 사용 여부와는 상관없이, 서로 연결돼 있기만 하면 그것은 네트워크이며 네트워를 실행에 옮길 수 있다. 위성전화와 인터넷을 쓰든, 인편을 통해 편지로 지령을 전달하든 간에 알카에다는 알카에다인 것이다.

그러나 인터넷과 통신 기술의 발달은 정교한 네트워크 유지에 필요한 비용을 크게 줄여놓았다. 이를 바탕으로 세계의 수많은 시민 단체, 범죄조직, 그리고 테러 단체들이 과거에는 상상할 수 없었던 힘을 발휘하며, 정치·외교·환경·범죄에 이르기까지 사회의 모든 부문에 영향을 미치고 있다.

이는 지금까지 막강한 권한을 바탕으로 사회를 압도해 왔던 국가로선 그다지 달가운 일이 아닐 것이다. 시민사회가 됐건 테러나 범죄 조직이 됐건 간에, 네트워크 조직의 장점을 살릴 수 있는 비국가 행위자들이 늘어나면서 국가가 '국가 노릇'을 하는 것이 점점 힘들어지고 있다(시애틀의 반WTO 시위나 멕시코의 사파티스타 봉기를 생각해 보라). 반면 비국가 행위자들은 정보통신 기술의 힘을 얻은 네트워크 조직을 통해 그동안 억눌렸던 자신들의 목소리를 낼 수 있게 됐다.

이러한 변화는 편자들의 표현대로 두 얼굴을 가진 '야누스'이다. 사회적 약자를 보호하고 인권과 민주주의, 그리고 평화의 확산을 위해 애쓰는 시민사회 단체 NGO들은 네트워크의 힘을 바탕으로 기존의 국가 조직이 손대지 못한 영역에서 긍정적인 변화를 이끌어낼 수 있을 것이다. 반면 테러 단체나 범죄 조직 역시 네트워크화를 통해 국가의 추격을 피해가며 전 세계로 그 활동 범위를 넓혀나갈 수 있을 것이다.

정보통신 기술의 발달과 네트워크의 등장으로 양쪽 모두 전례 없는 기회를 얻었다. 시민사회 NGO들의 긍정적인 측면을 최대한 끌어내 정부의 기능을 보완·견제하고 테러 및 범죄 단체의 발흥을 막을 수 있는 시스템을 구축하는 것이 정보혁명 시대의 과제가 될 것이다.

네트워크 조직의 등장, 그리고 국가와 비국가 행위자의 관계의 변화는 우리와 어떤 연관이 있을까?

이라크에 미국 다음으로 많은 병력을 파견한 영국이 테러를 당했다는 점을 생각해 볼 때, 다음 차례는 우리나라가 될 수도 있다. 그렇다면 네트워크 형태로 움직이는 테러 조직에 대한 이해는 국내에서 테러 피해를 막기 위한 필수 요소라 할 수 있다. 이라크에서 김선일 씨가 납치·피살됐을 때, 우리 정부가 테러 조직에 대한 정보가 없어 우왕좌왕하며 제대로 대응하지 못했던 점을 생각해 보면, 네트워크 테러 조직에 대한 이해는 더욱 절실하다.

이러한 안보 관련 이유 말고도 우리가 네트워크 조직의 등장에 관심을 가져야 할 이유가 또 있다. 우리나라는 세계 최고 수준의 초고속 인터넷 망과 이동통신 보급률을 자랑하고 있다. 이는 네트워크 조직의 활성화에 최적의 조건이며, 실제로 우리는 이로 인한 놀라운 변화들을 체험하고 있다.

얼마 전 교육부가 내신 반영 비율을 높인 대입제도 개선안을 내놓았을 때, 이에 반발한 전국의 고등학생들이 촛불 시위를 조직하려 해 여론이 술렁인 적이 있다. 이때 고등학생들은 휴대폰 문자 메시지를 통해 시위 참여를 독려했다. 고등학생들의 촛불 시위는 큰 호응을 얻지 못했지만, 우리는 이미 비슷하면서도 훨씬 성공적인 촛불 시위를 경험한 바 있다. 그것은 2002년 미군 장갑차에 치여 숨진 두 여중생의 죽음을 추모하는 촛불 집회였다.

당시 촛불 시위는 누군가가 인터넷 게시판에 처음 제안했고, 그것이 다시 한 인터넷 언론에 소개되면서 폭발적으로 확산됐다. 뚜렷한 주체도 없고 조직이 동원된 것도 아니었지만, 인터넷을 통해 시위 소식을 접하고 수만 명이 자발적으로 참여해 몇 주간이나 계속됐다.

이 시위는 불특정 다수가 인터넷과 정보통신 기술을 사용해 행동 요령을 공유하고 동시에 여러 곳에서 한 장소 또는 한 목표물을 공격하는 네트워의 핵심 교리, 즉 '스워밍'의 원리가 제대로 적용된 시위라고 할 수 있다.

이 시위는 사회에 큰 반향을 일으켰고 이렇게 결집된 여론의 힘은 그해 대통령 선거에서도 결정적 역할을 한 것으로 평가된다. 더구나 애초에 인터넷에 시위를 처음 제안한 사람과 이를 인터넷 언론에 보도한 사람이 동일 인물이었다는 것이 드러나면서, 이 촛불 시위는 정보 시대 네트워크 조직의 사회운동에 관한 매우 흥미로운 사례가 됐다.

또 시민사회가 이미 사회의 핵심 구성요소로 자리 잡고 시민 단체가 정부 조직과 정책결정 과정에 깊숙히 관여하는 한국 사회의 현실을 생각해 보면, 시민사회의 힘의 기반인 네트워크 조직에 대한 이해는 국가와 시민사회의 새로운 관계가 형성돼 가는 우리 사회의 성숙한 운영을 위해 꼭 필요한 일이다.

이 책은 이처럼 정보통신 기술의 발달로 힘을 얻게 된 네트워크 조직이 우리의 삶을 어떻게 변화시킬 것인지에 대한 관찰과 통찰을 담고 있다. 물론 이 책이 미국의 안보 문제를 주로 연구하는 RAND에서 발간된 책이라, 미국 정부의 입장을 주로 대변한다는 점은 감안해야 한다. 또 이 책에 실린 사례들도 이제는 다소 시간이 지난 것들이기는 하다.

그러나 여기에 소개된 사례들은 디지털 기술과 네트워크 시대의 개막을 알리는 상징적 사례들로서 여전히 의미심장하다. 또 여기 실린 연구들에서 볼 수 있는 통찰도 여전히 유효하다. 이 책에서 소개된 사건들과 단체들이 그 후 어떤 과정을 거쳐 지금 어떤 모습인지, 그리고 이 책의 저자들이 내다봤던 미래는 오늘날 얼마나 들어맞고 있는지 비교해 보며 읽는 것도 흥미로울 것이다.

2005년 8월 15일
한세희

서문

　미래를 장악하기 위한 투쟁이 매일 신문 헤드라인을 장식하는 세상이다. 이 투쟁은 강대국들의 전쟁도 아니며, 규모가 큰 정규군이 값비싼 탱크와 항공기, 그리고 함대를 가지고 싸우는 전쟁도 아니다. 이 전쟁은 오사마 빈 라덴(Osama bin Laden)의 알카에다[al-Qaeda: 기지(The Base)라는 뜻] 같은 테러 조직, 콜롬비아나 멕시코의 마약 밀매 조직, 그리고 '시애틀 대전(Battle of Seattle, 1999)'에서 난동을 일으켰던 블랙블록(Black Bloc) 같은 과격 무정부주의자들과 치르는 전쟁이다. 이러한 투쟁의 또 다른 주역으로는 미얀마에서 발칸 반도에 이르기까지 세계 곳곳에서 민주주의와 인권을 위해 활동 중인 시민 단체들을 들 수 있다. 이들의 공통점은 언제 어디서나 기민하게 움직일 수 있는, 작고 분산된 단위로 활동한다는 것이다. 침투와 분열뿐만 아니라 회피와 증발에도 능하다. 이들은 모두 네트워크 형태의 조직(organization)·교리(doctrine)·전략(strategy)을 특징으로 가지고, 정보화 시대에 걸맞은 기술을 활용한다. 무엇보다 ─ 인티파다(Intifada)건 마약 조직이건 간에 ─ 이들을 근절하는 것은 매우 어렵다는 사실이 계속 확인되고 있다. 심지어 이들 중 일부는 이미 승기를 잡아가고 있다. 이것이 편자들이 말하려는 요점이다.

　또한 이 책은 정보혁명이 모든 종류의 갈등(conflict)에 왜 그리고 어떻게 영향을 미치는가에 대한 편자들의 사유를 좀더 정교하게 다듬은 것이기도 하다. 편자들은 사이버워(cyberwar, 1993)라는 개념을 제시하면서 군사적 영역에 초점을 맞췄으며, 네트워(netwar, 1996)에 관한 첫 번째 연구에서는 테러, 범죄, 과격 사회운동 등 비정규적 형태의 갈등에 초점을 두었다. 이러한 개념들이 —갈등의 모든 영역(spectrum)에 걸쳐— 조직·교리·기술에 미치는 영향에 대해서는 편자들의 저서 『아테네의 캠프에서(In Athena's Camp)』(1997)에서 더 자세히 다뤘다. 최근에 편자들은, 네트워를 실천하는 많은 활동가들이 전략과 외교 문제에 대해 편자들이 누폴리틱(noopolitik)[1]이라고 명명한 새로운 접근법의 창출에 기여하고 있다는 점에 주목했다. 이후 스워밍(swarming, 2000)[2]이 사이버워와 네트워 모두를 포괄하고 풍요롭게 해줄 21세기의 교리로 떠오를 것이라는 편자들의 생각을 확장시켰다. 이제 이 책에서는 네트워에 관해 새로운 분석을 제시하려 한다. 여기에는 테러리스트, 범죄 조직, 갱들은 물론이고, 미얀마, 멕시코, 그리고 시애틀의 사회적 네트워에 대한 사례연구들이 포함되어 있

---

1) 누폴리틱이란, 힘(hard power)을 중심으로 하는 현실주의적 정치학(realpolitik)과 국가 간 상호 의존하는 국제 체제에 의해 평화를 이룰 수 있다고 보는 자유주의적 국제주의(liberal internationalism)를 넘어, 현대 국제질서의 변화를 설명하려고 아퀼라와 론펠트가 제시한 개념이다. 누폴리틱은 힘보다는 지식(knowledge) 같은 소프트 파워를 강조하며 국가뿐만 아니라 다양한 NGO와 비국가 행위자들이 밀접하게 얽혀 새로운 질서를 형성한다고 강조한다. 단독 국가가 아니라 국가와 NGO 등이 '섬유(fabric)'처럼 얽인 네트워크가 중요한 역할을 하게 된다는 것이다. 중요한 점은, 이러한 질서의 등장이 정보 기술의 발전 덕분에 가능해졌다는 것이다. '누(noo)'란 '의식(mind)'를 뜻하는 그리스어에서 따온 것이다(옮긴이 주).

2) 스워밍이란, 사전적으로 벌떼가 한꺼번에 날아 이동하는 것 또는 수많은 사람이나 사물이 한꺼번에 움직이는 것을 말한다. 아퀼라와 론펠트는 작고 분산된 네트워크들이 사전 조율을 통해 일시에 대량으로 특정한 지역 또는 지점을 공격하는 행위에 이 용어를 적용했다. 각지의 소규모 시위대가 사전 계획을 통해 일시에 한곳에 모여들어 교차로나 시가지를 점거하는 행위, 다수의 네티즌이 동시에 특정 웹페이지에 서비스 거부 공격을 행해 사이트를 마비시키는 것 등이 이에 해당한다. 홀연히 나타나 공격하고 대상에 타격을 입힌 후 다시 홀연히 사라져 다음 공격을 준비한다. 세계 각지에 흩어져 있는 소규모의 행위자들이 상호 연결을 통해 사전 계획을 세우고 일시에 대규모로 움직여 대상에 피해를 줄 수 있는 것은, 정보통신 기술의 발달로 의사소통의 효율은 높아지고 비용은 크게 떨어졌기 때문이다. 아퀼라와 론펠트는 스워밍이 정보통신 기술의 혁명을 등에 업은 네트워크 조직이 수행할 수 있는 최선의 공격 수단이라고 주장한다(옮긴이 주).

다. 결론에서는 네트워의 기술적·조직적·교리적 역동성을 논했다.

미국의 정책 입안자들과 전략가들은 이 책에 흥미를 느낄 것이다. 또 정보혁명이 갈등의 본질을 어떻게 변화시키는가에 관심을 두는 학계와 연구소의 전문가들에게도 도움이 될 것이다.

이 책은 존 아퀼라(John Arquilla)와 데이비드 론펠트(David Ronfeldt)가 주도하는 '네트워크와 네트워(Networks and Netwars)' 프로젝트를 위해 준비됐다. 이 프로젝트는 미 국방부 차관실(명령, 통제, 통신, 기술)과 OASD/C3I의 후원을 받았으며, RAND 국방연구소(NDRI: National Defense Research Institute, 이하 NDRI)의 국제안보국방정책센터(International Security and Defense Policy Center)가 수행했다. NDRI는 연방 자금을 지원받는 연구 기관으로, 국방부 장관실, 합동참모본부, 통합사령부, 그리고 기타 국방 관련 기관들의 지원도 받고 있다.

이 책에 대한 의견은 언제든지 환영한다. 편자들의 전자우편 주소는 arquilla@rand.org와 ronfedlt@rand.org이다.

요약

네트워는 편자들이 이전에 제시했던 '사이버워'라는 군사적 개념에 대응하는 저강도(lower-intensity) 사회적 차원(societal-level)의 갈등이다. 네트워는 테러리스트, 범죄 조직, 그리고 국수적 민족주의자들과 빚는 갈등이면서, 또 한편으로는 시민사회운동가들과 겪는 갈등이라는 점에서 로마 신화의 신 야누스처럼 이중적인 특성을 갖고 있다. 갈등의 한 형태로서 네트워의 특징은 네트워크화된 조직 구조(실제로 많은 조직에서 특정한 지도부가 없다)와 신속히 모여 스워밍 공격을 하는 유연성이다. 사이버워와 네트워는 정보혁명의 여명기에 등장하는 새로운 갈등의 형태를 포괄할 수 있는 개념이다.

이 책은 최근 몇 년 사이에 있었던 대표적인 네트워 사례들을 분석했고, 이러한 연구를 통해 네트워가 실제로 매우 효과적임을 발견했다. 네트워를 수행하는 사람들이 시민사회의 활동가이건 '비시민적' 범죄자나 테러리스트들이건 간에, 그들의 네트워는 대체로 성공적이었다. 물론 네트워가 새로운 현상이기 때문에 네트워가 성공적이었다고도 설명할 수 있다. 과거에도 군사 분야에서 혁신이 일어나면 초기에는 매우 성공적이었다가 적절한 대응 수단이 개발되면서 그 효과가 떨어지는 경우가 종종 있었다. 하지만 네트워크와 관련해서는 생각해야 할 점이 더 있다. 네트워크 형태의 조직 구조는 각종 합법·불법 활동들에 새로운 활력을 불어넣었으며, 이는 새로운 비국가 행위자들(nonstate actors)이 제기하는 위협에 대응할 책임이 있는 군대, 경찰, 관료 등에게 심각한 도전이 되고 있다.

워싱턴의 전략가와 정책 입안자들은 이미 네트워 현상의 문제점들을 인식하기 시작했다. 특히 테러 조직과 범죄 조직에서 이런 문제들이 더욱 적나라하게 드러난다. 네트워 문제에 대한 인식이 확산되고 있다는 점은, 『글로벌 테러리즘의 패턴: 1999(Patterns of Global Terrorism: 1999)』(State Department, 2000), 『국제범죄 위협 평가(International Crime Threat Assessment)』(Interagency Working Group, 2000), 『글로벌 트렌드 2015(Global Trends 2015)』(National Intelligence Council, 2000) 등 이 문제에 대한 최근의 공식적인 연구들에서도 잘 나타난다. 하지만 전략가와 정책결정자들이 (시민사회 건설에 기여할 수 있는) 네트워크화된 비국가 행위자들의 긍정적인 측면과 그 잠재력을 인식하기까지는 좀더 시간과 노력이 필요할 것으로 본다. 그러므로 NGO 및 기타 비국가 행위자들과 밀접하게 협력하여 얻을 수 있는 기회에 초점을 맞추는 것이 향후 10년의 과제가 될 것이다.

미국 국방부는, 적절한 NGO를 초기부터 개입시켜 위기를 사전에 감지하고 차단하는 것에서부터 갈등 상황이 발생한 후에야 NGO들과 긴밀하게 협력하여 미군 작전의 효율성을 높이고 위험과 불안한 평화를 줄이는 것에 이르기까지, 여러 가능성을 고려해야 할 것이다. 한마디로 말하면, 미국의 정책결정자와 전략가들은 범죄자와 테러리스트들의 네트워크가 제기하는 위험을 끊임없이 경계해야 한다. 그러나 동시에 인권 수호, 민주적 가치의 확산, 국가와 시민사회의 견고한 유대 형성 등에 헌신하는 네트워크 기반의 영역에서도 많은 기회를 얻을 수 있도록 비전과 행태를 확장해야 한다. 네트워크화된 비국가 행위자들이 선택한 갈등 형태인 네트워는 두 개의 얼굴을 갖고 있으며, 두 가지 모두 매우 중요하다.

이 책에서 편자들과 동료 연구자들은 가장 폭력적인 네트워에서부터 사회운동에 이르기까지 다양한 형태의 네트워를 연구했다. 그 결과, (다양성이 있기는 하지만) 네트워크 수행을 위해 결성된 네트워크들은 모두 공통된 분석 틀을 통해 분석할 수 있음을 발견했다. 네트워의 이론과 실제는 기술, 사회, 서사, 조직, 그리고 교리, 이렇게 다섯 가지 수준에서 논의될 수 있다. 네트워 행위자가 완전히 효율적으로 활동하려면 이 다섯 가지 수준을 모두 만족시켜야 한다.

네트워크의 기술 수준은 분명히 중요하며 보통 사람들도 네트워가 기술에 크게 의존한다고 생각하지만, 다른 수준들도 그에 못지않게 네트워크 조직의 잠재력에 영향을 끼친다. 한 가지 핵심 수준은 네트워크 구성원들의 협력을 위한 사회적 기반이다. 강한 사회적 유대는 상호 신뢰와 정체성 구축으로 이어져, 네트워크의 효율성이 크게 향상된다. 이는, 느슨하고 분산된 조직을 파당(clan)적 유대로 한데 묶는, 인종 기반의 테러, 범죄, 반란 조직 등에서 가장 잘 드러난다.

시민사회의 네트워 운동가들에게는 서사(narrative) 수준의 분석이 가장 중요하다고 할 수 있다. 네트워크 구성원들이 서로 공유하고 자랑스럽게 내세울 수 있는 공통의 '이야기'(common story)를 가짐으로써 단체의 활동에 활기를 불어넣고, 구성원들의 결속을 강하게 하며, 지지자들을 끌어들일 수 있다. 서사 수준을 강조하고 제대로 활용하는 것은, 부정적 네트워를 수행하는 사람들에게도 중요하지만, 시민사회 네트워크에 더 필요하다. 시민사회 네트워크는 범죄와 테러 네트워크에서 흔히 볼 수 있는 인종적 또는 파당적 유대로 한데 묶일 가능성이 적기 때문이다.

네트워크화된 적에 대응하기 위해서는 기술·사회·서사 수준에서 적의 강점과 약점을 평가해야 한다. 그러나 네트워 행위자를 규정하는 데 가장 중요한 수준은 바로 조직 구조이다. 분석가들은 네트워크 구조가 단순한 사슬(chain)이나 라인(line) 네트워크에서부터 좀더 복잡한 허브(hub) 또는 스타(star) 디자인, 그리고 더 나아가 복잡한 모든 채널(all-channel) 구조까지 매우 다양하다는 사실을 인식해야 한다. 이 조직들은 다중 허브나 거미줄(spider's-web) 네트워크 같은 좀더 복잡한 조직에 **흡수**될 수도 있다. 네트워크 조직에 대응하기 위해서, 분석가들은 우선 그것이 어떤 종류의 네트워크인지 파악해야 하고, 다음에 이를 분석하기 위해 최선의 방법론을 찾아야 할 것이다. 과거에, 적들에 대한 정보기관의 평가는 그들의 위계적 지배 구조에 초점을 맞춘 경우가 많았다. 하지만 네트워 행위자들을 분석할 때 이것만으로는 불충분하다. 오늘날 일부 테러 조직에서 볼 수 있듯이, 네트워 행위자들은 작고 분산된 단체들로 다양하게 구성돼 있으며, 이들은 독특한 방식으로 서로 연결돼 있고, 뚜렷한 리더십 구조를 갖고 있지 않다.

또 다른 분석 수준(level of analysis)으로 중요한 것은, 네트워 행위자들이 어떤 교리를 채택하는지를 분석하는 것이다. 시민사회 네트워크이건 비시민사회 네트워크이건 간에, 네트워크는 대부분 스워밍 능력을 갖고 있다. 이는 '모든 네트워크가 항상 스워밍을 할 것이다' 또는 '모든 네트워크가 스워밍을 잘 수행할 것이다'라는 것을 의미하지는 않는다. 게다가 스워밍에 대한 명시적 교리를 가진 네트워크는 거의 없다시피 하다. 그러나 네트워크는 대부분 이 방향으로 움직이고 있다. 스워밍은 우리가 대비해야 할 핵심적인 교리이다.

가장 심각한 위협이 되는 것은, 자신들이 왜 함께 하여 무엇을 해야 하는가에 대한 공통의 '이야기'를 가진 네트워 행위자일 것이다. 이들은 고도로 네트워크화되어 있고 스워밍 능력을 갖췄을 뿐만 아니라 강력한 사회적 유대로 엮여 있으며 안정적인 통신 기술을 보유하고 있다. 그러나 일부 수준(예: 기술)에서 약점을 가진 네트워크라도 국민국가(nation-states)에 심각한 위협을 줄 수 있다. 이러한 점을 염두에 둔다면, 어떤 특정한 갈등 상황에서 네트워크화된 비국가 행위자들의 특성을 진단하는 것 이상의 노력이 필요하다. 정부와 군대, 그리고 사법 집행기관들 스스로가 네트워킹하는 것이 매우 중요해질 것이다. 아마도 이것이 네트워의 발흥이 제기한 가장 큰 도전이 될 것이다.

감사의 글

미셸 자니니(Michele Zanini), 숀 에드워즈(Sean Edwards), 필 윌리엄스(Phil Williams), 존 설리번(John Sullivan), 티파니 대니츠(Tiffany Danitz), 워런 스트로벨(Warren Strobel), 폴 드 아몽(Paul de Armond), 도로시 데닝(Dorothy Denning), 루터 걸락(Luther Gerlach) 등 사려 깊고 관대하게 이 책의 사례연구에 참여해 준 모든 저자들에게 깊은 감사를 전한다. 이 프로젝트에 관심을 보여준 RAND 지원실의 제프 아이삭슨(Jeff Isaacson)과 스튜어트 존슨(Stuart Johnson)에게도 고마움을 전한다. 이 책의 초안에 건설적인 논평과 비평을 아끼지 않은 두 공식 비평가 로버트 앤더슨(Robert Anderson)과 그레그 트레버턴(Greg Treverton)도 빼놓을 수 없다. 또 이따금 조언과 네트워에 관한 정보를 보내준 사람들의 노력에도 감사를 전한다. RAND에서는 로버트 앤더슨, 케빈 매카시(Kevin McCarthy), 제임스 멀베넌(James Mulvenon), 윌리엄 오말리(William O'Malley), 그리고 윌리스 웨어(Willis Ware)가, RAND 외부에서는 스티븐 보가티(Stephen Borgatti), 로버트 J. 벙커(Robert J. Bunker), 스티브 시슬러(Steve Cisler), 해리 클리버(Harry Cleaver), 피터 몬지(Peter Monge), 조엘 사이먼(Joel Simon), 스티븐 스트로가츠(Steven Strogatz), 그리고 특히 마가리타 스투데마이스터(Margarita Studemeister)가 의견을 보내줬다. 시민운동계의 여러 사람들도 편자들의 감사를 받아 마땅하지만 공개적으로 그들을 거명하며 감사를 표하면 그들이 곤란해질 수 있기에 밝히지 않는다.

또 지난 몇 년간 편자들과 네트워에 대해 토론해 온 리처드 오닐(Richard O'Neill), 데이비드 브린(David Brin), 로버트 스콧(Robert Scott), 브

20

루스 스털링(Bruce Sterling) 등 하이랜드 포럼(Highland Forum) 회원들에게
도 많은 빚을 지고 있다.

전 국방부 차관보(C3I 분야) 아트 머니(Art Money)와 그의 수석 부관 린
웰스(Lin Wells), 국방부 부차관보 윌리엄 레너드(William Leonard), 미 육군
예비역 중령 로버트 월터(Robert Walter) 등 국방부의 지속적인 지원에 감
사를 전한다. 마지막으로, 편자들의 원고를 훌륭하게 편집한 크리스티나
피처(Christina Pitcher)의 노고에도 깊은 감사를 전한다.

차례

제1장 다시 네트워의 등장을 말한다*
The Advent Of Netwar(Revisited)

존 아퀼라·데이비드 론펠트

■ 편자 초록: 이 서장에서는 1993년 이래 편자들이 네트워 개념에 관해 주장해 온 내용들을 다시 설명한다. 이 책에서는 네트워를 로마 신화의 야누스처럼 두 얼굴을 가진 것으로 묘사한다. 하나는 테러리스트와 범죄자들이 주도하는 것으로, 폭력적이며 부정적인 특성을 가진다. 다른 하나는 사회운동에 의한 네트워로 과격할 수도 있으나, 많은 경우 평화적이며 사회에 긍정적 역할을 한다. 이 책은 이 두 가지 주제를 중심으로 구성됐다.

---

* 편자들의 '네트워' 개념은 미군의 네트워크전 시뮬레이션(NETWARS) 시스템과는 다른 것으로 이 시스템 이전부터 이미 논의된 것이다.

정보혁명은 오늘날 갈등의 성격을 변화시키고 있다. 여기서는 특히 두 가지 양상에 초점을 맞추려 한다. 첫째, 이 혁명은 네트워크 형태를 띤 조직에 유리하며 이러한 조직들을 강화하는 기능을 한다. 네트워크 조직은 기존의 위계적 조직보다 정보혁명의 이점을 좀더 크게 누릴 수 있다. 네트워크의 등장은, 권력이 비국가 행위자로 옮겨 감을 의미한다. 이 네트워크들은 전통적·위계적인 국가 행위자보다 좀더 유연하게 복합 중층적 네트워크 조직으로 [특히 모든 노드(node)들이 다른 노드들과 서로 연결돼 있는 모든 채널 네트워크로] 확산·재조직될 수 있기 때문이다. 이는 앞으로 갈등이 '위계'보다는 '네트워크' 형태로 수행될 것이라는 것을 의미한다.

둘째, 정보혁명이 진행될수록 갈등의 양태와 결과는 정보와 통신의 활용에 점점 더 의존하게 될 것이다. 그 어느 때보다도 갈등은 '지식' 및 '소프트 파워'[1]의 사용과 밀접한 관련을 맺게 됐다. 반대자들(adversaries)은 '정보 작전(information operation)'이나 '인식 관리(perception management)'를 적절히 활용하는 법을 배워가고 있다. 즉, 특정 주장을 강제하기보다는 필요에 따라 관심을 유도하거나 논점을 흐트러뜨리는 미디어 지향적 수단을 사용하는 것이다. 이는 한 사회나 군대 또는 기타 행위자가 자신 또는 반대자에 대해 가지는 감정에 영향을 미친다. 타격을 실제로 입히는 것보다 심리적 혼란을 유발시키는 것이 더 큰 전략 목표가 될 수 있다.

이러한 명제는 모든 종류의 갈등에 공통적으로 적용된다. 반대자들의 성격, 그들이 제기하는 위협, 갈등이 수행되는 방식 등에서 커다란 변화가 일어나고 있다. 정보화 시대의 위협은 산업화 시대의 위협보다 분산돼 있으며, 다차원적·비선형적이고, 그 형태가 모호하다. 비유하자면, 미래의 갈등은 서양 장기보다는 바둑과 비슷한 모습이 될 것이다. 이러한 역학이 갈등의 스펙트럼을 전면적으로 재구조화할 것이다.

---

1) 소프트 파워의 개념은 나이(Nye, 1990)가 처음 제기했고, 나이와 오웬스(Nye and Owens, 1996)가 발전시켰다.

개념과 간략한 역사

지난 1992년, 갈등의 새로운 형태인 '사이버워'에 관한 개념을 처음 탐구하기 시작하면서, 군사 분야의 사이버워와 비슷하면서도 정보화 시대의 갈등 특성에 걸맞은 개념이 있으면 좋겠다고 생각했다. 덜 군사적이고 강도가 낮으면서도 사회적 성격이 좀더 강한 정보화 시대의 갈등을 개념화하려고 했다. 그래서 생각해 낸 용어가 '네트워'이다. 정보혁명이 네트워크 형태의 조직, 교리, 그리고 전략에 힘을 실어준다는 편자들의 생각을 잘 표현해 주기 때문이다. 네트워를 통해서 까마득히 멀리 떨어져 있는 세계 각지의 소규모 집단들도 최신 통신 기술을 활용해 연대할 수 있게 됐다. 편자들이 염두에 두는 네트워의 행위자는, 전통적 의미의 테러리스트뿐만 아니라 범죄자와 급진운동가까지 광범위하다. 이중 일부는 이미 위계적 조직에서 정보 시대의 네트워크형 조직으로 전환하고 있다.

편자들은 학술지에 「사이버워가 다가온다(Cyberwar Is Coming!)」(1993)라는 논문을 실어서 네트워의 개념을 처음 소개했고, RAND에서 발행한 보고서 『네트워의 등장(The Advent of Netwar)』(1996)에서 이를 자세히 해설했다. 추가 내용은 편자들의 저서 『아테네의 캠프에서』의 결말에서 다뤘다. RAND에서 출판된 『멕시코의 사파티스타 '사회적 네트워'(The Zapatista 'Social Netwar' in Mexico)』(Ronfeldt et al., 1998)와 『새로운 테러리즘에 대한 대응(Countering the New Terrorism)』(Lesser et al., 1999)에도 이 개념을 좀더 정교하게 다듬은 논문들을 실었다. 『누폴리틱의 등장: 미국의 정보 전략(The Emergence of Noopolitik: Toward an American Information Strategy)』(1999)에서 편자들은 사회운동을 지향하는 많은 NGO들이 자신들의 소프트 파워를 증대시키기 위해 이미 네트워 전략을 실행에 옮기고 있음을 보여주었다. 최근 연구 『스워밍과 갈등의 미래(Swarming and the Future of Conflict)』(2000)는 '하드 파워' 구축을 위한 군사 교리 개발을 주로 다루긴 하지만, 스워밍이 (네트워의 주체들을 포함한) 여러 측면에서 다양한 갈등을 다루는 데 주요한 접근법이 될 것이라는 견해를 담고 있다. 사파티스타(Zapatista) 운동에 대한 연구가 그 증거를 제공했고, 1999년 코소보(Kosovo) 전쟁과 반세계화 운동가의 '시애틀 대전'도 새로운 사례가 되었다.[2]

이렇게 관련 저술이 늘어나면서 네트워 개념에 관심을 보이는 이론가, 언론인, 그리고 활동가들이 나타나기 시작했다. 마누엘 카스텔(Manuel Castells, 1997), 크리스 하블스 그레이(Chris Hables Gray, 1997), 데이비드 브린(1998) 등은 갈등의 미래 추세에 관해 연구하면서 네트워 개념을 논의했다. 그러나 이들의 연구는 광범위한 갈등 스펙트럼 중에서 주로 비군사적 성격을 지닌 갈등을 중점적으로 다뤘다. 제이슨 웰링(Jason Wehling)은 자신의 웹사이트에 네트워, 사회운동, 정보화 시대의 갈등 등에 관한 글을 꾸준히 발표했으며, 이를 바탕으로 네트워에 관해 논문(1995)을 쓰기도 했다. 1994년 1월 멕시코에서 사파티스타의 무장 봉기가 일어났을 때, 사파티스타 관련 전자우편 리스트에 네트워에 관한 글들이 홍수를 이뤘다. 특히 해리 클리버의 저술들(1995, 1998, 1999)은 매우 시사하는 바가 컸다. 그의 작업은 멕시코가 새로운 비레닌주의적 급진운동의 시험장이 되었음을 보여주었다. 심지어 사파티스타 운동의 지도자 '마르코스 부사령관(Subcomandante Marcos)'은, 네트워가 사파티스타 운동을 정확히 설명하며, 역네트워(counternetwar)는 그들의 적인 군부나 의회의 전략을 알게 해줬다고 말하기도 했다. 지난 2000년에는 멕시코의 고위 군부도 이 개념에 큰 관심을 보였다.[3] 또 2000년엔 국제대인지뢰금지운동(ICBL: International Campaign to Ban Landmines)의 조디 윌리엄스(Jody Williams) 대표가 한 라디

---

2) John Arquilla and David Ronfeldt, "Need for Networked, High-Tech Cyberwar," *Los Angeles Times*(June 20, 1999), pp.A1, A6; John Arquilla and David Ronfeldt, "A Win for Netwar in Seattle," posted on the web site for the Highlands Forum(December 1999) 참조.

3) 사파티스타와 멕시코 군부의 지도부는 모두 사회적 네트워의 사례인 사파티스타 운동을 분석한 RAND의 보고서를 읽었다(Ronfeldt et al., 1998).

오 프로그램에 나와 "RAND 연구원들이 국제대인지뢰금지운동 같은 운동을 효과적으로 다룰 수 있는 전략을 정부에 제시하기 위해 네트워라는 개념을 연구하고 있다고 들었다"라고 말하기도 했다. 그 외에도 좌우익 극렬 분파의 군사 관계자들, 인터넷 유스넷 그룹에 게시물을 올리는 종교 단체 등 주변부에서도 관심을 보이고 있다.

한편 미국과 유럽의 정부, 군경 당국자, 그리고 분석가들도 네트워 개념에 관심을 갖기 시작했다. 그들은 반군이나 (특정 단일 이슈를 위해 싸우는) 극단주의자들과 연계된 테러리스트, 범죄 집단, 광신자들을 다루는 데 어려움을 느껴왔다. 이들 저항 세력이 느슨하고 '리더 없는' 형태로 조직화되면서, '위대한 지도자'가 영도하는 과거 운동의 고립적 측면들을 극복했기 때문이다. 미국과 유럽의 당국자들은 이런 곤란한 추세에 대응하기 위해 정보 공유에서부터 전술작전까지 모든 분야에서 부처 간 의사소통과 조율이 필요하다는 것을 절감하게 됐다. 이를 위해서는—특히 정보 공유를 위해서는—필연적으로 국가 간 사법권을 넘나드는 국제적 네트워크가 필요한데, 이는 위계적인 국가 조직에서는 매우 어려운 일이다. 정부 당국자들은 네트워와 역네트워의 개념에 관심을 가졌는데, 이는 이 개념들이 (네트워크화된 조직·교리·전략을 활용하는) 정보 시대의 저항 세력들에 대응할 수 있는 자체적 네트워크 또는 위계제도와 네트워크의 혼성 조직을 구축할 수 있는 단초를 제공했기 때문이다. 한 학술지(Studies in Conflict and Terrorism)가 "갈등의 모든 영역에 걸친 네트워의 등장(Netwar Across the Spectrum of Conflict)"을 주제로 꾸민 특별호(1999)는 이 주제에 대한 인지도를 높이는 데 기여했다.[4]

편자들의 네트워 개념은 항상 조직적 차원을 강조해 왔다. 하지만 편자들은 네트워크 조직이 적합한 교리, 기술, 그리고 사회적 역학과 결합할 때 가장 잘 작동한다는 점도 지적했다. 편자들은 공동 연구를 통해

---

4) 이 특별호는 데이비드 론펠트가 부분적으로 합치거나 편집했다. 이 장의 일부분은 이 특별호에 실린 그의 서문에서 가져온 것이다.

계속 이 점을 강조해 왔다. 그러나 정보혁명의 첨단 기술에 경도된 사람들은 종종 네트워(그리고 사이버워)를 사이버 공간에서 행해지는 컴퓨터 공격으로 묘사하곤 한다. 이들에게 네트워는 정보전(infowar)이나 정보 작전, '전략적 정보전(strategic information warfare)', 인터넷 전쟁, '핵티비즘(hactivism)', 사이버 테러리즘(cyberterrorism), 사이보타지(cybotage) 등과 같은 개념의 세련된 표현이다.[5]

이런 관점에서, 1999년 세르비아의 해커들이 NATO의 웹페이지를 해킹한 사건은 네트워의 대표적인 예가 된다. 그러나 이 해커들과 이들의 조직에 대해서는 알려진 것이 거의 없다. 만약 이들이 소수의 유능한 해커들로서 정부의 지원을 받아 사이트 1~2개를 해킹 공격한 것이라면, 이 사건의 네트워적 성격은 크게 약해진다. 그렇다면 이는 소수에 의한 사이보타지의 예가 될 것이다. 이 사건은 네트워 개념에 또 다른 왜곡을 일으킨 것이다. 이 경우, 세르비아 해커들은—아마도 세르비아인(Serb)일 것이다—'네트워크'의 일부를 마비시키려 했다. 그러나 극렬 인종주의자이건 테러리스트나 범죄 조직이건 사회운동 단체이건 간에 네트워를 적극적으로 실천하는 세력들은 네트워크를 살려서 활용하려고 한다. 그들은 인터넷이나 팩시밀리, 휴대폰 등의 첨단 통신수단을 자신들의 목적에 이용한다. 상호 활동 조율과 동조자 모집에서부터 정체성 확인, 자신들의 주장 설파, 그리고 반대파에 대한 정보 수집에 이르기까지 그들은 네트워크를 적극 활용한다.

오히려 세르비아의 개혁적 라디오 방송 B-92가 편자들의 네트워 정의에 더 잘 들어맞는 사례가 될 것이다. 이 방송은 1998년과 1999년 두

---

5) 핵티비즘의 주요 옹호자가 쓴 흥미 있는 논문들을 보려면, Stefan Wray, "Electronic Civil Disobedience and the World Wide Web of Hacktivism: A Mapping of Extraparliamentarian Direct Action Net Politics," paper for a conference on The World Wide Web and Contemporary Cultural Theory(Drake University, November 1998), http:// www.nyu.edu/projects/wray/wwwhack.html 참조.

차례에 걸쳐 정부가 송출기를 폐쇄했는데도 미국과 유럽의 정부, 그리고
NGO들의 지원을 받아 인터넷을 통해 자사 프로그램을 세르비아에 방송
했다. 세계적 범위의 네트워를 펼친 조직의 사례로 국제대인지뢰금지운
동 이상 가는 예를 찾기 힘들 것이다. 성공적인 네트워를 펼친 이 운동
은, 인터넷을 통해 느슨하게 연결된 NGO와 정부들로 구성돼 있으며, 의
사소통을 위해 인터넷에 크게 의존했다. 국제대인지뢰금지운동의 지도자
중 한 명인 조디 윌리엄스는 이 운동을 대표해 노벨평화상을 수상했다.[6]

네트워의 정의[7]

　네트워란 네트워크 형태의 조직과 정보 시대에 걸맞은 관련 교리, 전
략, 기술 등을 활용하는 사회적 갈등(또는 범죄)의 새로운 형태로서, 전통
적 군사행동과는 달리 무력과 직접적으로 연관돼 있지는 않다. 이들 운
동의 주도 세력들은 다양한 조직과 소그룹, 그리고 개인들로 구성돼 있
으며, 특정한 지도자 없이 인터넷을 통해 서로 의사소통하고 행동을 조
율하며 운동을 수행한다. 즉, 네트워는 공식적이고 독자적이며 위계적인
조직과 교리, 그리고 전략 수립에 우선순위를 두는 기존의 갈등이나 범

---

6) 조디 윌리엄스의 1997년 노벨 평화상 수상 연설을 보려면, www.wagingpeace.org/
　articles/nobel_ lecture_97_williams.html 참조. 1998년 버지니아대학(University of
　Virginia)에서 열린 수상자 모임에서 행한 연설은 www.virginia.edu/nobel/transcript/
　jwilliams.html 참조. Jody Williams and Stephen Goose, "The International Campaign to
　Ban Landmines," in Maxwell A. Cameron, Robert J. Lawson, and Brian W. Tomlin
　(eds.), *To Walk Without Fear: The Global Movement to Ban Landmine*(New York: Oxford
　University Press, 1998), pp.20~47 참조.
7) 이 부분은 네트워의 본질에 관한 편자들의 기존 서술(Arquilla and Ronfeldt, 1996;
　Ronfeldt et al., 1998; Arquilla, Ronfeldt, and Zanini, 1999)을 반복한 것이며, 내용을
　일부 보강하기도 했다. 이 내용들을 알고 있는 독자라면 이 부분을 건너뛰어도
　상관없다.

죄와는 다른 양상을 띤다. 일정한 노선에 따라 중앙 집중적인 조직을 건설하려 했던 레닌주의 단체들은 이전 시대의 대표적인 저항 단체라 할 수 있다. 네트워는 카스트로주의자(Fidelista)보다는 사파티스타에, 팔레스타인해방기구(PLO)보다는 하마스(Hamas)에, KKK(Ku Klux Klan)보다는 기독애국자운동(Christian Patriot Movement)에, 코자노스트라(Cosa Nostra) 보다는 삼협회(Asian Triads)에 좀더 적합한 개념이다.8)

 '네트워'란 용어는 네트워크를 기반으로 하는 갈등과 범죄가 앞으로 수십 년 동안 중요한 현상으로 자리 잡을 것이라는 전망을 강조한다. 다양한 갈등과 범죄들이 이미 이 방향으로 진화하고 있다. 초국가적 테러집단, 대량살상무기(WMD) 밀거래상, 마약 밀매 조직, 과격 근본주의자와 민족주의자 운동, 콘텐츠 불법 복제 조직, 밀입국자 알선 조직 등은 이미 네트워크 조직의 이점을 살리기 위해 변신 중이다. 미국 도시의 갱단, 지역 군사 조직, 단일 이슈를 주장하는 극렬 조직 등도 이러한 특성들을 개발하고 있다. 이제 막 정보 시대의 이데올로기를 창출해 내기 시작한 새로운 세대의 혁명 조직, 급진주의자, 그리고 운동가들도 네트워의 실천자들이다. 개인이 소속감과 충성심을 느끼는 대상이 국민국가에서 '세계 시민사회'로 옮겨 가고 있다. 무정부주의적 또는 허무주의적인 해커 집단 같은 새로운 세력들도 네트워에 참여할 수 있다.

 많은 네트워 행위자들은 비국가적 또는 '무국가적(stateless)' 성격을 띠게 될 것이다. 일부는 국가의 대리 기구가 될 수도 있지만, 일부에선 국가를 자신들의 대리 기구로 만들려는 집단도 나올 수 있다. 또한 네트워 행위자들은 국가에 속하면서 동시에 국가를 초월하는 성격을 지닐 수 있다. 어색한 혼합과 공생 관계가 나타날 수도 있다. 더 나아가 일부 악성집단들(예: 테러리스트와 범죄 조직)은 미국이나 다른 나라들을 위협할 수

---

8) 이것들은 부분적인 예일 뿐이다. 예를 들면, 하마스 대신 런던의 반사우디아라비아 단체 CDLHR(Committee for the Defense of Legitimate Human Rights)을 넣을 수도 있다.

<그림 1-1> 네트워크의 세 가지 기본 형태

사슬(연쇄) 네트워크   스타/허브 네트워크   모든 채널 네트워크

도 있지만, 미얀마나 멕시코의 NGO 같은 집단들은 그렇지 않을 수 있다. 실제로 뉴욕의 언론보호위원회(CPJ: Committee to Protect Journalist)처럼, 필요에 따라 때때로 네트워의 전술·전략을 채택하는 운동가들은 사회의 자유화에 큰 기여를 했다. 일부 집단은 사회질서의 파괴를 도모할 수도 있지만, 집단들은 대부분 주로 기존 질서 흔들기나 분산을 노릴 것이다.

네트워의 실천자들이 매우 다양한 분포를 보이고 있어, 넓은 범위의 집단들이 어색하게 모임을 이룬 것처럼 보일 수도 있다. 그러나 (언뜻 보기에 공통점이 없어 보이는) 이 집단들을 연결하는 공통의 패턴이 있다. **정보화 시대에 맞는 네트워크 형태의 조직·교리·전략·기술을 사용한다는 점이다.**

네트워 조직의 특징

원형적인(archetypal) 형태의 네트워에서, 저항 세력은 공통의 신념과 관심을 공유하며 인터넷으로 연결된 '모든 채널'을 통해 행동하는 다양하게 분산된 '노드'들로 구성되어 있다. 학술 연구들[예: Evan (1972)]에서 네트워크는 크게 세 가지 형태를 띤다(<그림 1-1> 참조).

- 사슬(연쇄) 네트워크: 밀수 조직에서 주로 발견된다. 사람, 재화, 정보 등이 각각 분리된 접점을 따라 움직이며, 한쪽 끝에서 다른 쪽 끝까지 의사소통이 이루어지기 위해서는 중간의 모든 노드들을 경

유해야 한다. 점조직.

- 허브, 스타 또는 바퀴살(wheel) 네트워크: 프랜차이즈나 카르텔에서 주로 발견된다. 여러 행위자가 하나의 중앙(위계적이지 않은) 노드나 행위자에 연결돼 있다. 상호 의사소통이나 조율을 위해서는 중앙 노드를 반드시 거쳐야 한다.
- 모든 채널 또는 완전 매트릭스(full-matrix) 네트워크: 극렬 평화 그룹 같은 협업적 네트워크에서 주로 발견된다. 모든 구성원이 다른 모든 구성원들과 서로 연결돼 있다.

그림 속의 각 노드는 한 개인, 집단(또는 조직), 집단(또는 조직)의 일부 또는 국가 자체일 수도 있다. 노드들은 클 수도 있고 작을 수도 있으며, 서로 단단하게 묶여 있을 수도 있고 느슨하게 연결되어 있을 수도 있다. 회원 자격은 개방적일 수도 있고 배타적일 수도 있다. 또 그들은 분리되어 있거나 전문화되어 있을 수 있다. 즉, 서로 닮아 보이고 비슷한 행위를 하는 집단일 수도 있고, 특화된 역할에 따라 분업 체제를 이룬 집단일 수도 있다. 외부 환경과의 관계에서 볼 때, 네트워크나 네트워크에 속한 노드의 경계는 명확하게 정의될 수도 있고 모호하거나 서로 스며들 수도 있다. 다양한 변종이 가능한 것이다.

각 형태는 서로 다른 조건과 목적에 적합하도록 형성된 것이며, 세 가지 타입 모두 네트워를 수행하는 저항 세력에서 발견할 수 있다. 예를 들면, 사슬 구조는 밀수 조직에서, 그리고 허브 구조는 테러리스트나 조직범죄 집단의 핵심부에서 관찰할 수 있다. 모든 채널 구조는 매우 탈중심화되고 인터넷으로 잘 연결된 무력 조직에서 볼 수 있다. 또 각기 다른 과제들이 서로 다른 형태의 네트워크를 중심으로 수행되는 혼성 조직도 있다. 예를 들면, 어떤 네트워 조직은 그 핵심부에 모든 채널 형태의 자문단이나 지도부가 있지만 전술작전 수준에서는 허브와 사슬 구조를 채택할 수 있다. 또 네트워크 형태와 위계적 형태가 혼합된 조직도 있는데,

전통적 위계 조직이 네트워크의 특정 노드 안에 존재할 수 있다. 어떤 경우엔, 전체적으로는 위계 조직을 갖되, 전술 차원에서는 네트워크 형태를 쓸 수 있다. 또 어떤 경우엔, 전체적으로는 모든 채널 구조나 전술 차원에서는 위계적 팀을 활용하기도 한다. 다시 말하면, 여러 형태의 조직 구성이 가능하며 어떤 네트워크가 정확히 어떤 특징을 가지는지를 정확히 집어내기란 매우 어렵다.

이 세 가지 형태의 네트워크 중 모든 채널 조직의 조직 및 유지가 가장 어렵다. 이 조직이 좀더 정교한 의사소통을 요구하는 것도 그 한 이유이다. 그러나 이 형태를 띤 네트워크 조직은 협력해서 과제를 수행하는 데 요구되는 새로운 잠재력을 많이 가지고 있으며 정보혁명으로 얻는 이점들도 가장 잘 살릴 수 있다. 외형상, 모든 채널 네트워 행위자는 '버키볼(Bucky Ball: Buckminster Fuller를 따서 붙인 이름)'을 닮았는데, 피라미드 형태와는 달리 수평 구조를 띤다. 이상적으로는 단일한 중앙 리더십이나 명령 체계 또는 본부가 존재하지 않기 때문에 (정부 당국이) 우선 겨냥할 만한 특정한 정신적 지주나 지도자도 없다. 네트워크는 전체적으로 (각각의 노드는 다를 수 있지만) 위계질서와 거리가 멀며 지도자가 여러 명 있을 수 있다. 의사결정과 실행은 탈집중화돼 있으며, 각 하위 조직에서 독자 행동이 가능하다. 조직은 머리 없는 형태를 띨 수도 있고, 히드라처럼 머리를 여러 개 가질 수도 있다.[9]

이러한 조직이 오랜 시간에 걸쳐 효율적으로 작동하기 위해서는 원칙, 이해관계, 목표(가장 우선적인 교리나 이데올로기) 등이 있어야 하며, 이것이 모든 노드에 퍼져있고 모든 구성원들이 이에 깊이 동감해야 한다. 상호 협의와 합의 구축 과정을 거쳐 형성된 이러한 원칙들은 먼 곳에 떨어져 각기 다른 과제를 수행하는 구성원들에게도 '하나된 마음'을 갖게 해

---

9) 네트워크는 세포(cell)조직과 같은 구조를 가질 수도 있다. 그러나 '세포'가 있다고 해서 곧 네트워크 조직이란 의미는 아니다. 일부 반국가 단체의 경우에서 보듯이 위계적 조직도 세포 구조를 가질 수 있다.

準다. 전술적 탈집중화가 가능하도록 (중앙 집중적인) 관념적·실행적 유대
(ideational and operational coherence)를 제공하는 것이다. 이러한 조직의 구
성원들은 위계질서에 의존할 필요가 없다. 조직의 원칙이 의사결정과 행
동의 경계, 그리고 가이드라인을 설정해, '모든 사람이 자기 역할을 알기'
때문이다.[10]

네트워크 디자인의 작동을 위해서는 기능적 정보가 풍부하게 교환되
도록 기반 구조를 갖추는 것이 중요하다. 그렇다고 모든 노드들이 항상
의사소통을 유지해야 하는 것은 아니다. 이러한 구조는 비밀리에 음모를
추진하는 조직에는 적용될 수 없다. 하지만 의사소통이 필요할 때에는,
구성원들은 네트워크 안팎의 청중들에게 즉각, 그리고 가능한 한 광범위
하게 정보를 전파할 수 있어야 한다.

여러 측면에서 원형적 네트워크 디자인은 이전의 연구가들이 제시했던
'분절되고(segmented), 다중심적이며(polycentric), 같은 이데올로기로 통합
된(ideologically integrated) 네트워크(network)', 즉 SPIN이라는 설명에 들어
맞는다(Gerlach, 1987: 115; Gerlach and Hine, 1970).

분절이란 여러 다른 그룹으로 구성된 세포조직을 의미한다. 다중심적
이란 지도자나 지휘의 핵심부가 여러 개 있음을 의미한다. 네트워크화란
각 부분들과 지도자들이 다양한 구조적·개인적·이데올로기적 유대로 그물
모양의 시스템이나 네트워크에 통합됨을 의미한다. SPIN이란 용어는 주
류 사회에서 갈라져 나가는(spinning out) 성향이 있는, 유동적이고 역동적
이며 확장하는 조직을 잘 묘사해 준다.[11]

---

10) 이 구절은 백인 우월 단체들에 큰 영향을 미친 '지도자 없는 저항(leaderless
   resistance)'에 관한 빔(Beam, 1992)의 교리적 문서에서 인용한 것이다.
11) SPIN은 네트워의 선구적 개념으로, 1960년대에 미국 사회운동의 특성을 묘사
   하기 위해 루터 걸락과 버지니아 H. 하인(Virginia H. Hine)이 처음 제시했다.
   이는 오늘날 사회운동뿐만 아니라 일부 테러리스트, 범죄, 인종 민족주의자
   (ethnonationalist), 그리고 근본주의 조직에 관한 분석에서 주목받은 네트워크
   형태의 조직·교리·전략에 대해 시사하는 바가 크다.

기술의 역할을 지나치게 강조하는 것은 금물

네트워는 네트워크 형태를 띤 조직의 등장으로 나타난 결과이고, 네트워크 형태의 조직은 부분적으로 컴퓨터 정보혁명의 결과이다.[12] 그 잠재력을 실현하기 위해, 완전히 상호 연결된 네트워크는 다른 형태의 조직들(예: 위계적 조직)보다 풍부한 정보와 의사소통의 흐름을 꾸준히 유지할 수 있는 능력을 더욱 필요로 한다. 이러한 능력은 휴대폰, 팩시밀리, 전자우편, 웹사이트, 컴퓨터 회의 등 첨단 정보 기술로 가능해졌다. 이러한 기술들은 지리적으로 흩어져 있는 네트워 조직의 구성원들에게 특히 유용하다.

그러나 기술의 역할에 대해 유의할 점이 두 가지 있다. 첫째는, 신기술이 조직적 네트워크 형성에 아무리 역할이 크더라도, 네트워를 위해 절대적으로 필요한 요소는 아니라는 입장이다. 어떤 상황에서는 전령(runner) 같은 옛 기술이나 신구 기술의 혼합으로도 네트워를 수행할 수 있다. 예를 들면, 소말리아의 군 지도자였던 고(故) 모하메드 파라 아이디드(Mohamed Farah Aidid)는 자신을 잡으려는 사람들의 추격을 피해 다니면서도 뛰어다니는 전령과 북소리 신호만으로 자신의 병력을 완전히 지휘·통제했다.[13] 이슬람 반군이 승리를 거두었던 체첸 전쟁(1994~1996)에서도 뛰어다니는 전령과 전투 상황 관리를 위한 무선통신(햄) 및 기타 구형 통신 기술이 널리 쓰였다.[14] 즉, 네트워는 첨단 기술이나 구형 기술을 통

---

12) 이 점에 대한 좀더 명확한 설명을 위해, David Ronfeldt, *Tribes, Institutions, Markets, Networks—A Framework About Societal Evolution*(Santa Monica, Calif.: RAND, P-7967, 1996); John Arquilla and David Ronfeldt, *The Advent of Netwar*(Santa Monica, Calif.: RAND, MR-789-OSD, 1996) 참조. 그리고 이들 저술에 인용된 다른 자료들 참조.

13) Mark Bowden, *Blackhawk Down: A Story of Modern War*(New York: Atlantic Monthly Press, 1999) 참조.

14) John Arquilla and Theodore Karasik, "Chechnya: A Glimpse of Future Conflict?" *Studies in Conflict and Terrorism*, Vol.22, No.3(July~September 1999), pp.207~230 참조.

해서 또는 아무 기술이 없어도 수행될 수 있다.

둘째, 네트워는 단순히 '네트(즉, 인터넷)'의 작동이 아니다. 네트워는 사이버 공간이나 '정보 공간(infosphere)'에서만 일어나는 것이 아니다. 일부 전투는 사이버 공간에서 이뤄지겠지만, 전쟁의 전반적 양상과 결과는 '실제 세계'에서 벌어지는 일에 좌우된다. 정보 시대의 갈등에서도 현실 세계에서 일어나는 일이 사이버 세계에서 일어나는 일보다 여전히 더 중요할 것이다.[15]

네트워는 인터넷 전쟁만을 말하는 것이 아니다. 마치 사이버 전쟁이 '전략적 정보전'만을 의미하는 것은 아닌 것과 같다. 미국인들은 현대의 분쟁들을 조직이나 교리보다는 기술의 문제로 생각하는 경향이 있다. 이는 분명한 오해라는 것이 편자들의 의견이다. 사회적 네트워는 외로운 천재 해커 케빈 미트닉(Kevin Mitnick)보다는 분명한 독트린을 지닌 마르코스 부사령관 같은 인물에 의해 수행된다.

스워밍 능력, 그리고 공격과 방어의 경계 흐리기

독특하고 (종종) 임시방편적인 네트워라는 구조는 공격과 방어 모두에서 범상치 않은 힘을 발휘한다. 공격 측면에서 보면, 네트워크는 적이나 외부의 도전에 대해 좀더 적응력이 좋으며 유연하고 다양한 능력을 발휘한다. 이런 점은 행위자들이 스워밍을 수행할 때 더욱 두드러진다. 스워밍은 갈등에 대한 전통적인 대규모 기동 중심의 접근과는 매우 다르며,

---

15) 이 점은 Paul Kniesel, "Netwar: The Battle over Rec.Music.White-Power," *ANTIFA INFO-BULLETIN*, Research Supplement(June 12, 1996)에서 특히 잘 다뤄졌다. 이 자료는 인터넷에서 볼 수 있다. 크니셀은 백인 우월주의 음악에 관한 유스넷 뉴스 그룹의 창설을 막기 위해 벌어진 투표 사건을 분석했다. 이는 유스넷 뉴스 그룹의 개설에 관한 투표 중 역대 최대 규모였다. 그는 "현대 파시즘에 대한 전쟁은 인터넷 밖의 '실제 세계'에서 승리를 거두게 될 것이다. 그러나 파시즘 네트워에 대한 전투는 인터넷에서 이루어졌고, 또 거기서 승리를 거뒀다"라고 결론지었다. 그의 증언은 네트워라는 용어의 사용이 확산됨을 보여준다.

이에 관해 아직 학술 연구가 많이 이루어지지 않았다.[16] 그러나 스워밍은 정보 시대의 핵심적인 갈등 양상이 될 수 있으며(Arqilla and Ronfeldt, 2000), 이러한 가능성은 네트워 옹호자들 사이에서 이미 모습을 드러내고 있다.

스워밍은 모든 방향에서 어떤 특정한 지점(들)을 타격하는 것으로, 겉보기엔 실체가 없어 보이지만 실제로는 매우 정교하게 조직되고 조정된 행위이다. 압도적인 전력을 바탕으로 특정 지점이나 지역에 지속적으로 집중 공격을 가해 기능을 마비시키는 행위[이를 '포스 앤드 파이어(force and/or fire)'라고 한다]를 통해 주로 이뤄진다. '포스 앤드 파이어'의 개념은 주로 군사 및 경찰 작전에서 쓰이는 말인데, 예를 들면 NGO 활동가들이 도시 교차로를 막고 시위를 벌이거나 전자우편이나 팩스를 대량으로 보내는 행위 등을 말한다. 스워밍은 수없이 많은 작고 분산된 네트워크화된 기동 단위에 의해 수행될 때 가장 큰 효과를 발휘할 수 있다. 스워밍은 네트워크를 구성하는 분산된 부분들이 특정 목표를 위해 여러 곳에서 한데 모일 때 가능하다. 스워밍의 목적은 '지속적인 발산(sustainable pulsing)'이다. 스워밍 네트워크는 목표 지점에 신속하고 은밀하게 집결해야 하며, 언제든 재집결해 새로 타격을 가할 수 있도록 만반의 준비를 하고 다시 흩어져야 한다. '은밀한 접근 능력'이 필요하다는 것은, 네트워에서는 공격이 전통적인 '파도(wave)' 형태보다 '스워밍' 형태로 이루어지기 쉽다는 사실을 보여준다. 러시아군에 대한 체첸의 저항이나 직접행동네트워크(DAN: Direct Action Network, 이하 DAN)의 반세계화 운동인 '시애틀 대전'은 스워밍의 대표적인 예이다.

스워밍은 네트워 행위자들이 힘을 '집합화(mass)'하기보다는 분산이나 '패킷화(packetization, 좀더 적합한 용어가 필요하다)'할 경우 가장 효과적이

---

16) 편자들이 본 문헌 중 '스웜 네트워크'를 처음 언급한 것은 켈리(Kelly, 1994)였다. 다른 저술(Bonabeau, Dorigo, and Theraulaz, 1999)에도 비슷한 내용이 담겨 있는데, 이는 엄밀히 말해 스웜 네트워크가 아니라 '스웜 인텔리전스'에 관한 것이다.

고, 방어도 힘들어진다. 예를 들면, 이는 마약 밀매자들이 대량의 마약을 작은 조각으로 나눠서 비밀리에 국경을 넘어 나르거나 NGO 활동가들이 (사파티스타 운동처럼) 인권, 민주주의, 환경, 지방 개발 등 어떤 주제에 대해서도 대응할 수 있도록 내적인 다양성을 갖추는 것을 의미한다.

방어적 잠재력에서 볼 때, 네트워크는 각 부분이 중첩되고(redundant) 다양해지는 경향이 있어 외부 공격에 대해 강하고 탄력 있게 대응할 수 있다. 만약 네트워크들이 상호 연동(interoperability)하고 중앙 집중화된 지휘 통제 없이 행동할 수 있다면, 네트워크 구조의 전체적인 단속이나 근절은 매우 어려울 것이다. 특히 이들은 지도자를 겨냥한 전략(counter-leadership targeting)을 무력화시킬 수 있다. 이 전략은 마약과의 전쟁처럼 조직범죄를 억제하기 위해 미국 당국이 즐겨 쓰는 전략이다. 누가 네트워크를 공격하려 하건 간에, 공격할 수 있는 네트워크는 제한돼 있다. 전체 네트워크의 일부만을 발견하고 타격할 수밖에 없다. 더구나 네트워크에 내재된 접근 불가능성 때문에 네트워크는 개별 노드에 대한 공격을 간단히 흡수해 버릴 수 있다. 공격자들이 네트워크가 공격으로 피해를 입고 무력해졌다고 생각할 때, 사실 스워밍 네트워크는 눈에 보이지 않는 곳에서 새로운 전략적 기습 공격을 준비한다.

공격과 방어의 경계선이 흐려지거나 뒤섞여 버릴 때 네트워 행위자들을 상대하기가 더욱 힘들다. 경계 흐리기의 경우, 공격과 방어 행동의 구분이 어렵다. 특히 공격 행위가 자기 방어를 명분으로 이뤄진다면 더욱 그렇다. 일례로, 멕시코 사파티스타 운동은 공격과 방어의 경계 흐리기를 잘 보여준 사례였다. 공격과 방어의 뒤섞기는 작전의 전략적 차원과 전술적 차원을 의도적으로 혼합하는 것이다. 1980년대 아프가니스탄 무자헤딘(mujahideen) 전쟁이나 러시아 체첸 전쟁에서 볼 수 있듯이, 전략적으로는 방어 태세를 가지는 게릴라들이 전술적으로 공격 태세를 취할 수 있다.

불명확한 경계

(비록 다른 많은 정책이나 논쟁 영역에서 드러나긴 하지만) 공격과 방어의 경계 흐리기는 네트워의 또 다른 측면을 반영한다. 이는 국가와 사회, 공적 영역과 사적 영역, 전쟁과 평화, 전쟁과 범죄, 민간과 군사 영역, 경찰과 군대, 합법과 불법 사이의 표준적인 경계, 영역, 그리고 정의를 무효화하고 가로지른다. 이 때문에 정부가 군대나 경찰 또는 정보기관 같은 특정 기관에 이 문제들을 처리하도록 책임을 맡기는 것도 매우 어려운 일이 됐다.

리처드 스자프란스키(Richard Szafranski, 1994, 1995)가 정보전이 결국 어떻게 '신피질전(neo-cortical warfare)'이 되는지를 설명한 것과 마찬가지로, 정부와 사회에 대한 도전은 '인식론적인(epistemological)' 문제가 된다. 네트워 행위자들은 문화와 사회, 그리고 정부에 대한 사람들의 기본 신념을 혼동시키려 한다. 공포를 일으키기 위해서이기도 하지만 주로 사람들을 혼란시키고 인식의 분열을 유도하기 위해서이다. 인종 민족주의자나 테러리스트, 사회 활동가 등 주도자가 누가 됐건 간에 강력한 사회적 내용을 담은 네트워가 파괴보다는 분열을 일으키기 쉬운 것은 이 때문이다. 그 도전이 더 인식론적일수록 조직의 입장에서는 더욱 혼란스러울 것이다. 이러한 위협에 대응하는 것은 누구의 의무인가? 누구의 역할과 임무가 문제가 되는가? 이것은 군사적 문제인가, 경찰이나 정보기관의 문제인가, 아니면 정치적 문제인가? 방어자의 역할과 의무를 정의하기 어렵다면 억제나 방어도 쉽지 않다.

그러므로 네트워의 확산은 정보 시대 국민국가가 직면한 새로운 도전이다. 국민국가의 주권은 주로 관료제를 통해 실행된다. 이 관료제를 통해 국가의 다양한 문제들이 세부 분야로 구분되며, 각 부처는 자신들에게 맡겨진 특정한 문제들을 처리하게 된다. 네트워의 경우, 명확하게 구분되는 것은 거의 없다. 네트워의 지도자는 사회의 빈틈과 회색 지대에서 네트워

42

를 수행한다. 그리고 이들은 공권력 있는 권위들이 서로 엇갈리며 정치인, 당국자, 군인, 경찰, 그리고 기타 관련자들의 패러다임이 서로 충돌하고 모호해지는 지점을 타격한다. 더구나 네트워 실천자들의 초국가적 성격이 강할 경우, 개별 정부는 자국 정책이나 관행을 변화시키려는 외국 정부나 기업들에 의해 주권이나 정통성이 도전받게 될 위험에 처할 수도 있다.

네트워크 대 위계제: 역네트워에 대한 도전

이 책에서 논의된 관찰과 사례연구 결과를 통해 정보혁명과 정보혁명이 네트워와 역네트워에 미치는 영향에 대해 네 가지 정책적 명제를 이끌어낼 수 있다(Arquilla and Ronfeldt, 1993, 1996).[17]

위계제는 네트워크에 맞서 싸우기 힘들다. 이러한 예는 다양한 갈등들에서 찾아볼 수 있다. 세계 각국 정부가 콜롬비아에서 활동하는 초국가적 마약 밀매 조직들을 근절하지 못하는 것이 대표적인 예이다. 알제리의 경우처럼, 정부의 반대에도 불구하고 꾸준히 계속되는 종교 부흥운동은 공격과 방어 양 측면에서 네트워크의 견고함을 잘 보여준다. 국내 및 국제 NGO들이 지지하는 멕시코의 사파티스타 운동은, 사회적 네트워가 (민주화되어 가는) 독재국가를 수세에 몰아놓고 개혁을 계속 받아들이도록 압력을 가할 수 있음을 보여줬다.

네트워크에는 네트워크로 맞서야 한다. 네트워에 맞서 방어하려는 정부는 상대편이 쓰는 것과 같은 조직 구조와 전략을 채택해야 한다. 이는 상대방의 전략을 그대로 베끼라는 것이 아니라 정보 시대 네트워크의 발흥에서 배운 조직 구조의 원칙들을 활용하는 법을 배워야 한다는 뜻이다.

---

17) 그리고 이 같은 명제에 관해 추가 연구를 보려면, Alexander Berger, "Organizational Innovation and Redesign in the Information Age: The Drug War, Netwar, and Other Low-End Conflict"(Master's thesis, Monterey, Calif.: Naval Postgraduate School, 1998) 참조.

이러한 원칙들의 실천은 기술혁신에 어느 정도 의존하기는 하지만 주로
조직적·교리적으로 혁신하려는 의지에 달려 있다. 특히 각 정부 기관의
영역과 사법 관할권을 넘나들며 협력할 수 있는 새로운 메커니즘의 구축
이 필요하다.

네트워크 형태를 가장 먼저, 그리고 가장 잘 체득하는 자가 가장 큰 이득
을 얻게 된다. 정보 시대의 초창기인 지금, 네트워킹에서 가장 앞서는 반
대 세력들이 — 그들이 범죄자이건, 테러리스트이건, 평화적 사회운동가이건,
국가에 협조적이건 아니건 간에 — 국가기구에 비해 상대적으로 힘이 강화
됐다. 과거에는 네트워크를 통해 단지 탄압만을 피했지만, 이제는 네트
워크를 통해 국가나 다른 위계적 행위자와 거의 같은 조건으로 경쟁할
수 있게 되었다. 하마스와 칼리카르텔(Cali cartel)의 역사는 이를 잘 보여
준다. 멕시코 사파티스타 운동과 국제대인지뢰금지운동도 마찬가지다.

따라서 역네트워는 국가기구 간에 매우 효율적인 협력적 접근을 요구
하며, 이는 그 본질상 네트워크적 구조와 관련되어 있다. 정부 내의 모든
위계질서를 네트워크로 대체하는 것은 필요하지도, 바람직하지도, 그리
고 가능하지도 않다. 문제는 이 두 가지 형태를 적절히 혼합하는 것이며,
네트워크적 처리 과정을 장려하고 이를 준수하게 하면서 동시에 핵심적
권위를 유지하는 것이다. 적절한 혼합체를 창조함으로써 정부는 정보 시
대의 새로운 위협과 도전들에 — 그것이 인종 민족주의자들에 의한 것이건 테
러리스트, 군벌 세력, 범죄 집단 또는 다른 집단에 의한 것이건 — 좀더 잘 대응
할 수 있을 것이다[18].

그러나 정부는 위계적 관습과 제도적(institutional) 이해관계에 너무 얽
매여 있어, 네트워크의 새로운 가능성들을 실험해 보려는 노력을 제대로
시작하기도 전에 거센 저항에 부딪힐 우려가 있다. 그러나 제도를 다시

---

18) 상세한 내용은 Arquilla, John and David Ronfeldt(eds.), *In Athena's Camp:
Preparing for Conflict in the Information Age*(Santa Monica, Calif.: RAND,
MR-880-OSD/RC, 1997) 19장 참조.

44

디자인하는 데 실패했을 경우 치러야 하는 비용과 위험은 크며, 시간이 지날수록 더 커질 것이다. 범죄와 테러리즘처럼 해결하기 가장 어려운 분야들에서 국내외 네트워를 구축하려는 노력들이 시작되어 현재 올바른 방향으로 움직이고 있다. 그러나 범죄 집단과 테러리스트들의 네트워크도 (근절하기 힘들도록) 끊임없이 스스로를 변화시키고 있기 때문에 아직 더 많은 노력이 필요하다.

최근 네트워 사례

7년 전 편자들이 처음 네트워에 대해 저술하기 시작한 이래 사회적 활동에서 폭력적 인종 갈등에 이르기까지 네트워를 수행한 사례가 최소한 10건 이상 있었다(<표 1-1> 참조). 이 네트워들은 대부분 성공적이었다. 네트워크화된 비정부 행위자가 국가 하나 또는 여러 국가들에 대항했던 사례 10건 중 5건은 상당한 성공을 거두었다. 3건은 제한적 성공을 거두었고, 미얀마에서의 네트워는 아직 성공 여부를 판단하기에는 시기상조이다. 체첸의 경우는 현재로선 실패라고 봐야 할 것이다.[19] 이 사례들 및 각각의 성공과 실패의 원인들은 각 장에서 좀더 자세히 다루어질 것이다.

네트워가 제한적 성공만을 거두거나 실패한 사례들을 통해, 우리는 어

19) 두 번에 걸친 러시아와 체첸의 갈등은 모두 네트워 사례에 포함된다. 체첸이 실제 전투와 '이야기의 전투(battle of the story)'에서 모두 승리하기 위해 투쟁의 양 측면에서 네트워 형태 조직에 크게 의존했기 때문이다. 아퀼라와 카라시크(Arquilla and Karasik, 1999)는 1994~1996년 러시아와 체첸 간에 벌어진 갈등에서 체첸이 승리한 것을 두고 네트워의 명백한 승리로 간주했다. 그러나 이들은 러시아가 이 패배에서 교훈을 얻어—그들이 역사 전체에 걸쳐 패배를 통해 뭔가 배워왔듯이—전장(戰場)과 세계 인식(world perception) 양 측면에서 향상될 것으로 전망했다. 러시아는 체첸과 벌인 두 번째 갈등에서 좀더 좋은 성과를 거뒀다. 그들은 체첸을 남부 산악 지대의 요새로 몰아넣었고, 세계의 국가 및 비국가 행위자들에게 러시아가 세계를 대신해 테러리즘과 싸운다는 사실을 각인시켰다.

떤 조건하에서 네트워가 가장 성공적이고, 어느 경우에 실패하는지, 그리고 어느 경우에 제한적인 성과만을 거두는지 등을 분석하며, 네트워에 대해 균형 잡힌 시각을 가져야 할 것이다. 네트워를 좀더 자세히 연구할 필요가 있게 만드는 명백한 성공 사례도 분명히 많이 있다. 하지만 과거 로버트 테이버(Robert Taber, 1970)가 게릴라전에 대해 언급한 것처럼 네트워의 의미를 지나치게 '부풀리지' 않는 것도 중요하다. 테이버의 이러한 주장을 루이스 간(Lewis Gann, 1970)이 날카롭게 반박한 바 있는데, 간은 게릴라는 막을 수 없는 존재가 아니며 종종 격퇴됐다는 점을 지적했다. 네트워도 나름의 장단점이 있다. 편자들의 목적은 네트워의 역동성에 대한 깊은 이해를 추구하는 것이다.

<표 1-1>에서 네트워 사례들은 시간이 얼마나 걸렸느냐에 따라서, 그리고 특정한 위기에 초점을 맞춰서ㅡ이는 갈등 상황의 연구에 매우 유용한 구분법이다ㅡ구분됐다. 이를 통해 흥미로운 통찰을 발견할 수 있었다. 예를 들면, 가장 성공적인 장기적 네트워 두 사례는 국가의 통제에서 벗어나려고 한 인종 민족주의 집단과 범죄 집단이 일으킨 폭력적 네트워였다. 성공적인 단기적 네트워들로는 폭력을 일부 사용하거나(사례 2건), 세계 시민사회가 국가의 폭력에 대해 힘에 의지하여 대응할 것임을 경고한 사례가 있었다. 그리고 (언급이 잘 안 되었지만) 다른 사례들도 대부분 폭력적 측면을 갖고 있다.

<표 1-1>은 네트워의 타입을 세계 지향적인 경우(예: 대인지뢰금지운동)와 그 반대로 자치를 추구하는 경우(예: 러시아에 대한 체첸의 1994년 분리 독립운동)로 분류했다. 그리고 이 둘의 혼합형으로서, 지역 단위에서 힘을 얻는 것을 목표로 하면서 민주적이고 세계 지향적인 영향력에 자신들을 노출시키는 네트워가 자리 잡고 있다.

러시와와 미얀마에서 실패한 네트워 2건은, 네트워크 조직이 (권력을 유지하기 위해 상당한 무력을 행사할 의사가 있는) 위계적 권위주의 정권과 맞섰다는 공통점이 있다. 오늘날까지 네트워의 성공은 주로 폭력적인 '비

<표 1-1> 주요 네트워 사례 (1994~2000년)

사례	시기	결과	유형
장기간에 걸친 네트워			
EZLN*	1994~	제한적 성공	자치 지향적
국제대인지뢰금지운동	1998~	제한적 성공	세계 지향적
미얀마	1996~	실패(?)	혼합
마약 카르텔	1994~	상당한 성공	자치 지향적
2차 체첸 전쟁	1994~1996	상당한 성공	자치 지향적
1차 체첸 전쟁	1999~2000	실패	자치 지향적
단기간에 걸친 네트워			
그린피스	1994	제한적 성공	세계 지향적
시애틀 대전	1999	상당한 성공	세계 지향적
동티모르	1999	상당한 성공	자치 지향적
세르비아	2000	상당한 성공	혼합

* 사파티스타민족해방군(Zapatista National Liberation Army, 이하 EZLN)

시민사회'가 이룩했다는 점을 생각해 볼 때, 이러한 네트워의 실패들은 네트워의 장점을 강조하는 주장에 대해 조심스럽게 접근할 필요가 있음을 말해준다. 반면 국제대인지뢰금지운동이나 핵실험을 중단시키려는 그린피스(Greenpeace)의 경우처럼 폭력을 사용하지 않고 상당한 성과를 올린 사례들은 희망적인 모습을 보여준다. 미얀마를 권위주의적 통치에서 자유롭게 하려는 세계 시민사회의 노력이 아직까지는 실패로 보이지만, 운동이 여전히 진행 중이므로 궁극적인 결과는 아직 판단할 수 없다.

마지막으로 이들 네트워 갈등에서는, 권리와 윤리의 향상을 목적으로 세계적인 이슈들을 다루는 네트워와 정부의 통제에서 벗어나기 위해 비국가 행위자들이 추구하는 (더 흔하고 좀더 어두운 측면이 강한) '자치적' 네트워 사이에 균열이 발견된다. 지금까지 부분적인 성공을 거둔 네트워는 대부분 세계 지향적인 반면, 상당한 성과를 거둔 경우들은 (시애틀 대전과

세르비아를 제외하고) 자치적 성격을 띠었다. 앞으로 네트워 사례가 늘어
나도 이러한 패턴이 계속 유지될지 주목된다. 세계주의자들의 네트워에
서는 협상을 통한 해결이 선호되는 반면, (그 특성상 대부분 필사적인 성격
을 띠는) 자치 추구형 갈등은 좀더 폭력적이며, 합의를 통해 문제를 해결하
려는 경향이 약하다. 이런 초기 사례들의 분석 결과, 현재로서는 위와 같
은 네트워의 분류가 가능하며 앞으로 좀더 개념을 발전시켜야 할 것이다.

앞으로 네트워는 비국가 행위자들의 힘을 강화하고 민족국가가 누리
던 힘의 우위를 감소시킬 것인가? 시민사회 네트워크는 인권 분야에 초
점을 맞춘 세계적·윤리적인 의제를 확대·심화시키는 도구로 이미 네트워
를 유용하게 사용하고 있다. 이러한 노력은 특히 권위주의 체제에서 민
주주의 체제로 전환하려는 움직임(예: 미얀마)을 지원하는 노력과 함께 이
루어지고 있다. 하지만 세계주의적 동기보다는 범죄, 테러 또는 인종 분
리주의적 의제를 추진하기 위해 국가의 통제에서 벗어나려는 비국가 행
위자들의 네트워(예: 하마스, 체첸)들도 있다. 세계주의자들의 네트워가 주
로 비폭력적 수단에 의지하는 반면, 자치를 추구하는 세력들의 네트워는
폭력과 비폭력 두 가지 방법을 모두 사용하며 종종 폭력적인 방법을 훨
씬 강조한다.

네트워의 다양성: 이중 현상

네트워는 연역된(deduced) 개념이다. 네트워는 정보혁명의 효과와 함
의를 숙고하면서 파생되었다. 일단 명명된 뒤, 이 개념은 네트워크 형태
를 지닌 조직의 발흥에 관한 증거 및 인종 민족주의, 테러리스트, 게릴라,
사회운동가[20] 등 다양한 갈등들에서 '정보 전략(information strategies)'이나

---

20) 이들이 네트워 행위자 유형의 전부는 아니며 다른 형태의 행위자들도 있다.
    예를 들면, 기업도 네트워에 개입할 수 있고 네트워의 대상이 될 수도 있다.

48

'정보 작전'의 중요성에 대한 증거들이 쌓여가고 있음을 보여주는 데 도움이 됐다. 그렇다고 편자들이 인종 민족주의자, 테러리스트, 게릴라, 범죄자, 사회운동가 등을 모두 동등하게 생각하는 것은 아니다. 이들은 각자 다른 역동성을 가지고 있다. 또 시민사회에 긍정적인 영향을 끼치는 사회운동을 폄하하려는 것도 아니다.[21] 단지 네트워의 형태의 조직·교리·전략이 상호 교차하는 메타 패턴에 대해 주의를 환기시키려는 것이다. 이는 편자들이 그동안 귀납적 방법이나 연역적 방법으로 짚어내지 못했던 분야들이다. 편자들이 각 영역에서 전문가였는데도 말이다.

네트워는 '좋은' 행위자가 수행할 수도 있고, '나쁜' 행위자가 수행할 수도 있다. 평화적 방법으로도 이뤄질 수 있고, 폭력적 방법으로도 이뤄질 수 있다. 네트워는 그 시작부터 국가 권력과 맞서거나 경쟁하려는 비국가 행위자들에게 광범위한 호소력을 가졌다. 인종 민족주의자, 범죄 집단, 테러리스트 등이 모두 네트워크를 통해 새로운 힘을 발견했다. 하지만 폭력적 스워밍 같은 네트워의 어두운 측면 말고도, '이야기의 전투'에서 승리를 거두기 위해 비폭력적 노력(네트워의 좀더 순수한 정보적 측면을 나타냄)을 강조하는 세계 시민사회도 마찬가지다. 양측의 행위자들 모두, 미래의 갈등은 지난 시대의 정규전이 대부분 사라지면서 좀더 '비정규화'될 것이란 점을 (암묵적이긴 해도) 인식하기 시작한 것으로 보인다. 예산 사용, 교리, 군 구조 등의 면에서 볼 때, 네트워의 등장은 아직 전통적 형태의 갈등에 좀더 집중하는 미군에게 '의식의 전환'을 서두를 것을 촉구하고 있다. 새로운 갈등은 걸프전 같은 기존 갈등과는 매우 다르며, 촘촘히 서로 연결된 '세계적 격자(global grid)'에 자리 잡은 새롭고 상대하기 곤란한 적들과의 대립이기에, 이 점에 주목해야 할 것이다.

범죄자와 테러리스트라는 어두운 측면과 계몽적 시민사회의 힘이라는 네트워의 이중성은 사이버 공간의 가상현실에서도 그대로 반영된다. 사

21) David Ronfeldt, *Tribes, Institutions, Markets, Networks—A Framework About Societal Evolution*(Santa Monica, Calif.: RAND, P-7967, 1996) 참조.

이버 공간은 사회운동가들뿐만 아니라 범죄와 테러 조직에서도 (초보적이긴 하나) 활용도가 높아지고 있다. 현재 사이버 공간에서 사회운동은 범죄나 테러 조직보다 훨씬 튼실하게 자리를 잡고 있다. 그러면 앞으로도 계속 그러할 것인가? 편자들은 그럴 것으로 본다. 운동가들은 인권을 보호하고 확산시키는 메시지가 갖는 힘과 호소력을 통해 인터넷의 동원 가능한 힘들을 점점 더 능숙하게 통합해 갈 것이다. 물론 범죄 조직과 테러리스트들도 정보 공간의 활용 기술에 점점 익숙해지기는 할 것이다.

그러므로 네트워는 로마 신화에 나오는 야누스처럼 두 얼굴을 가진다. 야누스는 문(門)의 신이고, 따라서 출발과 돌아옴의 신이며, 새로운 시작과 출발의 신이기도 하다. 이는 어떤 의미에선 야누스가 의사소통의 신이란 말이기도 하다. 뒤를 돌아보는 늙은 얼굴과 앞을 내다보는 젊은 얼굴을 함께 가진 야누스는 본질적으로 이중적인 신이다. 태초에 그는 혼돈(chaos)에서 질서(order)를 분리하는 일에 참여했다. 로마 시대에 그는 전쟁과 평화를 구분해 주는 신으로 간주됐다. 광장에 있는 야누스 신전의 문은 평화 시에는 닫혀 있고 전쟁 시에는 열려 있었기 때문이다. 당연히 문이 닫혀 있는 날은 거의 없었다. 21세기의 문턱에서 인류는 다시 한번 새로운 시작에 직면해 있다. 새로운 세기가 평화의 시대가 될지 갈등의 시기가 될지는 아직 불확실하다. 그러나 앞으로 네트워의 어느 측면이 부상하느냐에 따라 다가올 세계의 모습은 상당 부분 달라질 것이다.

이 책은 네트워의 두 얼굴을 3부에 걸쳐 탐구한다. 1부는 3장으로 구성돼 있으며, 의사 표현을 위해 폭력 사용을 주저하지 않는 '비시민사회' 행위자들의 네트워크적 성격을 연대순으로 기술한다. 아랍 테러 집단에 대한 미셸 자니니와 숀 에드워즈의 분석, 국제범죄 조직에 대한 필 윌리엄스의 분석, 그리고 길거리 갱과 훌리건들에 대한 존 설리번의 분석은, 모두 이 조직들이 조직적·활동적 역량을 강화하기 위해 새로운 정보 기술을 점점 더 정교하게 사용하고 있음을 잘 보여준다.

이 책의 2부는 사회적 네트워의 등장을 역시 3장에 걸쳐 논의한다. 여

기에선 여러 형태의 국가에 대항해 싸우는 네트워크화된 시민사회 행위
자들의 사회적 네트워를 다룬다. 티파니 대니츠와 워런 스트로벨의 글은,
시민사회에 대해 문호를 걸어 잠그는 강고한 독재 체제에 대해 사회적
네트워가 가지는 한계점을 (약간의 긍정적 측면과 함께) 잘 보여준다. 편자
들이 직접 쓴 멕시코에 관한 장은, 'NGO 스워밍'이 당시의 권위주의적
인 체제에서 지방의 봉기를 평화적인 네트워로 전환시키는 데 매우 효과
적이었음을 보여준다. 폴 드 아몽의 분석은 미국과 같은 자유 사회에서
네트워가 가진 잠재적 동원 능력에 관한 통찰을 제공한다.

마지막 3부는 기술·조직·교리의 상호 작용 측면에서 네트워의 미래를
짚어본다. 도로시 데닝은 활동가, 핵티비스트, 그리고 사이버 테러리스트
들이 새로운 정보 기술을 활용해 얼마나 심각한 영향력을 발휘할 수 있
을지를 평가한다. 루터 걸락은 환경운동에 대해 집중 분석하여, 지도자
부재에서 활동의 유연성까지, 분절적이고 다중심적이며 네트워크로 통합
된 조직의 역동성을 규명한다. 편자들은 이러한 역동성이 이 책의 1부와
2부에서 다뤄졌던 모든 유형의 행위자들에게 다양한 정도로 적용된다고
본다. 결론에서는 네트워크에 대한 학술적 이론을 어떻게 규명할 것인가
에서부터 네트워 그 자체에 대해 어떻게 전략적으로 사고할 것인가에 이
르기까지 네트워 이론과 실제 추세에 대한 예측을 제시할 것이다. 3부를
통해 독자들은 네트워의 위험과 전망에 대해 알게 될 것이고, 앞으로 이
분야 연구를 위한 분석적 지침도 얻게 될 것이다.

참고문헌

Arquilla, John and David Ronfeldt. 1993. "Cyberwar Is Coming!" *Comparative Strategy*, Vol.12, No.2(Summer), pp.141~165. Available as RAND reprint RP-223.

Arquilla, John and David Ronfeldt. 1996. *The Advent of Netwar*. Santa Monica, Calif.: RAND, MR-789-OSD.

Arquilla, John and David Ronfeldt. 1999. *The Emergence of Noopolitik: Toward an American Information Strategy*. Santa Monica, Calif.: RAND, MR-1033-OSD.

Arquilla, John and David Ronfeldt. 2000. *Swarming and the Future of Conflict*. Santa Monica, Calif.: RAND, DB-311-OSD.

Arquilla, John, David Ronfeldt, and Michele Zanini. 1999. "Information-Age Terrorism and the U.S. Air Force." in Ian O. Lesser et al. *Countering the New Terrorism*. Santa Monica, Calif.: RAND, MR-989-AF.

Arquilla, John and Theodore Karasik. 1999. "Chechnya: A Glimpse of Future Conflict?" *Studies in Conflict and Terrorism*, Vol.22, No.3(July-September), pp.207~230.

Beam, Louis. 1992. "Leaderless Resistance." *The Seditionist*, Issue 12(February). text can also be located sometimes on the web.

Bonabeau, Eric, Marco Dorigo, and Guy Theraulaz. 1999. *Swarm Intelligence: From Natural to Artificial Systems*. Oxford: Oxford University Press.

Brin, David. 1998. *The Transparent Society: Will Technology Force Us to Choose Between Privacy and Freedom?* Reading, Mass.: Addison-Wesley.

Castells, Manuel. 1997. *The Information Age: Economy, Society and Culture*, Vol. II, *The Power of Identity*. Malden, Mass.: Blackwell Publishers.

Cleaver, Harry. 1995. "The Zapatistas and the Electronic Fabric of Struggle." from http://www.eco.utexas.edu/faculty/Cleaver/zaps.html. printed in John Holloway and Eloina Pelaez(eds.). 1998. *Zapatista! Reinventing Revolution in Mexico*. Sterling, Va.: Pluto Press, pp.81~103.

Cleaver, Harry. 1998. "The Zapatista Effect: The Internet and the Rise of an Alternative Political Fabric." *Journal of International Affairs*, Vol.51, No.2(Spring), pp.621~640.

Cleaver, Harry. 1999. July. "Computer-Linked Social Movements and the Global Threat to Capitalism." from http://www.eco.utexas.edu/faculty/Cleaver/polnet.html.

Edwards, Sean J. A. 2000. *Swarming on the Battlefield: Past, Present and Future*. Santa Monica, Calif.: RAND, MR-1100-OSD.

Evan, William M. 1972. "An Organization-Set Model of Interorganizational Relations." in Matthew Tuite, Roger Chisholm, and Michael Radnor(eds.). *Interorganizational Decisionmaking*. Chicago: Aldine Publishing Company, pp.181~200.

Gann, Lewis. 1970. *Guerrillas in History*. Stanford, Calif.: Hoover Institution Press.

Gerlach, Luther P. 1987. "Protest Movements and the Construction of Risk." in B. B. Johnson and V. T. Covello(eds.). *The Social and Cultural Construction of Risk*. Boston: D. Reidel Publishing Co., pp.103~145.

Gerlach, Luther P. and Virginia H. Hine. 1970. *People, Power, Change: Movements of Social Transformation*. New York: The Bobbs-Merrill Co.

Gray, Chris Hables. 1997. *Postmodern War: The New Politics of Conflict*. New York: The Guilford Press.

Kelly, Kevin. 1994. *Out of Control: The Rise of Neo-Biological Civilization*. New York: A William Patrick Book, Addison-Wesley Publishing Company.

Lesser, Ian O., Bruce Hoffman, John Arquilla, David Ronfeldt, Michele Zanini, and Brian Jenkins. 1999. *Countering the New Terrorism*. Santa Monica, Calif.: RAND, MR-989-AF.

Nye, Joseph S. 1990. *Bound to Lead: The Changing Nature of American Power*. New

York: Basic Books.

Nye, Joseph S. and William A. Owens. 1996. "America's Information Edge." *Foreign Affairs*, Vol.75, No.2(March/April), pp.20~36.

Ronfeldt, David, John Arquilla, Graham Fuller, and Melissa Fuller. 1998. *The Zapatista 'Social Netwar' in Mexico*. Santa Monica, Calif.: RAND, MR-994-A.

Szafranski, Colonel Richard. 1994. "Neo-Cortical Warfare? The Acme of Skill." *Military Review*, November, pp.41~55.

Szafranski, Colonel Richard. 1995. "A Theory of Information Warfare: Preparing for 2020." *Airpower Journal*, Spring, pp.56~65.

Taber, Robert. 1970. *The War of the Flea*, New York: Citadel.

Toffler, Alvin and Heidi Toffler. 1993. *War and Anti-War: Survival at the Dawn of the Twenty-First Century*. Boston: Little, Brown and Company.

Van Creveld, Martin. 1991. *The Transformation of War*. New York: Free Press.

Wehling, Jason. 1995. "'Netwars' and Activists Power on the Internet." March 25, 1995— as circulated on the Internet (and once posted at http://www.teleport.com/~ jwehling/OtherNetwars.html).

제1부 폭력 지향의 네트워

제2장 정보 시대 테러의 네트워킹
제3장 초국가적 범죄 네트워크
제4장 갱, 훌리건, 무정부주의자

제2장 정보 시대 테러의 네트워킹
The Networking Of Terror In The Information Age

미셸 자니니·숀 에드워즈

■ 편자 초록: 중동 지역의 아랍계 테러리스트들은 첨단 네트워크 조직을 구성해 활동하고 있으며 정보혁명의 강점을 빠르게 흡수하고 있다. 그들은 정보 기술을 결합하여, 위계적 특징은 줄이고 네트워크적 특성은 높인 구조를 구축하고 있다. 이에 따라 이들 조직은 좀더 유연하고 상황 대응이 빠르며 탄력적이다. 또 이들은 정보 기술을 실제 폭력을 사용하는 전쟁뿐만 아니라 사상의 전쟁에도 유용하게 사용하고 있다. RAND의 자니니와 에드워즈는 중동 지역의 테러리즘을 주로 논의하면서 다른 지역의 테러 조직도 언급한다. 이 장 끝에서는 정책 입안자들을 위해 몇 가지 안을 제시한다. 이 장은 본래『새로운 테러리즘에 대한 대응』(Ian Lesser et al., 1999)에 수록된 RAND 연구 보고서의 내용에 기초를 둔다.

도입

정보혁명은 미국 역사상 최장의 경기 호황을 불러왔고, 최근 몇 년 사이 눈부신 생산성 향상을 가져왔다. 그러나 정보 기술의 발달은 이러한 긍정적 측면과 함께 '사이버 테러리즘' 같은 부작용도 일으켰다. 세계의 컴퓨터 보안 전문가들은 테러리스트들이 컴퓨터 시스템에 침입해 바이러스 유포, 핵심 정보 유출, 웹사이트 변형, 주요 공공 서비스 마비 등의 문제를 일으키지 않을까 우려한다. 지난 1999년에 있었던 야후(Yahoo), 이베이(eBay) 등 대형 전자상거래 사이트에 대한 서비스 거부(DOS: denial-of-service, 이하 DOS) 공격, 그리고 팔레스타인 '알악사(Al-Aqsa)'를 지지하는 파키스탄 해커들이 이스라엘과 미국 웹사이트에 여전히 벌이고 있는 '사이버 성전(cyber-jihad)'은 사이버 테러리즘에 대한 우려가 현재 진행형임을 보여준다.

정보혁명은 테러 집단이 선택하는 목표물과 무기의 형태뿐만 아니라 이 집단들이 활동하고 조직을 구성하는 방법에도 영향을 끼치고 있다. 가장 위험한 몇몇 테러 조직들이 이미 세계 각지에서 테러 활동을 위해 컴퓨터, 소프트웨어, 통신 장비, 인터넷 등과 같은 첨단 IT 장비들을 사용하고 있다. 마치 일반 기업이 업무 효율화와 유연성 증대를 위해 IT 기술을 채택하듯이, 테러 집단도 새로운 형태의 테러 작전과 조직 형태를 가능하게 하는 IT 기술을 적극 도입하고 있다. 그리고 민간 기업들이 고객에게 좀더 정교한 서비스를 제공하기 위해 네트워크화된 연합체를 형성하는 것처럼, 테러 집단들도 위계적인 관료제에서 벗어나 좀더 평등하고 탈집중적이며 공통의 목표로 묶인 집단들의 유동적인 모임(web)으로 발전하고 있다.

네트워크화된 테러 집단의 등장은 아퀼라와 론펠트가 '네트워'[1]라고 부른 (좀더 광범위한) 현상의 일부이다. 네트워란 최근 등장한 사회적 차원의 갈등과 범죄의 양태로서 전통적인 전쟁과 달리 무력을 사용하지는

---

1) 네트워 개념은 이 책의 1장에서 좀더 포괄적으로 설명·논의됐다.

않는다. 네트워 참여자들은 특정한 중앙 지도부 없이 작은 모임으로 분산돼 인터넷 같은 방법을 통해 서로 통신하고 그들의 활동을 조정·수행한다. 네트워는 공식적·독자적 위계 조직과 교리, 그리고 전략을 추구하는 기존의 갈등 양태(중앙 집중화된 혁명운동을 조직하려는 과거 마르크스주의자들이 대표적인 예라 할 수 있다)와는 다른 모습을 띠고 있다.

이 장은 테러 집단이 — 특히 중동의 테러 집단들이 — 어떻게 그리고 얼마나 IT를 사용하는지 평가한다. 또 과거의 추세를 되돌아보고 이러한 추세가 앞으로 어떻게 진화할지 진단한다. 첫째, 조직 측면에서 네트워의 의미를 다룬다. 특히 IT를 통해 테러 집단이 얼마나 다양하게 내부 구조와 지휘·통제·통신(C3: command·control·communication)을 구축할 수 있는지를 탐구한다. 둘째, 테러 조직들이 정보 시스템 공격 같은 네트워나 인식 관리 등에 IT를 활용한 사례들을 검토한다. 셋째, 테러리스트들의 IT 사용이 중·단기적으로 어떤 방향으로 발전할지를 예측한다. 마지막으로, 테러에 대응할 수 있도록 정책적 제언을 한다.

조직적 네트워킹과 기술 습득

전형적 네트워의 주도자들은 이념과 이해관계를 공유하며, 완전히 인터넷화된 '모든 채널' 방식으로 다양하게 분산된 '노드'들의 집합을 형성한다. 전통적 위계제도에 대비되는 네트워크 구조의 잠재적인 효율성은 이미 1960년대부터 경영학자들의 관심을 끌어왔다.[2] 오늘날 가상 또는

---

2) 1961년에 번스(Burns)와 스토커(Stalker)는 유기적(organic) 형태를 "(수직적이 아닌) 수평적으로 의사소통하는 통제와 권위, 그리고 의사소통의 네트워크 구조"라고 언급했다. 유기적 구조의 특징은 다음과 같다. 조직의 우두머리는 더 이상 모든 것에 대해 전능한 지식을 가지고 있지 않다. 이제 기술적·상업적 특성에 관한 지식은 네트워크 중 어디에든 있을 수 있다. 그 위치가 바로 권위와 의사소통의 임시 중심부가 된다.

네트워크화된 조직은, 이것이 본래 지니는 유연성과 적응성, 그리고 모든 구성원의 재능을 극대화할 수 있는 능력 덕분에 경영계에서 전통적 관료제의 유용한 대안으로 떠오르고 있다.

네트워크화된 조직은 세 가지 기본적인 특징을 공유한다. 첫째, 의사소통과 조율은 수평적 또는 수직적 보고 체계에 의해 공식적으로 규정되지 않으며, 당장의 과제에 따라 신축적으로 등장하거나 변화한다. 구성원의 관계도 종종 비공식적이며, 관계의 강도도 조직의 요구에 따라 다른 경우가 많다. 둘째, 내적 네트워크는 보통 조직 밖의 다른 사람들과 연계하면서 보충되며, 이러한 연계는 국가 범위를 넘는 경우가 많다. 내적 연계처럼, 외적 관계도 특정한 공동 프로젝트의 수명주기(life cycle)에 따라 형성됐다 사라지곤 한다. 셋째, 이러한 내외적 관계는, 관료적 명령에 의해서가 아니라, 공유된 규범과 가치, 그리고 상호 신뢰로 가능해진다. 내부적으로는 많은 일들이 자율적으로 관리되는 팀들에 의해 수행되며, 외부와 연계하여 "참여 집단이나 기업들로 조직된 복잡한 네트워크의 집합체를 구성한다"(Monge and Fulk, 1999: 71~72).

대중동 지역의 네트워크화된 테러 조직의 등장

기업 세계에서 떠오르던 이러한 움직임을 이제 새롭고 좀더 활동적인 테러 집단들의 조직 구조에서도 쉽게 찾아볼 수 있게 됐다. 이들 집단은 탈집중화되고 유연한 네트워크 구조를 발 빠르게 받아들이는 것으로 보인다. 이러한 네트워크 조직의 발흥은, 국가의 지원을 받는 공식 조직에서 개인의 재정 지원을 받는 개인이나 하위 집단의 느슨한 네트워크 조직으로의 변화라는 테러리즘의 좀더 광범위한 추세에 속한다. 이러한 개인이나 집단은 외부의 전략적 지도를 받기도 하지만, 전술적으로는 자치권을 누리는 경우가 많다.

예를 들면, 대(大)중동 지역의 테러 조직은 다양한 기원과 이데올로기,

그리고 조직 구조를 가지고 있지만, 크게 분류하면 전통적 조직과 신세대 조직으로 나눌 수 있다. 전통적 조직은 그 기원이 1960년대 말이나 1970년대 초로 거슬러 올라가며, 대부분은 팔레스타인해방기구와 공식적·비공식적 연관을 맺고 있었다(일부는 아직도 관련을 맺고 있다). 이들은 대개 신세대 조직보다 더 관료적이며 민족적 또는 마르크스주의적 의제를 유지하고 있다.3) 이러한 집단들도 조직 구조의 한 부분인 자율적 세포조직을 활용했으나, 이러한 세포조직의 활동도 명확한 보고 체계를 통해 관료제의 지도를 받기에 수평적 조정은 거의 찾아볼 수 없다.

이와는 대조적으로 덜 위계적인 신세대 집단들, 하마스, 팔레스타인 이슬람지하드(the Palestinian Islamic Jihad), 헤즈볼라(Hizbollah), 알제리 무장이슬람그룹(Algerian Armed Islamic Group, 이하 GIA), 오사마 빈 라덴의 테러 네트워크 알카에다 등은 가장 활동적인 조직으로 떠올랐다(Office of the Coordination for Counterterrorism, 2000). 종교적 또는 이데올로기적 동기로 느슨하게 조직된 이러한 집단들에서 조직원들은 관료적 명령보다는 공유된 가치와 목표 완수를 위해 수평적 조정 메커니즘에 의존하는 네트워크의 일부가 된다.

좀더 활동적인 중동의 신세대 집단들이 이 지역 안팎에서 모두 활동하고 있다. 예를 들면, 이스라엘과 그 점령 지역에서 하마스와 (활동이 다소 미약한) 팔레스타인 이슬람지하드는 최근 5년간 자살 폭탄 테러를 계속 일으키며 자신들의 힘을 과시했다. 이러한 자폭 테러로 100여 명 이상이 목숨을 잃었다. 이집트에선 1997년 일명 알가마알이슬라미야(al-Gama'a al-Islamiya)로 불리는 이슬람그룹(Islamic Group)이 룩소르(Luxor)를 공격해서

3) 전통적이고 좀더 관료적인 단체들은 부분적으로 시리아나 리비아, 이란과 같은 나라들의 지원으로 살아남을 수 있었다. 이 단체들[예: Abu Nidal Organization, PFLP(the Popular Front for the Liberation of Palestine), PFLP 3개 분파(the PFLP-General Command, the Palestine Liberation Front, Democratic Front for the Liberation of Palestine]은 테러리스트를 훈련시키고 테러를 준비할 수 있는 능력을 유지했으나, 최근 몇 년 동안 실제로 활동한 적은 별로 없었다. 이는 부분적으로 이스라엘과 서구의 대테러 작전 및 평화 정착 노력이 계속 추진되었기 때문이다.

관광객 58명과 이집트인 4명이 희생됐다. 또 '아랍아프간(Arab Afghans)'이
라는 느슨하게 구성된 조직의 테러 공격도─실패한 시도들도 포함해서─
관심을 모았다. 이들은 구소련의 아프가니스탄 점령 기간에 저항운동을
하며 유대를 형성한 북아프리카와 중동 국가 출신의 급진 이슬람 전사들
이다. 아프가니스탄에 기반을 둔 사우디아라비아의 사업가 오사마 빈 라
덴도 아랍아프간 운동의 지도자이자 창립자 중 한 명이다.[4]

이 집단들은 상대적 수평성과 탈집중화, 의사결정권의 위임, 분산된 조직
과 개인의 평등한 관계 등 네트워크 조직의 원칙들을 공유하나 그 정도는
각기 다르다. 예를 들면, 하마스는 다음과 같이 느슨한 구조를 취한다.

> 조직원을 모집하고 자금을 모으며 행동을 조직하고 선전을 수행하기
> 위해 일부는 비밀리에 활동하고 일부는 사원이나 사회 기관 등에서 공개
> 적으로 활동한다(Office of the Coordination for Counterterrorism, 2000: 74).

레바논 남부에 있는 친(親)이란 조직 헤즈볼라는 급진 시아파 조직들
의 상위 조직으로, 여러 면에서 위계제와 네트워크의 혼합 조직이라 할
수 있다. 조직 구조는 공식적이지만, 구성원의 상호 작용은 일시적이며
견고한 지휘 계통을 밟지 않는다.

네트워를 펼치는 테러리스트 중 가장 흥미로운 집단은 아마도 오사마
빈 라덴의 조직일 것이다. 이 조직은 개인 후원자의 지원을 받는, 상대적

---

4) 빈 라덴은 1992년 소말리아 파병 미군들이 거처가는 예멘의 한 호텔에 폭탄 테
러를 하기 위해 조직원을 보낸 것을 비롯하여, 1994년에는 필리핀을 방문 중이
던 빌 클린턴(Bill Clinton) 당시 미국 대통령을, 그리고 1995년에는 호스니 무바라
크(Hosni Mubarak) 이집트 대통령을 암살하려는 음모를 꾸몄다는 의심을 받고 있
다. 또 1995년과 1996년에 미국인 24명이 희생된 사우디아라비아 리야드(Riyadh)
와 코바르(Khobar) 폭발 사건에서도 어느 정도 역할을 한 것으로 추정된다. 그리
고 미국 정부는 미국인 12명을 포함, 260명이 희생된 1998년 케냐와 탄자니아
미국 대사관 폭파 사건의 배후 인물로 그를 지목하고 있으며, 예멘에서 미군 17
명이 사망한 미 구축함 콜(Cole) 폭파 사건의 주모자로도 보고 있다.

으로 자치적인 집단들의 복잡한 네트워크이다. 빈 라덴은 자신의 부와 조직력을 이용하여, 다국적 이슬람 급진파의 연합체인 알카에다를 지원하며 이끌고 있다. 빈 라덴이 1996년 미국과 서구 세계에 성전을 선포한 것에서 알 수 있듯이, 알카에다는 이슬람에 위협적이라고 할 수 있는 모든 것에 (그것이 누구이든 간에) 대항하는 것을 목표로 하고 있다. 그 선언문에서 빈 라덴은, 성전은 비정규적이고 가벼우며 이동성이 뛰어난 전력으로 수행될 것이라고 밝혔다. 비록 빈 라덴이 — 알카에다에 수백만 달러씩 재정 지원을 하며(미 국무부 추산) — 일부 작전만을 지휘하지만, 그래도 그를 분산된 노드들의 조율과 지원의 핵심 인물이라고 하는 편이 나을 것이다.[5]

알카에다 구성원의 의사소통은 부채살 구조(hub-and-spoke: 조직원들의 노드가 아프가니스탄의 빈 라덴 및 그의 측근들과 직접 의사소통한다)와 바퀴 구조(네트워크 내의 각 노드들이 빈 라덴을 거치지 않고 직접 서로 의사소통한다)의 결합이라는 보고가 여럿 있었다(Simon and Benjamin, 2000: 70). 알카에다의 지휘 계통은 주요 작전을 논의·승인하는 자문 위원회(majlis al shura)와 군사 위원회로 구성돼 있다.[6] 알카에다 조직의 심장부에는 빈 라덴의 내부 핵심 그룹이 자리 잡고 있으며, 때로는 이들이 직접 작전을 수행하기도 한다. 알카에다를 구성하는 조직들은 독립성을 유지하지만 이들 사이에 명확한 경계가 있는 것은 아니다. 미국 뉴욕 지방법원에서 진술된 증언에 따르면, 알카에다는 이집트의 이슬람그룹(이 제휴로 빈 라덴 조직원들이 대거 이 조직으로 유입됐다), 수단의 국민전선(National Front), 이란 정부, 그리고 헤즈볼라와 제휴를 맺고 있다. 언론 보도에 따르면, 빈 라덴은 필

---

5) 빈 라덴의 네트워크를 빈 라덴과 동일시하지 않는 것이 중요하다. 그는 분명히 아랍아프간 테러 네트워크의 중요 노드이기는 하다. 그러나 이 네트워크는 빈 라덴의 지도력이나 자금 지원과 상관없이 수많은 테러를 저지르며 빈 라덴이 죽거나 체포돼도 계속 테러를 일으킬 것이다.

6) 미국 뉴욕 남부 지방법원 고발 증언 참조. United States of America vs. Osama bin Laden et al., 98 Cr. and S(2) 98 Cr. 1023 (LBS) (www.library.cornell.edu/colldev/mideast/usavhage.htm).

리핀의 아부사야프(Abu Sayyaf)를 비롯하여, 소말리아, 체첸, 중앙아시아 등 멀리 떨어진 지역의 이슬람 집단과도 연계하고 있다고 한다.7)

지휘·통제·통신과 IT의 역할

수평적 조율 기제는 네트워크 집단의 활동을 지원한다. 또 이 같은 조율 기제는 통신 속도의 향상과 비용의 감소, 주파수 대역의 증가, 연결성의 향상, 통신과 컴퓨터 기술의 통합 등 정보 기술의 발전으로 가능했다. 특히 새로운 통신과 컴퓨터 기술은 세 가지 핵심적인 측면에서 네트워크 조직의 구축을 가능하게 했다.

첫째, 신기술은 상호 정보 교환에 걸리는 시간을 크게 줄여, 멀리 분산된 조직원들도 그들의 과제에 대해 충분히 의사소통하고 서로 조율할 수 있게 했다. 이러한 현상이 새로운 것은 아니다. 20세기 초 전화의 등장으로 대기업들은 업무를 지역 지사로 분산시킬 수 있었다.

둘째, 신기술의 등장으로 통신 비용이 크게 절감돼, 네트워크처럼 많은 정보의 소통을 요구하는(information-intensive) 조직을 유지하는 것이 가능해졌다.8) 톰슨(Thompson, 1967)이 관찰한 바에 따르면, 과거 조직들은

---

7) Joshua Kurlantzick, "Muslim Separatists in Global Network of Terrorist Groups," *Washington Times*(May 2, 2000); FBIS, "Afghanistan, China: Report on Bin-Laden Possibly Moving to China," *Paris al-Watan al-'Arabi*(FBISNES-97-102, May 23, 1997), pp.19~20; FBIS, "Arab Afghans Reportedly Transfer Operations to Somalia," *Cairo Al-Arabi*(FBIS-TOT-97-073, March 10, 1997), p.1 참조.

8) 최근 IT 혁명은 통신 네트워크의 능력과 속도만 향상시킨 것이 아니라 전화를 통한 의사소통 비용도 떨어뜨렸다. 좀더 많은 서버와 사용자들이 인터넷에 접속하면서 인터넷의 가치와 이점도 커지게 됐다. 네트워크의 가치는 대략 사용자 수의 제곱에 비례하여 증가하므로 온라인 접속의 장점은 연결점의 수보다 더 지수적으로 늘어난다[이는 컴퓨터 네트워크 연구의 개척자 로버트 메트칼프(Robert Metcalfe)의 이름을 따서 메트칼프의 법칙이라 불린다]. 세계 인터넷 사용자 수는 이미 3억 5,000만 명을 넘어섰으며, 4년 안에 10억 명에 도달할 것으로 전망한다. "Untangling e-conomics," *The Economist*(September 23, 2003) 참조.

많은 조정을 요구하는(coordination-intensive) 활동들을 중앙 집중화함으로써 통신과 조정 비용의 절감을 추구해 왔다. 그러나 조정 비용이 줄어들면서 탈집중화와 자치를 통해 조직을 분화시킬 수 있는 가능성이, 점점 더 커지고 있다.

셋째, 컴퓨터와 통신의 결합으로 정보의 공유 범위와 복잡성이 크게 증가했다. 화상회의, 컴퓨터 회의, 그룹웨어, 인터넷 채팅, 웹사이트 등을 통해 조직원들은 본부 근처에 자리 잡지 않고서도 풍부한 정보 교환을 수평적으로 할 수 있게 됐다.

따라서 정보 기술은 구성원들이 지리적으로 분산돼 있거나 각자 다른 네트워크 집단이 상호 보완적인 작전을 벌일 때 매우 요긴하다.[9] IT는 작전을 계획하고 조정하며 실행하는 데 쓰일 수 있다. 의사소통에 인터넷을 사용하면 동원 속도를 높일 수 있고 구성원들 사이에 좀더 많은 대화가 가능하다. 이렇게 되면 필요에 따라 전술을 좀더 자주 조정할 수 있어 조직의 유연성이 증대된다. 공통의 의제와 목표를 가진 사람들이 하부 그룹을 형성하고 특정한 목표 장소에서 만나 테러를 수행하고는 곧 관계를 종결하고 다시 분산될 수 있다.

빈 라덴의 네트워크는 조직의 네트워크 운영을 지원하기 위해 정보 기술을 채택한 것으로 보인다. 아프가니스탄의 오지 산악 지역에 있는 빈 라덴의 본부를 방문한 적이 있는 한 기자에 따르면, 빈 라덴은 그곳에 최신 컴퓨터와 통신 장비들을 갖추고 있다고 한다. 빈 라덴은 위성 전화를 사용해 각지에 있는 조직원들의 활동을 조정하고, 이런 통신 시스템

---

9) 이는 위계적 테러 집단들이 지원 기능, 내부 명령, 통제, 그리고 의사소통을 향상시켜 주는 IT 기술을 채택하지 않을 것이라는 의미는 아니다. 일본 옴진리교단은 아사하라 쇼코(Asahara Shoko)를 중심으로 한 매우 중앙 집중적 조직이었으며, 그 구조는 응집력이 있었고 극단적으로 위계적이었다. 그러나 이 단체 내에서도 IT 기술은 매우 광범위하게 쓰였다. Gavin Cameron, "Multi-Track Micro-proliferation: Lessons from Aum Shinrikyo and Al Qaeda," *Studies in Conflict and Terrorism*, Vol.22.(1999), p.283 참조.

을 사용할 때는 보안을 위해 감청 방지 장치도 사용하는 것으로 알려졌
다.[10) 빈 라덴 본부에서 파견되는 부대들은 위성 전화를 소지하는 것으로
전해졌다. 또 빈 라덴이 직접 이런 기기를 사용하는 경우는 거의 없고 종
종 부하들에게 자신의 메시지를 받아쓰게 한 후 이를 다른 위치에서 전화
로 전달하게 한다. 빈 라덴의 조직원들은 조직원 모집, 폭탄 제조, 중화기
사용법, 테러 작전 등에 관한 정보를 시디롬에 저장해 유포시켰다.[11) 아
프가니스탄 내전 기간 중 빈 라덴과 함께 투쟁했던 이집트 컴퓨터 전문
가는 빈 라덴을 위해 전자 통신 네트워크 구성을 도왔다고 밝힌 바 있다.
이 네트워크는 웹, 전자우편, 전자게시판 등을 통해 구성원들이 정보를
전달할 수 있게 했다(FBIS, 1995).

이는 중동 지역의 다른 테러 집단들에서도 발견되는 경향이다. 1990
년대에 알제리 GIA의 본부에 대한 대테러 작전에서는 폭탄 제조법을 담
은 컴퓨터와 디스켓들이 발견되기도 했다(FBIS, 1995). 사실, GIA가 알
제리와 유럽에 흩어져 있는 조직원들에게 지령을 전달하기 위해 컴퓨터
와 플로피디스크를 많이 활용한다는 사실은 이미 보고된 사항이었다
(FBIS, 1996b). 무장 이슬람 집단 하마스도 작전 정보를 공유하고 교환하
기 위해 인터넷을 사용한다. 미국의 하마스 조직원들은 작전과 활동을
계획하기 위해 인터넷 대화방을 사용한다. 구성원들은 가자 지구와 요르
단 강의 서안지대(West Bank), 그리고 레바논에 이르기까지 여러 지역에
서 작전을 조율하기 위해 전자우편을 사용한다. 하마스는 인터넷을 통해
정보를 전달하는 것이 상대적으로 안전하다는 사실을 깨달았다. 테러 대
처 기구들이 인터넷을 통해 오가는 수많은 정보들을 모두 정확히 감시할
수는 없기 때문이다. 사실, 이스라엘의 정보기관들도 하마스의 메시지들
을 쉽게 추적하고 해독하지는 못한다.

---

10) 아프가니스탄의 탈레반 지도부들은 빈 라덴의 움직임과 통신수단 접근은 매우
    제한적이라고 거듭 주장했다.
11) 미국 정보 당국은 최근 빈 라덴이 조직원 훈련에 사용한 6권 분량의 훈련 교
    본이 담긴 컴퓨터 디스크를 입수한 바 있다(Kelley, 2000).

게다가 테러 네트워크들은 암호화 프로그램처럼 쉽게 구할 수 있는 기술들로 핵심 정보의 흐름을 보호할 수 있다. 중동 이외 지역에서 발생한 몇몇 사례는 이러한 흐름을 잘 보여준다. 한 보고서에 따르면, 북미와 유럽의 동물해방전선(ALF: Animal Liberation Front) 세포조직은 암호화된 전자우편을 보내고 정보를 공유하기 위해 PGP(Pretty Good Privacy)라는 암호화 프로그램을 사용한다(Iuris, 1997: 64). 정교한 상업용 암호화 프로그램들이 시장에 등장하면서 암호화된 전자우편을 해독하는 것이 매우 어려워질 것으로 본다. 강력한 암호화 프로그램들이 상업용 어플리케이션과 네트워크 프로토콜에 통합되면서 암호화 기술은 누구나 쉽게 쓸 수 있는 자동 기술이 될 것이다.[12] 프랑스 경찰이 스페인 바스크 독립운동 단체 ETA(Basque Fatherland and Liberty) 조직원을 체포해 놓고 그 조직원의 노트북 컴퓨터에 담긴 하드디스크를 해독하지 못했다는 소문이 돌기도 했다. 이스라엘 보안군도 하마스가 인터넷을 통해 보낸 테러 공격 지령을 가로챘으나 해독하지 못했다고 한다(Whine, 1999: 128). 또 테러리스트들은 비밀 데이터를 다른 데이터에 숨기는 '스테가노그래피(steganography)'를 사용할 수도 있다. 예를 들면, 비밀 지령을 사진 파일에 보이지 않게 숨겨넣는 식이다. 그리고 이들은 통신 보안을 위해 휴대폰 통화를 암호화하거나 휴대폰 번호를 훔쳐 하나의 단말기에 프로그래밍할 수도 있다. 또 선불식 휴대폰을 익명으로 구입하기도 한다.[13]

현대 통신 기술의 발달로 테러리스트들은, 필요한 IT 기반에 접근할 수만 있다면, 세계 어느 나라에서나 활동할 수 있게 됐다. 이에 따라 테러리스트들이 필요로 하는 지원에도 변화가 생겼다. 일부 분석가들은 네트워크화된 테러리스트들은 국가의 지원을 덜 필요로 한다고 주장했다. 암호화 같은

---

12) Denning and Baugh(1997) 참조.
13) 테러리스트들은 복제된 휴대폰을 대량으로 구입하거나 전화번호를 훔쳐 하나의 휴대폰에 프로그래밍할 수도 있다(휴대폰은 사용 후 버린다). 특수한 스캐너를 사용하면 ESN(Electronic Serial Number)이나 MIN(Mobile Identification) 등 주파수에 적법한 전화번호를 가로챌 수 있다. Denning and Baugh(1997) 참조.

기술로 테러 집단이 더 은밀하면서도 안전하게 활동할 수 있다면, 정부의 보호를 받아야 할 필요는 줄어들기 때문이다(Soo Hoo, Goodman, and Green-berg, 1997: 142). 또 파키스탄의 순수의 군대(Lashkar-e-Taiba)처럼 인터넷을 통해 자금을 모으려는 테러 집단도 점점 더 늘어날 것이라는 지적도 있다.[14]

네트워크화된 조직과 IT: IT에 의존하는 테러의 한계

확실히 테러 조직의 IT 의존에는 한계가 있다. 당분간은 전자적 통신이 얼굴과 얼굴을 맞대고 하는 대면 대화를 완전히 대체하지는 못할 것이다. 대부분의 경우, 앞으로도 조직의 선택과 개인 간 상호 작용에서 불확실성과 위협은 여전할 것이기 때문이다.[15] 더구나 네트워크 구조를 가능하게 하는 핵심 요소인 비공식적 연계와 가치의 공유는 개인적 접촉을 통해서만 길러질 수 있기 때문이다. 노리아(Nohria)와 에클스(Eccles)는 이렇게 주장했다.

전자적 수단을 통한 정보 교환은 네트워크 조직 내에서 정보의 범위와 양, 그리고 흐름의 속도를 증가시킬 수 있다. 그러나 이러한 전자적 네트워크의 실현 가능성과 효과는 (그 배후에 있는) 대면 접촉에 바탕을 둔 사회적 관계의 네트워크에 주로 의존한다(Nohria and Eccles, 1992: 289~290).

더구나 IT 기술로 정보 흐름이 향상돼 어떤 네트워크가 분산된 활동들을 좀더 잘 조율할 수 있어도 (그래서 조직의 유연성과 대응 능력을 향상시킨다 해도), 이는 보안의 위험성이 더 커졌다고도 할 수 있다. 전자 채널을

---

14) 순수의 군대와 그 모(母)조직인 이슬람으로의 초대 및 안내 센터(Markaz-e- Dawa wal Irshad)는 자신들에 동조하는 사우디아라비아의 와하브(Wahhab)파를 중심으로 자금을 너무 많이 모아서 독자적인 은행 설립을 계획 중인 것으로 알려졌다.
15) 사실 모호하고 복잡한 상황을 다루기 위해선 직접 의사소통이 더 유용하다. 직접 대면하는 상호 작용을 통해 주요 문제들을 좀더 빨리 결정할 수 있고 오해의 소지를 줄일 수 있기 때문이다.

통한 통신은 항상 '흔적'을 남기기 때문에 도리어 위험할 수 있다. 예를 들면, FBI는 최근 테러리스트들의 전자우편 교환을 추적하기 위해 '카니 보어(Carnivore)'라는 인터넷 감청 프로그램을 적어도 25번 이상 사용했다 고 시인한 바 있다. ≪뉴스위크(Newsweek)≫는 카니보어가 오사마 빈 라 덴의 전자우편 교환을 추적해 공격 시도를 몇 번 무력화시키는 데 결정 적인 역할을 했다고 보도했다(Newsweek, 2000. 8. 21.).

세계무역센터에 폭탄 테러 공격을 한 람지 유세프(Ramzi Yousef)의 사 례도 정보 기술이 테러리스트들에게 양날의 검이 될 수 있음을 잘 보여 주는 사례이다. 유세프가 테러를 준비하면서 동료들과 주고받은 수많은 통화는 전화 회사의 컴퓨터 데이터베이스에 저장돼, 수사 당국이 중동과 기타 지역의 테러리스트들을 조사하는 데 결정적 단서가 되었다. 유세프 는 체포되기 전에도 필리핀에서 노트북 컴퓨터를 잃어버리면서 의도하 지 않게 FBI에 주요한 정보를 제공하기도 했다. 그 컴퓨터 안에는 다음 공격 계획, 비행시간표, 예상 폭발 시간, 화학 공식 등 그의 유죄를 입증 할 만한 자료들이 담겨 있었다(Reeve, 1999: 39, 97).

테러 집단이 보유한 전자적 정보들이 수사기관의 손에 넘어간 사례는 더 있다. 1995년 하마스의 압드알라만(Abd-al-Rahman)이 체포됐을 때 함께 압수된 그의 컴퓨터엔 하마스 조직원들의 연락처가 저장돼 있어 다른 조 직원들도 체포할 수 있었다(Soo Hoo, Goodman, and Greenberg, 1997: 139). 1995 년 12월, 오사마 빈 라덴과 연루된 테러리스트 15명이 요르단에서 체포됐는 데, 이들은 폭탄 제조 교본, 소총, 무선 폭발 장치, 그리고 컴퓨터 디스크 여 러 장을 갖고 있었다. 정보기관원들은 이를 바탕으로 폭탄 제조와 아프가니 스탄의 테러리스트 훈련 캠프에 관한 정보를 얻을 수 있었다(Jane's Intelligence Review, 2000. 7. 1.). 2000년 6월에는 헤즈볼라가 사용하던 한 집에서 발견된 컴퓨터 디스크에서 테러 용의자 19명의 명단을 확보할 수 있었다.16) 일본

---

16) FBIS, "Trial of 19 Hizbullah Members Begins in Istanbul"(FBIS-WEU-2000-0612, June, 2000) 참조.

의 옴진리교 일파가 자료를 암호화해 컴퓨터에 보관했으나 일본 수사 당
국은 전자키를 발견한 후 곧 해당 자료를 복구했다(Denning and Baugh,
1997).

그러므로 IT 사용 증가로 얻은 이익은 직접 접촉 및 보안 강화 비용에
의해 상쇄된다. 따라서 테러 집단이 완전히 연결된 모든 채널 조직을 구
성할 가능성은 낮다. IT 의존도 증가에 대한 비용·수익 분석과 조직의 효
율적 임무 수행 여부 등을 고려할 때 위계제와 네트워크의 혼합 조직이
좀더 나은 대안일 수 있다.[17] 그리고 하이테크를 활용한 공격적 정보 작
전(IO: information operation)이 얼마나 매력적인가 하는 점에 따라 테러 집
단의 IT 채택이 좌우되기도 한다. 이에 대해선 나중에 다루겠다.

네트워, 테러리즘, 공격적 정보 작전[18]

IT는 네트워크 형태의 조직을 가능하게 하는 것 외에도 테러리스트 정

---

17) 사실 전략은 조직에서 중요한 결정 요소이며, 따라서 집단 구성원 간 의사소
통의 밀도와 풍부함을 결정하는 요소이기도 하다. 예를 들면, 몇몇 노드들이
분산된 상태에서 동시에 빠르게 행동할 필요가 있는 작전을 위해서는 IT의 지
원이 필수 불가결하다.

18) 정보 작전에 대한 미군 합동 사령부(Joint Staff)와 육군의 공식 정의는 "적의
정보와 정보 시스템에 영향을 미치고 아군의 정보 시스템을 보호하기 위한
모든 활동"이다. Chairman of the Joint Chiefs of Staff, *Doctrine for Joint
Psychological Operations*, Joint Pub 3-53(Washington, D.C.: United States Government
Printing Office, July 10, 1996); Chairman of the Joint Chiefs of Staff, *Joint Doctrine
for Command and Control Warfare(C2W)*, Joint Pub 3-13.1(Washington, D.C.:
United States Government Printing Office, February 7, 1996); Chairman of the
Joint Chiefs of Staff, *Joint Doctrine for Information Operations*, Joint Pub
3-13(Washington, D.C.: United States Government Printing Office, October 9,
1998); Department of the Army, *Public Affairs Operations*, Field Manual FM
46-1(Washington, D.C.: United States Government Printing Office, May 30,
1997) 참조.

보 수집과 공격적 정보 작전도 가능하게 한다.[19] 정보통신에 대한 의존도가 커지면서 테러 집단이 공격적 정보 작전을 수행할 능력을 갖추게 되었는데, 이는 세계에 큰 위협으로 떠오르고 있다.[20] 필자들은 정보 시대의 기술이 테러리스트들에게 크게 세 가지 형태의 공격적 정보 작전을 수행할 수 있도록 돕는다고 주장한다. 첫째, IT 기술은 그들의 인식 관리 및 선전·선동(propaganda) 활동을 도울 수 있다. 둘째, 이러한 기술은 적을 교란할(disruptive) 목적으로 가상의 목표에 공격을 가하는 데 쓰일 수 있다. 마지막으로, IT는 실제로 파괴를 일으키는 데 쓰일 수 있다.[21]

인식 관리와 선전·선동

네트워의 수행에서 지식과 소프트 파워가 가지는 중요성을 생각해 볼 때, 네트워크화된 테러리스트들이 대중의 의견에 영향을 미치고 새 구성원을 모집하며 자금을 모으기 위해 인식 관리와 선전·선동에 이미 IT를 사용하고 있다는 것은 놀라운 일이 아니다. 자신들의 의견을 전하고 언

---

19) 예를 들면, IT는 인터넷으로 잠재적 주의 대상 테러리스트의 정보를 탐색하고 정보 수집 능력을 향상시킴으로써 정보력을 강화해 준다. 일부 민간 기업들은 지상의 모습을 1미터 단위로 볼 수 있는 위성사진을 제공하며, 지난 2001년 1월 미국 정부는 기업에 0.5미터 해상도의 위성사진 판매를 허가했다. 위성사진은 원자로 같은 대형 테러 목표물의 보안 위험성을 파악하는 데 활용될 수 있다. Andrew Koch, "Space Imaging Gets .5m Go Ahead," *Jane's Defence Weekly*(January 10, 2001) 참조.

20) 여러 갈등들에서 정보의 중요성을 살펴보려면, John Arquilla and David Ronfeldt, "Cyberwar Is Coming!" *Comparative Strategy*, Vol.12, No.2(Summer 1993), pp.141~165, Available as RAND reprint RP-223; John Arquilla and David Ronfeldt(eds.), *In Athena's Camp: Preparing for Conflict in the Information Age*(Santa Monica, Calif.: RAND, MR-880-OSD/RC, 1997) 참조.

21) 이어지는 논의들은 다양한 실제 테러 사례들에 바탕을 둔 것인데, 이중 일부는 네트워 행위자의 특성에 꼭 들어맞지는 않다(즉, 옴진리교 사례처럼 네트워크화돼 있지 않을 수 있다). 그러나 이 사례들은 네트워 테러리스트 정보 작전의 개념을 현재 형성하고 있고 향후 수년간 계속 형성할 추세를 보여주는 지표라고 생각한다.

론의 주목을 받는 것은, 반대자의 의지를 꺾으려는 테러 전략의 가장 중요한 요소들이다. TV와 신문, 그리고 기타 인쇄물 같은 기존 매체 외에, 요즘 인터넷이 테러리스트들이 대중에 접근할 수 있는 대안으로 떠오르고 있다. 인터넷에서는 메시지를 좀더 직접 통제할 수 있다.

인터넷은 테러 소식을 일반 대중에 전할 수 있는 통로가 되기 때문에 테러리스트들의 활동에서 필수적인 기능을 한다. 브루스 호프먼(Bruce Hoffman)이 지적했듯이, "테러리즘은 대중의 관심을 모으고 이러한 대중성을 바탕으로 메시지를 소통시키기 위해, 특별히 기획된 폭력적 행동으로 볼 수 있다"(1998: 131). 테러리스트들의 미디어 관리 능력은 '언론 홍보(spin doctoring)' 전술을 사용할 정도로 향상됐다(1998: 134). 실제로 일부 테러 조직은 TV나 라디오 방송국을 소유해서, 사건에 대한 보도를 직접 통제한다. 헤즈볼라는 자체 소유한 TV 방송국을 통해 그 구성원이 행한 테러 공격 장면을 방영하며, 정교한 미디어 센터를 운영하고, 외국 언론인들에게 정기적으로 전문 브리핑을 실시한다. 심지어 헤즈볼라의 야전 조직에는 전문 카메라맨이 포함돼 있어 이스라엘 희생자의 생생한 모습을 화면에 담아 기록한다. 이러한 영상들은 레바논에서 방송되고, 보통 이스라엘 방송에서 재방송된다.[22]

인터넷 덕분에 전통적인 TV와 인쇄 매체의 한계를 넘어 대중에 노출되고 자신들의 주장을 전할 수 있는 기회가 열렸다. 인터넷이 나오기 전에는 폭탄 테러가 있은 후, 언론에 그것이 자신들의 소행임을 주장하는 테러 집단의 전화나 팩스가 오곤 했다. 이제는 폭탄 테러 발발과 동시에 (원하기만 하면) 테러 집단은 자체 홈페이지에 적은 비용으로 보도 자료를 올릴 수 있다.[23]

---

22) 이 점에 대해서는, Brigitte Nacos, *Terrorism and the Media*(New York: Columbia University Press, 1994) 참조.

23) 가설적 예를 얻으려면, Matthew G. Devost, Brian K. Houghton, and Neal A. Pollard, "Information Terrorism: Can You Trust Your Toaster?" in Robert E. Neilson(ed.), *Sun Tzu and Information Warfare*(Washington, D.C.: National Defense University Press, 1997) 참조.

<표 2-1> 주요 전투적 이슬람 조직의 웹사이트

명칭	국가	웹사이트 주소
알무라베톤(Almurabeton)	이집트	www.almurabeton.org
알자마 알이슬라미야 (Al-Jama'ah Al-Islamiyyah)	이집트	www.webstorage.com/~azzam/
이슬람 형제운동 (Hizb Al-Ikhwan Al-Muslimoon)	이집트	www.ummah.org.uk/ikhwan/
헤즈볼라	레바논	www.hizbollah.org
		www.moqawama.org/page2/main.htm
		www.almanar.com.lb
		http://almashriq.hiof.no/lebanon/300/3 24/324.2/hizballah
		http://almashriq.hiof.no/lebanon/300/3 24/324.2/hizballah/emdad
하마스	팔레스타인	www.palestine-info.net/hamas/

많은 테러 집단이 자신들의 메시지 내용을 좀더 직접 통제하면서, 인식 관리를 더욱 효율적으로 수행할 수 있는 가능성이 커졌다. 이미지 조작, 특수 효과, 기만 등도 가능하다.

인터넷은 '파트타임(part-time) 사이버 테러리스트'를 동원하는 데도 효율적이다. 파트타임 사이버 테러리스트란 테러 집단에 직접 속해있지는 않지만 그 목적에 동조하고 테러 조직의 웹사이트에서 구할 수 있는 악성 소프트웨어 도구를 사용해 그 지령을 실천하는 사람이다.

이런 시나리오는 이스라엘과 팔레스타인 정부가 취했던 조치와 상당히 닮았다. 이들은 일반 시민들에게 컴퓨터 공격 도구를 전송받아 알악사 인티파다(al-Aqsa Intifada)를 둘러싼 갈등에 참여하도록 했다. 거의 모든 테러 조직들이 웹사이트를 운영하는 것으로 보인다. <표 2-1>에서 볼 수 있듯이, 심지어 헤즈볼라 같은 경우는 각각 목적이 다른 사이트를 여러 개 운영하고 있다(예를 들면, www.hizbollah.org는 중앙 언론 담당 기관의 사이트이고, www.moqawama.org은 이스라엘에 대한 테러 공격을 설명하며, www.almanar.com.lb는 뉴스와 정보를 전한다).

웹사이트들은 조직원 모집 기술을 정교하게 하거나 필요에 맞게 조정하는 데에도 쓰인다. 어떤 형태의 선전·선동이 가장 조회 수가 높은가를 기록하면, 대상에 딱 맞는 메시지를 창출하는 데 도움이 된다. 테러 집단은 일반 기업이 사용하는 마케팅 기법을 차용하여, 서버에 사이트 방문자 정보를 기록했다가 후에 가장 많이 관심을 보인 사람들과 접촉하기도 한다. 모집자들은 인터넷의 쌍방향 특징을 활용하여, 인터넷 채팅방과 온라인 카페 등을 돌아다니며 테러 조직에 관심을 보이는 사람들(특히 젊은이)을 찾을 수도 있다. 온라인 게시판과 유저넷(user net)도 잠재적 조직원들에 접근하는 통로가 될 수 있다. 관심을 보이는 컴퓨터 사용자는 인터넷을 통해 장기간 '사이버 관계'를 가지며 관리될 수 있고, 이렇게 우정을 쌓다가 결국 테러 조직에 가담할 수도 있다.

혼란조장 공격

네트워를 지향하는 테러리스트들은 혼란조장 공격(disruptive attacks)을 하기 위해 IT를 이용할 수도 있다. 혼란조장 공격이란 실제 또는 가상의 기반 시설을 일시적으로 마비시킬 뿐 완전히 파괴하지는 않는 공격을 말한다. 만약 테러리스트의 궁극적인 목표가 상대편의 싸우려는 의지에 영향을 미치는 것이라면, 정보 작전은 (공포를 일으키는) 물리적 공격 이상의 효과를 발휘할 수 있는 부가적 수단이 된다. 혼란조장 공격은 전자폭탄(e-bomb), 팩스 스패밍(spamming), 해킹을 통한 웹사이트 변조 등을 통해 컴퓨터 시스템을 마비시키는 것을 포함한다. 이러한 공격은 종종 혼란을 일으키거나 심각한 경제적 손상을 초래하긴 하지만 치명적인 결과를 초래하지는 않는다.

현재까지 테러리스트들의 혼란조장 공격은 비교적 드물었고 정교하지도 않았다. 그러나 이러한 공격이 점점 늘어나는 것으로 보인다. 예를 들면, 타밀엘람해방호랑이(LTTE: Liberation Tigers of Tamil Eelam, 이하 LTTE)는 1996년 스리랑카에 주재한 대사관들에 전자우편 폭탄 공격을 감행했다. 이 게릴라 조직은 자동화된 도구를 사용해 대사관에 메시지 수천 통을 일시에 보내 대사관을 실질적으로 봉쇄시켰다.24) 일본 조직들은 통근 열차의 컴퓨터 시스템을 공격하여, 주요 도시들을 몇 시간 동안 마비시킨 것으로 알려졌다(Devost, Houghton, and Pollard, 1997: 67). 2000년에는 무슬림 온라인 신디케이트(Muslim Online Syndicate)라 자칭하는 파키스탄 해커 그룹이 카슈미르 사태에 항의하기 위해 인도의 웹페이지 500개를 해킹 공격·변조시켰다.25) 2000년 9월 필자 미셸 자니니가 제시카 스턴(Jessica Stern)과 가진 전화 인터뷰에 따르면, 파키스탄의 '순수의 군대'가 2000년 초에 인도 군부 웹사이트를 공격했다고 주장한 바 있다.

파괴보다는 혼란을 조장하는 데 초점을 맞춘 공격들은 몇 가지 이유로 일어난다. 예를 들면, 인식 관리와 의사소통을 위해 인터넷에 의존하는 테러리스트들은 인터넷이 다운되는 것보다는 선택한 시간에 속도가 저하되는 것을 더 선호할 것이다. 그리고 이들 조직은 자신들의 기반이 되는 사람들을 소외시키지 않고 정부에 압력을 가하기 위해 치명적이지 않은 사이버 공격에 의존할 수도 있다. 그리고 테러 집단들은 해커 범죄인의 수법을 따라 혼란조장 공격 위협을 무기로 민간 기업을 공갈하고 자금을 갈취하려 할 수도 있다(예: 현재 진행 중인 이스라엘에 대한 '사이버 성전'은 이스라엘과 거래하는 기업들을 대상으로 할 수도 있다).26) 1990년대 초반에 해커

---

24) 이 책 8장(가상 연좌시위와 전자우편 폭탄에 관한 도로시 데닝의 논의) 참조.

25) D. Ian Hopper, "Kashmir Conflict Continues to Escalate Online," *CNN*(March 20, 2000), Retrieved September 5, 2000, from http://www.cnn.com 참조.

26) 사이언스 어플리케이션 인터내셔널 코프(Science Application International Corp.)의 1996년 조사에 따르면, 40개 주요 기업들이 컴퓨터 침입으로 8억 달러 정도 손실을 본 것으로 나타났다. 돈 고터반(Don Gotterbarn)의 웹사이트 http://www-cs.etsu.edu/gotterbarn/stdntppr을 비롯해 몇몇 웹사이트에 실례가 언급돼 있다.

와 범죄자들이 증권사와 은행을 상대로 수백만 파운드를 내놓으라고 협박한 적이 있다. 또 테러 집단은 자체 웹페이지를 방문하는 사람들의 돈을 훔치기도 한다.27)

파괴적 공격

앞에서 언급했듯이, IT를 이용한 정보 작전은 실제 또는 가상 시스템의 실제 파괴로 이어질 수 있다. 악성 바이러스와 웜(worm)이 데이터를 영구적으로 삭제하거나 변조시킬 수 있으며 경제적 손실을 일으킬 수 있다. 최악의 경우, 이러한 소프트웨어들이 항공관제, 전력, 상수도 시스템 등을 마비시켜 실제 피해와 희생자를 낼 수도 있다. 인명 손상을 가져올 수 있는 정보 작전은 실제 폭탄 공격만큼 피해를 일으킬 수 있다. 또 전자적 수단으로 목표물을 공격할 때는 폭발물을 다룬다거나 목표에 지나치게 가까이 접근해야 하는 위험을 감수하지 않아도 된다.

공격적 정보 작전의 한계점

IT를 통해 심각한 인명 손상이 발생하는 극단적인 테러 사건은 아직 발생하지 않았다. 파괴적 정보 공격이 일어나지 않은 것은 핵심 기반 시설을 실제로 파괴하는 (혼란을 조장하는 것이 아닌) 것이 상대적으로 어렵기 때문으로 본다. 테러 집단의 IT 기술력이 이러한 핵심 기반 시설의 엄중한 경계와 보호 시스템을 뚫기에는 아직 미약하다. 사실상 테러 집

---

27) 이런 위협의 잠재력을 보여주는 실제 범죄 사례가 있다. 1997년 카오스 컴퓨터 클럽(Chaos Computer Club)이란 단체는 액티브 X 콘트롤(Active X Control)이란 소프트웨어를 만들었다. 이 소프트웨어가 사용자의 컴퓨터에 다운로드돼 실행되면 회계 프로그램인 퀴큰(Quicken)을 조작해 계정의 예금을 제거한다. "Active X Used as Hacking Tool," CNET News.com(February 7, 1997), http://news.cnet.com/news/0,10000,0-1005-200-316425,00.html 참조.

단들이 전자적 공격 능력을 개발하기 위해서는 심각한 기술적 장애물들을 먼저 극복해야 할 것이다. 현재의 컴퓨터 보안 수준을 고려할 때, 목표로 하는 정보 시스템에 타격을 입히거나 그것을 파괴할 수 있는 전문 기술과 장비를 갖추는 것도 쉬운 과제는 아니다. 테러 조직들은, 전자적 공격 기법을 개발하고 이에 대해 더욱 의존하면서도, 동시에 이러한 새로운 기술과 연관된 위험성 및 비용을 고려할 것이다. 공격적 정보 작전의 범주를 넓히려는 테러리스트들은 꾸준한 업그레이드와 최신 기술에 대한 연구를 통해 컴퓨터 보안 전문가와 시스템 관리자들이 사용하는 테러 대응책들에 대한 조치를 강구해야 할 것이다. 이는 마치 러닝머신 위에서 달리는 것처럼 끊임없는 관심을 필요로 하며, 조직 내의 한정된 자원을 분산시킨다.[28]

네트워 테러리스트들이 아직 낮은 수준의 IT 기술만을 선택하는 또 다른 요인은, 폭탄 같은 전통적인 무기들의 비용 대비 효율이 좀더 높다는 점이다. 사실 많은 테러 문제 전문가들은, 현존하는 테러 조직들이 현재의 전술이 충분히 효율적이라고 보고 컴퓨터 네트워크에 대한 공격으로 확장하는 것에 별 관심이 없다고 생각한다. 현재의 전술이 간단하면서도 성공적이기 때문에 혁신을 추구할 내재적 요구가 없다는 것이다. 폭탄 테러는 아직도 유효한 것이다.[29] 이들 집단이 단기 목표를 충족하고 장기 목표를 향해 움직이는 데 현재의 전술이 도움이 되는 한, 이들이 행동을 변화할 이유는 없을 것이다. 더구나 컴퓨터 하드웨어의 취약성 때문에 목표물에 대한 '가상' 공격보다는 '실제' 공격이 좀더 현실적인 선택이 될 수 있다. 기술적 측면에서 볼 때 가상 공격보다는 실제 공격이 좀더 수월하기 때문이다(Soo Hoo, Goodman, and Greenberg, 1997: 146).

---

28) 정보전에 관한 미출판 RAND 보고서(Martin Libicki, James Mulvenon, and Zalmay Khalizad)도 이러한 점들을 자세히 다룬다.

29) 한 논문은 이를 "지난 한 세기 이상 동안 그랬듯이 총과 폭탄은 앞으로도 테러리스트들이 주로 선택하는 무기로 남을 것이다"라고 표현했다(Hoffman, Roy, and Benjamin, 2000: 163).

혼란조장 공격은 훨씬 수행하기 쉽지만 그 특성상 (실제 인명이 희생된 경우처럼) 즉각 감정적인 반응을 끌어내지는 못한다. 실제로 일부 테러 문제 전문가들은 테러 집단들이 혼란조장 공격을 주요 전략으로 채택하는 일은 없을 것이라고 주장한다. 브라이언 젠킨스(Brian Jenkins)는 IT를 이용한 혼란조장 공격에 대해 다음과 같이 밝혔다.

IT를 이용한 혼란조장 공격은 즉각적이고 가시적인 효과를 내지 못한다. 극적인 요소가 없는 것이다. 누구도 생명을 위협받지 않는다. 사이버 테러리즘에 관한 테러리스트들의 의도는 더욱 문제가 있다. 실제 테러 조직의 목표를 이러한 목표 수행에 도움이 될 수 있는 전자 사보타주(sabotage) 시나리오와 연관시키는 것은 추측일 뿐이다.[30]

또 많은 컴퓨터 보안 전문가들은 혼란조장 공격이 대다수 테러 조직들에겐 여전히 기술적으로 벅찬 과제이며, 언론에 의해 지나치게 과소평가돼 있어 테러 집단의 관심 대상이 되지 않고 있다고 본다(Soo Hoo, Goodman, and Greenberg, 1997: 145~146).

과거·현재·미래의 추세 평가

정보 기술은 장점뿐만 아니라 결점도 있기 때문에 여기서 논의된 테러 집단들은 작전 조율과 공격 실행에서 IT에 전적으로 의존하지 않는다. 현재까지 확보된 증거로 미루어 네트워 테러리스트들은 조직 운영의 필요에서, 특히 C3를 원활히 하기 위해, IT를 포용했으나 좀더 야심적인 공격적 정보 작전은 시도할 수도 없고 시도할 의사도 없는 것으로 보인

---

30) 2000년 10월 RAND의 브라이언 젠킨스에게서 받은 전자우편 내용이다. 여기서 그는 폴 필러(Paul Pillar)의 발표 예정 원고를 인용했다.

<표 2-2> 네트워 테러리스트들이 IT를 사용할 경우의 장단점

IT 사용	장점	단점
조직적 목적	• 비밀과 익명성이 보장된 채 분산돼 행동할 수 있다 • 느슨하고 유연한 네트워크 유지에 유리 • 특정 국가의 지원과 후원을 받을 필요성 감소	• 유·무선 도청 위험성 • 디지털 방식으로 저장된 장소는 쉽게 파악될 위험성이 크다 • IT 자체로는 네트워크에 활력을 줄 수 없다 • 공동의 이데올로기와 직접 접촉은 여전히 필수적이다
공격 목적	• 진입 비용이 적다 • 국가 간 경계의 무력화 • 신체적으로(physically) 안전하다 • 신규 조직원 포섭과 자금 모금을 위한 확산 효과 (spillover)	• 현행 폭탄 테러도 충분히 효과적이다 • 혼란조장 및 파괴적 정보 공격을 위해서는 상당한 기술력이 필요하다 • 컴퓨터 보안을 위해 끊임없이 기술 수준을 높여야 한다

다. 그러나 인식 관리와 선전·선동에서는 IT의 장점이 분명히 단점을 능가한다. <표 2-2>에 내용을 요약해 놓았다.

정보 시대 테러리즘의 미래 발전

위에서 묘사된 추세가 계속된다면, 미래의 네트워 행위자들은 공격적 정보 작전에 대한 인식 관리를 강조하면서 우선 조직 운영을 위해 IT 기술을 받아들일 것이라고 예측할 수 있다. 이러한 조건하에서 네트워크화된 테러리스트들은 실제로 물리적 피해를 일으키는 일반 폭탄 같은 전통적 무기들에 계속 의존할 것이다. 그러나 그들은 그러한 무기들을 어떻게 만들 것인가에 관한 정보는 시디롬이나 전자우편으로 전달할 것이다. 또 활동을 조율하기 위해 인터넷 대화방을 사용하고 세계인을 대상으로 자신들의 공격을 알리고 정당화하기 위해 웹사이트를 이용할 것이다.

가자 지구와 요르단 강 서안에서 벌어진 알악사 인티파다는 장기간의 정보 작전이 일반적인 폭력운동과 더불어 어떻게 수행될 수 있는지 잘 보여준다. 사상자를 수백 명이나 낸 현실 세계의 폭력을 반영하듯, 사이버 공간에서도 경제와 선전·선동의 문제를 놓고 치열한 갈등이 빚어지고 있다. 알악사를 지지하는 팔레스타인 해커들은 웹사이트들을 변조시키고 DOS 공격을 가하는 등 이스라엘 정부와 기업을 대상으로 사이버 성전을 벌이고 있다. 텔아비브(Tel Aviv) 증권거래소와 이스라엘 중앙은행을 비롯하여, 이스라엘 사이트 40여 개가 피해를 입었다. 이스라엘도 팔레스타인 관련 웹사이트들에 보복 공격을 감행하여, 헤즈볼라, 하마스, 팔레스타인 국가기구(Palestine National Authority) 등 사이트 15개 이상에 피해를 입혔다. 혼란조장 공격이 가열되면서 전문 해커부터 '풋내기(script-kiddies: 쉽게 구입할 수 있고 사용하기 쉬운 소프트웨어 도구를 사용하는 아마추어 해커)'까지 다양한 개인과 집단이 양측에 가담했다.[31]

급속하고 예측하기 힘든 기술 발전으로 다른 결과가 도출될 수도 있다. 문제는 미래에 테러리스트들이 공격을 목적으로 IT 의존도를 증가시킬 의사나 기회가 있을 것인가 하는 점이다. 새로운 기술이 테러 집단의 전략적 목표를 얼마나 안전하고 효율적으로 수행할 수 있게 해주는가와 같은 요소들이 이러한 전환에 영향을 미칠 것이다.[32] 예를 들면, 사용하기 쉽고 '해독되지 않는' 암호화 프로그램이 등장한다면 네트워 테러리스트들에게 전자우편이나 파일 교환 같은 IT 기술이 많이 도입될 것이다. 더구나 조직 내부의 집중적인 개발 노력 없이도, 테러 집단이 조직원이

---

31) Robert Lemos, "Hacktivism: Mideast Cyberwar Heats Up," *ZDNet News*(November 6, 2000), Retrieved December 4, 2000, from http://www.zdnet.com 참조.

32) 전략적 측면에서 볼 때, 테러 집단이 동시적이고 분산된 스워밍 교리를 강조할수록 정교한 IT 기반 시설은 더 필요하다.

나 '파트타임 자원봉사자' 또는 고용된 해커[33] 등을 통해 신기술에 접근
할 수 있게 되면 IT 기술의 도입은 탄력을 받게 될 것이다.[34] 또 정보화
기반 시설의 상대적 취약성도 IT 도입 여부를 결정하는 데 중요한 역할
을 한다.

이러한 발전은, 현재 네트워 테러 집단이 공격을 목적으로 하는 활동
을 할 때 IT에 더 의존하도록 촉진시킬 것이며, 사이버 공간에서만 활동
하는 완전한 가상 집단의 등장을 불러올 것이다. 각각의 가능성을 다음
에 간략히 설명했다.

현재 테러 집단들의 진화

브라이언 잭슨(Brian Jackson)이 지적했듯이, 어떤 조직 내에서 신기술
의 도입은 길고 복잡한 과정을 거친다. 혁신 시스템이 개발되거나 습득
돼야 할 뿐만 아니라 조직 내 행위자들도 새로운 시스템에 익숙해지고
이를 효율적으로 사용할 수 있어야 한다(Jackson, unpublished). 이러한 어
려움들을 고려할 때, 테러 집단들은 가장 적은 비용과 노력으로 최대의
효과를 얻을 수 있는 IT 기술을 습득하는 데 그들의 조직 역량을 집중할
가능성이 크다.

이렇게 유추해 볼 때, 최근에 테러 집단들이 조직 운영을 위해 통신
기술 사용을 강조하는 이유를 설명할 수 있다. 인터넷이나 이동통신 기술

---

33) 네트워크 공격에 능한 사람들을 고용할 수 있다는 소문은 끊이지 않고 있다.
언론 보도에 따르면, 테러리스트라고 주장하는 익명의 사람들이 해커 집단에
접근하여 SIPRNET 같은 정부 기밀 네트워크 침투를 도와달라고 요청했다고
한다. 한 10대 해커는 1,000달러를 받은 것으로 알려졌다. Niall McKay, "Do
Terrorists Troll the Net?" *Wired News*(November 1998), Retrieved September
15, 2000, from http://www.wired.com 참조.

34) 1996년에 개발된 무료 해킹 도구 네트캣(Netcat)이 대표적인 예이다. Kevin Soo
Hoo, Seymour Goodman, and Lawrence Greenberg, "Information Technology and the
Terrorist Threat," *Survival*, Vol.39, No.3(Autumn 1997), pp.141 참조.

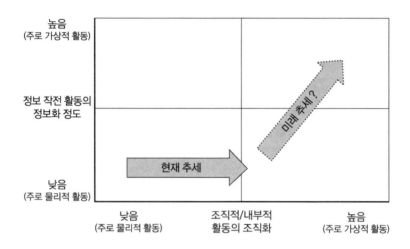

<그림 2-1> 기술 활용의 변동

을 활용하는 것은, 그다지 기술적으로 복잡한 일이 아니면서 네트워 집단의 핵심 목표인 분산된 작전을 가능하게 해준다. 그리고 같은 논리의 연장선에서, 시간이 지나 테러 집단들이 이러한 혁신에 익숙해질수록 공격적 정보 작전의 실행을 위해 IT 기술을 좀더 적극적으로 실험할 것이라고 추론할 수 있다. 실제로 일부 테러 집단은 <그림 2-1>에 나타난 '이전(migration)' 패턴을 따를 수 있다. 즉, 조직 구성원들의 상호 작용을 편리하게 하거나 인터넷 웹페이지를 유지하는 기술을 사용하면서 얻게 된 IT 지식이 점점 더 공격적인 목적에 활용될 수 있도록 확장·발전할 수 있다.

현재의 테러 집단들이 이러한 경로를 밟는 속도 역시 네트워 테러리스트들의 협력과 정보 교환 정도에 달려 있다. 이러한 협력은 과거에도 종종 있었다. 이슬람 급진 조직들은 '테러 회의'를 조직했으며(Kushner, 1998: 41), IRA(Irish Republican Army: 아일랜드공화국군) 같은 유럽의 테러 집단들도 서로 경험을 공유하고 지식(부비트랩이나 무선 폭탄 제조법 등)을 전파하기 위해 세계 각지의 다른 테러 집단과 공동 조직을 구성하기도 했다. 알카에다 같은 네트워크 내 행위자들의 느슨하고 상호적인 특성을 생각할 때, IT 기술을 가진 집단이 세계적으로 행동함과 동시에 구성원들이 자리 잡은 각 지역에서도 개별적으로 활동하는 것은 충분히 가능한 일이다.

마지막으로 선도적 테러 집단들이 <그림 2-1>의 오른쪽 위 영역으로 이동함에 따라 다른 집단들도 그 뒤를 따를 가능성이 있다. 테러 공격을 위해 낮은 수준의 기술만을 채택했던 집단들도, 다른 테러 집단이 IT를 이용한 공격으로 일정한 성과를 거둔다면, 이에 자극받아 유사한 시도를 하려 할 것이다.

새로운 집단의 등장

기존의 테러 집단들이 사이버 테러로 전환하는지 면밀히 관찰해야 한다는 입장과 달리, 완전히 새롭고 기술적으로 앞선 테러 집단이 등장해야만 네트워크화된 테러 집단의 정보 작전 능력이 실질적으로 향상될 것이라는 전망도 있다. 마치 하마스와 알카에다가 1960년대에 설립된 PFLP나 마르크스주의 집단들을 대체했듯이, 신세대 테러 집단들이 점점 네트워크화되고 IT 의존도가 높아지는 추세를 선도해 나갈 것이다. 새로운 집단들은 기술적으로 숙련된 개인들한테 지도를 받을 수도 있다. '해키 겸 테러리스트(terrorist cum hacker)'로 구성된 혼합 변종 집단이 등장하는 것이다. 그들은 해커들처럼 사이버 공간에서 공격의 대부분을 수행할 것이다. 또 테러리스트들처럼 정치적·종교적 주장들을 관철시키기 위해 혼란조장적 또는 파괴적 수단으로 목표 대상을 타격하려 할 것이다.

테러 행동의 혁신은 새로운 조직이 등장해야만 발생한다는 주장은, 호프먼을 비롯한 테러 문제 전문가들의 연구 작업에서 근거를 찾을 수 있다. 호프먼은 오늘날 테러 조직들이 대부분 보수적 활동 양상을 보인다고 설명했다(Hoffman, 1999: 36). 현재의 조직들은 조직적 관성 외에도 전통적 전술, 훈련, 무기 구입 등에 들어간 거액의 매몰 비용(sunk cost)때문에 IT를 공격 목적에 활용하는 것을 주저할 수도 있다. 현재의 자본 비용

을 '상환(amortize)'하려는 집단들은 새롭고 완전히 다른 공격 기술의 개발
에 비용을 쓰려고 하지 않을 것이다.

정책적 제언

테러 집단들이 어떻게 IT 기술을 습득하고 활용할지는 아직 불확실하
다. 사실 앞에서 언급한 두 가지 시나리오도 상호 배타적인 것은 아니다.
시간이 흐르면서 현존 테러 집단들이 새로운 IT 기술을 배워 좀더 공격
적인 IT 전략을 취할 수도 있다. 여기에 새로운 해커나 테러 집단이 등
장해 문제를 복잡하게 할 수도 있다. 일부 테러 네트워크는 더욱 정교하
게 발전해 가상 공격과 실제 공격을 모두 계획·실행할 수 있는 능력을
갖출 수도 있다.

그러나 한 가지 확실한 점은, 정부 당국 역시 정보 시대의 변화에 발
맞춰야만 IT 테러 위험에 대응할 수 있는 효과적인 대테러 정책을 내놓
을 수 있다는 것이다. 대테러 정책과 전술은 테러 집단들이 정보화되는
속도에도 영향을 미칠 수 있다. 효율적인 대테러 정책이 추진될수록 테
러 집단들이 신기술을 익힐 시간과 자원은 줄어든다.[35] 이런 이유에서
대테러 정책 입안자와 전략가들은 다음과 같은 점을 명심해야 한다.

첫째, 테러 집단의 IT 기술 사용이 어떻게 변화하는지 감시하라. 특히 조
직 운영을 위한 IT 사용과 공격 목적을 위한 IT 사용을 구별하라. 대테러
정책은 각 테러 집단이 개발한 IT 활용 능력의 유형을 고려해야 하며 개
별 특정 기술의 취약점을 겨냥해야 한다. IT가 한 집단의 조직 과정과
공격 활동을 어떻게 형성시키는지 파악하는 것은 위협 평가의 핵심 요소
이다. 각 유형(조직 운영과 공격 목적)에 따른 IT 활용력의 변화를 탐지하

---

35) Brian Jackson, unpublished RAND research on technology acquisition by
terrorist groups 참조.

고 전반적인 추세를 조사하는 것 역시 테러리스트들의 미래 행동 예측에 도움이 된다.

가장 주의 깊게 살펴봐야 할 추세는, 조직 운영의 측면과 공격적 측면 모두에서 고도로 정보화되고 잠재적 위험성이 큰 새로운 테러 집단의 등장 여부이다. 이를 살펴보기 위해서는 여러 '지표'를 인지하고 이를 추적해야 한다. 이러한 지표에는 주요 테러 지도자와 측근들의 IT 관련 지식수준의 상승, 혼란조장 공격 실행의 빈도수 증가, 테러리스트가 소유한 IT 장비 압수 사례 증가, '용병' 해커 고용 시도 및 고용, 효율적이고 안전하면서 쉽게 구할 수 있는 (해킹 보조 기술 같은) 기술 입수 가능성 등이 포함된다.

둘째, 정보의 흐름을 겨냥하라. 네트워크 조직은 그 본질상 정보가 집중되는 성격을 띠기 때문에, 대테러 활동도 네트워 집단의 정보 흐름을 겨냥해야 한다. 테러리스트들이 교환하는 정보를 가로채고 감시하는 것에 최우선순위를 두어야 한다. 미국 국가안보위원회(NSA)는 새로운 암호화 소프트웨어, 광통신망, 휴대폰 통화 정보 등을 감청할 수 있는 '트레일블레이저 프로젝트(Project Trailblazer)'를 실시함으로써 미국의 상황 감지와 대응력을 한 단계 높이는 계기를 만들었다(Kitfield, 2000).

또 정책 입안자들이 수동적으로 정보 흐름을 감시하는 것에서 벗어나 적극적으로 테러리스트들의 의사소통을 교란시키는 것도 이에 못지않게 중요하다. 신뢰할 만한 정보원을 통해 잘못된 정보를 네트워크의 정보 흐름에 이식시키면, 시간이 지나면서 네트워크의 통일성과 적절성은 손상을 입게 된다. 이는 다시 불신을 불러오고, 흩어져서 탈집중적으로 활동하는 조직의 능력을 더욱 손상시킨다. 네트워 집단의 핵심 경쟁력이 사라지게 되는 것이다.

정보 흐름의 포착을 강조한다고 해서 비전자적으로 정보를 수집하거나 네트워크를 무력화시키는 활동이 무시되어서는 안 된다. 실제 사람을 통한 정보활동은 전자적 의사소통 수단으로 교환되지 않는 정보들을 가로채고, 또 역정보를 주입하는 주요한 수단으로 계속해서 남을 것이다.[36) 이 점은 매우 중요하다. 몇몇 정보 전문가들은 이 분야에서 미국의 역량 이 부족하다고 지적한다.

셋째, 기반 시설을 적절히 보호하여 IT 기반의 공격적 정보 작전을 무력 화하라. 핵심 기반 시설의 취약성이 커지거나 작아짐에 따라 IT 공격을 고려하는 테러 집단의 행동은 극적으로 달라질 수 있다. 항공관제 시스 템 같은 핵심 기반 시설이 상대적으로 더 취약해진다면 테러리스트들은 이러한 목표에 대한 공격을 좀더 진지하게 고려할 것이다. 테러리스트들 은 IT 공격을 통해 멀리 떨어진 안전한 곳에서도 전통적 무기를 사용한 것 만큼의 (그 이상은 아닐지라도) 효과를 볼 수 있을 것이다. 미국 당국은 예상되는 위협에 노출된 취약점들을 구체적으로 지목하고 이를 줄일 수 있는 보안 기술을 개발해야 한다. 이러한 문제들을 분석하는 것은 본 장 의 범주를 넘어서는 것이지만, 이러한 과제를 해결하기 위해 RAND의『미 국 국방 정보 기반의 보호: 실질적 제안을 중심으로(Securing the U.S. Defense Information Infrastructure: A Proposed Approach)』(Anderson et al., 1999)을 비롯하 여 여러 연구들이 활발히 진행되고 있다. FBI의 국가기반시설보호센터 (National Infrastructure Protection Center)와 기타 신설 기구들도 이러한 방 향으로 발전하고 있다. 또 대테러 기관들은 해커들을 많이 고용, 그들의 지식을 활용해 시스템을 방어하거나 보복 공격을 하는 방안도 고려해야 할 것이다.

넷째, 네트워크를 활용해 네트워크화된 테러리스트들을 공격하라. '네트워 크에는 네트워크로 맞서야 한다.' 네트워 테러리즘에 대응하려는 정부 당 국은, 자신들이 상대하는 집단의 조직 구조와 전략을 채택할 필요가 있 다. 이는 테러 집단을 그대로 흉내 내라는 뜻이 아니라 네트워크 형태의 구성 원리를 활용하는 것을 배워야 할 필요가 있다는 얘기이다. 이러한

---

36) 오사마 빈 라덴은 위성 전화의 보안을 확보할 수 없게 되자, 부하들에게 정보 와 지령을 전달하기 위해 사람을 전령으로 사용했다.

원리들은 기술혁신에도 어느 정도 영향을 받으나, 주로 조직적·교리적으로 혁신하려는 의지와 기구 간·사법관할권 간의 협력체제 구축 노력이 더욱 중요한 의미를 가진다. 기술지원워킹그룹(TSWG: Technical Support Working Group, 이하 TSWG)은 이러한 비전통적 정부 기관의 대표적인 예이다. 여기에는 13개 연방 정부 기구를 비롯해 100여 개 기관들이 참여하고 있으며, 각 주 정부 기관의 참여도 늘고 있다. TSWG의 주요 목적은 테러리즘에 대응하도록 기술 개발과 실용화를 지원하는 것이다.37) 또 다른 예는 CI-21(Counter-Intelligence 21) 계획이다. 이는 CIA, FBI, 그리고 국방부의 방첩 담당자들 사이의 협력을 강화하기 위해 만든 개혁안이다(Kitfield, 2000). 대테러 기관들이 위기 순간에 외부의 '윤리적 해커'들의 네트워크와 협력하려 한다면, 정부 기관들의 경계를 넘어서 정책과 활동을 조율해야 할 필요도 더욱 커질 것이다.38)

이러한 움직임의 지지자들은 정보화와 그에 따른 네트워의 등장으로 민간 및 군사 위협의 경계뿐만 아니라 국내 및 국제적 위협에 대한 경계도 모호해졌다는 점을 정확히 인식한다. 이는 다시 대테러 업무 종사자들 사이에서 각 기관의 경계를 뛰어넘는 협력의 필요성을 증대시켰다.

---

37) TSWG는 2000 회계연도에 예산으로 4,800만 달러를 받았다. 폭탄 같은 전통적 테러 위협이 여전히 가장 큰 관심사이며, TSWG 예산의 대부분은 폭발 경감 연구와 같은 과제들에 쓰인다. John J. Stanton, "A Typical Pentagon Agency Waging War on Terrorism," *National Defense*(May, 2000), p.24 참조.

38) 때로 해커들은 특정한 사이버 범죄를 막기 위해 수사 당국과 자발적으로 협력할 수도 있다. 예를 들면 '아동 성애에 반대하는 윤리적 해커들의 모임(Ethical Hackers Against Pedophilia)'은 아동 포르노를 인터넷에 올리는 사람을 적발해 처벌하는 것을 목표로 한다(www.ehap.org 참조). 정부는 위기가 닥칠 때 민간 분야의 윤리적 해커들을 동원하는 방안을 마련할 수 있다. 이는 비교적 구하기 쉬운 해킹 도구들로 무장한 비전문적 시민들을 모아 가상 전력을 의도적으로 조직하는 것과는 다르다. 이스라엘 정부는 알악사 인티파다 기간에 이런 방안을 실험했다. 이러한 방안이 지니는 양날의 검과 같은 성격을 고려할 때(그리고 그 효율성에 관한 정보의 부족을 생각할 때), 이 분야에 관해 좀더 많은 연구가 요구된다.

테러 집단들의 형성과 해체를 예측하기 힘들고 테러 집단들이 좀더 느슨하고 임기응변적인(ad hoc) 조직으로 진화함에 따라, 대테러 기관들도 관료적 경계를 넘나드는 유연한 접근을 취해야만 당면한 테러 방지 과제들을 수행할 수 있다. 군대나 정부가 위계제를 완전히 철폐하는 것은 불가능하더라도 현재보다는 더 건강한 네트워크 조직으로 발전할 필요는 있다. 이러한 변화를 통해 현재 주로 네트워크화된 테러 조직들이 독점하는 이점들을 상당히 — 전부는 아니더라도 — 상쇄할 수 있을 것이다.

참고문헌

Anderson, Robert H., Phillip M. Feldman, Scott Gerwehr, Brian Houghton, Richard Mesic, John D. Pinder, Jeff Rothenberg, and James Chiesa. 1999. *Securing the U.S. Defense Information Infrastructure: A Proposed Approach.* Santa Monica, Calif.: RAND, MR-993-OSD/NSA/DARPA.

Arquilla, John and David Ronfeldt. 1996. *The Advent of Netwar.* Santa Monica, Calif.: RAND, MR-789-OSD.

Bremer, Paul L. III et al. 2000. "Countering the Changing Threat of International Terrorism." Washington, D.C.: National Commission on Terrorism. from http://www.fas.org/irp/threat/commission.html(August 28, 2000).

Burns, Tom and G. M. Stalker. 1961. *The Management of Innovation.* London: Tavistock.

Denning, Dorothy E. 1999. "Activism, Hacktivism, and Cyberterrorism: The Internet As a Tool for Influencing Foreign Policy." Retrieved January 23, 2001, from http://www.nautilus.org/info-policy/workshop/papers/denning.html.

Denning, Dorothy E. and William E. Baugh, Jr. 1997. "Cases Involving Encryption in Crime and Terrorism." Retrieved January 23, 2001, from http://www.cs.georgetown.edu/~denning/crypto/cases.html.

Denning, Dorothy E. and William E. Baugh, Jr. 1997. *Encryption and Evolving Technologies As Tools of Organized Crime and Terrorism.* Washington, D.C.: U.S. Working Group on Organized Crime(WGOC), National Strategy Information Center.

Devost, Matthew G., Brian K. Houghton, and Neal A. Pollard. 1997. "Information Terrorism: Can You Trust Your Toaster?" in Robert E. Neilson(ed.). *Sun Tzu and Information Warfare.* Washington, D.C.: National Defense University Press.

Drogin, Bob. 2000, May 2. "State Dept. Report Cites Growing Reach of Bin

Laden." *Los Angeles Times.*

FBIS. 1995, December 1. "Arab Afghans Said to Launch Worldwide Terrorist War." *Paris al-Watan al-'Arabi*, pp.22~24. FBIS-TOT-96-010-L.

FBIS. 1996a, November 12. "Italy: Security Alter Following Algerian Extremists' Arrests." *Milan Il Giornale*, p.10. FBIS-TOT-97-002-L.

FBIS. 1996b, December 5. "Italy, Vatican City: Daily Claims 'GIA Strategist' Based in Milan." *Milan Corriere della Sera*, p.9. FBIS-TOT-97-004-L.

Heydebrand, Wolf V. 1989. "New Organizational Forms." *Work and Occupations*, Vol.16, No.3(August), pp.323~357.

Hoffman, Bruce. 1998. *Inside Terrorism.* New York: Columbia University Press.

Hoffman, Bruce. 1999. "Terrorism Trends and Prospects." in Lesser et al. *Countering the New Terrorism.* Santa Monica, Calif.: RAND, MR-989-AF.

Hoffman, Bruce, Olivier Roy, and Daniel Benjamin. 2000. "America and the New Terrorism: An Exchange." *Survival*, Vol.42, No.2(Summer).

Iuris, Andre Pienaar. 1997. "Information Terrorism." in Amelia Humphreys(ed.). *Terrorism: A Global Survey: A Special Report for Jane's Intelligence Review and Jane's Sentinel.* Alexandria, Va.: Jane's Information Group.

Jackson, Brian. unpublished RAND research on technology acquisition by terrorist groups.

Kelley, Jack. 2000, September 18. "U.S. Acquires Reputed Terrorism Guide." *USA Today.*

Kitfield, James, 2000, September 16. "Covert Counterattack." *National Journal.*

Kushner, H. W. 1998. *Terrorism in America: A Structured Approach to Understanding the Terrorist Threat.* Springfield, Ill.: Charles C. Thomas.

Laqueur, Walter. 1996. *The New Terrorism: Fanaticism and the Arms of Mass Destruction.* New York: Oxford University Press.

Lesser, Ian O., Bruce Hoffman, John Arquilla, David Ronfeldt, Michele Zanini, and Brian Jenkins. 1999. *Countering the New Terrorism.* Santa Monica, Calif.: RAND, MR-989-AF.

Monge, Peter and Janet Fulk. 1999. "Communication Technology for Global Network Organization." in Gerardine Desanctis and Janet Fulk(eds.). *Shaping Organizational Form: Communication, Connection, and Community.* Thousand Oaks, Calif.: Sage.

Nohria, Nitin and Robert Eccles. 1992. "Face-to-Face: Making Network Organizations Work." in Nitin Nohria and Robert Eccles(eds.). *Networks and Organizations.* Boston, Mass.: Harvard Business School Press.

Office of the Coordinator for Counterterrorism. 2000. *Patterns of Global Terrorism: 1999.* Washington, D.C.: U.S. Department of State, Publication #10687.

Ranstorp, Magnus. 1994. "Hizbollah's Command Leadership: Its Structure, Decision-Making and Relationship with Iranian Clergy and Institutions." *Terrorism and Political Violence*, Vol.6, No.3(Autumn).

Reeve, Simon. 1999. *The New Jackals: Ramzi Yousef, Osama Bin Laden and the Future of Terrorism.* Boston, Mass.: Northeastern University Press.

Simon, Steven and Daniel Benjamin. 2000. "America and the New Terrorism." *Survival*, Vol.42, No.1(Spring).

Soo Hoo, Kevin, Seymour Goodman, and Lawrence Greenberg. 1997. "Information Technology and the Terrorist Threat." *Survival*, Vol.39, No.3(Autumn), pp. 135~155.

Stern, Jessica. 2000. "Pakistan's Jihad Culture." *Foreign Affairs*, November/December, pp.115~126.

"Terrorist Threats Target Asia." 2000, July 1. *Jane's Intelligence Review*, Vol.12,

No.7.

Thompson, James D. 1967. *Organizations in Action*. New York: McGraw-Hill.

"Tracking Bin Laden's E-mail." 2000, August 21. *Newsweek*.

Whine, Michael. 1999. "Islamist Organizations on the Internet." *Terrorism and Political Violence*, Vol.11, No.1(Spring).

Wilkinson, P. 1986. "Terrorism: International Dimensions." in W. Gutteridge(ed.). *Contemporary Terrorism*. New York: Facts on File Publications.

제3장 초국가적 범죄 네트워크[*]

Transnational Criminal Networks

필 윌리엄스

■ 편자 초록: 이탈리아 마피아를 비롯하여 옛날식 위계적 범죄 조직들이 최근 초
국가적 네트워크로 재조직되고 있다. 피츠버그대학의 필 윌리엄스는 러시아 범
죄 조직 사례를 중심으로 이러한 추세를 분석한다. 그는 사회적 네트워크나 기
업 네트워크에 관한 학계 연구를 바탕으로 이러한 현상을 심도 있게 분석하여
제시한다. 이 장은 네트워크 시각에서 초국가적 범죄 조직(TCOs: transnational
criminal organizations)을 탐구한 그의 연구를 바탕으로 썼다.^{**}

---

* 정보 분야에서 네트워크 분석에 관해 일련의 유익한 토론을 함께 해준 존 피카
렐리(John Picarelli), 빌 코에닝(Bill Koening), 그리고 폴 N. 우에스너(Paul N.
Woessner)에게 감사한다. 피츠버그대학 리지웨이 센터(Ridgeway Center)의 그레
고리 오헤이언(Gregory O'Hayon), 윌리엄 쿡(William Cook), 제러미 킨셀(Jeremy
Kinsell), 그리고 브라이언 조이스(Brian Joyce)는 러시아 범죄 조직을 비롯한 범
죄 네트워크의 분류 작업을 훌륭히 수행해 주었다. 또 이 연구를 위해 소프트웨
어를 지원해 준 I2사에도 사의를 표한다.
** 그의 논문은 다음과 같다. Phil Williams, "The Nature of Drug-Trafficking Networks,"
Current History(April 1998).

미국 국가정보위원회(National Intelligence Council)는 최근의 세계 추세에 관한 보고서에서 범죄 조직과 네트워크에 대해 다음과 같이 짧게 언급했다.

북미, 서유럽, 중국, 콜롬비아, 이스라엘, 일본, 멕시코, 나이지리아, 러시아 등지에 자리 잡은 범죄 조직들이 활동의 규모와 범위를 확대해 나갈 것이다. 그들은 특정한 목적을 위해 다른 범죄 조직, 소규모 범죄형 기업, 그리고 반란운동 세력들과 느슨한 연대를 형성할 것이다. 그들은 불안정하고 경제적으로 취약한 국가들의 지도자들을 부패시키고, 어려움에 처한 은행이나 기업 등에 비밀리에 침투하며, 정치적 반란 세력들과 손잡고 상당히 넓은 지역들에서 통제권을 획득할 것이다(National Intelligence Council, 2000: 41).

다시 말해, 조직범죄 집단이 공식적 위계제보다는 유동적인 네트워크 구조로 활동할 것이라는 인식이 커지고 있다.

그러나 조직범죄에 대한 전통적 연구 패러다임은 범죄 조직의 위계적 또는 피라미드적 구조 식별을 강조한다. 대통령 직속 '법 준수 및 정의 구현 위원회(Commission on Law Enforcement and Administration of Justice)'가 1967년에 발표한 조직범죄 관련 보고서와 도널드 크레시(Donald Cressey)의 유명한 분석서 『나라를 도둑맞고 있다(Theft of Nation)』에 가장 잘 드러나 있는 조직범죄에 대한 이러한 해석은 미국 라코자노스트라(La Cosa Nostra)의 예에 근거를 둔다. 이러한 해석은 '전국적인 불법 카르텔과 연합체'의 존재, 전국 단위의 지도 위원회의 지배적 역할, 위계적 구조, 지역 하부 조직 사이의 명확한 분업 등을 강조했다.[1]

---

1) 크레시의 견해에 대한 탁월한 요약으로는, Donald R. Cressey, "The Functions and Structure of Criminal Syndications," in Patrick J. Ryan and George E. Rush(eds.), *Understanding Organized Crime in Global Perspective*(London: Sage, 1997), pp.3~15 참조. 특히 3쪽을 참조하기 바란다.

그러나 크레시의 분석은, 조직범죄 집단을 이성적 구조를 가진 합리적 조직으로 간주한 (조직범죄에 대한) 주류 해석에 도전하는 선구적 연구들이 이뤄지도록 계기를 마련했다. 이러한 연구들은 조직범죄가 일반적으로 생각하는 것보다 훨씬 더 유동적일 뿐만 아니라 후견인·피보호인 (patron-client) 관계와 네트워크 구조가 핵심 기능을 한다고 주장한다. 프랜시스 이아니(Francis Ianni)는 뉴욕에서 흑인과 푸에르토리코 계열 조직범죄에 주목했으며, 조셉 알비니(Joseph Albini)는 미국의 이탈리아계 조직범죄 집단도 공식적 위계질서보다 '후견인·피보호인' 관계를 통해 더 잘 이해할 수 있다고 주장한다(Ianni, 1974; Albini, 1971). 뉴욕 조직범죄의 역사에 관해 연구한 앨런 블록(Allen Block)은, 조직범죄가 생각보다 더 분열되고 혼란스러울 뿐만 아니라 범죄자들을 정계나 재계의 실력자들과 연결하는 '영향력의 거미줄(webs of influence)'과 복잡하게 얽혀 있음을 발견했다. 이러한 제휴와 영향력의 유형은 조직 내 공식적 구조보다 훨씬 더 중요하며, 범죄자들이 자신들의 기회를 극대화할 수 있도록 한다(Block, 1979).

최근에는 게리 포터(Gary Potter)가 미국의 조직범죄는 네트워크 개념을 통해 가장 잘 이해할 수 있다고 제안했으며, 러시아 출신의 미국 범죄자 (Russian émigré criminals)들을 연구한 핑크나우어(Finckenauer)와 웨어링(Waring)은 그들이 주로 네트워크 구조를 통해 활동한다고 결론지었다(Potter, 1993; Finckenauer and Waring, 1998). 말콤 스패로(Malcolm Sparrow)의 연구는 특히 중요한데, 그는 사회적 네트워크 개념을 범죄 네트워크에 적용했을 뿐만 아니라 이러한 네트워크의 취약점을 발견하고 공략할 수 있는 방법에 대해 혁신적인 통찰을 제공했다(Sparrow, 1991a, 1991b). 필자의 작업도 이러한 방향으로 진행되어 왔다(Williams, 1994: 96~113, 1998: 154~159).

이처럼 범죄 네트워크를 강조하는 것은, 어느 조직에나 적용될 수 있는 단일하고 보편적인 조직 구조란 존재하지 않는다는 인식이 관련 연구자들 사이에 확산되고 있음을 보여준다. 수사기관들도 전통적 위계 구조

와 맞지 않는 유형의 범죄 조직을 점점 더 자주 발견하고 있다. 독일의
BKA(미국의 FBI 같은 조직)는, 자신들이 조사한 범죄 조직이 대부분 "느슨
하고 일시적인 네트워크이며, 오래 지속될 수 있도록 잘 확립되어 있고
위계적 구조를 갖춘 조직은 소수"라는 사실을 발견했다. 독일에서 발견
된 증거들로 미루어볼 때, 이탈리아의 마피아 패밀리 같은 위계적 조직
들도 지역의 하부 조직에 상당한 재량권을 준다고 추측할 수 있다(FBIS,
1998: 3).

네덜란드의 조직범죄를 조사한 한 연구는 (좀더 중요한 연구로 간주되는
데) 협업 형태를 띤 다양한 변종이 있음을 지적하며, 다음과 같이 결론짓
는다.

(조직범죄를 분석하는 데 쓰이는) 분석 틀은 마피아 조직의 특징으로
거론되는 위계적 구조나 철저한 분업 등의 요소를 반드시 포함할 필요는
없다. 사회적 네트워크들이 상호 작용하며 기본적인 분업 구조를 갖는 현
상은 네덜란드 범죄 집단에 관한 보고서에서 다뤄졌다. 이 보고서에선 이
러한 사회적 네트워크들을 '일당(clique)'이라 표현했다. 일당 내부의 협력
패턴, 그리고 일당과 이들이 부정기적으로 함께 일하는 좀더 큰 네트워크
사이의 협력 패턴에는 상당한 차이가 있다(Fijinaut, Bovenkerk, Bruinsma,
and Bunt, 1998: 27).

다시 말해, 조직범죄는 공식적 위계제보다는 유동적인 네트워크 구조
로 작동하는 경우가 더 많다는 인식이 확대되고 있다.

이 연구들이 중요한 의미를 가지긴 하지만, 이들 중 어느 것도 네트워
크 구조가 범죄 집단의 조직 형태로서 어떤 장점을 가지는지 구조적으로
탐구하지는 않았다. 이 장은 범죄 집단을 위해 네트워크 구조를 최적의
구조로 만들어주는 네트워크 고유의 특성과 범죄 네트워크의 특성을 밝
힌다. 이러한 개념적 분석은 사회적 네트워크와 경영 이론에서 그 통찰

을 빌려왔다. 그리고 이러한 이론을 뛰어넘어 범죄 네트워크 대응 전략
을 고민하는 정책 입안자들을 위해 정책적 제언을 제시한다.

네트워크 분석에 관한 배경 지식

네트워크는 가장 일반적인 사회조직 형태 중 하나이다. 네트워크는 어
디에나 침투해 있으면서도 손에 잡히지 않고, 무소부재하면서도(ubiquitous)
보이지 않고, 모든 곳에 있으면서도 아무 곳에 없다(everywhere and nowhere).
네트워크는 배타적인 조직 형태가 아니다. 전통적 위계 구조 내부에 존재
할 수도 있는데, 이럴 때 네트워크는 특화된 기능이나 계급을 바탕으로
두는 내부 조직을 가로지르며 존재한다. 위계적 조직을 핵심으로 하는
네트워크도 가능하다. 또한 네트워크는 시장의 기능을 보완하는 중요한
요소로서, 거래 비용(transaction cost)을 줄여주고 구매자와 판매자 모두에
게 더 많은 기회를 제공하여 시장의 효율성을 향상시킨다.

네트워크는 침투성, 위계제 내외부에 모두 존재할 수 있는 능력, 정보
와 상품의 흐름을 활성화해 시장을 효율적으로 만드는 능력 등의 특성
때문에 규정하기 힘든 성질을 갖고 있다. 어떤 면에서, 네트워크는 수많
은 모양으로 다르게 형성될 수 있는 성형 가능한(plastic) 조직 정도로 보
이기도 한다.

네트워크의 크기, 형태, 구성원, 단결성, 목적 등은 각기 다르다. 네트
워크는 클 수도 있고 작을 수도 있으며, 국내적일 수도 있고 초국가적일
수도 있다. 유대가 강할 수도 있고 느슨할 수도 있으며, 중앙 집중적일
수도 있고 탈집중적일 수도 있으며, 목적성이 강할 수도 있고 뚜렷한 방
침이 없을 수도 있다. 특정 네트워크는 하나의 목표에 집중할 수도 있고
다양한 목표를 폭넓게 추구할 수도 있으며, 회원 자격 역시 배타적일 수
도 있고 포용적일 수도 있다.

네트워크는 실제 상품뿐만 아니라 정보, 지식, 의사소통 등의 흐름도 활성화한다. 의사소통하는 것이 저렴하고 간편해지면서 네트워크는 크게 확산됐다. 네트워크 기술은 크고 분산된 사회적 네트워크의 활동을 활성화하며 특정 종류의 사회적 네트워크가 역량을 강화하는 데 결정적인 힘이 될 수 있다. 이러한 배경에 기초를 두고, 이 장에서는 다음과 같은 과제를 추구한다.

- 범죄 조직을 네트워크 구조로 분석하는 데 바탕이 되는 배경 개념과 사상들을 간략히 설명한다. 여기에는 사회적 네트워크 분석, 최근에 연구 성과가 쌓이고 있는 네트워크 비즈니스 조직에 관한 문헌[이 개념은 가상 기업(virtual corporation)과 관련해 가장 잘 발전됐다], 전통적 위계제보다 네트워크의 중요성을 강조한 이전의 조직범죄에 관한 연구 등을 포함한다.
- 범죄자들이 네트워크 조직에 왜 관심을 보이는지 알아본다. 범죄자 입장에서 그들이 관심을 가지는 네트워크 조직의 장점을 알아보고, 범죄 네트워크의 주요 특성들을 좀더 명확하게 살펴본다.
- 범죄 네트워크 내부의 핵심 기능들을 명확히 밝힌다. 네트워크의 작동과 관련된 네트워크적 기능과 (특히) 범죄 집단의 특성과 관련된 실질적 기능이 있다는 점을 염두에 둔다. 어떤 경우엔 두 기능이 서로 겹칠 수도 있지만, 어떤 경우엔 완전히 다를 수도 있다.
- 범죄 네트워크의 활동을 생생히 나타내고 평가한다. 이 장에서는 뉴욕 은행(the Bank of New York)에 침투한 범죄 네트워크의 사례를 분석할 것이다.
- 정부와 수사 당국이 네트워크 조직을 좀더 효율적으로 타격할 수 있는 방법을 제시한다. 이를 위해서는 네트워크의 취약점과 그 약점을 공략하는 방법에 대한 분석이 필요하다.

배경 지식이 되는 분석 개념

네트워크

네트워크를 매우 간단히 정의하면 서로 연결된 일련의 노드들이라고 할 수 있다. 서로 의미 있게 연결되어 있으면, 개인이나 조직, 기업, 컴퓨터 등 모든 것이 노드가 될 수 있다. 물론 여기서는 불법 활동을 통해 재정적 이익을 얻으려고 활동하는 네트워크 조직에 초점을 맞출 것이다. 또 이 장의 분석은 주로 세 가지 분야의 연구에 의존한다. 이는 사회적 네트워크 분석, 네트워크 비즈니스 조직에 관한 연구, 그리고 범죄 조직에 관한 과거의 연구 성과이다(여기서 말하는 범죄 조직에 관한 연구 성과는, 오랫동안 조직범죄에 관해 지배적 관점이었던 공식적 위계질서를 강조하는 연구와는 거리가 있다).

사회적 네트워크 분석

사회적 네트워크 분석은 인류학, 사회학, 사회심리학 등 몇몇 분야에 기원을 두고 있다. 이 분야의 가장 중요한 초기 개척자는 1930년대에 '소시오그램(sociagram)' 개념을 발전시킨 J. L. 모레노(J. L. Moreno)일 것이다. 소시오그램의 정의는 다음과 같다.

> 사람(또는 어떤 사회적 단위)이 2차원 좌표에서 점으로 표시되고, 사람들의 관계는 각각의 점들을 연결하는 선으로 표시된 그림이다(Wasserman and Faust, 1994: 11~12).

이러한 접근법의 핵심은 "네트워크 내의 노드나 단위의 관계 또는 연계"에 초점을 맞춘다는 점이다. 이러한 연계는 "혈족 관계, 물질적 거래, 지원이나 자원의 흐름, 행동적 상호 관계, 함께 속해있는 조직(group co-membership), 다른 사람에 대한 한 사람의 감정적 평가 등 다양한 요소에 기반을 둔다(Wasserman and Faust, 1994: 8). 많은 경우, 노드들 사이에 상품이나 서비스(여기에는 정보와 애정도 포함됨)의 교환이 일어난다. 그러나 관계의 기반이 무엇이든 네트워크 개념은 행위자들의 연결을 강조한다.

따라서 사회적 네트워크 분석은 네트워크 내 특정 인물의 중요도나 주목성(prominence) 같은 문제를 탐구한다. 또 네트워크 내 다른 행위자와 가장 많은 또는 가장 중요한 연계를 맺는 개인을 뜻하는 '중심성(centrality)'의 개념, 네트워크 내 행위자들의 의사소통 경로에 기반을 둔 친소(closeness and distance) 관계, 통합된 하부 조직(행위자들 사이에 상대적으로 강하고 직접적이며 일상적이고 긍정적인 연계가 있는 하위 집단)의 존재 여부 등을 중요하게 다룬다. 네트워크 내의 관계나 거래가 명백한 또는 암묵적 규칙에 의해 규제되는 정도, 네트워크 내 행위자의 수와 다양성 등도 다룬다. 초점이 어디에 있건 간에 사회적 네트워크의 유연성과 역동성에 대한 인식이 확고히 자리 잡고 있다. 이러한 특징은 행위자의 연계가 끊임없이 형성되고 강화되거나 약화되고 깨지는 과정들을 통해 드러난다.

부분적으로는 이러한 역동성 때문에, 일부 사회학자들은 네트워크 기반의 조직이 전통적으로 구조화된 위계 조직에 비해 우월한 성과를 보인다고 결론짓는다. 특히 환경 변화에 적응하는 능력에서 더욱 그렇다고 이들은 주장한다. 이러한 결론은 계속 축적되고 있는 비즈니스 네트워크에 관한 연구 성과에 의해 강화되고 있다. 이러한 연구 성과들은 여기서 논의되는 주제와 특별히 밀접한 관련이 있다. 클라우제비츠(Clausewitz)식의 용어를 빌려 그 이유를 얘기하면, 조직범죄는 범죄 수단에 의한 사업의 지속이기 때문이다.

비즈니스 네트워크

비즈니스에서 네트워크에 대한 강조는, 엄격한 위계 구조의 한계와 경직성, 그리고 비효율성에 대처하고, 파트너십과 전략적 제휴을 통해 세계화의 장점을 활용하는 한편, 케이레쓰(keiretsu, 系列: 생산 과정의 효율성을 높이기 위해 공급자들의 네트워크로부터 일정한 규제를 받는다)를 활용한 일본 기업들의 성공을 모사하려는 동기 등에서 일어났다. 또 '구조적 공백(structural hole)'에서 발생하는 기회를 이해하는 것이 경쟁 환경에서 비즈니스의 성공에 매우 중요하다는 인식 때문에 나타난 것이기도 하다 (Burt, 1992).

그러나 비즈니스 네트워크라는 관념은 무엇보다 가상 기업과 이른바 '기민한 네트워크(agile network)'에 대한 가상 기업의 의존이라는 개념에서 가장 명백하게 발전됐다.[2] 이러한 관념은 내적으로 유연하게 의사소통하는 네트워크, 다른 조직들과의 연결, 특정 결과의 도출을 위한 이해관계의 공유, 외부의 기회와 도전에 신속히 대응할 필요성, 환경 검토 및 신속한 정보처리와 빠른 의사결정 능력, 조직의 학습과 적응 능력 등을 강조한다.

비즈니스 네트워크 조직에 대한 이러한 간략한 논의만으로도 풍부하고 다양한 연구 과제들이 많은 중요한 통찰을 제공한다는 것을 명확히 알 수 있다. 이러한 통찰들은 기업 네트워크만큼이나 범죄 네트워크의 작동에도 적절한 설명을 제공한다. 이 장에서 분석의 기반이 된 또 다른 연구 분야는 조직범죄에 관심을 가진 연구자들이 수행한 네트워크 연구이다.

범죄 네트워크의 차원

비록 네트워크가 중요성에 비해 다소 무시되어 온 범죄 조직의 형태이긴 하지만 네트워크가 유일하거나 배타적인 형태인 것은 아니다. 오랫동안 미국의 마피아 조직과 연계되어 온 전통적 위계제 모델을 폐기할 필

---

2) Alf Steiner Saetre and David V. Gibson, "The Agile Network: A Model of Organizing for Optimal Responsiveness and Efficiency," from http://www.utexas.edu/depts/ic2/aamrc/saetrex.html 참조.

요는 없다. 위계적 조직들의 네트워크, 위계적 요소와 네트워크적 요소를 동시에 가진 혼성 조직, 심지어 네트워크들의 네트워크도 모두 가능하다. 그러나 이처럼 다양한 형태를 띠고 있다 해도, 다음의 몇 가지 중요한 공통 측면도 갖고 있다.

첫째, 네트워크는 네트워크를 특정한 목적에 활용하려는 핵심 조직자들에 의해 만들어지기도 하며[지향적 네트워크(directed network)], 시장의 기능에 효율성을 더하기 위한 기제로서 자발적으로 발생하기도 한다[거래 네트워크(transaction network)]. 1980년대와 1990년대 초, 미국에 코카인을 밀수하기 위해 조직된 콜롬비아의 코카인 밀매 조직은 — 적어도 그 핵심부에서는 — 뚜렷한 지령을 받아 움직이는 네트워크였다. 반면 남아시아의 헤로인 밀매 조직은 중간 브로커가 매매 과정의 거의 모든 단계에서 핵심 역할을 하는 거래 네트워크라고 할 수 있다. 생산자들은 독립적 중간 거래인들에게 헤로인을 공급하고, 이렇게 공급된 헤로인은 다시 중간 브로커들의 사슬을 거쳐 소매 시장에 도달한다. 물론 실제로는 지향적 네트워크는 더 큰 거래 네트워크의 일부일 수 있다. 메델린(Medellin)과 칼리(Cali)에서 활동하던 (수직적으로 통합된) 대규모 네트워크가 힘을 잃은 이후, 콜롬비아의 코카인 밀매 조직은 점점 혼합적 성격을 띠는 것으로 보인다.

둘째, 네트워크는 작고 매우 제한적인 지역 단위 조직부터 국가 간 경계를 넘어 다양한 합법 또는 불법 상품을 유통시키는 초국가적 공급자 네트워크까지 다양하다. 회원 자격은 인종 같은 특성에 의해 규정될 수도 있고 상대적으로 개방적일 수도 있다. 조직 유지에 필요한 기능에 대한 요구가 조직원들의 배타성을 유지해야 할 필요성보다 큰 경우, 공급자 네트워크는 다인종적 구성을 띠는 경우가 많다.

대규모 범죄 네트워크에서도 핵심 인물이나 핵심 조직을 찾아볼 수 있다. 네트워크의 활동은 보통 이러한 핵심 인물이나 조직을 통해 이루어진다. 초국가적 범죄 네트워크의 대표적인 예로는 세메온 모길레비치

(Semeon Mogilevich)의 조직을 들 수 있다. 헝가리에 기반을 두는 모길레비치의 범죄 조직은 러시아의 솔른체보(Solntsevo) 범죄 조직, 프랑크푸르트의 매춘 활동 조직, 뉴욕의 제노베제(Genovese) 패밀리, 그리고 이스라엘의 러시아계 범죄 조직과 밀접한 관련이 있는 것으로 알려졌다. 수년 동안 모길레비치는 미국에서 마그넥스 YBM(Magnex YBM)이란 회사로 활동했다(이 회사는 돈세탁과 관련돼 있다. 돈세탁이란 자금의 출처와 소유 관계를 감추거나 주식 사기를 통해 범죄와 관련된 자금을 깨끗한 돈으로 바꾸는 과정을 말한다). 또 바하마(Bahamas), 브리티시채널아일랜드(British Channel Islands), 케이맨(Caymans) 등에도 네트워크 회사를 갖고 있다. 이러한 초국가적 네트워크 특징 때문에 모길레비치는 사법 당국이 파고들 수 있는 취약점이 전통적 마피아의 두목보다 훨씬 더 적으며, 그의 역할에 대한 혐의가 계속되는데도 어떤 범죄로도 기소된 적이 없다.

셋째, 잘 구조화돼 오랜 시간 유지되는 네트워크도 있고, 느슨하고 유동적이며 모호한 형태를 띠는 네트워크도 있다. 후자의 경우, 구성원들은 특정한 필요나 기회 또는 요구에 따라 가담하거나 탈퇴하곤 한다. 개인들이나 작은 조직들도 편리에 따라 네트워크에 들어왔다 나갈 수 있다. 구성원들이 조직에 좀더 오래 머무르는 네트워크도 있다. 또 일부 구성원들은 네트워크에 연속성과 방향성을 제시하고 다른 구성원들은 일시적·단기적인 역할을 담당하는 조직도 있다. 높은 수준의 신뢰, 상호 존중, 상호 관심 등에 기반을 둔 지속적인 관계와 내적 연계도 있고, 단기적 이해의 일치를 바탕으로 한 일시적 관계도 있다. 비슷한 역학이 범죄자들이 전위 조직(front company)을 활용할 때도 나타난다. 이러한 조직은 적절한 기회가 생길 때마다 만들어지며 사법 당국의 수사망에 걸리면 곧 버려지거나 폐쇄된다.

마지막으로, 네트워크는 한 가지 목적이나 한 가지 물품의 공급에 초점을 좁게 맞출 수도 있지만, 여러 불법 물품을 공급하거나 좀더 다양한 범죄 활동에 연루될 수도 있다. 예를 들면, 콜롬비아와 멕시코의 마약 밀수 조직은 작은 범위의 활동에 연관되어 있다. 마약을 한 가지 이상 밀매하는 경향이 있긴 하지만, 기본적으로 그들은 마약 밀매 사업에 종사하며 다른 일은 하지 않는다. 반면 러시아와 중국의 범죄 조직은 마약 밀매, 차량 절도, 무기 밀매, 매춘, 도굴, 희귀 동물 매매를 비롯하여, 다양한 착취 행위와 금융 사기 등 여러 가지 범죄 사업을 벌이고 있다.

그 정확한 특징이 무엇이건 간에, 네트워크는 범죄자들에게 다양성, 유연성, 견고성 등을 제공하며, 감시의 눈길을 쉽게 피할 수 있도록 해준다. 실제로 네트워크는 범죄자들에게 상당히 매력적이다.

- 네트워크는 종종 은밀하게 활동할 수 있다. 범죄 조직이 눈에 잘 띌수록 사법 당국의 표적이 될 가능성은 더 커진다. 그러나 네트워크의 가장 중요한 특징 중 하나는 네트워크가 바로 눈에 띄지 않는다는 점이다. 범죄 네트워크는 여러 합법적 활동 뒤로 숨을 수도 있고, 다른 형태의 조직보다 덜 공식적으로 활동할 수도 있으며, 수사 당국의 관심을 일으키지 않을 정도로 몸을 움츠려 활동할 수도 있다. 물론 때로는 네트워크가 노출될 수도 있다. FBI가 모길레비치의 범죄 네트워크에 대해 수사를 시작했을 때 그 네트워크의 광범위함은 상당한 충격을 일으켰다.
- 수사 당국의 표적이 된다 해도 그 특성상 분산돼 있는 범죄 네트워크는, 수사 당국이 공략할 뚜렷한 구심점이나 중심축이 없어 단속하기가 쉽지 않다. 조직이 실제적인 기반 구조의 구축에 대량의 매몰 비용을 투자한 경우라면 조직의 취약성은 커질 것이다. 그러나 이런 문제에서 상대적으로 자유로운 네트워크는 수사 당국의 위협이 적은 영역으로 쉽게 이동할 수 있다.
- 범죄 네트워크들은, 특히 초국가적 네트워크인 경우에는, 각 나라 법 규정의 차이점을 이용하는 이른바 '사법적 중재(jurisdictional arbitrage)'라는 수단을 활용할 수 있다(한 예로 이스라엘은 2000년에야 돈

세탁을 불법화했다). 1990년대에 구소련의 범죄 조직들이 대거 이스라엘로 유입됐다. 이스라엘이 러시아계 유대인 귀환법을 제정한데다 돈세탁 금지법이 제정돼 있지 않아 러시아계 범죄 집단 침투에 적합한 환경을 제공했기 때문이다. 어떤 경우에는 러시아의 자금이 거의 파산 상태에 있었던 이스라엘 기업의 인수에 쓰이고, 이런 기업이 낸 이익이 다시 러시아로 흘러가는 일이 생기기도 했다. 때로 이러한 범죄 조직은 사법 관할권의 혼란을 야기하여 어느 한 나라의 수사기관이 제대로 대응할 수 없도록 하기도 했다. 가령 여러 나라의 기업과 은행들을 통해 돈세탁을 한 경우, 수사 당국이 자금의 흐름을 추적하기가 매우 번거롭고 비용도 많이 들기 마련이다.

• 네트워크는 여분의 능력(redundancy)과 탄력을 갖출 수 있도록 해준다. 네트워크 구조에서는 공식적이고 경직된 구조의 조직보다 여분의 능력을 갖추기가 더 쉽다. 그래서 네트워크의 일부분이 붕괴되더라도 활동을 계속할 수 있다. 더구나 네트워크의 기능 저하가 반드시 네트워크의 종말로 이어지는 것은 아니다. 네트워크는 매우 탄력적이며 쉽게 재구축될 수 있다.

이러한 장점들을 고려해 볼 때, 미국이나 유럽, 러시아와 우크라이나 같은 전환기 국가, 구소련에서 독립한 국가들, 남아프리카공화국, 캄보디아, 심지어 중국과 쿠바 등의 조직범죄에서 네트워크 구조가 주도적 형태가 된 것은 놀랄 일이 아니다. 이어서 범죄 네트워크의 주요 특징들을 살펴볼 것이다. 다음에 열거한 이러한 특징들 때문에 네트워크 조직에 대응하기가 매우 어렵다.

범죄 네트워크의 전형적 특징

네트워크의 핵심

일정한 크기 이상의 네트워크들은 내부의 힘, 영향력, 그리고 지위의 비대칭성을 반영하여, 대부분 핵심부와 주변부로 나뉜다. 핵심부에서는 (지향적 네트워크의 경우) 네트워크 전체의 방향을 제시하는 개인들 사이에 풍부한 의사소통이 이루어지는 것이 특징이다. 일반적으로 범죄 집단의 창설 멤버와 핵심 구성원들이 특정 범죄 활동을 주도하며, 논쟁을 중재하고, 방향을 제시한다. 그들의 관계는 높은 수준의 신뢰와 단결성을 만들어내는 결합 기제에 의해 강화된다.

많은 경우, 이러한 유대는 가족 또는 친족 관계와 밀접한 관련이 있다. 이탈리아 마피아 집단은 가계를 따라 구성되는 경우가 많으며, 터키의 마약 및 범죄 조직도 대부분 종족 관계에 바탕을 두고 있다. 인종이나 (참여자들의 강한 신뢰와 상호 의존감을 불러일으키는) 공통의 경험도 이러한 결합 기제의 예들이다.

같은 청년 갱단에 있었거나 교도소에서 함께 복역한 경험도 중요한 결합 기제를 제공한다. 미국의 멕시코 마피아(실제로 멕시코인으로만 이루어지지는 않았다)는 사우스캘리포니아 감옥에 같이 있던 사람들의 갱단으로 시작해 크게 확장했다. 그러나 네트워크의 핵심부에 배반 없이 활동할 수 있는 능력을 주는 것은 역시 공통의 경험이다.[3]

설령 네트워크의 핵심부가 강력한 집단 정체성을 보여준다 해도, 단결성은 정보를 획득하고 '환경에서 자원을 동원하는' 능력을 그다지 향상시키지 않으며, 도리어 감소시킬 수도 있다.

---

3) 여기에 쓰인 분석과 결합 기제에 관한 논의는 다음의 책에 크게 의존했다. Francis J. Ianni, *Black Mafia: Ethnic Succession in Organized Crime*(New York: Simon and Schuster, 1974), pp.282~293.

네트워크 분석의 최근 경향들은 대개 네트워크 유대의 결합 강도와 외부 환경에 대한 그들의 개방성 사이에 역관계를 상정한다.[4]

정보 획득이라는 기능 수행에서, 핵심부의 약점이 주변부에 의해 상쇄되는 이중 구조(two-tier structure)는 바로 이러한 측면에서 장점이 있다고 할 수 있다.

네트워크 주변부

이 영역은 핵심부보다 상호 작용이 풍부하지 않으며 관계도 느슨하다. 그러나 이러한 특징들은 '약한 연결의 강점'을 보여주고 활용함으로써 네트워크에서 핵심 기능을 한다(Granovetter, 1973). 실제로 이러한 주변부 덕분에 지리적으로나 사회적으로 훨씬 멀리 떨어져 있어도 네트워크가 운영될 수 있다. 주변부는 좀더 확장된 운영과 다양한 활동을 가능하게 하며 효율적인 정보 수집 능력을 제공한다(Granovetter, 1973; Burt, 1992).

예를 들면, 칼리 카르텔은 일반적으로 매우 중앙 집중적이고 체계화된 조직으로 간주돼 왔다. 그러나 이 카르텔은 사실 (몇몇 핵심 지도자들이 있는) 핵심부와 주변부로 이루어진 네트워크 구조였다. 주변부에는 코카인 제조와 운반에 직접 관여하는 사람들은 물론이고, 민초 수준에서 매우 소중한 정보원이 되는 택시 기사와 노점상 같은 사람들도 포함돼 있다.

범죄 네트워크에서 이러한 능력은 매우 중요하다. 이러한 능력 덕분에 범죄 네트워크는 수사 당국의 활동을 예측하고 이를 무력화할 수 있다. 위협과 기회에 대한 민감성은 범죄 네트워크의 지속에 핵심 기능을 하며 변화에 대한 적응력을 크게 높여준다. 이러한 점에서 범죄 네트워크는

---

4) David Stark and Gernot Grabher, "Organizing Diversity: Evolutionary Theory, Network Analysis, and Postsocialist Transformations," in Stark and Grabher(eds.), *Restructuring Networks: Legacies, Linkages, and Localities in Postsocialism*(New York and London: Oxford University Press, in press) 참조.

기민한 기업(agile corporation)을 닮았다. 경고 신호를 미리 받아들이는 능력과 내부 구조 및 운영 활동을 신속히 재조정하는 능력은 상호 보완관계를 이룬다. 네트워크는 한정된 고정자산만을 가지고 있기 때문에 위험에도 제한적으로만 노출되며, 노출을 줄이고 저항을 최소화하는 방식으로 상황에 적응한다.

방어 구조로서의 범죄 네트워크

범죄 네트워크들은 보통 수사 당국에 맞서 1차 방어선을 제공하는 조기 경보 기제를 갖고 있으며, 그들의 네트워크 구조에 매우 효율적으로 통합되는 추가 방어 기제들도 지니고 있다. 필자는 이전에 이미 이렇게 주장한 바 있다.

> 이중 구조 네트워크는 핵심부와 주변부 모두 상당한 내부 방어 기제를 갖고 있다. 수사기관이 네트워크의 주변부에 침투하는 것은 가능하지만 핵심부에 도달하는 것은 훨씬 어렵다. 이는 부분적으로는 이러한 진입이 기능적 효용보다는 결합 기제에 바탕을 둔 높은 수준의 신뢰에 기반을 두기 때문이다. 더구나 네트워크 내부에는 핵심부와 주변부를 분리시키는 역할을 하는(즉, 내적 분리자 역할을 수행하는) 노드들이 몇 군데 있기 마련이다. 이들은 핵심부의 지도자들을 실제 작전에서 격리시키며, 수사기관들이 외곽을 맴돌지 않고 구심점을 바로 타격하는 것을 매우 어렵게 한다. 이것은 물론 주변부가 수사 당국의 위험이 가장 큰 곳이라는 것을 뜻한다. 그러나 종국적으로 이는 그다지 심각한 문제는 아니다. 주변부가 심각하게 침투되거나 당국과 타협하게 되면, 이를 폐기하고 다른 구성원을 모아 네트워크의 외부 조직을 다시 구성하면 된다(Williams, 1998: 154~159).

분리된 네트워크는 핵심 구성원뿐만 아니라 범죄 활동이나 네트워크의 통일성을 구성하는 정보 보호에도 유리하다(또한 주변부에서 핵심부로의 효율적 정보 흐름도 가능하게 한다). 범죄 네트워크는 지식과 정보를 작게 나누기 때문에 수사기관이 범죄 활동을 단속해도 조직의 일부에만 영향을 끼칠 뿐이다. 그렇다고 해서 수사기관이 조직에 심각한 타격을 가하는 일이 불가능한 것은 아니며, 배신자나 제보자의 증언으로 이러한 일이 1980년대 시실리 마피아에서 일어난 바 있다.

그러나 대부분의 경우, 네트워크는 자체 보호에 매우 유리하다. 이는 범죄 네트워크가 고국을 떠나서 활동하는 경우에도 마찬가지다. 이러한 경우, 인종과 언어가 방어 기제로 작용한다. 예를 들면, 미국의 수사기관들은 그들이 라 코자 노스트라에 침투했던 방식으로 나이지리아나 중국 출신의 범죄 네트워크에 침입하는 것이 쉽지 않다는 점을 깨달았다. 많은 네트워크들이 익숙하지 않은 언어나 방언을 쓰기 때문에 전자 감청도 매우 어렵다. 또 다른 문제는 인종 기반의 범죄 네트워크는 대개 그들 민족의 집단 거주지에 자리 잡고 있다는 점이다. 이러한 장소는 그들에게 엄폐, 은폐, 그리고 새로운 조직원을 계속 제공한다. 이러한 요소들은 서유럽에서 터키 마약 밀매 조직이나 알바니아 범죄 네트워크가 성공을 거둔 주요 원인이다.

협력을 활성화하는 범죄 네트워크

인종 네트워크라고 해서 외부와의 협력을 완전히 거부하는 것은 아니다. 왜냐하면 이러한 네트워크들은 조직의 정체성을 완전히 포기하지는 않으나, 그렇다고 자신들의 조직적 형태에 완전히 매몰되지도 않기 때문이다. 범죄 네트워크들은 함께 손을 잡음으로써 편리함과 유익함을 누리며, 그들의 정체성이나 존재 이유에 위협이 되지 않는다면 언제든지 협력한다.

서로 다른 범죄 네트워크들의 제휴는 1990년대 조직범죄의 주요 특징이었다. 지역 사정에 정통하고 잘 구축된 헤로인 배급망을 가진 콜롬비아의 코카인 공급 조직은, 뇌물 및 부패 네트워크와 숙련된 돈세탁 능력을 갖춘 시실리아 집단과 결합할 수 있었다. 이탈리아와 러시아 범죄 네트워크들도 협력 관계를 구축했으며, 콜롬비아와 러시아 범죄 조직은 카리브 해에 있는 섬에서 접선해 총기와 마약을 맞바꾸곤 했다. 러시아로 수입되거나 러시아를 중간 지점으로 거쳐가는 코카인의 압수량이 늘어나는 것에서 이들 네트워크 연계의 중요성을 알 수 있다. 콜롬비아 조직의 돈세탁이 러시아나 우크라이나에서 행해졌다는 보고도 있었는데, 이는 (어떤 종류의) 네트워크적 협력이 없으면 불가능한 일이다. 물론 이러한 협력의 결과는 네트워크들의 네트워크 형성이다. 이러한 슈퍼 네트워크 또는 범(汎)네트워크는 여러 가지 이유로 발생하며, 범주, 지속 기간, 강도 등에서 다양성을 보이고, 여러 수준에서 활동한다. 클로슨(Clawson)과 리(Lee)는 이를 이렇게 설명했다.

> 가장 낮은 수준에는 구매자와 판매자의 관계가 단순하게 있으며, 이러한 관계에선 상대적으로 투자가 적고 사전 계획이 거의 없으며 당사자 간 상호 작용도 상대적으로 적다. 최고 수준에서는 전략적 협력이라 할 만한 관계가 존재한다. 이는 장기적 협약의 원칙, 마약과 돈의 대량 출하, 이러한 자원의 흐름을 원활히 하는 데 요구되는 전문화된 기반 구조 창출 등의 특징을 갖고 있다(Clawson and Lee III, 1996: 84).

후자는 전략적 제휴라고 그 성격을 규정할 수 있다.

일부 범죄 네트워크들은 일본의 케이레쓰 모델을 따라 공급자 관계를 꾸준히 발전시킨다. 다른 네트워크들은 수송, 보안, 청부 살인, 그리고 돈세탁 같은 특정 서비스의 제공을 위해 하청 관계를 형성하기도 한다. 일례로, 터키 마약 밀매 조직은 벨기에에서 운송을 위해 조지안(Georgian) 자동차 절도범들의 서비스를 살 수 있다.

시실리 마피아 같은 전통적 범죄 조직들도 범죄 거래를 위해 협력 네트워크에 의존한다. 이탈리아의 터키계 마약 밀매 조직은 시실리 마피아, 사크라코로나유니타(the Sacra Corona Unita), 칼라브리안응드란게타(Calabrian 'Ndrangheta') 등과 연계를 맺고 있다. 1993년에 튜린(Turin)의 마약 밀매 네트워크는 칼라브리안, 터키, 파키스탄, 칼리 마약 조직과 연관을 맺고 매우 범세계적인 범죄 네트워크를 결성했다. 간단히 말해, 네트워크 조직의 내적 유연성은 유연한 제휴나 협력을 위해 조직을 결성하고 운영하는 능력에 고스란히 반영된다. 네트워크 구조는 합법적 비즈니스 세계의 협력을 활성화하는 것과 같은 방법으로 범죄 조직 간의 협력을 촉진한다.

범죄 네트워크들은 완전한 지원 구조의 집합체에 의존할 수도 있다. 이러한 지원 구조는 공동체 내의 가부장적 행위나 좀더 엄격한 재정적 고려를 통해 이루어질 수 있다. 지원 구조에는 문서위조, 전위 조직, 수송, 금융 기반 등 범죄의 과정을 진행하는 데 쓰이는 것들을 제공하는 집단들이 포함된다. 위조문서 제작은 다양한 종류의 밀수품과 인력의 이동을 지원하며, 범죄 활동에 연루된 사람들을 위해 또 한 겹의 보호막을 제공한다. 1998년 미국 이민국(INS: Immigration and Naturalization Service) 로스앤젤레스 지부가 한 문서위조 시설을 단속했을 때, 위조문서 2만 4,000부와 정교한 인쇄 장비, 그리고 내용이 인쇄되지 않은 사회보장카드 5만 개가 발견돼 이러한 지원 조직의 규모를 짐작케 했다(INS, 1998a).

경계를 넓히는 범죄 네트워크[5]

범죄 네트워크의 또 하나의 장점은 법적 또는 지리적 경계를 쉽게 넘나드는 능력이다. 네트워크는 경계를 쉽게 가로지르는 특징을 갖고 있으며, 이는 (세계화 추세 때문에 나타난) 기회와 도전에 대응해야 하는 세계적

---

5) 필자가 이 용어에 관심을 갖도록 해준 피츠버그대학교 공공국제문제대학원 케빈 컨스(Kevin Kearns) 교수에게 사의를 전한다.

기업들에게 잘 맞는 형태이다. 국경을 초월하는 초국가적 활동과 네트워크 구조 사이에 유사성이 있다는 주장은, 그 네트워크가 합법적 분야에서 일하는 것이건 불법 (금지된 또는 도난당한) 제품이나 서비스를 공급하는 것이건 간에, 결코 과장이 아니다.

국가 경계를 가로지르는 능력은 범죄 네트워크에 몇 가지 장점을 제공한다. 이는 이윤이 가장 큰 시장이나 위험이 가장 적은 곳에서 사업할 수 있도록 해준다. 또 수사 당국의 수사 활동을 어렵게 만들고, 사법 관할권을 넘나들며 범죄의 복잡성을 증대시킨다. 이외에도 범죄 네트워크의 행동을 외부 여건에 적응시켜 사법기관의 수사에 맞서거나 이를 무력화시킨다. 범죄 조직들이 넘나드는 주요한 경계 중 하나는 범죄 세계와 '일반 세상' 사이의 경계이다. 범죄 네트워크가 이 경계를 넘나드는 방식은, 별도의 논의가 필요한 중요한 주제로, 아래에서 다룬다.

부패를 만들고 이용하는 범죄 네트워크

로널드 버트(Ronald Burt)는 그의 연구에서 '구조적 공백'의 개념을 통해 네트워크의 효율적 기능에 대한 통찰을 제공했다. 버트는, 구조적 공백을 비중복적(nonredundant) 접촉점들(contacts) 사이의 분리로 정의하면서, 크고 다양한 네트워크가 제공하는 이익이 작고 동질적인 네트워크가 제공하는 이익보다 크다고 주장한다. 크기가 크고 다양성이 풍부할수록 더 많은 비중복적 접촉점이 존재하기 때문이다(Burt, 1992). 따라서 네트워크를 확장해 구조적 공백을 메우는 것은 경쟁력 강화에 중요한 기여를 한다.

이와 관련하여, 그는 관계란 조직의 유익을 위해 사용될 수 있는 사회자본(social capital)으로 이해할 수 있다고 주장한다. 네트워크는 특정한 자원을 가진 사람들에 대한 접근을 제공함으로써 상호 유익한 정보적 혜택을 창출하고 관계를 교환한다(Burt, 1992). 이는 기업 조직만큼이나 조직범죄에도 해당되는 사항이며, 왜 범죄 조직이 합법 세계로 네트워크를 확장하는지를 설명해 준다. 여기에 더해 네트워크를 정부로까지 확장하면 정보와 권력 모두에 접근할 수 있게 된다. 범죄 네트워크에서 구조적 공백을 연결하는 것은 한 영역에서 다른 영역으로 건너갈 때 특히 유용하다. 지하 세계에서 정부와 기업, 그리고 금융의 세계로 넘어가면서 범죄 네트워크는 새로운 범죄 사업의 기회를 얻게 될 뿐만 아니라 기존 활동과 사업 기회를 보호하는 능력도 강화하게 된다.

범죄 집단이 합법 세계로 진입하도록 지원해 주는 특정한 연결 고리를 '관문(portal)' 또는 '출입문(gateway)'으로 이해할 수 있으며, 범죄 네트워크와 정부의 지배를 받는 합법적 세계 사이의 경계선에서 맺어지는 관계들은 일련의 범죄 운영과 활동에 핵심 기능을 한다. 예를 들면, 간단한 절도 행위를 주로 하는 범죄 조직에선 장물을 거래하는 사람과 실제로 장물을 범죄 네트워크에서 합법적 상거래의 세계로 옮기는 역할을 하는 사람이 핵심 노드가 된다.

좀더 정교한 수준에선, 범죄자들의 수익을 숨겨 주거나 그들에게 투자하는 것을 도와주는 변호사, 회계사, 은행가, 그리고 기타 금융 전문가들이 있다. 이들은 범죄 행위의 과정을 합법적 금융 시스템으로 옮겨 주며, 여기서 범죄 집단의 수익은 합법적 방식으로 얻은 수익과 구분할 수 없도록 신속히 세탁된다. 예를 들면, 뉴사우스웨일스에서는 변호사, 회계사, 금융 관리인 등이 조직범죄를 위한 '문지기(gatekeeper)'로 간주된다.

그러나 가장 중요한 것은 범죄 네트워크와 연결된 수사관이나 정부 관료들이 정보 교환이나 돈 보호에 연루되어 있다는 점이다. 정치인의 경우, 이러한 교환은 개인적 이득을 위한 것일 수도 있지만, 선거 때 표 동원, 선거운동 지원, 범죄 조직을 이용한 정적에 대한 정보 수집, 정적에 대한 위협이나 제거 등이 될 수도 있다. 수사관이나 사법 관련자의 경우, 범죄자들의 목적은 법질서 확립 행위를 약화시키고 뇌물을 통해 사법 절차에 개입하며 형법 체제를 무력화함으로써 위험을 최소화하는 것이다.

간단히 말해, 범죄 조직은 그들의 활동을 지원하고 발전시키며 보호하는 방식으로 개인과 조직을 활용함으로써 그들의 마수를 확장해 나간다. 그들이 창출하는 부패의 네트워크는 정체돼 있지 않고 역동적이며, 부패한 관료가 고위직에 오를수록 문제의 심각성은 더 커진다. 부패한 관료가 승진을 거듭할수록 그들이 범죄 조직에 제공할 수 있는 편의는 커지며, 이에 대한 범죄 조직의 반대급부도 훨씬 커진다. 이러한 관료들은 범죄 조직의 일원은 아니지만 수사기관의 단속 정보 같은 정보를 때맞춰 흘려주는 것과 같이 중요 서비스를 제공하는 핵심 노드가 된다. 터키, 멕시코, 콜롬비아, 나이지리아, 러시아 등지에서는 범죄 네트워크들이 경제계와 정부에까지 침투해 이익은 늘리면서 위험은 줄여가고 있다.

견고하고 탄력 있는 조직으로서의 범죄 네트워크

네트워크는 매우 탄력적인데, 이는 부분적으로 '느슨한 결합(loose coupling)' 때문이다. 찰스 페로(Charles Perrow)는 '밀접하게 결합된 시스템(tightly-coupled system)'과 '느슨하게 결합된 시스템(loosely-coupled system)'을 구분했다. 그는 밀접하게 결합된 시스템은 외부의 작은 충격에도 연쇄 작용을 일으켜 심각한 연쇄 효과(knock-on effect)가 일어나기 때문에 가장 불안정하다고 주장한다. 반면 '느슨한 결합'은 충격에 대응할 시간과 자원, 그리고 대안 경로를 제공하고 그 영향을 줄여준다(1984: 332).[6] 범죄 네트워크는 핵심부와 떨어진 곳에서는 주로 느슨한 결합에 기반을 둔다. 네트워크의 일부분이 붕괴되어도 다른 부분은 영향을 받지 않기 때문에 그 효과는 제한적이다. 느슨하게 결합된 네트워크에서 연쇄 효과나 계단식 폭포 효과(cascading effect)는 제한적이며, 네트워크 한 부분의 손상이 네트워크 전체의 타격으로 이어지지 않는다. 느슨한 결합은 다양성을 좀더 많이 보존

---

6) '밀접하게 결합된 시스템'과 '느슨하게 결합된 시스템'에 대한 좀더 자세한 분석은 Charles Perrow, *Normal Accidents*(New York: Basic Books, 1984) 참조.

하며 네트워크의 어느 부분이 어디서 어떤 방법으로 대응할 것인가에 대해 상당한 재량권을 부여한다.

그러나 이러한 탄력은 손상을 줄여주는 능력뿐만 아니라 그 결과를 약화시킬 수 있는 능력에서도 기인한다. 범죄 네트워크는 네트워크의 일부가 손상되거나 타격을 입더라도 쉽게 회복할 수 있도록 어떤 종류의 여분(redundancy)을 개발한다. 합법적 비즈니스에서 네트워크 내에 존재하는 여분의 접촉점과 잉여는 낭비와 비효율로 간주된다. 반면 수사 당국에 의한 단속과 기능 마비 같은 위험이 상존하는 범죄 네트워크의 경우, 이러한 여분의 장점이 비용을 상회한다.

수사 당국이, 범죄 조직이 불법 상품을 시장에 내다파는 방법을 새로 발견하거나 수익을 해외로 빼돌리는 경로와 수단을 발견했다 하더라도, 네트워크에 여분이 많을수록 범죄 조직이 이를 만회할 수 있는 선택의 여지가 많아진다. 여분이 존재하면 네트워크의 구성원들은 다른 조직원들이 경찰에 체포, 수감 또는 살해되더라도 이들의 업무와 책임을 인수할 수 있다. 서로 다른 연결들의 다양성은 일부 연결점이 깨지더라도 네트워크가 작동할 수 있도록 해준다. 타격을 입지 않은 노드와 연결점들이 다른 방향으로 유도될 수 있기 때문이다. 실제로 네트워크의 여분은 극단적으로 적대적인 상황에서도 조직의 통일성을 유지할 수 있도록 해준다.

시너지를 내는 조직으로서의 범죄 조직

사회적 네트워크와 기술적 네트워크는 별개로 존재하기는 하지만, 전혀 다른 이 두 네트워크의 결합은 주요한 시너지 효과를 일으킨다. 1990년대에 개발된 정보통신 기술의 활용으로 초국가적 범죄 네트워크들은 많은 유익을 얻을 수 있었다. 정보 기술의 활용이 네트워크 기반 조직만의 특권은 아니지만 네트워크가 새로운 기술과 기회를 활용하기에 적합한 조직인 것은 사실이다. 많은 범죄 조직들은 신기술을 활용해 역량을 크게 증강하고, 그들의 조직범죄 활동을 더 낮은 비용에 좀더 효율적으로 실행할 수 있었다.

끊임없이 이어지는 수사 당국과의 쫓고 쫓기는 관계에서 범죄 조직들에게 막대한 이점을 줄 수 있는 기술이 있다. 바로 암호화 기술이다. 범죄 조직을 추적하는 수사기관의 가장 강력한 무기 중 하나는, 범죄자들의 통신을 감청하고 이를 통해 네트워크의 접촉점들을 식별하여 그들의 의사소통을 엿들을 수 있다는 점이었다. 암호화 기술로 범죄 조직은 수사기관의 이러한 무기를 무력화하고 일종의 전략적 우월성을 점할 수 있다. 쉽게 구할 수 있는 기술을 통해 적은 비용으로 효율적인 방어 전략을 짤 수 있게 된 것이다.

요약하면, 범죄 네트워크는 적들의 전선을 넘나들며 활동하는 유동적이고 모호한 대상으로서, 수사기관과 정부 내부에 침투하며 뇌물과 부패를 활용해 갈등을 회피한다. 범죄 네트워크는 손상에 대해 저항성이 강하다. 물론 타격이 전혀 없는 것은 아니지만, 회복과 재생이 활발하다는 특성을 가지고 있다. 실제 활동 중인 범죄 네트워크를 좀더 자세히 살펴보기에 앞서, 네트워크의 잠재력을 극대화하기 위해 조직원들이 반드시 수행해야 하는 핵심 역할을 살펴볼 필요가 있다.

범죄 네트워크 내부의 역할

네트워크 구성원들 사이에서 상당한 수준의 노동 분업을 볼 수 있다. 네트워크 내부에는 일련의 핵심 역할들이 존재하는데, 그 역할들 중 일부는 모든 네트워크에서 볼 수 있고 일부는 범죄 네트워크가 종사하는 특정한 '사업' 형태에서만 볼 수 있다. 어떤 네트워크에서는 과제가 묵시적이고 직관적이다. 반면 어떤 네트워크에서는 명백하고 공식적일 수 있다. 대부분의 범죄 네트워크에서 다음과 같은 역할들을 발견할 수 있다.

- **조직자**(organizers): 네트워크의 방향결정 기제(steering mechanism)를 책임지는 핵심 개인과 집단들. 이러한 조직자들은 대개 활동의 규모와 범위를 결정하며, 결정의 방향성과 동기를 제공한다.
- **격리자**(insulators): 침투나 위협의 위험에서 조직의 핵심부를 격리하는 것을 기본적 역할로 하는 개인 또는 집단. 이들은 핵심부의 지령과 지도를 네트워크의 주변부에 전달한다. 또 주변부의 의사소통 흐름이 핵심부를 위태롭게 하지 않도록 한다.
- **의사전달자**(communicators): 네트워크 전체에 걸쳐 의사소통이 한 노드에서 다른 노드로 효율적으로 흐르도록 해주는 사람들. 그들의 책임은 핵심 집단의 지령을 전달하고 피드백을 제공하는 것이다. 어떤 경우에는 격리자와 의사전달자가 자신들의 서로 다른 역할에 대한 내재적인 경쟁 심리 때문에 어색한 입장에 놓이기도 한다. 또 어떤 경우에는 같은 사람이 두 역할을 결합해서 적절한 조정을 하기도 한다.
- **수호자**(guardians): 네트워크의 보안을 책임지는 규칙의 강제자로서, 외부의 공격이나 침투에 대한 취약점을 최소화하는 조치를 취한다. 이들은 정확히 누가 네트워크에 새로 합류하는가를 조심스럽게 감독한다. 또 제의적 입회 맹세와 새 조직원이나 그 가족에 대한 비밀스런 강제 등의 수단을 적절히 활용해 충성을 확보하는 역할을 한다. 수호자들은 네트워크의 결함을 방지하며, 결함이 발생했을 경우 피해를 최소화하는 역할을 한다.
- **확장자**(extenders): 새로운 조직원을 모집하고 다른 네트워크와 협력 관계에 대해 협상하며 합법 비즈니스와 정부, 그리고 사법 당국에서 변절자를 끌어들임으로써 네트워크를 확장하는 역할을 하는 사람들을 말한다. 확장자들의 활동이 활발하면 네트워크는 앞에서

언급한 합법적인 세계에 접근할 수 있게 된다. 확장자들의 전형적인 전술은 뇌물과 부패를 통한 자발적인 모집과 강제를 통한 비자발적인 모집이다. 때로 이러한 강제는 보상이나 유인책의 첨가로 좀더 원활해진다. 그들이 주로 노리는 목표로는 상당한 정도의 보호를 제공해 줄 수 있는 정치인, 민감하거나 핵심 위치에 있는 관료, 합법적인 금융기관에 접근할 수 있도록 해주는 금융인 등이 있다.

- 감시자(monitors): 네트워크의 효율성을 확보하는 사람들이며, 핵심 조직자들의 약점과 문제점을 보고하고 문제점을 해결하기 위해 조치를 취한다. 특히 이들은 필요한 곳에 적절한 문제 해결책을 제시하고 실천하는 데 핵심 역할을 한다. 이들은 네트워크가 적절한 변화를 통해 외부의 새로운 환경에 대응하게 하고 수사망을 피하는 데 핵심 역할을 하며, 높은 수준의 유연성을 유지하도록 해준다.
- 이중생활자(crossovers): 범죄 조직에 고용됐지만 정부, 금융기관, 일반 기업 등 합법적 기관에서 활동하는 사람들을 말한다. 이들은 버트가 말한 비중복적 접촉점에 해당되며 네트워크와는 다른 공간에서 활동함으로써 귀중한 정보와 보호를 제공한다.

이러한 역할들은 범죄 조직의 전문 분야와 상관없이 범죄 네트워크들 전체에 걸쳐 발견할 수 있다. 그러나 이외에도 거론되어야 할 좀더 전문적인 역할들도 있다. 예를 들면, 마약 밀매 조직은 원재료를 완제품으로 만드는 제조 과정을 감독할 화학자가 필요하다. 이러한 사람들은 네트워크의 생산성에 핵심 역할을 하지만, 네트워크 내에서 그들의 역할은 매우 제한적이다. 네트워크에 관한 좀더 자세한 사례연구를 위해선, 네트워크 내에서의 일반적인 역할과 특정한 기능적 역할에 대한 설명이 모두 필요할 것이다. 그러나 여기에서는 네트워크의 일반적 기능과 구조를 설명하는 데 중점을 둔다.

실제 활동 중인 범죄 네트워크

범죄 네트워크는 구성의 다양성, 연결의 밀집 정도, 크기, 구조, 형태, 배후의 연결 기제, 복잡성의 정도, 활동 범위 등을 기준으로 그 성격을 규정할 수 있다. 이어지는 내용에선 활동 범위가 초국가적이었거나 초국가적 네트워크의 지역 분파였던 몇몇 범죄 네트워크를 간략히 살펴보기로 한다.

스펜스 돈세탁 네트워크(the Spence Money Laundering Network)

그다지 정교하지 않은 뉴욕의 한 돈세탁 네트워크가 콜롬비아 마약 조직 자금 7,000만 달러를 세탁한 사례가 있다. 그 네트워크의 구성은 환상적이었다. 이 네트워크에는 택시 기사, 불가리아 명예 총영사, 뉴욕 시 경찰관, 랍비 2명, 소방관, 검사 등이 포함돼 있었다. 이 네트워크가 택한 방법은 매우 아마추어적이었다. 이들은 마약 밀매 후 생긴 거액의 현찰을 일정한 간격을 두고 시티뱅크의 한 지점에 계속 입금했고, 금융기관은 이들의 수상한 금융거래를 관련 당국에 신고했다. 예금은 취리히의 한 은행으로 이체됐고, 거기서 직원 2명이 자금을 다시 카리브 해 연안에 있는 주요 콜롬비아 마약 조직의 계좌로 옮겼다. 연루된 사람들의 다양성, 사법 관할권을 넘나드는 돈의 이동, 취리히 은행원의 개입, 그리고 최종 수혜자가 마약 조직이라는 점에도 불구하고, 이 네트워크는 놀랄 정도로 정교함과는 거리가 멀었다.

쿤트레라카루아나 클란

좀더 정교하고 네트워크에 기반을 둔 집단이 바로 쿤트레라카루아나 클란(the Cuntrera-Caruana Clan)으로, 여러 범죄 네트워크에서 네트워크 확장자와 네트워크 핵심으로서 결정적 역할을 수행했다. 그러나 오랫동안

이 패밀리의 중요성은 간과돼 왔으며, 마약 밀매와 돈세탁 네트워크에서
도 그 역할이 거의 주목을 받지 못했다. 그 한 가지 이유는 "이들이 구조
적으로는 핵심부에 있었지만 지리적으로는 외곽에 자리 잡고 있기 때문
이었다. 그들은 팔레르모(Palermo) 출신도 아니며 뉴욕으로 이주하지도
않았다".[7]

쿤트레라카루아나 패밀리는 1960년대에 시실리에서 축출돼 처음엔 브
라질로 갔으며, 후에 베네수엘라와 몬트리올에 자리 잡았다. 이 일족은 이
렇게 묘사된다.

전 세계에 걸쳐 여러 나라의 가족 구성원들로 이루어진 혈연관계의 밀
접한 날줄·씨줄 조직. 날줄과 씨줄처럼 엮인 경제·산업 조직과 손잡고 커
넥션을 형성하고 있으며, 자신들의 국제 마약 거래와 돈세탁 네트워크의
향상을 시도한다(Blickman, 1997).

이처럼 이 가문은 전체 마약 밀매와 돈세탁 네트워크들에게 중요한 노
드들을 제공했으며, 콜롬비아의 마약 생산 조직과 (코카인을 이탈리아에 유
통하는) '응드란게타' 가문의 연결에 핵심 역할을 했다. 이 가문은 비록 관
심의 초점이 되지는 않았으나 어려움도 다소 겪었다. 쿤트레라 형제 중
3명 — 파스콸레(Pasquale), 파올로(Paolo), 가스파레(Gaspare) — 이 1992년 9월 베
네수엘라에서 추방됐으며, 이들은 로마에 도착하자마자 체포됐다. 파스콸
레는 1996년 징역 20년형을 선고받았으며, 그의 두 형제는 각각 13년씩을
선고받았다. 그런데도 이 가문은 무법 오토바이 폭주족, 아시아계 범죄 조
직, 콜롬비아 및 남미 집단, 동유럽계 조직 및 토착민계 범죄 조직 등과
연계하여, 캐나다에서 여전히 상당한 수준의 범죄 활동을 벌이고 있다
(Criminal Intelligence Service Canada, 1998).

---

7) Tom Blickman, "The Rothschilds of the Mafia on Aruba," *Transnational Organized Crime*, Vol.3, No.2(Summer), pp. 50~89 참조. 이 단락의 분석은 이 저작에 크게 의존하고 있다.

무법 오토바이 폭주족

주로 미국과 캐나다에서 활동하며 영국과 스칸디나비아 반도국가들에서도 활동하는 무법 오토바이 폭주족들은 범죄 네트워크의 또 다른 예이다. 가장 유명한 '지옥의 천사들(the Hell's Angels)'은 매춘을 통제하고 마약 밀매에 관여하면서 — 특히 메탐페타민(methamphetamin)을 전문으로 취급하며 — 점진적으로 범죄 조직으로 발전해 왔다. 지옥의 천사들의 각 지부는 위계질서로 조직돼 있으며, 이 조직을 밀착 관찰한 연구자는 이 조직을 대통령, 부통령, 재무 담당, 하사관, 행동대장(road captain) 등으로 구성된 '군대 축소판(little armies)'에 비유했다(Lavigne, 1996: 68). 동시에 이 노드들은 같은 에토스(ethos), 상징(symbol), (종종 다른 폭주족들과 대립의 원인이 되는) 공통의 정체성 등에 의해 한데 묶인 더 큰 네트워크의 일부분을 이룬다.

이 '천사'들은 16개국에 대략 95개 지부를 가진 막강한 조직이지만, 이들이 외부의 도전을 전혀 받지 않는 것은 아니다. 이러한 도전 중 일부는 다른 폭주족과의 자연스러운 경쟁 때문이기도 하지만 마약 시장의 통제권을 둘러싼 경쟁 때문이기도 하다. 멕시코 조직들이 메탐페타민 거래를 차지하고 들어오면서, 이 시장에서 경쟁이 점점 치열해지고 있다. 캐나다의 경우, 1990년대 내내 지옥의 천사와 퀘벡 및 온타리오에 기반을 둔 록 머신(Rock Machine) 조직 사이의 갈등이 계속됐다. 이들 조직 사이의 공공연한 무력 충돌이 주기적으로 발생해 희생자가 여러 명 나왔다. 덴마크의 지옥의 천사들과 텍사스 밴디오스(Texas Bandios) 사이의 갈등은 훨씬 더 심각한데, 이들의 충돌에선 때로 로켓 유탄 발사기와 대전차 화기까지 등장했다(Murphy, 1996: A19).

밀입국 네트워크

범죄 네트워크가 벌이는 여러 사업 중 가장 이윤이 높은 것은 외국인 밀입국 알선 사업이다. 미국 이민국은 1998년에 벌인 '시크 앤드 키프 작전(Operation Seek and Keep)'을 통해, 3년 동안 매월 인도인 300명을 미국에 몰래 들여보낸 밀입국 조직을 와해시켰다. 그들의 사업 규모는 연간 7,000~8,000만 달러에 달했다. 이 네트워크는 인도에서 모스크바나 쿠바로의 항공편과 바하마로의 배편을 제공했고, 후에 비행기나 배를 통해 마이애미로 사람들을 들여보냈다. 때로 불법 이민자 중 일부는 쿠바에서 에콰도르로 간 뒤, 마이애미나 멕시코 같은 남서부 국경 지대를 거쳐 미국으로 들어왔다.

미국 이민국이 사용하는 주요 수사 도구는 전화 도청으로, 현재 약 3만5,000건의 통화를 감청했다. 체포는 대부분 1998년 11월 14일에서 19일 사이에 바하마, 뉴욕, 뉴저지, 마이애미, 잭슨빌, 탐파, 로스앤젤레스, 포트워스, 휴스턴, 필라델피아, 푸에르토리코 산후안 등 다양한 장소에서 이루어졌다. 이러한 다양성은 밀입국 조직의 네트워크 구조를 잘 보여준다(INS, 1998b).

경계를 넘나드는 인물들

범죄 네트워크는 대부분 좀더 많은 지원을 찾아 합법 세계로 확장한다. 일부 대형 범죄 네트워크는 오랫동안 이러한 작업에 공을 들여와, 범죄 세계와 합법 세계를 넘나드는 인물을 정부의 고위직에 심어놓았다. 아마도 가장 충격적인 예는, 이탈리아의 줄리오 안드레오티(Guilio Adreotti)와 멕시코의 라울 살리나스(Raul Salinas) 전 대통령일 것이다. 안드레오티는 기독교 민주당과 마피아의 협력 관계의 정점을 보여준 경우이다. 양측은, 1980년대까지 정치인들이 마피아에 보호와 계약 사업 기회를 제공하고

마피아가 기민당(Christian Democrat Party)에 금융 및 정치적 지원을 제공
하는 관계를 맺어왔다.

살리나스 전 대통령은 마약 밀매 조직에 상당한 수준의 보호와 지원을
제공한 대가로 개인적 부를 축적할 수 있었다. 1억 3,000만 달러가 넘는
돈이 스위스 은행에 예치됐으며, 이중 상당액은 뉴욕의 시티뱅크를 통해
들어왔다. 멕시코 마약 퇴치 부대의 사령관 구티에레스(Guttierez) 장군이
마약 밀매 조직에 고용된 사건은, 범죄 네트워크의 합법 기관 침투 능력
을 보여준 또 하나의 사례이다. 이처럼 범죄 네트워크는 합법 기관에 파
고들어 이러한 기관의 힘과 권위, 그리고 존재 이유를 크게 침식한다. 범
죄 네트워크를 공격하기 어렵게 만드는 것은 바로 그들의 이러한 능력이
다. 다음의 사례는 범죄 네트워크가 어떻게 합법 금융기관에 파고드는지
잘 보여준다.

범죄 네트워크에 대한 러시아의 개입

뉴욕 은행을 통한 자본 도피(Capital Flight)와 돈세탁

1999년 가을, 러시아 자금 약 150억 달러가 뉴욕 은행을 통해 세탁됐
다는 보도가 터져 나왔다. 은행의 몇몇 임원들이 곧 정직 처분을 받았다.
그 이후 조사 결과, 크렘린의 마베텍스(Mabetex) 건설 스캔들(스위스 기업
이 이윤이 높은 리노베이션 공사 계약을 위해 뇌물을 제공한 사건), 베레조프
스키 아에로플로트(Berezovsky Aeroflot) 스캔들, 이탈리아 범죄 조직의 돈
세탁 활동, 그리고 뉴욕 은행을 통해 세탁된 자금 사이에 연관성이 있다
는 주장이 제기됐다. 돈세탁의 핵심 인물이 앞서 언급된 헝가리의 거물
조직범죄자 세메온 모길레비치라는 의혹도 나왔다.

그 후 15개월 동안, 본래 사건의 많은 측면이 사실이 아닌 것으로 드

러났거나 더욱 정확한 다른 사실이 확인됐다. 관련된 금액의 추정치는 절반 이하로 떨어졌고, 그 대부분은 범죄 자금이라기보다는 자본 도피 또는 조세 회피와 관련된 것으로 추정됐다. 러시아 당국의 전적인 협조 없이는 이전의 범죄가 러시아에서 행해졌음을 증명하는 것이 거의 불가 능했기 때문에 미국의 수사기관들은 당혹감을 감추지 못했다.

이런 문제들이 있긴 했지만 뉴욕 은행 돈세탁 사건은 범죄 네트워크가 합법 기관에 침투함으로써 드러난 유익을 명확하게 보여준 사건이었다. 이 사건의 진상은 러시아에서 자금을 빼내고 싶은 사람들의 네트워크가 뉴욕 은행의 정책을 이용한 것이다. 뉴욕 은행은 러시아 은행들과 제휴 관계를 공격적으로 확대하려 했으나 러시아 은행들에 대한 실사는 종종 소홀히 했다. 뉴욕 은행과 그 임원들은 러시아 은행들에 대해 지나치게 낙관적으로 접근했다가 큰 곤경에 빠지게 됐다. 이미 1994년에 미 의회 에서 러시아 은행의 40% 정도를 범죄 조직이 통제하고 있다는 증언이 나온 바 있는데도 이런 측면을 고려하지 않은 것이다.

이 스캔들의 핵심 인물은 루시 에드워즈(Lucy Edwards)와 그의 남편인 피터 벌린(Peter Berlin)으로 둘 다 유죄판결을 받았다. 루시 에드워즈는, 뉴욕 은행의 동유럽 담당 부서에서 일할 때, 모스크바에서 찾아온 몇몇 러시아인들을 사무실에서 만나게 됐다. 그 러시아인들은 DKB란 은행을 통제하고 있었으며, 만약 뉴욕 은행을 통해 자금을 러시아에서 유출시키 는 데 협력한다면 돈을 지불하겠다고 에드워즈와 벌린에게 제안했다. 벌린 은 뉴욕 은행에 계좌를 만들어 문제의 러시아인들이 'micro/CASH-Register'라 는 전자 뱅킹 소프트웨어를 사용할 수 있도록 했다. 러시아인들은 이 소프 트웨어를 통해 계좌에서 돈을 온라인 인출했다. 벌린은 베넥스 인터내셔 널 컴퍼니(Benex International Company)라는 유령 회사(front company)를 세 웠다. 에드워즈는 DKB 직원들이 관리하는 퀸스포레스트힐스(Forest Hills, Queens)의 사무실 컴퓨터에 micro/CASH-Register 소프트웨어를 설치했다. 러시아인들은 거의 매일 자금을 베넥스 계좌로 이체했고, 다시 micro/

CASH-Register 소프트웨어를 통해 자금을 전 세계의 다른 계좌로 옮겼다.

1996년 7월, 벌린은 BECS 명의로 뉴욕 은행에 두 번째 계좌를 만들었다. 1998년 가을, 러시아인들은 플라밍고 은행의 통제권을 손에 넣었고 플라밍고를 대신해 자금을 이체할 새로운 은행 계좌의 개설을 요구했다. 벌린은 로랜드(Lowland) 명의로 세 번째 계좌를 개설하고 micro/CASH-Register 소프트웨어를 다시 설치했다. 러시아인들은 로랜드를 위해 뉴저지에 사무실을 얻었다.

1999년 4월, 플라밍고 은행은 자금 이체를 위해 러시아에 설치된 micro/CASH-Register를 통해 거액의 돈을 로랜드 계좌로 옮기기 시작했다. 이를 통해 러시아인들은 관세와 조세를 피하고 범법을 저지를 수 있었다. 또 이 계좌는 러시아에서 납치된 러시아 기업인의 몸값 30만 달러를 지불하는 데도 쓰였다. 자금 약 70억 달러가 이 계좌를 통해 움직였고, 벌린과 에드워즈는 수수료로 180만 달러를 챙겼다. 이는 어떻게 범죄 네트워크가 신뢰받는 주요 은행을 휘둘러서 은행 감독과 실사를 피할 수 있는지, 그리고 어떻게 범죄 활동을 합법적이고 평판이 좋은 기관 내부에 심을 수 있는지를 잘 보여주는 사건이었다. 여러 면에서 이는 러시아 조직범죄의 전형적인 수법을 보여주는 것이며, 다른 사건과 유일한 차이점은 러시아 은행이 아니라 서구 세계의 금융기관이 대상이 됐다는 것이다.

러시아 조직범죄

러시아 조직범죄는 도시마다 다른 형태를 띠며 급속히 퍼져나가고 있다. 러시아 조직범죄는 체첸이나 아제리(Azeri) 같은 인종을 기반으로 하는 비러시아계 집단들도 포용하고, 러시아 정부 및 사법 기구와도 공생관계를 확립했다. 러시아의 범죄 조직은 러시아 경제의 상당 부분을 통제하며 은행, 알루미늄 산업, 그리고 상트페테르부르크(St. Petersburg)의 석유 및 가스 같은 핵심 산업에 침투했다. 일부 주요 조직들은 위계적 구조를 갖고 있지만, 러시아의 조직범죄는 지하 세계와 '밝은 세계' 사이의 네트워크 관계로 봐야 정확히 이해할 수 있다.

다음 세 가지 사실은 이러한 현상을 특히 잘 보여준다. 첫째, 러시아의 범죄자, 기업인, 그리고 정치인 사이의 협력 관계가 강화됐다. 이들은 러시아의 일상을 지배하는 네트워크 형태로서 새로운 '철의 삼각관계(iron triangle)'의 일부분이다. 네트워크 분석과 '애널리스트 노트북(Analyst's Note-book)' 같은 소프트웨어(뒤에 좀더 자세히 다룰 것임)를 통해 이러한 연계를 추적할 수 있다. 어떤 경우에는, 이러한 연계가 하나 또는 그 이상의 기업들의 공통의 재정적 이해관계에 의해 형성된다. 이러한 이해관계는 종종 어울릴 것 같지 않은 기업들을 한편으로 묶곤 한다.

다음으로, 협력만이 존재하는 관계를 유지하기 위해 폭력이 사용된다. 예를 들면, 범죄 네트워크가 합법 비즈니스 세계로 영향력을 확대하려 할 때 저항에 직면하면, 이때 저항하는 사람들은 종종 제거된다. 실제로 청부 살인은 조직범죄의 주요 도구가 됐으며, 합법 비즈니스 세계나 경제 분야에 대한 조직범죄의 침투를 생생히 보여주는 지표가 됐다.

마지막으로, 두 세계에서 모두 활동하는 사람들이 있다. 가장 대표적인 예는, 체포되기 전까지 악명 높은 암살단을 이끌었던 상트페테르부르크 두마(Duma) 하원의장 유리 슈토프(Yuri Shutov)이다. 슈토프의 암살단은 라이벌 범죄 조직을 제거하며, 조직의 에너지 산업 인수에 장애가 되는 대상을 없애고, 수사 당국과 개혁파 정치인들의 위협을 무력화하기 위해 청부 살인을 여러 건 자행했다.

범죄 네트워크에 맞서기

앞서 언급한 범죄 네트워크의 예에서 명백히 알 수 있듯이, 현재 활동 중인 범죄 네트워크는 막강한 힘을 갖고 있다. 그러나 그렇다고 그들에게 취약점이 없는 것은 아니다. 정부와 수사 당국이 범죄 네트워크의 도전에 좀더 효율적으로 대처할 수 있는 길이 몇 가지 있다.

범죄 네트워크가 외부 충격에 저항성이 강하고 높은 수준의 잉여 능력과 탄력을 갖고 있지만, 그들이 전혀 손상을 입지 않는 존재인 것은 아니다. 그러나 네트워크 조직의 특성상, 범죄 네트워크에 대한 공격은 세심하게 조율되고 정교하게 계획되어야 하며 포괄적이고 체계적으로 수행되어야 한다. 네트워크를 효율적으로 타격하기 위해서는 몇몇 중요한 전제 조건이 필요하며, 특히 목표의 명확한 설정과 한 차원 높은 정보 분석이 중요하다.

네트워크를 공격하는 데 주요 목표를 정확히 결정하는 것이 매우 중요하다. 네트워크를 완전히 와해시킬 것인지 또는 범죄 행위를 저지르는 능력을 떨어뜨릴 것인지 아니면 네트워크와 합법 세계의 지원 기구들을 분리시킬 것인지 등 무엇을 목표로 할지를 고려해야 한다. 이러한 목표들은 주변 환경에 불안정성을 창출해 네트워크의 활동을 어렵게 하는 것에서부터 활동 방해, 본거지 이탈, 범죄 수행 능력 저하, 조직의 완전한 붕괴 등과 같은 네트워크에 대한 직접 공격까지 다양하다. 이 목표들이 모두 적법한 과제가 될 수 있지만, 이중 어떤 것을 선택할지를 명확히 하는 것이 핵심이다.

물론 목표를 정확히 설정한다고 해서 그것이 달성되는 것은 아니다. 범죄 네트워크를 다룰 때 애로점은 이러한 네트워크들이 어떻게 기능하는지에 대한 적절한 모델이 없다는 것이다. 이는 비즈니스 세계에서 비즈니스 네트워크들이 왜 성공 또는 실패하는지에 대한 이해가 결여된 것과 같은 현상이다. 양쪽 모두 성공과 실패의 유형을 살펴보는 비교 연구가 충분히 이루어지지 않았다. 특히 범죄 네트워크와 관련해서는, 이러한 네트워크들이 서로 다른 수사 행위에 어떻게 대응하는지에 대한 실증적 연구가 거의 없다. 네트워크가 당국의 금지 노력에 좀더 빠르고 효율적으로 대응하며, 활동 전에 새로운 활동 은폐와 눈속임 기법 개발에서도 효율적이란 점은 명백하다.

그러나 손상이 가해졌을 때 그들의 대응의 정확한 속성은 그다지 명확하지 않다. 예를 들어 만약 네트워크의 일부분이 손상되면, 그 부분은 버려지거나 제거되고 이를 만회하기 위해 다른 부분의 책임이 커지는가 아니면 네트워크의 손상된 부분을 재생하기 위한 노력들이 이루어지는가? 비슷한 예로, 네트워크가 어디서 시작해서 어디서 끝나는가도 명확하지 않으며, 겉으로는 성공적으로 보이는 네트워크에 대한 공격이 네트워크를 심각하게 손상시키거나 파괴한다는 목표를 실제로 달성했는지도 뚜렷하지 않다. 피해 정도를 사정하는 것은 언제나 힘들며, 네트워크의 경우는 일반적인 경우보다 더욱 어렵다.

이러한 문제들을 극복하기 위해서는 범죄 네트워크에 관한 정보를 효율적으로 획득하는 수단을 개발하는 것이 중요하다. 이런 측면에서, 여러 소프트웨어 업체들이 수사기관과 밀접하게 협력 관계를 이루고 정보 분석 업무를 돕는 소프트웨어 도구들을 개발했다. 그중 I2(http://www.i2inc.com)가 개발한 '애널리스트 노트북', 오리온 사이언티픽 시스템(http://www.orionsci.com)이 개발한 '오리온 리즈(Orion Leads)', 엑스애널리스[Xanalys(http://www.xanalys.com)]에서 구할 수 있는 '왓슨 파워케이스[Watson Powercase, 과거엔 할리퀸(Harlequin) 소유였음]' 등이 대표적 소프트웨어라고 할 수 있다. 이 제품들은 기능이나 활용성에서 조금씩 차이가 있기는 하지만(대부분 이 두 요소 중 하나를 희생했다), 모두 범죄 네트워크의 식별을 돕는 기능을 갖고 있다. 예를 들면, 이 제품들은 모두 주요 인물들의 상호 관계 유형을 분석하는 전화 통화 분석 기능을 갖고 있다. 이러한 분석의 결과는 보통 연합(association)이나 네트워크 또는 연결(link) 분석이라 불리는 것의 기본 자료가 된다.

이러한 접근은 범죄와 연관된 사람 및 조직들의 관계나 연계를 식별하고 평가할 수 있도록 하며, 네트워크를 실제로 이해하고 시각화하는 것을 돕는다. 연결 분석은 종종 전술적 목적이나 특정한 경우에 쓰이지만,

전략적 목적을 위해서도 중요한 도구가 될 수 있다. 연결 분석은 네트워크의 중요한 노드들을 식별하고, 앞에서 언급한 네트워크 내에서 여러 역할을 수행하는 핵심 인물들을 분간하며, 범죄 네트워크가 합법 세계와 교통하는 관문 또는 출입문을 발견하는 데 도움이 될 수 있다. 또 손상 평가의 보조 도구로서 전략적으로 사용될 수도 있다. 분석적 정보처리 과정은 범죄 네트워크의 식별과 구조 파악을 원활하게 한다.

네트워크의 구조와 작동을 이해하면, 집중 공격을 가해야 할 네트워크의 취약점도 쉽게 발견할 수 있게 된다. 이러한 측면에서 특히 중요한 것은 핵심 노드들을 식별하는 것이다.[8] 네트워크의 핵심 노드는 보통 중요성은 높은 반면 중복의 정도는 낮다. 한 노드의 중요성은 어떤 특별한 기술(범죄 조직의 전문 분야로서 상당한 중요성을 갖고 있거나 네트워크로서의 범죄 네트워크의 운영에 관련된)의 존재를 반영하는 것일 수도 있고, 네트워크 내에서 노드의 위치를 반영하는 것일 수도 있다. 낮은 수준의 중복은 이러한 기술을 가진 핵심 노드를 대체할 수 있는 사람이 없기 때문에 발생하는 현상이다.

네트워크의 기능 측면에서 봤을 때, 핵심 노드는 다른 노드들과 잘 연결돼 있고 풍부한 의사소통이 되는 사람이다. 만약 이 사람이 제거되고 이를 곧바로 대체할 수 있는 의사소통의 연결점이 없다면, 네트워크는 심각한 손상을 입게 된다. 이는 반대로 유사시 의사소통의 연결점을 대체할 수 있는 대안이 적게나마 있다면 네트워크 기능 복구의 기반을 충분히 마련할 수 있다는 뜻이기도 하다.

명백히 핵심적인 노드 외에도, 네트워크 전체에 공격이 가해지는 경우 핵심이 되는 노드들도 있다. 중요하긴 하지만 매우 중복적인 이러한 노드들은 이들이 동시에 또는 짧은 간격을 두고 잇달아 공격받는 경우 상

---

8) 이 주제는 Sparrow, "Network Vulnerabilities and Strategic Intelligence in Law Enforcement," *International Journal of Intelligence and Counterintelligence*, Vol.5, No.3(Fall 1991)에서 매우 흥미로운 방식으로 전개됐다. 이 책의 이 부분에 스패로의 분석이 아이디어와 영감을 제공해 주었다.

당한 중요성을 갖게 된다. 이는 효율적인 조율 과정을 요구하긴 하지만 충분히 고려해 볼 만한 선택이다.

네트워크를 공격할 때, 한 네트워크와 다른 네트워크의 경계이든 지하 세계와 밝은 세계의 경계이든 간에, 경계를 겨냥하는 것이 매우 중요하다. 이러한 맥락에서 특히 중요한 것은, 네트워크 확장자와 이중생활자들(합법 세계를 배신한 사람들)이다. 이들은 합법 및 불법 세계의 경계를 넘나들며, 범죄자들이 합법적 금융, 정치, 행정, 그리고 비즈니스 기관에 접근할 수 있도록 중요한 관문을 제공하는 사람들이다.

범죄와 부패 간의 네트워크(그리고 범죄자와 합법 세계의 은밀한 지원자들 사이의 교환의 본성)를 깨뜨려서 네트워크를 그 지원 구조와 분리시키는 것이 본질적인 작업이다. 부분적으로, 수사 당국과 조직범죄 사이의 갈등은 이중생활자들을 놓고 벌이는 경쟁으로 이해할 수 있다. 범죄 조직의 입장에선 제보자와 배신자가 이중생활자들이고, 반대편에선 부패한 정치인, 관료, 수사관, 사법부 종사자 등이 이에 해당된다.

밝은 세계와 너무 밀접하게 연계해 있어서 시스템 차원에서 공격해야 할 정도로 사회적·정치적·경제적 구조에 깊이 뿌리박혀 있는 범죄 네트워크가 있다. 가장 좋은 예는 해외 금융 센터나 비밀 금융 도피처(bank secrecy haven)일 것이다. 이들은 범죄 네트워크가 범죄 활동의 결과에서 생긴 자금을 이동하고 숨기며 보호하기 위해 구축한 일련의 상호 연결적인 서비스들로 이해할 수 있다. 역설적이게도, 이러한 서비스들을 제공하는 측은 주권의 보호를 받는다. 이는 네트워크의 이중생활자들을 단속할 수 없는 곳에 두게 하는 효과가 있으며, 이에 따라 단순히 네트워크 그 자체가 아니라 지원 시스템을 공격할 필요가 생긴다.

또 다른 명백한 공격 대상은 바로 네트워크의 핵심부이다. 그러나 만약 네트워크가 효율적으로 기능하고 보호 시스템이 의도한 대로 작동한다면, 핵심부를 공격하는 것은 매우 어려운 일이 된다. 만약 핵심부를 파악하여 제거한다면, 두 가지 중 하나의 결과가 가능하다. 첫째는, 네트워크가 매우 잘 확립돼 있고 방향결정 기제도 네트워크의 활동 절차에 깊숙이 자리 잡고 있어 운영이 핵심 집단과 어느 정도 독립적으로 이루어지는 경우로, 이럴 때 네트워크는 별문제 없이 계속 기능을 유지할 수 있다. 이것의 변형은, 핵심부와 밀접한 사람(그러나 핵심부의 일원이 아닐 수도 있음)이 방향을 제시하는 자리에서 제거된 핵심부를 대체하는 모델이다. 두 번째 가능성은 핵심부에 대한 공격이 네트워크의 기능을 상당히 저하시키고, 관문에 대한 공격 같은 다른 수단들이 함께 쓰여서 네트워크의 작동을 멈추거나 최소한 그 능력과 영향력을 심각하게 손상시키는 경우이다.

지금까지 논의된 선택 사항들은 모두 네트워크에 대한 외부 공격의 일부였다. 그러나 범죄 네트워크에 대한 내부 공격을 추진하는 것도 가능하다. 이 경우 공격의 목적은, 네트워크의 효율적 기능을 심각하게 떨어뜨리는 역기능적 관계를 창출해 내는 것이다. 의심과 적대감을 일으키도록 고안된 행동이나 역정보를 통해 신뢰에 금이 가게 하는 것이 한 방법일 수 있다. 이렇게 하는 방법으로는, 네트워크의 이중생활자들을 알아낸 후 이들을 제거하지 않고 역정보를 흘리는 데 이들을 이용하는 것이 있다. 이는 조직을 내부적으로 부식시키는 효과를 가져올 뿐만 아니라 범죄 조직이 외부 공격에 취약하도록 만든다.

범죄 네트워크에 대한 대응책의 주요 요소 중 하나는 정부나 수사 당국이 네트워크 구조를 실제로 모방해야 한다는 점이다. 범죄 네트워크가 정부에 비해 유리한 점은, 범죄 네트워크는 똑똑하고 미래 지향적인 반면, 그 상대자인 정부는 종종 여러 종류의 제약에 묶여 있다는 것이다. 정부는 여전히 위계질서에 따라 움직이며, 더구나 관료 조직 사이의 라이벌 의식과 경쟁, 조직 간 적대감, 정보를 공유하고 작전을 조율하는 것에 대한 저항감 등 때문에 활동에 더욱 지장을 받는다. "네트워크에는 네트워크로 맞선다"라는 존 아퀼라와 데이비드 론펠트의 명제를 생각해 볼 때, 일반적인 관료적 방법들을 넘나드는 혁신적 구조를 갖춘 수사 당국

이야말로 범죄 네트워크를 가장 성공적으로 타격할 수 있는 존재이다 (Arquilla and Ronfeldt, 1997). 자원과 정보를 풀(pool)로 모으고 특정 범죄 네트워크에 대해 잘 조정된 공격을 행하는 합동 태스크포스(joint task force)는 범죄 네트워크를 공략하는 데 최선의 방안이다.

정부 기관 간 합동 비밀 작전은, 이러한 작전이 범죄 네트워크의 핵심 부분에 접근할 수 있도록 해주기 때문에 특별히 성공적이었다. 8개국 수 사기관이 힘을 합한 1990년대 초의 '녹색 얼음 작전(Operation Green Ice)' 은 미국, 스페인, 이탈리아, 영국 등에서 200명 이상을 체포하는 성과를 거뒀다. 어떤 경우엔 이러한 종류의 협력이 아예 제도화되기도 했다. 자 체 네트워크를 구축함으로써 초국가적 범죄 네트워크에 대응했던 미국 재무부의 '금융 범죄 수사 네트워크(FINCEN: Financial Crimes Enforcement Network at the U.S. Treasury, 이하 FINCEN)'는 가장 미래 지향적 정부 기관 중 하나이다. FINCEN은 문제점도 있고 특히 성과 지표(performance indicator) 의 부족으로 비판받기도 했지만, 미국 정부가 핵심 범죄자와 범죄 네트워 크, 그리고 범죄의 과정 전체를 공략하기로 했다는 점에서 중요하다. FINCEN 활동의 핵심은 부정한 돈을 금융 시스템에 집어넣으면 반드시 현금거래보고서(CTRs: Cash Transaction Reports)나 의심행동보고서(SARs: Suspicious Activity Reports)를 쓰도록 엄격하게 관리해 돈세탁을 힘들게 만드는 것이다. 거기다 미국은 범죄로 얻은 이득을 압수할 수 있는 자산압수 및 자산몰수(asset forfeiture)법을 제정했다. FINCEN은 이 전략의 핵심 역할을 수행했으며 금융계의 연락책으로 활동했다. 이들은 은행들이 '너의 고객 을 알라(know your customer)' 프로그램이나 모든 거래에 대한 실사(due diligence)를 통해 은행의 책임을 충실히 수행하도록 유도했다. FINCEN은 현 금거래보고서와 의심행동보고서를 통해 은행들이 제공하는 정보의 집합 장소이기도 하다.

FINCEN은 금융 정보기관(FIU: Financial Intelligence Unit, 이하 FIU)의 모 델이 됐다. 다른 많은 나라들도 이와 비슷한 나름의 기구와 제도를 발전시켰다. 호주에는 거래 보고 및 분석 센터(AUSTRAC: Transaction Reports and Analysis Center)가 있고, 버뮤다에는 금융조사국(Financial Investigation Unit)이 있다. 보통 FIU들은 문제점 보고 및 분석 기능을 갖고 있다. 일부 국가에선 FIU가 수사 권한을 갖고 있기도 하다. 그러나 문제는 최근 부정한 돈이 매우 이동성이 높아져서 여러 나라를 빠르게 돌아다녀, 흔적을 지운 후에 (금융 익명성과 비밀 보장에 대해 높은 프리미엄을 매기는) 금융 도피처에 안전하게 보관되는 경우가 많다는 점이다. 이러한 추세에 대응하기 위해 '에그몬트그룹(Egmont Group)'이라는 FIU의 네트워크가 구성됐다. 1997년에 설립된 에그몬트그룹의 회원 FIU들은 정기적으로 회합을 가지며 전용 웹사이트를 통해 정보를 교환한다. 2000년 5월 현재, 에그몬트그룹에는 53개국 53개 FIU들이 가입해 있다. 각국 FIU들은 역량, 자원, 활용 가능한 기술력 등에서 차이를 보이긴 하지만, FIU의 네트워크는 돈세탁을 막기 위해 국제적 노력을 활성화하는 역할을 한다. 자금이 세계 금융 시스템을 옮겨 다니는 속도, 편이성, 익명성 등을 생각할 때, 에그몬트그룹이 그 자체로 범죄와 관련된 금융 문제를 모두 해결할 수는 없겠지만 상황이 덜 나빠지도록 하는 것은 확실하다.

이러한 발전은 중요하며, 특히 정보 주도의(intelligence-led) 수사 추세와 결합할 때는 더욱 그러하다. 그러나 정교하고 강력한 범죄 네트워크와 사법 당국의 네트워크 사이에는 아직 큰 격차가 있다. 이러한 격차를 메우고 범죄 네트워크를 공략하는 좀더 효율적인 전략을 개발하는 것이, 21세기 초국가적 조직범죄와 맞서 싸우는 정부의 최우선 과제 중 하나가 되어야 한다. 이는 태도와 사고방식, 조직 구조, 지식과 행동 사이의 관계 등의 변화를 요구한다. 이러한 변화가 없다면, 범죄 네트워크는 앞으로도 계속해서 이에 맞서는 쪽보다 더 유리한 위치를 차지하게 될 것이다.

참고문헌

Arquilla, John and David Ronfeldt(eds.). 1997. *In Athena's Camp: Preparing for Conflict in the Information Age*. Santa Monica, Calif.: RAND.

Albini, Joseph. 1971. *The American Mafia: Genesis of a Legend*. New York: Appleton, Crofts.

Blickman, Tom. 1997. "The Rothschilds of the Mafia on Aruba." *Transnational Organized Crime*, Vol.3, No.2(Summer).

Block, Alan. 1979. *East Side-West Side: Organizing Crime in New York 1939~1959*. Swansea U.K.: Christopher Davis.

Burt, Ronald S. 1992. *Structural Holes: The Social Structure of Competition*. Cambridge, Mass.: Harvard University Press.

Clawson, Patrick L. and Rensselaer Lee III. 1996. *The Andean Cocaine Industry*. New York: St Martins.

Criminal Intelligence Service Canada. 1998. *Annual Report on Organized Crime in Canada*.

Fijinaut, Cyrille, Frank Bovenkerk, Gerben Bruinsma, and Henk van de Bunt. 1998. *Organized Crime in the Netherlands*. The Hague: Kluwer Law International.

FBIS. 1998, July 13. "BKA Registers Less Damage Caused by Gangs." *Frankfurter Rundschau*.

Finckenauer, James O. and Elin J. Waring. 1998. *Russian Mafia in America*. Boston: Northeastern University Press.

Granovetter, Mark. 1973. "The Strength of Weak Ties." *American Journal of Sociology*, Vol.78, pp.1360~1380.

INS. 1998a, May 21. "INS Bursts Major Counterfeit Document Ring." press release.

INS. 1998b, November 20. "U.S. Dismantles Largest Global Alien Smuggling Cartel Encountered to Date." press release.

Lavigne, Yves. 1996. *Hell's Angels*. Secaucus N.J.: Lyle Stuart.

Murphy, Dean E. 1996, August 1. "Biker War Barrels Across Scandinavia: Swedish Legislator Campaigns to Evict Gangs After Rumbles Kill 6." *Los Angeles Times*, p.A19.

National Intelligence Council. 2000, December. *Global Trends 2015*. Washington: National Intelligence Council.

Perrow, Charles. 1984. *Normal Accidents*. New York: Basic Books.

Potter, Gary. 1993. *Criminal Organizations: Vice Racketeering and Politics in an American City*. Prospect Heights, Ill.: Waveland Press.

Sparrow, Malcolm K. 1991a. "The Application of Network." *International Journal of Intelligence and Counterintelligence*, Vol.13, No.3(September).

Sparrow, Malcolm K. 1991b. "Network Vulnerabilities and Strategic Intelligence in Law Enforcement." *International Journal of Intelligence and Counterintelligence*, Vol.5, No.3(Fall).

Wasserman, Stanley and Katherine Faust. 1994. *Social Network Analysis: Methods and Applications*. Cambridge: Cambridge University Press.

Williams, Phil. 1994. "Transnational Criminal Organizations and International Security." *Survival*, Vol.36, No.1(Spring).

Williams, Phil. 1998. "The Nature of Drug Trafficking Networks." *Current History*, Vol.97, No.618(April).

제4장 갱, 훌리건, 무정부주의자: 거리에서 벌어지는 네트워의 전위*

Gangs, Hooligans, And Anarchists:
The Vanguard Of Netwar In The Streets

존 P. 설리번

■ 편자 초록: 길거리에서 네트워가 벌어지는 것도 이제 멀지 않았다. 로스앤젤레스 보안국(L.A. County Sheriff's Office)의 설리번은 갱, 훌리건, 그리고 무정부주의자들이 네트워를 수행할 수 있는 능력을 키워가는 과정을 연구해 왔다. 그는 이제 막 사법 당국의 관심권에 들어오기 시작한 네트워크화된 범죄에 대응하기 위해 국가기관 간 네트워크가 필요하다고 결론을 맺는다. 이 장은 그의 이전 논문들을 보완한 것이다.**

---

* 거리의 갱들이 네트워 전사로 발전할 가능성을 논의한 이 장은 John P. Sullivan, "Third Generation Street Gangs: Turf, Cartels and Netwarriors," *Crime and Justice International*, Vol.13, No.10(November 1997)에 바탕을 두고 있다. 이 논문의 보완 개정판은 *Transnational Organized Crime*, Vol.3, No.2(Autumn 1997)에 실렸다. 필자는 이 장의 이전 버전에 대해 통찰력 있는 의견을 준 로버트 J. 벙커에게 감사한다.

** 특히 다음의 논문을 많이 참고했다. John P. Sullivan, "Urban Gangs Evolving as Criminal Netwar Actors," *Small Wars and Insurgencies*, Vol.11, No.1(Spring 2000).

현대사회는 갈등과 범죄의 성격을 완전히 바꿀 것으로 보이는(그리고 현재 바뀌고 있는) 중대한 변화들을 겪고 있다. 이러한 추세의 두 가지 요인은, 상대적으로 작은 집단들의 힘을 강화시키는 기술적인 변화와 조직적인 변화이다. 정보혁명은 작은 집단이 큰 힘을 행사하고 짧은 시간 안에 자신들의 영향력을 광범위하게 끼칠 수 있도록 한다. 이들은 인터넷, 휴대폰, 팩시밀리, 그리고 기타 최신 디지털 기술을 통해 정보에 접근하고 정보를 유통시킬 수 있는 능력을 얻고 있으며, 위계적 조직에서 네트워크 조직으로 전환하고 있다. 이러한 두 가지 요인 때문에 비국가 행위자가 영향력을 확장하고 사회적, 정치적 또는 경제적 영향력을 얻기 위해 국가와 국가기구에 도전하는 것이 가능해지는 비대칭적 위협(asymmetry threats)이 현실화됐다.

이 장에서는 작은 집단들, 특히 도시의 범죄 집단들(urban criminal gangs)이 네트워크 형태의 조직과 교리를 받아들이고 첨단 정보 기술을 활용해 네트워를 수행할 잠재적 가능성을 살펴본다. 이러한 잠재성은 범죄와 전쟁의 모호한 경계 사이에 존재하며, 갱 범죄(gangsterism)와 테러리즘의 외형을 바꿀 수 있는 위협이 된다. 이들은 공공을 보호하고 시민질서를 보존하는 경찰, 군대, 법원, 그리고 정치적 지도력에 도전한다. 또 전통적 도시 갱들이, 고도로 네트워크화된 삼협회, 카르텔, 그리고 테러 집단처럼 조직되고 운영되는 차세대 도시 갱으로 전이하는 과정이 집중 조명된다. 이 장에서는, 정치화(politicization)·국제화(internationalization)·정교화(sophistication)가 갱의 활동에 영향을 미치는 요소이며, 이 세 가지가 네트 기반의 위협이 어떻게 성숙하는지를 설명해주는 요소임을 보여줄 것이다. 마지막으로 무정부주의자 집단인 블랙블록의 사례를 통해 네트워크화된 저항자들을 상대할 때 경찰이 직면하게 되는 어려움들을 살펴본다. 블랙블록은 정치적 행동을 자극하기 위해 정교한 네트워크 전술과 폭력을 사용하는 집단이다.

3세대에 걸친 도시 갱의 변화: 네트워로의 진화

정보혁명은 갈등과 범죄의 성격을 변화시키고 있다. 조직의 변화는 신기술에 힘입은 바가 크다. RAND의 존 아퀼라와 데이비드 론펠트가 묘사했듯이, 현재의 포스트모던한 전장에서 네트워크는 위계적 조직보다 우위를 점할 수 있다. "힘은 전통적·위계적인 국가 행위자보다는 네트워크를 쉽게 조직할 수 있는 소규모의 비국가 행위자로 이전되고 있다"(Arquilla and Ronfeldt, 1997a: 5). 이는 저명한 군사(軍史)학자 마틴 반 크레벨드(Martin van Creveld)가 예언한 것과 일치한다.

미래의 전쟁은 군대가 아니라 오늘날 우리가 테러리스트, 게릴라, 무법자(bandit), 그리고 약탈자(robber)라고 부르는 사람들에 의해 수행될 것이다. 그리고 이들은 좀더 공식적인 명칭을 분명히 갖게 될 것이다(Creveld, 1991).

어떤 경우에 네트워 개념은 오늘날 우리가 테러리즘이라 부르는 것을 좀더 분명하고 정제된 형태로 구체화할 수 있다. 네트워에서 국가와 비국가 행위자들의 제휴는 갈등을 심화시킬 수 있다. 인터넷화된 초국가적 범죄 조직, 삼협회, 카르텔, 컬트 집단(cults), 테러리스트, 갱, 그리고 기타 조직의 결합체가 좀더 국가 지향적이었던 앞선 세대의 조직들을 대체하게 될 것이다. 아퀼라와 론펠트는 다시 한번 유용한 시각을 제공한다.

'네트워'란 새롭게 떠오르는 사회적 수준의 갈등(그리고 범죄) 형태로서, 전쟁보다는 약한 정도의 무력이 관여된다. 네트워 수행자는 네트워크 형태의 조직·교리·전략·통신을 사용한다. 사실상 네트워 수행자는 이것들의 사용에 의존한다고 할 수 있다(Arquilla and Ronfeldt, 1997: 227).

과거에는 갱처럼 느슨하게 조직된 폭력적 범죄 집단은 테러리스트들의 위협보다 덜 심각하게 받아들여졌으며, 고전적 테러리즘에 대한 논의에서도 제외됐다. 그러나 새로운 기술적·조직적 요소들에 대한 인식과 함께 이러한 조직이 새로운 형태의 분쟁에 매우 적합하다는 사실이 드러났다. 아퀼라와 론펠트는 이렇게 관찰했다.

> 네트워는 팔레스타인해방기구보다는 하마스에, 쿠바의 카스트로주의자보다는 멕시코의 사파티스타 운동에, KKK보다는 기독애국자운동에, 시실리의 마피아보다는 아시아의 삼협회에, 알 카포네의 갱단보다는 시카고의 갱스타디시플린(Gangsta Discipline)에 좀더 적합한 개념이다(Arquilla and Ronfeldt, 1997: 227).

이 장에선 도시 경찰 기구의 주요 관심사인 갱들에 초점을 맞추면서, 네트워를 향해 가는 몇몇 집단들의 통합을 다루려고 한다. 도시에서 활동하는 갱단들은 특정 영역을 장악하려는 전통적 의미의 갱단에서 시장 지향의 마약 취급 갱단으로, 이어서 정치적 요소와 상업적 요소가 혼합된 신세대 갱단으로 세 차례 세대교체를 겪어왔다. 이러한 진화 과정에서 특히 중요한 것은 갱단의 정치화·국제화·정교화 추세이다.

정치화란 갱단이 수용하는 정치적 행위의 범주를 말한다. 갱단들은 대부분 범죄 집단이지만, 일부는 다양한 정치적 행위를 도입했다. 낮은 단계의 정치적 행위는 인근 주민들의 생활 지배, 실질적인 '무법 지대(lawless zone)' 구축, 거리세(street tax) 및 기타 범죄 행위자에 대한 세금 부과 등을 포함한다. 좀더 정교하고 정치화된 갱단은 대개 경찰 및 관료들과 협력해 그들의 행동에 대한 제약을 줄이려 한다. 가장 높은 단계의 갱단들은 독자적인 정치적 의제를 가지고 그들의 목표를 달성하며 정부를 흔들기 위해 정치적 수단들을 사용한다.

국제화란 갱들의 공간적 또는 지리적 도달 범위를 일컫는다. 갱단들은

<그림 4-1> 세대에 따른 갱 조직의 특징

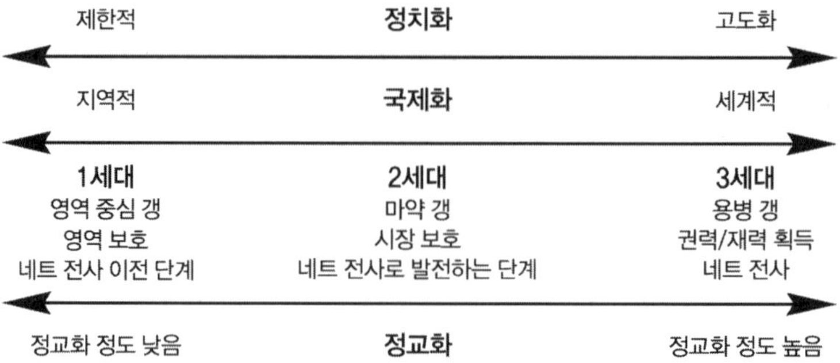

제한적	정치화	고도화
지역적	국제화	세계적
1세대 영역 중심 갱 영역 보호 네트 전사 이전 단계	**2세대** 마약 갱 시장 보호 네트 전사로 발전하는 단계	**3세대** 용병 갱 권력/재력 획득 네트 전사
정교화 정도 낮음	정교화	정교화 정도 높음

대부분 본성상 매우 지역적이며, 그 영역은 기껏해야 몇 블록 정도다. 반면 일부 갱단들은 작은 도당(clique)들로 구성된 연합체로 움직이며 대도시 전체 또는 주 경계를 넘어서 활동한다. 가장 높은 단계의 갱단은 외국 도시에 지부를 두고 국경을 넘어 초국가적이고 국제적인 활동 범위를 자랑한다.

정교화란 갱들의 전술·전략 특성, 무기와 기술의 사용, 갱단의 조직적 복잡성 등에 관한 것이다. 갱들은 이들 중 하나 또는 그 이상의 분야에서 정교한 수준에 오를 수 있다. 예를 들면, 갱들은 매복 공격을 위해 정교한 보병 전술을 사용하거나 네트워크화된 조직 형태를 활용하거나 정보 기술을 사용할 수 있다. 정교화 능력을 나타내는 가장 간단한 지표는, 소규모 갱들의 연합이나 네트워크 구축을 도모하고 실제로 제휴를 맺는 능력이다. 이러한 잠재력은 종종 과소평가돼 왔다. 왜냐하면 이러한 네트워크들['크립(Crip)', '블러드(Blood)', '포크(Folk)', '피플(People)' 등의 상위(umbrella) 조직]은 대개 경찰들이 익숙히 알고 있는 전통적 조직범죄의 위계적 형태를 채택하지 않았기 때문이다. 네트워크는 위계 조직보다 덜 정교한 것이 아니라 단지 다른 형태의 조직일 뿐이라고 인식하는 것이 중요하다. 도시 갱들의 정보 기술과 네트워크화된 조직 형태의 확산에 대한 연구는 거의 이루어지지 않고 있다.

<표 4-1> 갱, 훌리건, 무정부주의자의 네트워 잠재성

갱(조직)	정치화	국제화	정교화
크립/블러드	하	중	중하
피플/포크	하	중	중하
18번가(18th Street)*	중하	상	중하
마라살바트루카(Mara Salvatrucha)*	하	상	중
축구 훌리건(Football Firms)**	하	중상	중상
갱스터디사이플(Gangster Disciples)*	상	중	중
블랙피스톤네이션(Black P Stone Nation)	중	중	중
바이스로드(Vice Lords)*	상	중	중
칼레트레인타(Calle Treinta)*	중상	상	중
파가드(Pagad: People Against Gangsterism and Drug)*	상	중하	중
하드리빙(Hard Livings)*	상	하	중
무정부주의자/블랙블록*	상	상	중상

* 3세대 갱의 특성과 네트 전사의 잠재력을 보여준다.
** 이들의 예로는 인터시티펌(Inter City Firm), 서비스크루(Service Crew), 울트라수르(Ultra Sur), 타이거코만도(Tiger Commandos) 등이 있다.

다음에 묘사된 바와 같이, 각 세대는 각각 다른 특징을 지니고 있다. 갱들이 주요 범죄와 테러 조직에서 영감을 얻거나 이들과 직접 연계하여 스스로 무엇인가를 할 수 있는 능력을 가지게 되는 것은 이러한 특징들과 밀접한 관련이 있다. 갱단들의 세대별 특징은 <그림 4-1>에 간추려 놓았다. 그리고 정치화·국제화·정교화의 지표를 통해 갱, 훌리건, 그리고 무정부주의자들의 특징을 파악한 것은 <표 4-1>에 있다.

1세대: 전통적 길거리 갱에서 축구 훌리건까지

전통적인 길거리 갱들은 극단적인 사회적 폭력의 가장 낮은 수준에서 활동한다. 기본적으로 영역(turf) 지향적인 이들은, 충성심과 자신들의 좁은 영역 보호에 주로 관심을 가지며 느슨한 리더십을 특징으로 한다. 이러한 갱단의 구성원들은 때로 기회를 봐서 범죄 행위에 가담하는데, 여기에는 개인적으로 마약 판매를 놓고 다른 사람과 경쟁하거나 갱단으로서 다른 갱단과 경쟁하는 것이 포함된다. 이러한 1세대(영역) 갱들은 정치적 행동의 범위가 제한적이며 (종종 도시 구역에 따라) 현지화되어 있고 그다지 정교화되어 있지도 않다.

전통적인 길거리 갱 행위는 고전적 의미의 테러에 해당하지 않는다. 그러나 일부 집단들은, 이러한 갈등 행위들을 기반으로, 좀더 복잡한 인터넷화된 범죄 조직이나 네트 전사들로 발전하기도 한다. 전통적인 갱들에는 시카고의 '포크'와 '피플', 로스앤젤레스에 본거지를 둔 '크립'과 '블러드', 그리고 악명 높은 '18번가'를 비롯하여, 어디서나 흔히 볼 수 있는 히스패닉 계열의 갱단 등이 있다. 이러한 거리의 갱단들은 공식적 조직이 없기 때문에 그 폭력성에도 불구하고 진정한 테러리즘은 아닌 것으로 간주되어 왔다. 로스앤젤레스 갱들을 수사해 온 웨슬리 맥브라이드(Wesley McBride)는, 전통적 갱 행위를 '실제 활동하는 비조직화된 범죄(disorganized crime in action)'로 묘사했다.[1] 그러나 비공식적·네트워크적 조직 형태는 네트워를 고전적 의미의 테러리즘보다 다루기 어렵게 만드는 주요 요인 중 하나이다.

로버트 J. 벙커는 이를 비국가 '전사' 등장의 한 원인으로 보았다. 비국가 전사 등장의 또 다른 요인으로는, 사회구조 해체와 정교화의 증대 속에서 붕괴된 지역 공동체가 있다. 벙커의 관점에서, 테러리즘은 정치보다는 사회적 고려에 기반을 둔 좀더 위험하고 내밀한(insidious) 형태의 전쟁이다.[2] 그는 "현대사회가 범죄 또는 도덕적 타락으로 여기는 행위들을

---

1) 이 같은 성격 규정은 Robert J. Bunker, "Street Gangs-Future Para-military Groups," *The Police Chief*(June 1996)에 기록돼 있다.
2) 비국가 (범죄) 군인의 등장 가능성과 그 안보 위협에 대한 논의를 위해서는, Robert J. Bunker, "The Terrorist: Soldier of the Future?" *Special Warfare*, Vol.10, No.1(Winter 1998); Robert J. Bunker, "Epochal Change: War over Social and Political Organization," *Parameters*, Vol.27, No.2(Summer 1997); Robert J. Bunker, "Street Gangs Future Paramilitary Groups," *The Police Chief*(June 1996) 참조.

합법화하려는 무장 비국가 행위자들"을 중요한 안보 위협으로 간주한다. 특히 네트워크화된 위협 세력들은 "새로운 전쟁 수행 집단으로 조직화될 가능성이 있으며, 이들 중 가장 작은 조직들은 무장단(armed band), 사군 (私軍), 지역 범죄 조직 등이다"(Bunker, 1997). 이런 맥락에서 보면, 분산 되고 상호 연결된(interconnected) '노드'들의 망이 상대적으로 유리하다. 교리나 공통의 목적이 위계적 지도력보다 중요하기 때문이다. 이러한 관 점은 네트워의 발흥에 관한 아퀼라와 론펠트의 관찰과 유사하다. 이들은 인터넷화된 통신 양식을 통해 사회적 수준에서 분쟁이 수행돼 비국가 행 위자의 입지가 강화되는 네트워 현상에 관해 연구했다.

거리의 갱들은 사회조직의 변화를 활용할 수 있는 위치에 있지만, 그 들 대부분은 주로 1세대(영역 중심) 또는 2세대(마약 거래가 중심인 초기 조 직범죄 집단)에 머물러있다. 1세대와 2세대를 거친 갱들로는 크립, 블러 드, 18번가 등 몇몇 히스패닉 계열 갱단을 들 수 있다. 그들은 자신들의 활동을 지원하기 위해 전술적으로 제한된 유사 테러리즘 행위를 채택한 다. 다른 범죄 조직과 마찬가지로 거리의 갱들도 지역적 또는 경제적 영 향력을 위해, 즉 영역 또는 시장을 지키기 위해 범죄 성격의 테러를 사용 한다. 이를 통해 이들은 경쟁 조직을 공격하거나 경찰 수사를 방해한다. 마지막으로 일부 갱들은 이동성을 점점 강화하며, 정교화하고, 조직범죄 와 연계를 강화하며, 지역 단위 또는 초국가적 마약 유통 조직에서 얻은 거액의 돈으로 무기들을 구입해 은닉하기도 한다.[3]

전통적 영역 지향 갱의 흥미로운 변종으로는 유럽의 축구 홀리건들을 들 수 있다. 그들에게 중요한 영역은 자신들의 지역 그 자체가 아니라

---

3) 다인종 조직원 2만 명으로 구성된 로스앤젤레스의 마약 갱 '18번가'가 적절한 예가 될 수 있다. 이들의 활동에 대한 심도 깊은 분석은, Rich Connell and Robert Lopez, "An Inside Look at 18th St.'s Menace," Los Angeles Times(November 17, 1996) 참조. 18번가의 국경을 넘나드는 활동과 멕시코 마피아 (Eme)와의 연계에 대해 서는, Rich Connell and Robert Lopez, "Gang Finds Safe Haven and Base for Operations in Tijuana," Los Angeles Times(September 19, 1996) 참조.

그들이 좋아하는 축구팀이나 국가대표팀으로 대표되는 '가상의 영역'이
다. 축구 훌리건은 대체로 유럽형의 갱 형태라 할 수 있으며, 축구와 관련
된 폭력은 영국에서뿐만 아니라 온 유럽에서 큰 사회적 골칫거리이다. 이
들은 싸움 거리를 찾아 길거리를 헤매며, 유럽 대륙에서 벌어지는 축구
시합들을 망치고, 참가자는 물론이고 경찰과 행인까지 다치게 한다. 흔히
'펌(firms)'이라 불리는 이들 무리는 응원하는 팀의 승리보다 폭력을 위한
폭력을 우선시한다는 점에서 일반 축구팬들과는 다르다. 펌들은 페리와
기차를 타고 경기장마다 찾아다니며 그들의 적들에게 싸움을 건다. 그들
은 마치 인종 민족주의적 약탈자처럼 행동한다. 영국에는 웨스트햄(West
Ham)의 인터시티펌, 리즈(Leeds)의 서비스크루 등 유명한 '슈퍼 훌리건'들이
있다. 또 첼시(Chelsea)의 헤드헌터스(Headhunters)와 밀월(Millwall)의 부시왜커
스(Bushwhackers)도 있다. 이러한 펌들에는 핵심 회원이 대개 20명 정도 있
고, 전체 회원은 수백 명에 이른다. 영국 경찰은 축구팬을 세 가지로 분류
한다. 카테고리 A는 전형적인 축구팬이다. 카테고리 B는 때때로 폭력을
휘두르는 훌리건들로 구성된다. 카테고리 C는 핵심 역할을 하는 폭력적
훌리건들이다. 이들은 모두 특정한 상황에서 폭력에 연루될 수 있다.

영국 경찰은 영국에 핵심(또는 카테고리 C에 속하는) 훌리건이 600명 정
도 있다고 추정한다. 술을 마시면 폭력을 휘두르는 250~300명에 이르는
사람들(카테고리 B)이 카테고리 C 구성원들이 주도하는 폭력에 동참한다.
일반 축구팬에 가까운, 즉 카테고리 A에 속하는 사람들은 이 현상의 외곽
을 형성한다. 유럽 대륙의 주요 펌으로는 레알마드리드를 응원하는 울트
라수르, 밀란의 타이거코만도와 레드앤드블랙브리게이드(Red and Black
Brigade), 바르셀로나의 보이소스노이스(Boixos Nois: 미친 소년들이란 뜻) 등이
있다.

처음엔 우발적으로 보였던 축구장 폭력이 최근에는 주도면밀하게 조
정·조율돼 이루어진다. 훌리건들은 기술을 통한 전투력 향상을 위해 네
트워크와 위계적 지휘 통제를 결합하고 있다. 서로 대적하는 훌리건들은

자신들의 전투 인력을 결집하고 상대편에 맞서기 위해 무선 기술과 인터넷(예: 전자우편)을 활용한다. 예를 들면, 밀월의 부시왜커스는 카디프에서 열린 축구 시합을 보려고 이동 중이던 훌리건들의 폭력 행위를 조직·조정하기 위해 인터넷 도구(양방향 웹사이트, 실시간 인스턴트 메시징 등)를 사용한 것으로 추정된다(*ITN Online*, 1999. 8. 8.). 이때 카디프에서 14명이 부상을 입고 6명이 체포됐다. 경기 도중과 경기 전 1주일 내내 관련 인터넷 메시지들이 올라왔으며, 이는 인터넷을 사용하는 조직적 훌리건의 위험성을 잘 보여주는 사례였다. 영국 경찰과 국가범죄수사원(NCIS: National Criminal Intelligence Service)은, 카디프 사건이 축구 펌들이 경찰 단속을 피하기 위해 컴퓨터와 이동통신 같은 첨단 기술을 사용하게 될 것이라는 우려가 현실화된 사례로 보고 있다. 펌들은 무선 기술을 통해 공격 계획을 조정하고 작전 지령을 전달하며 유럽 전역에 스위밍 공격을 할 수 있었다(Reid and Boffey, 1998).

2세대 거리의 갱: 조직범죄의 영향

마약 거래가 중심인 기업적 갱들이 2세대 갱을 구성한다. 이 갱들은 주로 시장 보호에 관심을 가지며 마약 거래를 일종의 사업으로 간주한다. 그들은 경쟁에서 승리하기 위해 폭력을 사용하며, 영역보다는 시장 지향적인 자세를 견지한다. 좀더 광범위하고 시장 중심적인 정치 의제를 가진 이들은 넓은 지역에서 (때론 여러 주를 넘나들며) 활동하고, 중앙 집중적인 지도력을 가지는 경우가 많다. 정교한 작전을 수행할 때, 특히 시장을 보호할 필요가 있을 때는 더욱 그렇다. 2세대 갱들은 1세대 갱들과 마찬가지로 확고히 자리 잡은 위협적인 범죄 집단이다.[4] 다만 1세대 갱들이 파당처럼 움직이는 반면, 2세대 갱들은 좀더 전문적인 사업체처럼

---

4) Malcolm W. Klein, *The American Street Gang*(New York: Oxford University Press, 1995) 참조. 이 책의 132쪽을 보면, 거리의 갱과 마약 갱의 구분이 <표 4-4>에 있다.

활동한다. 이들에게 마약 판매는 개인 구성원이 선택해서 하는 활동이 아니라 필수 사업이다.

2세대 갱들은 마약 카르텔이나 마약 테러리스트(narcoterrorist) 또는 기타 조직범죄 집단과 비슷한 방식으로 폭력을 행사한다. 이들 갱의 활동은 부분적으로 자신들의 시장 보호에 대한 관심 때문에 정치화·국제화·정교화를 추구한다. 시장 보호를 위해서는 정치적 수단으로서 폭력의 사용이 이들에게 필요하며, 이 집단들이 범죄 시장에서 영향력을 확장하기 위해 폭력과 신기술 모두를 사용할 것으로 예상할 수 있다.

기업형 범죄 집단이 국가와 경찰, 그리고 보안 기구의 단속 노력을 무력화시키려 할 때 범죄와 폭력의 경계는 종종 흐려진다. 정치적 개입 수단으로서 폭력을 사용하는 것은 전통적으로 '실패한 국가(failed states)'에서 나타나는 현상이었지만, 길거리 갱들이 '실패한 지역(failed communities)'을 이용하고 지역 공동체의 생활을 지배할 때도 비슷한 현상이 나타난다. 갱들이 한 지역을 장악하는 일이 미국(특히 방치된 도시 중심부)에서 생긴다 해도, 그것이 특별히 새로운 일은 아니다. 이는 조직범죄가 '무법 지대'의 주도권을 장악한 다른 나라 사례의 재판(再版)일 뿐이다. 특별히 우려되는 것은, 테러리스트나 게릴라 집단이 마약 카르텔과 협력한 결과로 발생하는 마약 테러리즘이다. 이들은 카르텔의 사업을 지원하기 위해 테러를 감행한다. 안데스 지역의 코카인 조직과 콜롬비아 카르텔은 마약 테러리즘으로 악명이 높으며, 최근에는 멕시코에서도 이런 경향이 농후하다.

마약을 생산하고 유통하는 카르텔들이 야기하는 테러와 질서 혼란은 정부의 수사 의지를 무력화하며, 사법 체계를 마비시키고, 부패를 부채질하며, 지역사회와 국민국가를 불안정하게 만든다. 콜롬비아에서는 공공시설과 은행, 상업 시설, 항공기에 대한 폭탄 테러가, 그리고 대법원 판사 및 각료, 시장, 경찰관, 언론인들에 대한 암살이 줄을 이었다. 멕시코의 카르텔들은 언론인뿐만 아니라, 멕시코와 미국 국경 지역 주의 경

찰들을 노렸다. 두말할 나위 없이 두 나라의 카르텔들은 경쟁 관계에 있
는 카르텔들도 공격했다.

콜롬비아의 메델린과 칼리, 그리고 멕시코의 아렐라노-펠릭스(Arellano-Félix)
같은 카르텔들은 경제적인, 그리고 (사실상) 정치적인 목적을 달성하기 위해
극단적 폭력을 사용했다. 콜롬비아의 마르코트라피칸테스(marcotraficantes)는
FARC(Fuerzas Armadas Revolucionarias de Colombia), ELN(Ejército de Liberación
Nacional), 그리고 M-19(April 19th Movement) 같은 테러 집단 출신의 게릴라
들을 고용했으며, 그들의 테러 능력이 떨어지면 다른 게릴라들을 고용해
용병 작전을 벌였다. 또 ETA 같은 전문 테러리스트들에게 기술 지원을
요청하기도 했다. 콜롬비아의 카르텔들은 이따금 M-19나 FARC 같은 반군
단체들을 공격하기도 했으며, 페루의 센데로루미노소[Sendero Luminoso: 빛
나는 길(Shining Path)이라는 뜻]는 자신들의 활동을 지원하기 위해 마약 거래
를 이용하기도 했다. 이러한 사례들은 정치, 범죄, 그리고 테러리즘이 복
잡하게 얽힌 관계를 잘 보여준다.

카르텔과 테러리스트들의 상호 작용은 정부에 심각한 위협을 초래한
다. 이들은, 카르텔이 마약 거래 수익으로 테러리스트들에게 자금을 지
원하고 테러리스트들이 카르텔의 마약 활동을 보호하는 식으로 관계를
맺는다. 처음에는 서로 편의를 위해서 관계를 가진 정도였으나, 카르텔
을 보호하는 무장 세력이 현대식 무기로 무장하면서 이제는 정부 단속에
단순히 맞대응하는 것을 넘어서 정부 활동을 방해하고 기선을 제압하려
드는 경우까지 생기고 있다. 예를 들면, 병력을 총 2만 5,000명 정도 보
유한 것으로 추정되는 FARC와 ELN은 정부에 대한 대중의 지지 약화를
노리고, 정기적으로 송유관을 공격하며 도시에서 테러를 일으킨다(Ross,
2000: 40). 테러리스트와 (마약 조직을 포함한) 조직범죄의 연계는 안데스
지역을 넘어, 조직범죄 집단들의 국제적 네트워크에서도 하나의 통합적
노드를 형성하고 있다.

마약 카르텔만이 목적을 이루기 위해 테러리스트와 비슷한 폭력(유사

테러리즘)을 사용하는 유일한 조직범죄 집단인 것은 아니다. 천년왕국론
자들이나 아시아의 삼협회 또는 다른 범죄 집단들도 비슷한 활동을 벌인
다. 시실리 마피아와 러시아 마피아, 그리고 중국 14K 삼협회도 정부의
행동에 영향을 미치고 목적을 달성하기 위해 폭탄 테러 같은 고강도 폭
력을 사용했다. 시실리 마피아5)는 콜롬비아의 카르텔들과 미주 지역 마
피아인 라코자노스트라뿐만 아니라, 아시아의 여러 범죄 조직과도 연계
하고 있다. 이들은 암살, 폭탄 테러, 납치 등의 전술을 사용한다. 경찰[카
라비니에리(Carabinieri)의 고위 경찰을 포함], 시장, 판사, 그리고 그 가족 등
이 테러의 목표가 된다. 경찰서, 기차역, 식당, 법원, 백화점 등도 공격
대상이 된다.

시실리 마피아는 네트워킹과 정치화에 관해 여러 유용한 통찰을 제공
한다. 시실리 마피아는 (콜롬비아나 멕시코 카르텔, 그리고 일부 러시아 마피
아처럼) 고도로 정치화돼 있는데, 때로는 국가기관마저 장악할 정도다. 이
탈리아 의회의 반마피아 위원회는 시실리 마피아를 이같이 묘사했다.

순수한 범죄적 대항권력(counter-power)이며 합법 정부에 자신들의 의
지를 부과할 수 있다. 또 국가기관들과 사법 당국의 힘을 약화시키며 미
묘한 경제적·재정적 균형을 뒤엎고 민주적 생활양식을 파괴할 수 있다.6)

마누엘 카스텔은 시실리 마피아를 "경계를 파고들며 모든 종류의 조
직(ventures)들을 연결하는 다각적(diversified) 글로벌 네트워크의 일부"로
보았다(Castells, 1998). 전통적 범죄 조직들이 국가의 통제에서 벗어날 수

---

5) 시실리 마피아 네트워크의 초기 발전 과정과 힘에 관한 초기 저널리즘적 연구로
는, Claire Sterling, *Octopus: The Long Reach of the International Sicilian Mafia*(New York:
W.W. Norton and Company, 1990)가 있다.

6) "Report of the Antii-Mafia Commission of the Italian Parliament to the United Nations
Assembly"(March 20, 1990). Claire Sterling, *Thieves World: The Threat of the New Global
Network of Organized Crime*(New York: Simon and Schuster, 1994), p.66 재인용.

있게 해주는 네트워크로는 미주의 마피아, 러시아의 마피아 연합체, 콜롬비아와 멕시코의 카르텔, 나이지리아 범죄 네트워크, 중국 삼협회, 일본 야쿠자 등이 있다[일본 야쿠자는 야마구치조(組), 이나가와회(會), 그리고 스미요시회로 구성된 네트워크이다. 야마구치조는 네트워크화된 944개 갱들과 회원 2만 6,000명으로 구성되어 있다].

시실리 마피아를 관찰한 카스텔에 따르면, 시실리 마피아는 이렇게 분산된 글로벌 네트워크와 연계했기에 세계 최강의 범죄 네트워크 중 하나로서 자리를 지킬 수 있었다. 마피아는, 이탈리아 국가에 깊숙이 침투하고 특히 기독교 민주당에 정치적 영향력을 행사함으로써, 이탈리아의 정치·경제·금융 구조에 영향력을 미칠 수 있었다. 국가가 자율권을 회복하려 할 때마다 마피아는 전례 없이 강도 높은 폭력으로 응수했다. 국가기관에 대한 마피아의 영향을 제한하려는 정부의 노력이 성공을 거둘 즈음에 마피아들은 국제적 연대와 네트워킹을 강화해 조직에 유연성과 적응성을 부여했다. 그 결과, 시실리 마피아와 그 연계 단체들은 그들 조직 내부의 네트워킹은 물론이고 다른 범죄 단체들과의 네트워킹(정부의 간섭에 대항하는 수단의 하나)도 가능하게 됐다. 시실리 마피아는, 네트워킹 및 다른 전통적 범죄 집단들과의 전략적 제휴를 통해, 자신들의 파트너와 함께 국제적으로 활동할 수 있게 됐다(Castells, 1998).

흔히 마피아로 알려진 러시아의 범죄 조직들도 비슷한 접근법을 사용한다. 다만 대량살상무기를 밀거래하고 구소련 일부 지역에 대한 정치적 지배력을 갖고 있었다는 점이 다를 뿐이다. 러시아 마피아는 60~65개국에서 활동하며 6,000여 개 개별 조직으로 구성돼 있고 그중 200개는 미국에서 활동한다. 이런 일련의 느슨하고 역동적인 반(半) 자치적 네트워크에 속한 갱과 부하(crew), 그리고 개인들이 미국 내 20여 개 도시에서 활동 중이다. 유연하고 분산된 구조를 가진 이러한 마피아 조직의 노드들은 외부의 새로운 위협이나 기회에 민감하게 반응하며, 이들의 지도부를 제거하기란 거의 불가능하다(Galeotti, 2000). 이 집단들은 유연하며, 전

KGB 요원이나 다른 범죄 조직 등 다양한 외부 조직과 제휴를 종종 모색
한다. 이들은 상대적으로 수준이 낮은 갱들과 손을 잡거나 서비스 공급
계약을 맺기도 한다. 현대 초국가적 범죄 조직의 대표적 예인 이들 집단
중에는, 경찰보다 더 잘 조직화돼 있고 재정 상황도 더 좋은 경우가 많
다. 이들이 너무 많은 나라를 넘나들며 활동해서, 국가 간 협력도 거의
무의미한 실정이다. 간단히 말해, 이들은 관료제의 제약을 덜 받으며, 더
많은 자금을 가지고 있고, 가장 좋은 기술을 사용한다(Paddock, 1998).

삼협회도 유사 테러리즘 게임의 주요한 참여자다. 홍콩의 14K 삼협회
는 마카오에서 광범위한 일련의 테러 공격을 자행했다(Fraser and Lee,
1997). 화염병을 사용한 공격, 경찰과 언론인에 대해 2차 기기(secondary
device)[7]를 사용한 공격, 그리고 기반 시설과 공공장소에 대한 공격들은,
테러가 범죄 집단의 정치적 도구로 사용된 실례를 보여줬다. 14K의 테
러 공격은 포르투갈에서 중국으로 주권이 이양되는 과정에서 나타난 권
력 공백기에 일어났다. 이 이행기에는 삼협회 내부에서도 심각한 투쟁이
일어났으며, 홍콩 삼협회, 광둥성 출신의 중국 본토 갱, 부패한 경찰 등
이 시시각각 변하는 제휴와 배신, 거래와 협상, 그리고 폭력 속에서 상호
작용했다. 이러한 상황에서 14K는 테러를 통해 경찰과 정부 기관, 카지
노 감시 기관, 그리고 다른 범죄 집단에 영향을 미치려 했다.

해외의 초국가적 범죄 및 범죄 네트워의 이러한 추세는 어느 정도 미
국으로 침투했다. 추가 침투는 막아야 하며, 특히 미국 내 갱들과 연계되
는 것은 반드시 방지해야 한다. 한 가지 위험을 들면, 블러드나 크립, 갱
스터디사이플 같은 미국 갱들이 점점 외국 카르텔의 마약 도매와 유통
채널로 활용되는 경우이다.

---

7) 14K 단원들은 1998년 1차 폭탄 투척으로 경찰과 언론을 끌어들인 후에, 2차
기기를 폭발시켜 경찰 4명과 언론인 10명에게 부상을 입혔다. Steve Macko,
"Macau Mobsters Sending a Bloody Warning to Police?" *ERRI Emergency Service
Report*, Vol.2-251(September 8, 1998).

3세대 갱: 사회적·정치적·상업적 목적

길거리 갱의 대다수는 1세대 또는 2세대이다. 그러나 미국과 남아프리카공화국의 몇몇 갱들은 다음 세대로 넘어가고 있다. 3세대 갱은 권력과 재정적 이익 확보에 집중하는 용병 타입의 조직이다. 이들 범죄 네트워 행위자들은 정치적 목표를 가지고 고도로 글로벌하게 활동하길 열망하며 1세대와 2세대 갱들보다 더 정교하다. 현재로서는 완전한 3세대에 포함되는 갱은 존재하지 않지만, 일부는 정치화·국제화·정교화의 측면에서 3세대로 매우 빠르게 움직이고 있다. 이러한 갱들은 그들의 영향력을 높이기 위해 (테러리스트 고용을 통한 테러를 포함해) 테러리즘을 사용할 것으로 예측되며, 국민국가의 기구들에 도전할 것으로 예상된다. 대부분의 경우, 이러한 갱들은 보상에 따라 움직이는 용병 지향적 모습을 보인다. 그러나 때로는 정치적·사회적 목적을 가진 경우도 있다. 여기서는 시카고, 샌디에이고, 로스앤젤레스, 남아프리카공화국 케이프타운(Cape Town) 등지에서 갱들이 3세대 갱으로 진화하는 사례를 다룬다.

잠재적 3세대 갱들은 시카고에서 처음 나타났다. 시카고에는 갱단이 약 125개 있으며, 이들 중엔 미 전역에서 가장 복잡하고 잘 훈련된 갱들도 포함돼 있다. 일부는 3세대 갱단으로 진화하는 과정에서 정교함과 정치적 노하우를 보여준다. 이들 갱단은 연맹을 맺고 유지할 뿐만 아니라 테러리즘(또는 고용한 테러리즘)을 이용해 유사 군사 단체(paramilitary)처럼 행동한다.

리비아에 고용돼 테러를 자행하려 한 '엘루킨(El Rukin)' 갱(현재는 '블랙 피스톤네이션'으로 알려져 있음)이 대표적인 초기 사례이다. 한번은 이 갱단의 구성원들이 리비아로 직접 가서, 버려진 건물에서 테러 작전을 훈련받고 로켓 유탄으로 무장을 시도한 적이 있었다. 제프 포트(Jeff Fort)의 지도하에서 이 갱들은 경제개발 자금을 범죄 행위에 전용했으며, 후에는 외부의 고용을 받아 테러를 시도했다. 만약 성공했더라면, 이들은 공항

과 건물을 폭파한 대가로 무아마르 카다피(Moammar Qaddafi)에게서 수백
만 달러를 받았을 것이다. 포트는 1986년에 용병 음모로 체포돼 현재 교
도소에 수감 중이다.

시카고 갱들이 강도 높은 폭력을 사용한 예로는 바이스로드의 포코너
허슬러파(Four Corner Hustler faction)가 있다. 이들은 M72A2 대전차 화기
시스템(light antiarmor weapon system)을 이용하여, 시카고 경찰청의 4지구
본부를 날려버릴 음모를 꾸몄다(Chicago Crime Commission, 1995).

2세대에서 3세대 갱으로의 이전을 나타내는 또 하나의 신호인 정치화
도 시카고 갱들에서 찾아볼 수 있다. 갱들의 권력 강화(empowerment)와
정치적 진화를 잘 보여주는 것으로, 조직원이 3만 명인 갱스터디사이플
과 그들의 정치조직 '21세기 투표인단(21ˢᵗ VOTE)'을 들 수 있다. 갱스터
디사이플은 미국 내 35개 주에서 마약 거래를 하며, 일부 주에서는 마약
의 전체 생산 계획 및 학교와 거리에서의 거래를 전적으로 통제한다. 갱
들은 살인이나 운전 중 저격(drive-by shooting)으로 분쟁을 해결하는 영역
지향적 갱단에서 정치적으로 활동하는 복잡한 조직으로 진화해 왔다.

갱들이 정치적 의제를 가진 3세대형 조직으로 진화하면서 경찰의 정
보 수집 행위도 방해받을 가능성이 커졌다. 1982년 금지령 때문에 시카
고에서는 정치적 활동을 하는 집단들(갱단도 포함)에 대한 감청, 침투, 자
료 정리 등이 금지됐다. 경찰 조사에 가해진 이러한 제약은 의도가 좋기
는 하나 위험한 결과를 불러일으킬 수 있다.[8]

갱스터디사이플 구성원들은, 길거리 갱들에 대한 '거리세'로 운용되는
정치 행동 위원회를 운영하는 것 외에도, 경찰 및 사적 보안 기구들에
침투하며 선거 후보들을 후원하고 투표인단을 등록하며 항의 시위들을
후원한다. 라이벌 갱단 언노운컨서버티브바이스로드(the Unknown Conservative

---

8) 일본 경찰이 옴진리교 집단 관련 정보를 미리 확보하는 데 실패한 사례를 생각
   해 보면 알 수 있다. 일본 경찰은 '종교' 집단 지위를 가진 옴진리교 교단에 대
   한 세밀한 조사를 꺼렸고, 결과적으로 지하철에서 생화학 공격을 하기 위해 준
   비 중이라는 핵심 징후를 파악하지 못했다.

Vice Lords)도 그 비슷한 행동으로 유권자연맹(United Concerned Voters' League)이
라는 비영리 정치단체를 구성했다. 이러한 정치적 행동들은 단순히 시장
보호만을 신경 쓰는 2세대 갱에서 권력 획득을 더 중요시하는 3세대 갱
으로 전환하고 있음을 나타낸다.

갱들의 진화를 가늠할 수 있는 또 다른 척도로 국제화가 있다. 이런
점에서 로스앤젤레스와 샌디에이고의 갱들이 특히 주목할 만하다. 로스앤
젤레스의 갱들은 멕시코의 티후아나(Tijuana), 니카라과의 마나과(Managua),
엘살바도르의 산살바도르(San Salvador), 그리고 벨리스(Belez) 등지에 지역 조
직(outpost)을 두고 있다. 이들 지역의 관할 경찰들은 이 갱들이 마약 마피
아로 진화할 가능성을 우려하고 있다. 로스앤젤레스 갱 유형의 갱 1만여
명이 활동하는 엘살바도르에서는, 일부 조직들이 지역의 원주민 부족 마
라스와 통합하여, 위험한 범죄 조직으로 성장하려 한다. 로스앤젤레스에
서 전통적으로 라이벌 관계에 있는 마라살바트루카와 18번가의 해외 지
부가 산살바도르에서 충돌(AK-47 소총과 수류탄을 사용)을 일으키기도 했
다. 티후아나에서 18번가는 미국에서 훔친 차량의 장물 거래와 불법 소
형 무기의 미국 밀매로 영역을 확장했다. 샌디에이고의 칼레트레인타는
티후아나의 알레라노펠릭스와 손잡고 3세대로 뛰어들었다. 칼레트레인
타의 구성원들은 진정한 용병 방식으로 알레라노펠릭스에 고용됐다. 조
직원들이 약 30명씩 본래의 영역 지향적 성격을 버리고 알레라노 조직의
하수인으로 활동한 것이다. 이들이 최근 마약 마피아의 용병으로 활동하
는 갱의 유일한 예는 아니다. 리우데자네이루의 파벨라스(favelas: 빈민가)[9]
에서 활동 중인 브라질 갱들은, 로건스트리트(Logan Street) 갱들과 비교했
을 때 흥미로운 점이 있다. 이들은 마약 밀매자들에게 자신들의 서비스
를 제공하며 파벨라스에 대한 영향력을 강화하고 경쟁자들을 물리치기

9) 브라질과 미국의 거리 갱들은 비교해 볼 가치가 있다. 현대 브라질과 북미 도
시, 특히 '실패한 공동체(failed communities)'의 유사점을 보기 위해선, "Like
Teheran and Sao Paulo," in Robert D. Kaplan, *An Empire Wilderness: Travels into
America's Future*(New York: Vintage Departures, 1999) 참조.

위해 전투 훈련을 받는다(*News from Brazil from SEJUP*, 1997).

칼레트레인타의 활동 절정기에는, 그들이 벌인 국제적 갱 전투 때문에 샌프란시코에서 티후아나, 그리고 베네수엘라에 걸쳐 200명이 넘는 희생자가 나왔다(Rotella, 1997: 152). 26명이 희생된 1993년의 샌디에이고 총격 사건과 같은 해 과달라하라(Guadalajara)의 후안 헤수스 포사다스 오캄포(Juan Jesús Posadas Ocampo) 대주교 살해 사건이 특히 유명하다. 1997년 11월, 멕시코 법원은 티후아나 신문 ≪제타(Zeta)≫의 발행인 J. 헤수스 블란코르넬라스(J. Jesús Blancornelas) 저격 시도 혐의로 (샌디에이고에 있는 것으로 추정되는) '로건 30(Logan 30s)' 조직원 7명에 대해 체포 영장을 발부했다(*Los Angeles Times*, 1998. 8. 9.). 블란코르넬라스는, 길거리 갱들과 마약 조직의 상호 교배는 "멕시코와 미국, 두 나라에서 모두 활동하는 이중 국적의 킬러 조직 형성을 가져올 것"이라고 내다봤다(Blancornelas, 1998). 바리오로건(Barrio Logan)은 마약 카르텔에 마약의 일종인 피스톨레로스(pistoleros)를 공급했다. 이들은 국가 사이를 넘나들며 활동해 체포와 처벌이 쉽지 않다는 장점을 갖고 있다(Rotella, 1997: 143).

3세대 거리의 갱들은 남아프리카공화국에서도 나타났다. 남아프리카공화국에서는 갱들과 갱 반대 세력(countergang vigilante)들이 모두 정치적 활동을 하며, 유사 테러리스트(quasi-terrorist) 또는 테러리스트 활동을 펼쳤다(Brümmer, 1997). 이런 측면에서, 파가드는 매우 주목할 만하다. 파가드는 기본적으로 친이슬람 성향을 띤 집단으로서, 케이프타운 및 웨스턴케이프(Western Cape)의 갱들과 싸우는 단체이다. 이들의 활동으로 거의 전쟁에 가까운 무력 사태가 발생했으며, (폭탄 투척과 무장 공격 같은) 테러 공격으로 이 사태는 내란 수준으로까지 발전했다. 파가드는 G 포스(G-Force)라는 무장 조직을 운영하는데, 이 조직은 마을 단위의 소규모 세포조직으로 구성돼 있다. 이들 세포조직은 드러나지 않으면서, 중앙의 통제에서 독립적으로 활동하는 능력을 갖추고 있다. 조직원 중에는 보스니아나 레바논 또는 아프가니스탄의 이슬람 분쟁에 참전한 경험이 있는

베테랑도 있다. 또 파가드는 이슬람 성향의 키블라 매스무브먼트(Qibla Mass Movement)와도 리더십을 공유하며 연계를 갖고 있다(Daniels, 1998). 파가드는 현재 범아프리카주의자의회(PAC: Pan Africanist Congress, 이하 PAC)와도 제휴를 추진 중인 것으로 추정되는데, 이는 남아프리카공화국의 인종분리정책(apartheid)에 대한 무장 투쟁 기간 중 형성된 PAC의 과거 군사 조직 아플라(Apla)와 키블라 사이의 관계에서 발전해 나온 것이다(Br ümmer, 1997).

조직원을 40만 명 정도 보유한 것으로 추정되는 케이프 지역 갱들은 정치적 차원에서 진화를 계속해 왔다. '하드리빙'이라는 갱은 정치적 측면과 범죄적 측면 모두에서 파가드와 대립해 왔다. 하드리빙은 남아프리카공화국의 인종분리정책에 맞서 싸우는 과정에서 아프리카민족의회(African National Congress)와 연계했다. 이러한 연계는 움콘토웨시제위(Umkhonto weSizewe) 게릴라들이 갱들의 안가(安家)와 마약 거래 루트에 의존하면서 형성됐다. 현재 파가드와 하드리빙은 모두 일반 정치에 참여하고 있으며, 남아프리카공화국 경찰은 이들이 케이프플랫(Cape Flats)이나 여타 웨스턴 케이프 일대에서 전통적 정치조직보다 더 나은 조직적 네트워크를 가진 것으로 보고 있다. 실례로 파가드는 1999년 선거에서 정치적 제휴를 맺기 위해 상당한 노력을 기울였다. 하드리빙은 다이쉬드아프리칸(Die Suid-Afrikaan)당과 커뮤니티아웃리치포럼(Community Outreach Forum, 이하CORE)을 지원했다. 하드리빙의 조직원으로서 CORE의 영향력 있는 회원인 라시드 스태기(Rashied Staggie)는, 남아프리카공화국 올림픽위원회의 올림픽 유치 신청을 지지하고 CORE의 정치적 입장에 대해 대변인 역할을 해왔다. 또 그는 종종 공직 선거에 관심을 공개적으로 표명하곤 했다. 한편 스태기는 1996년 파가드의 공격으로 살해당한 라샤드 스태기(Rashaad Staggie)의 쌍둥이 형제이다(Thiel, 1997a, 1997b; Smith, 1998).

폭력적 네트워: 이후의 적들?

3세대 갱들 중에서 완전한 테러 조직으로 탈바꿈한 갱은 거의 없다. 그러나 조직 구조와 전략·전술에서 상호 교배가 조금씩 일어나고 있다. 그러므로 미래 갱들의 진화에 관심을 가지는 분석가들은 테러와 관련된 추세들을 인식할 필요가 있다. 이런 추세들이 이어지다 보면 자칫 갱들이 테러리스트들을 모방하거나 테러리스트의 대리인이 되거나 서로 제휴를 맺을 수도 있기 때문이다.

테러리스트와 갱을 연결하는 추세

종교적·사회적 동기로 활동하는 테러리스트들은 오늘날 네트워로 가는 갈림길에 서있다. 포스트모던 시대에서 갈등의 피뢰침 역할을 하는 이 테러리스트들은 전통적으로 테러리즘이 지녀왔던 정치적 동기 대신 좀더 넓게 확장해 종교적·사회적 변화를 추구한다. 종교적 테러리즘 발홍의 예로는 세속적 정부를 전복하려는 시아파와 수니파, 미국 하느님의 군대(Army of God) 같은 기독교 근본주의자, 인종차별적인 기독인 정체성 운동(Christian Identity Movement), 이스라엘의 일부 유대인 근본주의자 등을 들 수 있다. 천년왕국론자들도 발호했으며, 아마도 가장 좋은 예는 대량살상무기를 국제적으로 사용하려고 음모를 꾸민 옴진리교 사건을 들 수 있다. 이들의 노력은 도쿄 지하철역에서의 사린 가스 공격을 비롯하여, 일련의 생화학 공격 계획에서 절정을 이뤘다. 옴진리교는 아직도 존재하며 '알렙(Aleph)'라는 이름으로 조직을 재건하고 있다.

이러한 포스트모던 열성 종교 단체들은 목적 달성을 위해 경직된 개인적 지휘·통제보다는 주로 공통의 철학에 의존한다. 아리안 민족운동가 루이스 빔스(Louis Beams)의 '지도자 없는 저항' 사례에서 보듯이, '가상'의 선언문, 웹페이지, 유스넷 뉴스 그룹, 라디오 프로그램 등을 통한 동참

요구는 비슷한 성향의 극단주의자들이 탈집중적인 방식으로 동일한 철학적 우산 아래서 공통의 행동 방식을 취할 수 있도록 해준다. 예를 들면, 하느님의 군대는 '구원군(Rescue Platoon)'에 동참할 것을 요청한다. 이러한 '가상'의 웹사이트는 작전과 전술 지령을 전달하며 목표물(테러 대상지 및 사람)을 제시한다. 이는 실질적으로 테러리즘적 낙태 반대운동에 청사진을 제시하는 것과 같다(Maccabee, no date).

인터넷으로 조정되는 구조는, 브루스 호프먼이 '테러리즘의 아마추어화(amateurization of terrorism)'라고 부른 현상을 가능하게 했다. 이는 비슷한 성향을 가진 사람들이 우발적으로 결합해, 대부분 1회성인 특정 작전을 수행하는 것을 말한다(Hoffman, 1994). 비국가적 네트워크 행위자의 협력은 있을 수도 있고 없을 수도 있다. 최근 비국가적 네트워크의 좋은 예는 오사마 빈 라덴의 알카에다와 국제 반유대·반십자군 이슬람 전위(International Islamin Front Against Jews and Crusaders)의 상호 관계에서 찾아볼 수 있다.

빈 라덴은 자신의 네트워크(알카에다)에 철학적 길잡이를 제시할 뿐만 아니라, 가마알이슬라미야(Gama's al-Islamiya, 이집트), 울레마소사이어티(the Ulema Society, 파키스탄), 하르카트울안사르(Harkat-ul-Ansar, 파키스탄), 그리고 지하드 운동(방글라데시)처럼 사상은 비슷하지만 분리돼 있는 집단들을 하나의 네트워크화된 연맹체로 묶었다(ERRI Daily Intelligence Report, 1998). 이들 연맹체는 '성지 회복을 위한 이슬람군'이란 목표를 공유하기 때문에, 함께 뭉쳐 거의 동시에 케냐와 탄자니아에 폭탄 테러를 할 수 있었다. 1993년 뉴욕의 세계무역센터 폭탄 테러도 빈 라덴이 주도한 것으로, 조직들이 '일시적(one-time)'으로 제휴 관계를 맺고 행한 것으로 보인다. 이러한 조직들의 후원 국가를 압력해서 이들을 제압하는 것도 어렵다. 왜냐하면 이들은 특정 '적성국'의 지시를 받지 않기 때문이다. 이들은 모호한 공간에 자리 잡고 익명성과 접근 거부의 장막을 쓰고 있다.

이 장에서 논의된 모든 조직들은, 국내 및 국제 안보에 위협적이고 폭력적인 네트워크를 기반으로 해서 진화해 간다는 공통점이 있다. 낮은 수준의 범죄 조직들(예: 영역 지향적 집단, 축구 홀리건)은 모두 네트워크화 된 조직 구조와 전략, 그리고 신기술을 통합하는 능력을 가졌다는 점에 서 카르텔이나 테러리스트 네트워크처럼 좀더 발전된 집단들과 유사하 다. 앞에서 언급한 모든 형태의 조직들은 다면적이고 네트워크화된 성격 때문에 적절히 대처하기가 어렵다. 예를 들면, 파블로 에스코바르(Pablo Escobar)의 살해는 메델린 카르텔을 약화시키긴 했지만, 콜롬비아 카르텔 을 영구히 무력화시키지는 못했다. 또한 래리 '킹' 후버(Larry 'King' Hoover) 를 비롯한 갱스터디사이플의 핵심 지도부들을 수감했지만 이 조직의 융 성을 막지는 못했다. 모든 범죄 조직들이 목적 달성을 위해 어느 정도 폭력을 쓰긴 하지만, 네트워크 형태의 장점을 좀더 빨리 학습하는 일부 조직들이 특히 더 위험하다. 폭력적인 네트워크 그룹은 (네트워크의 활동 을 촉진하는) 신기술의 고유한 특성인 즉각적인 정보 전달 능력을 잘 활 용한다.

낮은 발달 단계에 있는 조직은 자신들보다 정교한 네트워크 그룹과 접 촉하여 자신들의 '혁명'을 촉진하고 완전한 범죄 및 테러 네트워 행위자 로 발전하는 것 같다. 이러한 상호 육성은—덜 정교화된 갱단의 조직원이 감옥에서 좀더 잘 조직화된 범죄 집단의 구성원한테 배우면서 발생할 수도 있 고, 여러 조직들이 공동으로 범죄를 저지를 때 일어날 수도 있다—분명히 정 교화의 속도를 빠르게 한다. 이 집단들이 좀더 정교해지고 막대한 양의 불법 가용 자금을 통해 더 많은 기법과 기술을 익힘에 따라, (물리적 기반 시설뿐만 아니라) 사이버 공간에서도 공격을 실행하고 자신들의 이득을 위해 정보전을 활용하는 것은 시간문제이다.

네트워크 구조를 가진 집단은 새로운 기술과 조직적 아이디어를 활용 하는 법을 빨리 배울 수 있다. 콜롬비아 반군이 콜롬비아의 범죄 카르텔 과 공동작전을 벌였을 때, 이 같은 일이 벌어졌다. 아프리카민족의회 게 릴라들이 남아프리카 갱들과 합쳤을 때와 이슬람 게릴라들이 파가드와 손잡았을 때에도 같은 일이 벌어졌다. 또한 멕시코 카르텔들이 샌디에이고 갱들을 고용하고 로스앤젤레스 거리의 갱들이 엘살바도르의 마라스와 결합했을 때에도 마찬가지였다. 네트워크화된 갱들이 접촉을 계속할수록 이러한 상호 교배는 더욱 불길한 울림을 가지게 된다. 이러한 접촉을 통해, 이 범죄 집단들은 기존의 밀수와 유통 채널들을 이용할 수 있고, 무기와 기술을 도입하기 위해 자금을 얻으며, 지역 경찰과 정부 관료들을 부패하게 하고, 서로의 경험을 배울 수 있다. 좀더 진화된 초국가적 범죄 조직과 테러리스트, 그리고 갱들이 융합함에 따라 더욱 위험한 네트워 행위자가 등장할 가능성이 커지고 있다.

이러한 방향으로 진화하는 범죄 집단들에 맞서 싸우기 위해 경찰, 보안 당국, 그리고 기타 정부 기관들은 인터넷화된 적들이 제기하는 위협을 신속히 인식하고 자신들의 네트워크를 구축해야 한다. 조직 사이와 국가 사이의 경계를 넘어서 신속하고 견실하며 유연한 대응이 가능하도록 하기 위해 경찰, 군대, 그리고 안보 기관들은 자신들의 위계적 구조에 네트워크적 형태를 통합하는 법을 학습해야만 한다. 그렇지 않으면, 네트워크화된 상대 집단들이 정부 조직 사이의 간극을 악용할 것이다. 이러한 간극은 반드시 혁신적이고 다각적인 기관 간 협력을 통해 메워져야 한다. (경찰과 수사기관들을 위해) 중요한 전략적 정보를 수집함으로써 갱, 홀리건, 그리고 폭력적 무정부주의자들 사이에 정보 기술과 네트워크 형태 조직이 어느 정도 확산되는지를 파악할 수 있다.

사회운동과 무정부주의자들에 대한 관찰에서 얻은 교훈

1999년 11월 29일에서 12월 3일까지 미국 워싱턴 주 시애틀에서 열린 세계무역기구(이하 WTO) 회의와 관련된 소요 사태는, 네트워크화된 반대 세력들에 대해 대응책을 찾는 경찰과 사법 당국에 시사하는 바가 크다. 당시 WTO 회의에는 세계 135개국에서 대표단 8,000여 명이 참석했으며 NGO들도 대거 참여했다. 미국 대통령과 국무장관을 포함하여, 많은 저명인사들도 회의 참석을 위해 시애틀에 모였다. 회의 시작 전에 FBI는 여러 사회운동 단체들이 소요, 사이버 행동, 시위 등을 벌일 가능성이 있다고 시애틀 당국에 경고했다.

WTO 회의가 시작하려던 순간, 느슨하게 조직된 사회단체들이 실제 공간과 사이버 공간에서 모두 회의장으로 집결했다. 무정부주의자, 합법적 시위자, 그리고 혼란을 틈탄 범죄자들이 한데 모여서 포스트모던한 네트워크적 갈등에 대해 준비가 돼있지 않은 경찰들과 맞부딪쳤고, 여기서 사회적 네트워와 폭력적 시위의 독특한 결합이 이루어졌다. 시애틀 경찰은, WTO 회의를 봉쇄한다는 단일 목적 아래 강하게 뭉친 다양한 시위자들의 연합체와 직면했다. 이들 연합은 목적을 이루기 위해 정보, 대중 기동(mass and maneuver)의 원칙, 실시간 통신, 적절한 기술 등을 사용했다. 결국 경찰은 이 독특한 조합에 압도됐고 적법한 시위자, 무정부주의자, 기회주의자, 그리고 행인을 구별하는 데 실패하고 말았다. 그 결과, WTO 회의는 방해를 받았으며, 경찰의 신뢰성은 타격을 입었다. 특히 시위가 TV 전파를 타고 세계 곳곳에 방송되고, 세계 곳곳의 도시로 시위가 번지면서 그 영향은 더 커졌다.

601명이 체포되고 300만 달러의 재산 손실이 발생한 '시애틀 대전'은, 단순히 한 지역 경찰의 전술과 정보적 실패로만 얘기할 수 있는 성질의 것이 아니다(WTO Ministerial Conference, 1999). 이는 위계적 조직이 (반응 사이클이 빠른) 네트워크화된 반대 세력에 맞닥뜨렸을 때 겪게 되는 도전의 대표적인 예가 됐다. 시애틀에 모인 적대 세력(시위자와 무정부주의자)은 조직적이고 잘 구조화돼 있었으며 자금 사정도 좋았다. 그들은 실시간 인터넷 통신 같은 현대적 통신 기술을 최대한 활용해—네트워크화되고 특정한 지도 세력도 없는 '유사 단체들(affinity groups)'에 의해 조정된 '흩어지고 모여들기(pulse and swarming)' 전략으로—동시에 행동을 취했다. 사회적 네트워크 운동가들은 그들의 반세계화와 반WTO 메시지를 전달하기 위해 실제 시위와 사이버 시위(예: 가상 점거, DOS 공격 등)를 동시에 결합했다.

사회적 네트워를 가장 먼저 도입했다고 할 수 있는 DAN과 열대림행동네트워크(Rainforest Action Network), 루커스소사이어티(The Ruckus Society), 자유무미아지원단(Free Mumia Supporters), 지구먼저(Earth First!), 그린피스(Green Peace), EZLN 등 160여 개 사회운동 단체들이 실제로 시애틀에 집결했고, 검은 옷을 입은 무정부주의자 180여 명도 폭력적 행동을 조직했으며(Slyk, 2000: 53~56), 시애틀과 기타 지역의 정체불명의 집단들도 사이버 공간에서 소요를 일으켰다.

해커들은 시애틀 행사 조직 위원회 웹사이트의 약점을 찾아 700회나 침투를 시도했으며, 사이트를 다운시키기 위해 54번이나 해킹을 시도했다 (Murakami, 2000).

전자우편 공격(DOS 공격)이 있은 후, WTO 홈페이지(www.wto.org)는 잠시 다운됐다. 자신들이 그린르네여단(Green Renet Brigade)이라고 주장하는 단체가 제네바의 WTO 본부에 전원이 공급되지 못하도록 전원을 차단하는 것을 비롯해, WTO는 기반 시설에 대한 공격도 동시에 당했다(The Maldon Institute, 1999: 25). 한편 합법적 사회운동 단체들은 여기서 다루지 않는다.

시위자의 절대 다수는 비폭력적이었으며, 소수만이 검은 옷을 입고 마스크로 얼굴을 가린 채 파괴를 일삼으며 사람들이 폭력 행위를 하도록 유도했다(Jarach, 2000: 40).

검은 옷을 입고 시애틀을 몰려다닌 이들은 블랙블록으로서, "느슨하게 조직된 유사 단체와 개인들의 집단"이다(ACME Collective: 47~51). 이들은 쉬지 않고 활동을 계속했으며, 기업 조직들을 습격할 때는 경찰의 단속을 피하기 위해 흩어졌다 모여들기 전략을 활용했다. 블랙블록은 11월 30일에 가장 활발히 활동했으며, 옥시덴탈페트롤리움(Occidental Petroleum), 뱅크오브아메리카(Bank of America), 유에스뱅코프(US Bancorp), 워싱턴뮤추얼(Washington Mutual), 올드네이비(Old Navy), 바나나리퍼블릭(Banana Republic), 갭(the GAP), 나이키타운(NikeTown), 리바이스(Levi's), 맥도널드(McDonald's), 스타벅스(Starbucks), 워너브라더스(Warner Bros.), 플래닛할리우드(Planet Hollywood) 등의 기업들에 재산 손실을 입혔다. 새총, 쇠망치, 페인트볼, 유리 용해액이 담긴 달걀 등이 사용됐다(ACME Collective: 47~51).

블랙블록의 성명서(communiqué)에 따르면, 무정부주의자들은 (시위 군중을 해산시킨다는 사전 계획된 불법 시위 대처법에서 벗어나지 못한) 경찰의 무능력을 틈타 자본과 기술, 그리고 문명을 공격하려는 계획을 세웠다(ACME Collective: 47~51). 블랙블록은 제대로 틀이 잡혀진 정규 단체라기보다는, 단기적으로 모인 유사 단체들이 한데 묶여 느슨하게 조직된 유연하고 역동적인 집단이었으며, 그에 맞는 전술을 채택했다. 이처럼 네트워크 조직과 전술을 포용한 느슨한 연합체의 성격 때문에, 경찰은 소요에 대처하는 데 필수적인 상황 파악조차 제대로 하지 못했다. 당시 시애틀 경찰이 맞닥뜨렸던 집단들은 "조직돼 있지 않은 것이 아니었다". 그들은 네트워크로 조직돼 있었으며, 이는 위계 조직이 상대하기 매우 힘든 것이다.

결론: 네트워크화된 위협에 대한 대응 태세 구축

네트워크화된 범죄 집단에 대처하기 위해 국가와 수사 당국은 새롭고 혁신적인 대응책을 마련해야 한다. '지도부 타격(예: 파블로 에스코바르의 살해, 오사마 빈 라덴 체포 시도)' 같은 전통적 방법이 지금까지 핵심 전략으로 받아들여져 왔으나 실질적 효과는 거의 없었다. 네트워크 집단은 매우 탄력적이다. 이들 조직은 외부 충격을 흡수하고 역량을 재조정해 조직을 유지할 수 있는 유연성을 갖고 있다. 이들 조직의 모호한 특성에 위계적 조직들은 당황하게 된다. 범죄 세력을 근절하려는 위계 조직의 노력은 종종 너무 경직되거나 때늦기 때문이다.

네트워크화된 위협에 대처하기 위해서는 네트워크나 혼성 조직(위계제와 네트워크의 혼합 형태)을 통한 대응이 필요하다. 이러한 형태의 위협을 시정하는 능력은 다른 기관 속에 있을 수 있다. 기존의 사법·수사기관과 국가기구들의 조직 구조 및 대응책에는 빈틈이 있어, 네트워크화된 위협 세력들이 이를 악용할 여지를 준다. 최근 유연하고 개별 상황에 적합한 대응 능력을 구축하기 위해 연방 기관들 사이에서 협력 분위기가 조성되고 있는데, 이는 국가적 차원에서 다소 진전이 이루어지고 있음을 보여준다. 지역 및 대도시 단위에서도 훨씬 더 큰 노력이 필요함을 강조하면서 이 장을 마치려고 한다. 이러한 노력들은 정보 수집에서 긴급 대응에 이르기까지 다양한 영역에서 지역·주(州)·연방 기구들 사이의 조정 활동을 가능하게 한다.

로스앤젤레스 카운티 오퍼레이셔널 지역(LA County Operational Area)의 테러리즘 조기 경보 집단(TEW: Terrorism Early Warning Group, 이하 TEW)은 이러한 노력의 대표적인 예이다.[10] TEW는 새롭게 떠오르는 위협들에 적절히 대응하고 네트워크화된 적대 세력들이 전통적 대응 조직들 사이의 빈틈을 악용하지 못하도록 하기 위해 구상됐다. TEW는 네트워크화된 조직의 특성과 전통적 정부 구조를 섞어놓은 혼합 조직이다. TEW는 정부 내 수사 당국, 소방 당국, 보건 당국 등 모든 단체가 한데 모인 조직으로서, 테러리스트들의 동향과 테러 가능성을 감시하고 위협을 평가하며 정보를 공유하고 유사시 경보를 신속히 전파하는 메커니즘 기능

10) TEW와 그 상대가 되는 테러 집단에 관한 논의를 비롯해, 네트워크화된 위협에 대한 네트워크화된 대응에 관한 추가적인 논의는, Robert J. Bunker, "Defending Against the Non-State(Criminal) Soldier: Toward a Domestic Response Network," *The Police Chief*(November 1998).

<그림 4-2> TEW와 네트 평가 조직

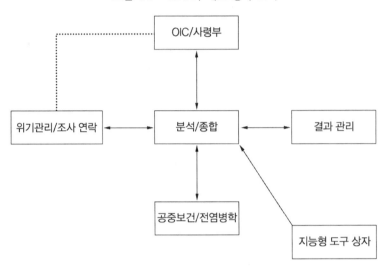

을 한다. TEW는 3개의 하부 위원회로 구성돼 있으며 완전한 공개 포럼
으로 조직돼 있다. 플레이북(Playbook) 위원회는 대응 정보를 정리하고 적
절한 대응 방안을 제시하는 지침(playbook)을 개발한다. 신종 위협 대응
위원회(Emerging Threat Committee)는 5~10년 안에 등장할 것으로 예측되
는 위협들에 대한 대처 방안을 연구하며, 네트 평가 그룹(Net Assessment
Group)은 위협이나 공격 같은 실제 상황이 발발할 경우 의사결정을 지원
한다.

TEW는, 실제 사건이나 특정한 위협이 발생하기 전에는, 신호 및 경고
기구로서 활동한다. 만약 특정한 위협 때문에 대응책의 필요성이 현실화
되면, 다양한 분야에서 활동하는 여러 국가기구의 위기 대응 전문가들로
구성된 네트 평가 그룹이 소집돼 사건의 영향을 평가하고 상황의 추이를
추적하며, 연합 사령부(Unified Command)에 위험을 줄이거나 상황에 대처
하도록 행동 방안을 제공한다. 네트 평가 그룹은 네트워크 구조를 가지
며, 기존의 대응 구조와 명령 계통에 쉽게 끼워넣을 수 있도록 디자인됐
다. <그림 4-2>는 TEW의 네트 평가 그룹 조직의 구조를 나타낸다.

이 조직엔 우선 최고책임자(OIC: officer in charge)나 지휘부, 그리고 그룹의 과제 수행과 의사결정 지원을 위한 분석·종합(analysis/synthesis) 부문이 있다. 결과 관리 부문은 어떤 사건의 영향과 필요한 대응을 평가한다. 위기관리·조사 연락(law-intel) 부문은 수사를 지원하고, 파악된 위협에 관한 정보를 획득한다. 공중보건·전염병학(epi-intel) 부문은 질병 감시(사람, 동물, 식품)와 사고 대응을 연계한다. 마지막으로 TEW는 기술 전문가들을 가상으로 연결할 수 있는 '지능형 도구 상자(intelligence toolbox)'나 플럼 모델링(plume modeling), 의사결정 모델(decision models), 그리고 게임 이론(gaming)처럼 과학 수사를 지원하는 첨단 기술 도구를 활용해 사건의 결과와 지평(event horizon)을 예측한다.

TEW는 처음 설립됐을 때부터 정보 소스 공개(OSINT: open source intelligence, 이하 OSINT) 원칙을 채택했고, 네트워크화된 인터넷 기반의 OSINT 도구 및 외부 학계 전문가들과 연계하고 있다. 그리고 TEW는 새롭게 등장하는 위협들의 지평을 파악하는 한편, 특정한 위협을 감시하고 대응 능력을 구축하며 의사결정 과정을 지원하는 공공의 장으로 활동한다.

이처럼 TEW는 네트워크화된 다양한 위협들에 대한 통합적이고 효율적인 대응을 좀더 빨리 할 수 있는 네트워크를 형성한다. 이러한 위협들과 네트워크화된 조직이 가질 수 있는 이점들을 철저히 인식해야만 대도시 갱, 초국가적 기업형 조직범죄, 그리고 테러리즘의 발전과 진화를 제한하고 이들이 한데 섞여 좀더 복잡한 네트워크의 전사가 되는 것을 차단할 수 있다.

참고문헌

ACME Collective. "N30 Black Bloc Communiqué." *Anarchy: A Journal of Desire Armed.*

Arquilla, John and David Ronfeldt. 1997a. "A New Epoch-and Spectrum-of Conflict." in John Arquilla and David Ronfeldt(eds.). *In Athena's Camp: Preparing for Conflict in the Information Age.* Santa Monica, Calif.: RAND.

Arquilla, John and David Ronfeldt. 1997b. "The Advent of Netwar." in John Arquilla and David Ronfeldt(eds.). *In Athena's Camp: Preparing for Conflict in the Information Age.* Santa Monica, Calif.: RAND.

Blancornelas, J. Jesús. 1998, September 27. "The Drug Crisis Isn't Just in Mexico." *Los Angeles Times.*

Brümmer, Stefaans. 1997, May 9. "Pagad, Gangs Mix It up with Politics." Johannesburg *Mail and Guardian.*

Brümmer, Stefaans. 1997, May 12. "Mixing Gangsters with Politics." *Electronic Mail and Guardian.* http://www.mg.co.za/mg/news/97may1/12may-pagad.html.

Bunker, Robert J. 1997. "Epochal Change: War over Social and Political Organization." *Parameters.* Vol.27, No.2(Summer).

Castells, Manuel. 1998. "The Perverse Connection: the Global Criminal Economy"(Chapter 3). in Manuel Castells(ed.). *End of Millennium,* Oxford, U.K.: Blackwell Publishers.

Chicago Crime Commission. 1995. *Gangs Public Enemy Number One.* Chicago, Ill.

Creveld, Martin van. 1991. *The Transformation of War.* New York: The Free Press.

Daniels, Damian. 1998, September 2. "Pagad's True Colours Revealed." Johnnesburg *Mail and Guardian.*

"Drug Traffickers Hire Mercenaries." 1997, July 24. *News from Brazil from SEJUP(Servico*

Brasileiro de Justica e Paz), Number 281. http://www.mapinc.org/drugnews/v97/n259/a01/html.

"Football hooligans use Internet for rampage." 1999, August 8. *ITN Online.* http://www.itn.co.uk/Britain/brit19990808/080801.htm.

Fraser, Niall and Adam Lee. 1997, October 24. "Bombers 'Targeting' Casino Watchdogs." *South China Morning Post.*

Galeotti, Mark. 2000, March 2. "Russia's Criminal Go Global." *Jane's Intelligence Review.* http://jir.janes.com/sample/jir0659.html.

Hoffman, Bruce. 1994. "Responding to Terrorism Across the Technological Spectrum." *Terrorism and Political Violence*, Vol.6, No.3(Autumn).

"Islamic Group Threatens the United States." 1998, August 19. *ERRI Daily Intelligence Report*, Vol.4-231.

Jarach, Lawrence. 2000. "Dueling Diatribes ACME and Albert." *Anarchy: A Journal of Desire Armed*(Spring/Summer).

Maccabee, David(a pseudonym). no date. "Rescue Platoon-AOG Rescue Platoon." from http://www.geocities.com/CapitolHill/Lobby/8735/rescue.htm.

Murakami, Kery. 2000, January 19. "WTO Web Site Was Target of Assault from Hackers." *Seattle Post-Intelligencer*, seattle P-I.com. from http://seattlep-i.nwsource.cm/local/comp19/shtml.

Paddock, Richard C. 1998, September 23. "A New Breed of Gangster Is Globalizing Russian Crime." *Los Angeles Times.*

Reid, Tim and Chris Boffey. 1998, June 22. "Behind the Thugs, 'Generals' Call Shorts." *Sydney Morning Herald.*

Ross, John G. 2000. "The Enemy Next Door: Good Reasons to Hammer South America's Drug Cartels." *Armed Forces Journal International*, March.

Rotella, Sebastian. 1997. *Twilight on the Line: Underworlds and Politics at the U.S.-Mexico Border*. New York: W.W. Norton and Company.

"Seattle Police Department After Action Report." 1999, November 29~December 3. WTO Ministerial Conference. from http://www.cotyofseattle.net/spd/SPDmainsite/ wto/spdwtoaar.htm.

Slyk, Jonathan. 2000. "Smashing Seattle: How Anarchists Stole the Show at the WTO." *Anarchy: A Journal of Desire Armed*, Spring/Summer.

Smith, Alex Duval. 1998, January 20. "Who Is Rashied Staggie?" *Electronic Mail and Guarian*. http://www.mg.co.za/mg/news/98jan2/20jan-staggie.html.

The Maldon Institute. 1999, December 16. *Battle in Seattle: Strategy and Tactics Behind the WTO Protests*. Washington, D.C.: The Maldon Institute.

Thiel, Gustav. 1997a, April 4. "Cape Drug War Heads for the Polls." Johnnesburg *Mail and Guardian*.

Thiel, Gustav. 1997b, April 4. "Drug Lords Aim at Political Power." *Electronic Mail and Guardian*. http://www.mg.co.za/mg/news/97prl/4apr-drug.html.

"7 San Diego Gang Members Sought in Tijuana Ambush." 1998, August 9. *Los Angeles Times*.

제2부 사회적 네트워

제5장 네트워킹하는 반체제 세력: 사이버 활동가들이 미얀마의 민주주의를 진척시키기 위해 인터넷을 사용하다

Networking Dissent: Cyber Activists Use The Internet To Promote Democracy In Burma

티파니 대니츠·워런 P. 스트로벨

■ 편자 초록: 사회적 네트워로 독재 정권을 붕괴시킬 수만 있다면! 이 장의 사례는 강력한 권위주의적 국가와 대치하는 NGO들이 당면한 한계점들을 보여준다. 대니츠[미국 퓨센터(Pew Center on the States) 소속]와 스트로벨[나이트리더 뉴스서비스(Knight Ridder News Service) 소속]은 1990년대 미얀마 군사정부의 '국법질서회복위원회(SLORC: State Law and Order Restoration Council)'의 독재정치에서 미얀마를 민주화하기 위해 노력했던 시민사회 활동가들의 네트워크를 연구했다. 미얀마의 위계적 독재 체제는 지금까지 계속되고 있다. 더구나 미국 대법원은 대니츠와 스트로벨이 묘사한 네트워크화된 사회운동에 대응해, 미국의 일부 주와 도시에서 제정된 '선택적 구매법안(selective purchasing legislation)'을 번복하는 판결을 내렸다. 이러한 어려움에도 불구하고 국법질서회복위원회에 반대하는 초국가적 세력들은 정보혁명이 억압 정치의 비용을 급격히 증가시킬 것이라는 믿음에 근거를 두고 장기적인 전략을 채택했다. 1999년 1월에 같은 제목으로 출간된 보고서의 요약본을 출판할 수 있도록 허락해 준 미국 평화재단(the United States Institute of Peace)에 감사한다.*

---

* 그 보고서는 다음과 같다. USIP, Virtual Doplomacy Series, No.3(February 2000), from http://www.usip.org/oc/vd/vdr/vburma_intro.html.

서론

1997년 1월 27일 월요일, 미국의 거대 재벌 펩시(Pepsi)는 미얀마에서 완전히 철수한다고 전 세계에 발표했다. 펩시콜라가 오랫동안 꺼려하던 이 결정을 마침내 내렸다는 소식은 재계와 정계에 빠르게 퍼졌다.

그러나 미얀마와 관련된 소식을 인터넷으로 접하던 사람들에게 이 소식은 이미 구문이었다. 그들이 오랫동안 원했고, 또 그 실현을 위해 노력했던 펩시의 철수 발표문은 그 전날, 일요일에 이미 인터넷에 떠돌았다. 첨단 전자 기술을 활용하는 전 지구적 활동가들의 전쟁이 마침내 끝났다. 모뎀, 자판, 전자우편, 웹사이트, 오랜 시간의 투자, 그리고 조직을 통해 그들은 불법적이고 억압적인 정권이 통치하는 땅에서 거대한 청량음료 기업을 몰아냈다. 회사의 공식 발표가 있기 전에 철수 결정 사실을 유포시켜 펩시 발표의 충격을 완화시킨 것은 활동가들의 중요한 성공이었다.

미얀마의 사례는 시민과 선출직 공직자 사이에, 지역별·국가별·국제적 힘의 구조 사이에, 그리고 (궁극적으로는) 21세기 외교 수행에 현대 컴퓨터 통신이 어떻게 영향을 미칠 것인가에 대해 복잡한 의문을 제기한다. 지역적으로는 흩어져 있으나 인터넷으로 엮여 있는 미국과 유럽, 그리고 오스트레일리아에 있는 미얀마인들과 다른 나라의 운동가들은, (작고 거의 알려지지 않은) 미얀마라는 나라에 민주주의를 심기 위해 오랫동안 함께 노력해 왔다. 미국의 주 당국과 지역 의회들이 워싱턴과 조율 없이 해외 정책 법안들을 통과시키면서, 활동가들의 국제적인 노력은 미국 내에서 헌법 및 국내 정책과 주 정부 권한 간의 충돌 문제를 일으켰다. 이러한 법안들 중 많은 부분은, 미국 연방 정부가 외국과 맺은 국제 통상조약에 어긋나는 것일 수 있다. 1997년 4월, 클린턴 대통령은 미국 기업이 미얀마에 신규 투자하는 것을 금지하는 연방 법안에 서명했다. 미국에 거주하는 미얀마인 유권자들은 극소수였으나, 인터넷을 통해 활발히 전개된 전 세계적인 풀뿌리 민주화 운동 덕분에 이러한 법률적 조치가 가능했다. 이 장에서는 이 점에 대해 자세히 논의한다.

필자들은 시민사회운동가들이 미얀마의 정치·경제 문제들과 관련한 일련의 법안들을 통과시킬 수 있었던 데에는 인터넷의 영향이 결정적이었다는 증거를 제시할 것이다. 인터넷은 국제 여론을 조성뿐만 아니라 좀더 전통적인 뉴스 매체들의 흥미를 유발하는 데도 활용됐다.

특히 많이 사용되면서도 아직 그 잠재력이 충분히 드러나지 않은 인터넷은, 그 특성에 비추어볼 때, 활동가들이 국제 문제에 관한 행동을 조직할 때 쓰일 수 있는 잠재적 도구임을 확인할 수 있었다.

1989년 천안문 광장에서 있었던 중국 학생들의 반체제 시위에 이어, 미얀마 활동가들과 그 제휴 세력들은 기술을 자신들의 투쟁에 활용했다. 미얀마는 최근까지 '국법질서회복위원회'로 대표되는 막강한 군부의 손아귀에 놓여 있다. 1990년에 민주적으로 선출된 의원들은 아직도 취임하지 못했다. 1989년 중국의 지도부는 외부 세계가 천안문 사태를 알지 못하게 막는 것이나 반체제 학생들이 외부와 연락하는 것을 막는 것이 어렵다는 것을 알았다. 국법질서회복위원회는 인터넷 시대에 국경을 넘나드는 정보의 은밀한 흐름을 단속하는 것이 더욱 어렵다는 것을 알게 되었다. 미얀마 지도부는 인가받지 않은 팩스나 인터넷 모뎀에 대해 형사처벌하는 가혹한 법률을 제정하고 국제적인 인터넷 접속에 대해 국가의 감시를 강화함으로써, 정보의 유출을 막으려 노력해 왔다. 그러나 국내 기술의 발전 수준이 매우 낙후되었다는 점이, 미얀마가 아니라 미국에서 민주주의 운동이 주도된 이유가 됐다.

인터넷의 기능은 중요하지만, 그것이 다른 형태의 상호 작용이나 의사소통을 대체하지는 못한다. 하지만 인터넷은 강력한 보완물이다. 기존 방식의 대면 로비는 여전히 컴퓨터보다 훨씬 더 효과적이다. 또한 풀뿌리 활동가들이 인터넷을 사용하는 데 근본적인 문제가 있다. 인터넷 사용은 인터넷 기술에 접근할 수 있는 사람에게만 한정되기 때문이다. 또 인터넷의 개방성 때문에 반대 의견을 가진 이들이 정보를 조작할 여지도 있다.

기술혁명과 인터넷 행동주의

민초 또는 시민 활동가들이 새로운 정보 기술을 이용하여, 민감한 문제들을 널리 알리거나, 문제적 이슈에 대한 대중 교육을 촉진하거나, 정권 반대운동에 이른바 '네티즌'을 동원해 비민주적 정권에 항거하는 사례를 최근에 많이 볼 수 있다. 이처럼 활동가들은 외교 문제에서 국가나 전문 외교관들의 독점에 대항해 국제 관계에 대한 자신들의 영향력을 증대해 왔다. 그렇지만 이것이 현실을 바꿀 수 있을까? 이 연구는 이러한 문제의식을 중심으로 미얀마 민주화 운동가들의 인터넷 사용을 사례연구한 것이다.

최근 15년간 급격한 발전을 이룬 실시간 방송과 같은 새로운 통신 기술이 일반 시민운동가들에게 국내외 문제를 장악한 정부 관료들에 맞설 수 있는 새로운 영향력을 부여했다는 사실은 명백하다.[1] 필리핀의 '시민 혁명'에서부터 남아공의 인종차별 반대운동, 멕시코의 사파티스타 봉기에 이르기까지 일반 시민들은 휴대용 캠코더, 전화, 팩스 등의 통신 기술을 사용하여 자신들의 대의를 알려왔다.[2]

지난 10년의 역사를 살펴보면, 발달된 정보의 흐름이 (독재 정권에 대항해 민주 정권을 수립하려는) 시민운동가들의 활동에서 어떻게 중심 기능을 해왔는가를 보여주는 예들로 가득하다. 1989년 동유럽을 휩쓴 혁명은 손에서 손으로 전달된 비디오 테이프나 뉴스레터 같은 개인적 매체와 해외에서 전송된 대중매체, 이 두 가지에 의해 촉발됐다. 이런 매체들 덕분에 한 지역의 시민들은 외부에 있는 반체제 인사들에 대해 알게 되고 그들을 모방할 수 있었다(Larmer, 1995; Koppel, 1994; Neuman, 1991). 천안문에

---

1) 예를 들면, Warren P. Strobel, *Late-Breaking Foreign Policy: The News Media's Impact on Peace Operations*(Washington, D.C.: U.S. Institute of Peace press, 1997) 참조.

2) 예를 들면, Brook Larmer, "Revolutions Without Guns: Nonviolent Resistance in the 'Global Village'"(unpublished work-in-progress presentation, U.S. Institute of Peace, April 27, 1995) 참조.

서 평화 시위가 진행되는 동안, 정보는 중국 학생들과 전 세계에 있는
그들의 동료들, 그리고 전 세계 사람들을 연결하는 긴밀한 끈이었다. 외
국 기자들이 타전한 뉴스가 팩시밀리 수백 대를 통해 중국에 몰래 재입
수되는 것처럼, 하나의 정보 기술은 종종 다른 정보 기술과 섞여서 일종
의 '피드백 루프(feedback loop)'가 됐다. 새로운 기술을 통해 촉진된 정보
와 뉴스의 확산은 국제사회와 중국인들에게 중국 당국의 정당성을 심각
하게 저하시켰다.

　정보와 의사소통이 점점 국제 교역의 근간이 되면서, 독재자들이 딜레
마에 빠지고 있다. 근대국가 체제에서 시민들은, 의사건 사업가건 발명가
건 간에, 세계시장에서 경쟁하기 위해 최신 정보들을 접해야 한다. "그러
나 독재자들이 새로운 기술을 허용하면 허용할수록 정보와 의사소통에
대한 독점적 통제는 더욱 힘들어진다."[3]

　또 다른 견해는, 새로운 정보와 의사소통 기술이 정부나 다른 권력기
관 또는 시민에게 본래의 이득을 주지 못한다는 것이다. 이러한 입장은,
정보 배급의 새로운 형태가 등장하면 사회구조는 일시적인 변화를 겪지
만 이러한 변화는 곧 사라진다고 본다. "정치 시스템이 새 기술을 흡수할
때, 정책에 대한 영향력이 분점돼 힘의 균형이 재형성될 때까지 대중은
일시적으로만 영향력을 경험할 수 있다"(Neuman, 1996: 255).

　맥루한(McLuhan)은 "미디어가 곧 메시지다"라고 주장했지만,[4] 이 관점
에서 볼 때 매체의 본래 특징은 미디어를 누가 어떻게 사용하느냐 하는
것보다 중요하지 않다. 기술의 근본적인 본질은 '막을 수 없는 양면 가치'

---

3) Secretary of State George Shultz, Quoted in David Ronfeldt, "Cyberocracy Is Coming," *The Information Society Journal*, Vol.8, No.4(1992), pp.243~296. www.livelinks.com/sumeria/politics/cyber.html에서도 확인 가능. '독재자의 딜레마'에 관한 최근 논의에 대해선, Christopher R. Kedzie, "Communication and Democracy: Coincident Revolutions and the Emergent Dictator's Dilemma"(Dissertation, Santa Monica, Calif.: RAND, 1997) 참조.
4) 예를 들면, Marshall McLuhan and Quentin Foire, *The Medium is the Message*(New York: Random House, 1967).

이다.5) 다시 말하면, "사이버 체제(Cyberocracy)는 민주주의나 전체주의 어느 한쪽에 편향되지 않으며, 두 체제 모두를 발전시키거나 그 반대이거나 아니면 두 체제와는 전혀 다른 체제가 될 수도 있다"(Ronfeldt, 1992).

세 번째 견해는 기술 낙관주의자들이 칭송하는 변화들의 어두운 면에 초점을 맞춘다. 기술이 사회 해체를 촉진하고, 정보를 '가진 자'와 '못 가진 자' 사이의 골을 깊게 하며, 인종주의, 포르노, 그리고 기타 바람직하지 않은 것들의 확산을 가속화한다는 것이다.6) 새로운 기술은 지배 계층인 '지식 엘리트' 계층을 만들어내고 힘의 집중을 조장하여, 결국 정부가 시민의 프라이버시를 위협하고 간섭할 수 있게 한다.7) 전자적 프라이버시와 정부 데이터베이스에 대한 클린턴 행정부의 정책에 반대하는 이들은, 단순한 이론이 아닌 실제적인 면에서 문제를 제기한 것이다.

이 장은 급속히 성장하고 변화하는 전 세계적 컴퓨터 네트워크, 즉 인터넷의 영향력을 추적함으로써 이러한 문제들에 대해 새로운 관점을 제시하려 한다. 인터넷은 더 빠르게 정보를 복제하고 더 먼 거리에 많은 양의 정보를 전달하는 능력이 있다는 점에서 역사상의 다른 기술혁신과 공통점이 있다. 하지만 인터넷은 그 자체의 특징에서 나오는 특별한 장점과 함께 단점도 가지고 있다. 인터넷은 다른 어떤 기술보다도 사용자들이 공통의 관심사를 기반으로 광범위하게 네트워크를 구축하고 유지할 수 있도록 해준다. 이것은 전에 없던 일이다.

---

5) Jacques Ellul, *The Technological Bluff*(Grand Rapids, Mich.: William B. Eerdmans Publishing Company, 1990), p.76, quoted in Ronfeldt, "Cyberocracy Is Coming," 1992.

6) 예를 들면, Stephen Bates, *The Potential Downside of the National Information Infrastructure*(Washington, D.C.: The Annenberg Washington Program, 1995).

7) 론펠트는 이 문제를 자신의 논문에서 심도 있게 다루었다. David Ronfeldt, "Cyberocracy Is Coming," *The Information Society*, Vol.8, No.4(1992).

미얀마 위기에서 인터넷의 역할에 대한 요약

1990년대 초, 양곤(Yangon) 정권에 반대하는 미얀마인 망명객 몇 명이 전자우편으로 접촉하기 시작했다. 그중 캘리포니아에 살던 망명자, 코반 툰(Covan Tun)이 처음으로 미얀마에 관한 태국의 언론 보도 및 다른 관련 정보들을 세아시아엘(seasia-l)이라 불리는 전자우편 리스트를 사용해 유즈 넷 시스템에 배포했다.[8] 인터넷을 통해 미얀마 소식을 정기적으로 전하는 최초의 정보원은 '버마넷(Burma Net)'이었다. 버마넷은 1993년 말 태국에서 더글라스 스틸리(Douglas Steele)라는 학생의 주도로 태어났다. 1993년 10월, 방콕의 출라롱콘대학(Chulalongkorn University)의 인터넷 센터에서 더글라스는 이웃 나라 미얀마에서 일어나는 사건들을 깊이 있게 영어로 전하는 'soc.culture.thai'라는 온라인 유즈넷 뉴스 그룹과 태국 신문을 정독했다. 그는 인터넷이 미얀마의 민주주의 억압과 인권침해에 관한 정보를 제공하는 데 사용될 수 있음을 깨달았다.[9] 스틸리는 ≪방콕 포스트(Bangkok Post)≫, ≪네이션(The Nations)≫ 등 여러 매체에 실린 미얀마 관련 뉴스들을 논평 없이 인터넷으로 내보냈다. 그 본문이 지금도 그대로 버마넷 사이트에 남아있다. 그의 시도는 그해가 다 가기도 전에 강력한 후원을 받았다. 스틸리는 소로스 재단(Soros Foundation)의 '열린 사회 연구회(Open Society Institute)'에서 300만 달러를 받아 모뎀과 전자우편 계정을 구입하는 한편, 태국에 있는 많은 미얀마 망명자들이 온라인 활동을 활발히 할 수 있도록 훈련시키는 것이 가능한지 테스트했다.[10]

전달되는 뉴스보다 훨씬 더 중요한 것은 새로운 네트워크 그 자체였다. 네트워크는 정보를 전달함으로써 미얀마 망명자들에게 힘을 실어주

---

8) 코반 툰과 여러 차례에 걸쳐 나눈 인터뷰와 전자우편.
9) 1997년 2월 2일, 워싱턴 D.C.에서 더글라스 스틸리와 가진 인터뷰; A. Lin Neumann, "The Resistance Network," *Wired*, Vol.4.01(January 1996), p.108.
10) Ibid.

었다. 1962년 이후 30년 동안 모국으로부터 차단된 채 세계에 흩어져 있던 지식인들이 처음으로 최신 정보들을 접하고 함께 의사소통할 수 있는 수단을 갖게 된 것이다. "일단 사람들이 인터넷을 사용하기 시작하고 그것이 유용한 것으로 밝혀지자, 점점 더 많은 사람들이 접속하기 시작했습니다. 미얀마 망명자 사회 전체가 참여한 것은 아니지만, 한 달에 20달러를 지불하고 모뎀만 설치하면 누구나 뉴스를 볼 수 있었습니다"라고 스틸리는 회상했다. "미얀마 출신 망명자들은 많았지만 모일 수가 없었습니다. 그런데 인터넷이 그들이 함께 모일 수 있게 만들어줍니다." 지리적으로 흩어져 있는 개인과 단체들을 연결하고 조직화하는 인터넷의 힘은, 매사추세츠의 선택적 구매법과 펩시콜라 보이콧 운동 이면에 있던 시민운동에서 극적으로 드러난다.

평화 및 인권운동가들을 지원하는 컴퓨터 네트워크인 IGC(Institute for Global Communications)의 컴퓨터 서버에 자리 잡은 버마넷은 급속히 성장했다(Neumann, 1996; FitzSimmon, 1994: 25). 손을 꼽을 정도였던 구독자의 수는 30명에서 100명으로 늘더니 그 이듬해에 400명에 이르게 됐고, 결국 정확한 구독자 수 파악이 어렵게 됐다. 왜냐하면 버마넷의 기사들은 유즈넷 시스템에 올려진 후 다시 종이 신문으로 나오기 때문이다.[11] 1997년 1월, 버마넷의 구독자 수는 전 세계적으로 750명이었다.[12]

1994년 운동가들은 어려운 결정을 내려야 했다. 워싱턴에 있는 미얀마 대사관과 국법질서회복위원회 구성원들이 버마넷을 구독하고 군부의 시각을 반영하는 의견을 올리는 것을 계속 허용할 것인가 하는 점이었다. 결국 자유로운 발언과 충분한 토론이라는 관점에서 군부의 구독을 허락하기로 결정했다. 이것이 인터넷 문화의 강점 중 하나이다. 스틸리는 "그들을 계속 인터넷상에 두는 것이 어떤 면에서는 유익합니다"라고 말한다.

---

11) 1997년 스틸리와 가진 인터뷰.

12) *The BurmaNet News*, No.603(January 3, 1997). 버마넷 일간 뉴스 전문은 ftp://Sunsite. unc.edu/pub/academic/political-science/freeburma/bnn에 있다.

왜냐하면 그 정권은 본질상 정해진 선전 외에는 의사소통할 수 있는 능력이 거의 없기 때문이다. '국제비폭력기구(Nonviolence International)'의 운동가 마이클 비어(Michael Beer)도 이에 동의한다. 인터넷을 이용하여 미얀마의 정치를 변화시키려고 오랫동안 일해 온 비어는 "인터넷에서 그들은 종종 바보처럼 보인다"라고 말했다. 그러나 옛날 '크렘린학 연구자(Kremlinologist)'들처럼 국법질서회복위원회의 관점에서 이 사안을 바라보면, "당신은 그들의 머릿속에 들어갈 수 있다. 그들의 입장이 될 수 있는 것이다".[13]

버마넷이 미얀마 소식에 굶주린 국제사회의 갈증을 해소하고, 군부 독재를 종식시키기 위해 헌신하는 국제 네트워크의 형성 및 정보 제공에 기여하는 동안, 미얀마 내에서는 정보의 흐름을 탄압하는 정부에 대항하는 노력들도 진행됐다. 이러한 노력은 미얀마 정보기관의 방해와 미얀마 내 인터넷 접속 시설의 부족으로 어려움을 겪고 있다. 1996년 9월, 군부는 등록되지 않은 모뎀이나 팩스를 소유한 자에게 7~15년의 구금형과 5,000달러의 벌금을 부과하는 것을 골자로 한 '컴퓨터 과학 발전법'을 통과시켰다.[14]

그러나 여전히 정보는 확산되었다. 군부의 엄격한 통제에도 불구하고, 미얀마와 국경을 맞댄 태국과 인도의 망명자 집단들은 인터넷으로 전달된 정보를 컴퓨터 디스켓이나 간단한 소식지에 옮겨 미얀마에 재반입했다(독자 중에는 국경 인근 부대 사병들도 있었다). BBC와 '미얀마 민주주의의 소리(Democratic Voice of Burma: 노르웨이에서 운영되는 미얀마어 라디오 방송국)'는 인터넷을 통해 얻은 소식들을 미얀마로 방송했다.[15] 미얀마 민주

---

13) 1997년 스틸리와 가진 인터뷰; 1996년 12월 19일 워싱턴 D.C.에서 마이클 비어와 가진 인터뷰; The Associated Press, "Asian Rebels Use Internet," *The* (Annapolis) *Sunday Capital*(April 23, 1995), p.A12 참조.

14) 버마넷 편집자(BurmaNet Editor)가 쓴 『자유미얀마운동과 인터넷(The Free Burma Movement and the Internet)』(미출판 원고), 필자는 익명을 요구.

15) 버마넷 편집자의 『자유미얀마운동과 인터넷』; 1996년 비어와 가진 인터뷰; Barbara Crossette, "Burmese opposition Gets Oslo Radio Service," *The New York Times*(July 19, 1992), p.11 참조.

화 운동가들은 인터넷 사용을 비롯해 여러 가지 방법으로 외부에 알려진 미안마 국내 소식을 대중에 알렸다. 또 국내의 민주화 운동 단체들 및 미국이나 그 밖의 해외 지지자들과 암호화된 방식으로 정보를 교환하였다. 인터넷은 비용, 신속성, 간단한 사용 방법 등의 측면에서 이전의 다른 기술을 능가하는 장점이 있다.16) 미안마 내에서 펼쳐진 이러한 노력들과 그 효과는 뒤에 좀더 자세히 다룰 것이다.

1994년에서 1995년에 걸쳐 미안마의 학생들과 미국에 거주하는 망명자들이 '자유미안마(Free Burma)운동'을 조직하면서 미안마의 민주화 투쟁에 새로운 전기가 마련됐다. 이 조직의 주요 목적 중 하나는 미국과 유럽의 기업들에 압력을 행사하여 이들이 군부 정권과 함께 하는 사업에서 철수하도록 하는 것이었다. 인터넷은 다시 한번 조직을 결성하고 정보를 교환하는 데 가장 자주 사용되는 의사소통 수단이 되었다. 이때에 이르러 새롭고 강력한 인터넷 도구, 특히 (오디오·비디오·그래픽을 공유하고 볼 수 있도록 해준) 웹과 관련 기술의 활용이 가능해졌다. 관심을 가진 사람들, 특히 전 세계의 활동가들은 필요한 컴퓨터 하드웨어와 소프트웨어를 구비하여 마우스 클릭 한 번이면 아웅산 수지 여사의 연설을 들을 수 있었고, 포스터나 전단지 같은 민주 미안마 운동의 자료들을 받을 수 있었으며, 미안마 내부를 생생하게 볼 수도 있었다. 1988년 이래 양곤에서 가장 큰 규모의 시위였던 1996년 12월의 학생 시위가 일어난 지 며칠 안 되어, 일반 시민들이 개인용 카메라로 몰래 찍은 장면들이 인터넷에 올랐다.17) 미안마에 대해 상상할 수 있는 모든 부분을 확연히 보여주는 수많은 웹페이지들이 오늘날 존재한다.

군부는 이에 대응, 미국 회사에 돈을 지불해 자신들의 웹사이트(www.myanmar.com)를 구축하였다. 메릴랜드 주 로렐(Laurel)에 등록된 이 사이트는 정치를 배제한 채 여행, 사업, 그리고 개발에 관한 정보들과 사진들로

16) 마이크 미첼(Mike Mitchell, International Republican Institute)이 제공한 정보.
17) 1996년 12월 12일 버마넷에 올려진 전자우편 내용.

구성되어 있다.18) 국법질서회복위원회가 민주화 운동가들이 장악하고 있
는 인터넷 공개 토론을 모니터하는 것이 거의 확실하다. 'OKKAR66127
@aol.com'이라는 전자우편 주소를 사용하는 국법질서회복위원회의 대표
자는 정기적으로 버마넷과 soc.culture.burma에 정권의 공식 성명을 올리
고 있다. 군부의 대변인으로 생각되거나 군부에 동조하는 사람들도 논쟁
에 참여하고 있다.19)

　1997년 여름, 국법질서회복위원회와 그 대표자들은 좀더 공격적인 인
터넷 활용을 시도했다. 공교롭게도, 이 시기는 미국이 연방 정부 차원에
서 미얀마 내의 사업에 대해 규제 조치를 취한 직후였다. 1997년 5월,
군사정부는 버마넷과 경쟁하기 위해 자신들의 전자우편 리스트인 '미얀
마넷(MyanmarNet)'을 개설했다. 오카(Okkar)라고 알려진 사람이 구독자들
에게 보내는 글들을 선택하거나 삭제하는 등 운영자 역할을 했다. 오카
는 "스팸 메일이나 매우 무례한 게시물"20)을 제외하고는 모든 글들을 환
영하며, soc.culture.burma나 다른 전자우편 리스트에 오르지 않은 미얀마
의 정치·사회·경제 관련 소식을 환영한다는 원칙을 밝혔다.21) 이로써 버
마넷 운영자들이 버마넷 사이트에 오른 내용들로 미얀마넷을 뒤덮어 버
리는 것을 원천 봉쇄할 수 있었다. 실제로 미얀마넷은 주로 군부의 관점
을 대변할 뿐이었다. 여기에는 관영 매체인 ≪미얀마 새빛(New Light of
Myanmar)≫의 기사와 정부의 성명서, 군사정부에 우호적이거나 적어도
중립적인 글, 그리고 외국 투자자들을 위한 사업 정보가 주로 실렸다. 그
러나 미얀마넷이 처음 시작됐을 때, 오카는 민주화 운동 단체의 일원이
버마넷에 올렸던 정부 경제정책에 대한 비판과 군부의 마약 연계를 다룬

18) 1997년 6월 28일 버마넷에 올려진 전자우편 내용.
19) 1996년 비어와 가진 인터뷰; 필자들이 버마넷과 전자우편 리스트에서 검색한
　　자료.
20) 1997년 7월 1일자 ≪버마넷뉴스(The BurmaNet News)≫ 제 762호에 실린 글.
21) 이 내용은 필자들 중 한명이 미얀마넷에 구독 신청했을 때 받은 환영 메시지
　　에 담겨 있었다.

글의 게재를 허락하기도 했다.

반정부 세력이 해외에서 인터넷을 이용해 활동할 때, 군사정부는 인터넷의 공개 토론을 모니터하고 자신들의 의견을 공개적으로 밝히는 것 외에 별다른 대응 수단을 가지고 있지 않는 것 같다. 스틸리는 "삭제(delete) 키가 할 수 있는 것이 많지 않다"라며, "인터넷의 주된 흐름은 설득하고 즐기는, 그런 식의 능력이다"라고 말했다.[22]

그러던 중 1997년 인터넷에 대한 미얀마 군부의 태도가 온건하지만 잠재적으로 중요한 의미를 지닌 변화를 보였다. 그해 4월 중순 '미얀마 우편전신전화공사(Myanmar Poste Telegraph and Telephone)'가 싱가포르의 한 회사와 계약을 맺으면서, 미얀마는 처음으로 전 세계와 디지털 통신을 할 수 있게 됐다. 싱가포르를 게이트웨이로 한 이 조그만 연계는 미얀마에 관심 있는 사업가들과 미얀마에서 사업을 운영하는 외국인 사업가들을 주 대상으로 했다. 양곤에 있는 '전 일본 항공(All Nippon Airways)' 지사와 수도의 몇몇 대학에서 인터넷에 접속할 수 있는 것으로 알려졌다.[23] 군부가 앞으로도 인터넷 사용을 사업과 학문 관련 분야로만 제한할지는 두고 봐야 할 문제이다.

매사추세츠 주의 선택적 구매법안

미얀마에 경제제재를 가하려는 법안의 지지자들은 그들의 운동을 진행할 때 전자우편을 성공적으로 사용했다. 한 운동가는 이것을 사상 첫 '사이버 캠페인'으로 묘사했다.

- 윌리엄 웰드(William Weld) 매사추세츠 주지사[24]

---

22) 1997년 스틸리와 가진 인터뷰.

23) 여러 전자우편 내용 종합.

24) 1996년 6월 25일 미얀마법 조인식에서 웰드 주지사가 한 말. 주지사실에서 제공.

1996년 6월 25일, '사이버 운동가' 단체와 미얀마 망명자들이 지켜보는 가운데, 매사추세츠 주지사 윌리안 웰드는 미얀마에서 사업을 하는 회사는 매사추세츠 주와 새로운 계약을 체결할 수 없도록 금지하는 법안에 서명했다. 이 '선택적 구매법안'은, 1995년 초 이래 미국 전역의 주와 도시에서 제정된, 미얀마 군사정부에 대항하는 수많은 법률과 조례 중 하나이다. 미국의 기업들은 수익성이 좋은 지방정부와의 계약과 미얀마에서의 소소한 사업 기회 중에서 전자를 택해 왔다.

펩시, 디즈니(Disney), 에디바우어(Eddie Bauer), 리즈클레이본(Liz Claiborne) 등의 대기업들이 부정적 광고 효과, 주주들의 압력, 그리고 선택적 구매 조항에 밀려 미얀마에서 사업을 철수했다. 모토로라(Motorola), 휴렛팩커드(Hewlett-Packard), 애플(Apple Corp.), 그리고 기타 대기업들은 매사추세츠 주 법안만을 이유로 들며 미얀마에서 사업을 철수했다.25) 이는 유럽연합(EU)과 일본이 미국 정부에 항의하고 WTO에 제소를 고려했을 정도로 심각한 문제였다.26)

참여자들의 의견을 다각도로 들어본 결과, 인터넷, 특히 전자우편이 법안을 제정하고 통과시키기 위해 펼친 캠페인에서 결정적인 기능을 했다. 운동가들은 이미 인터넷에서 조직을 구성했고 이렇게 만들어진 네트워크를 활용했다. 캠페인은 인터넷상에서의 정보 교환을 통해 태동했다. 미얀마의 상황은 인터넷을 통해 미얀마 민주화 운동에 동조하는 의원들에게 전달되었다. 주 의원들과 웰드 주지사에게 전자우편을 보내고, 입법 과정에서 핵심 인물들에게 전자우편 경보를 보냈다.

전화나 팩스 같은 '오래된' 기술도 이러한 기능을 수행할 수 있었겠지만, 인터넷이 담당한 기능 중 적어도 하나는 인터넷이 없었다면 사실상

25) 예를 들면, Theo Emery, "Motorola, HP to Cut Ties to Burma: Cite Massachusetts Law Barring Business in Nation," *The Boston Globe*(November 29, 1996) p.B11 참조.
26) 예를 들면, "A State's Foreign Policy: The Mass That Roared," *The Economist*(February 8, 1997) pp.32~33 참조.

<표 5-1> 미얀마에 대한 '선택적 구매법안'을 통과시킨 지방자치체

매사추세츠 주	캘리포니아 주 앨러미다카운티
뉴욕 주 뉴욕 시	캘리포니아 주 버클리
위스콘신 주 매디슨	캘리포니아 주 산타모니카
미시간 주	캘리포니아 주 샌프란시스코
캘리포니아 주 오클랜드	노스캐롤라이나 주 카보로
메릴랜드 주 타코마파크	콜로라도 주 볼더
노스캐롤라이나 주 채플힐	캘리포니아 주 로스앤젤레스
오리건 주 포틀랜드	

주: 1999년 1월 현재, 이 목록은 주요 지방자치체만을 언급한 것이다. 몇몇 다른 지방
자치체도 선택적 구매법안을 통과시켰을 것이다.

불가능했다. 미얀마 선택적 구매법안은, 1980년대에 인종차별 정책을 고
수한 남아프리카공화국에서 미국 회사들의 영업을 금지한 매사추세츠와
기타 지역들의 법안들을 거의 그대로 모델로 삼았다(<표 5-1> 참조).

　그런데 미국에는 남아프리카공화국 문제와 관련해 의회에 압력을 넣
을 수 있는 아프리카계 미국인이 있었고, 북아일랜드 문제에 관련해서는
아일랜드계 미국인이 있었다. 하지만 미얀마의 경우에는 일부 진보 단체
만 있었을 뿐, 투표에 영향력을 행사할 수 있는 미얀마계 유권자는 없었
다. 지역적으로 분산됐으면서도 네트워크화된 그룹을 형성하는 능력을
통해 인터넷은 운동에 필요한 유권자들을 창출해 냈다. 인터넷은 가까이
는 하버드의 운동가에서부터 멀리는 유럽이나 오스트레일리아에 거주하
는 미얀마 망명자들까지 하나로 모았다. 선택적 구매법안의 제안자이자
주요 옹호자인 바이런 러싱(Byron Rushing) 주 상원의원(민주당)은 "관련된
유권자가 없는 상황에서 선택적 구매법안이 통과된 것은 정말 처음이었
습니다"라며, "이번 캠페인에서 인터넷이 수행한 가장 중요한 기능은 세
계 각지의 미얀마인들을 (그들이 어디에 있건 간에) 하나로 묶는 것이었습

니다"라고 말했다.27)

　미얀마 캠페인 초기에 인터넷은 운동가들이 원하는 만큼 보안을 지킬
수 있다는 장점이 있었다. 네트워킹의 많은 부분이 공공의 눈을 벗어나
이루어졌다. 일단 선택적 구매법안 통과를 위한 캠페인이 전면전으로 일
어나자, 친기업적 공화당원으로 평판이 난 웰드 주지사처럼 이 법안을
반대할 만한 사람들과 기업들은 경악하고 말았다. 웰드의 공보관 호세
주브스(Jose Juves)는 법안의 내용을 확인하기 위해 생애 처음으로 웹을 이
용해야 했다. 그는 "이미 준비가 돼있는 온건 단체들이 인터넷에 존재한
다는 것에 대해 크게 놀랐습니다"라고 말했다.28) 미얀마에서 사업을 하
는 회사들 중 석유 관련 업체인 UNOCAL 주식회사만이 유일하게 지역
로비스트를 고용하여 대응 노력을 벌였다. 다른 회사들은 선택적 구매법
안이 법률로 채택되고 나서야 이 문제를 처음 들었고, 정부 당국으로부
터 대상에 올라있음을 통보받았다. 주브스는 "다른 업체들이 대응하기에
는 너무 늦은 셈이죠"라고 말했다.29)

　1995년과 1996년, 주 의회에서 이 안건에 관해 논의가 천천히 진행될
때 운동가들은 인터넷을 사용해 법안 제정운동을 더욱 강화해 나갔다.
러싱 의원은 '매사추세츠 미얀마 협의회(Massachusetts Burma Roundtable)'
의 사이먼 빌레니스(Simon Billenness)와 협력하여, 법안이 중대한 국면에
부딪히거나 문제에 봉착했을 때마다 지지자들에게 전자우편을 보내 법
안에 관심을 가지고 목소리를 높이도록 북돋았다. 이러한 전자 캠페인에
자극받은 매사추세츠 지역 유권자들과 주 외부 운동가들은 많은 전화와
편지를 통해 매사추세츠 주 상하원의원들에게 이 법안의 필요성을 설명
하고 법안을 통과시키도록 압력을 가했다.

　이 법안은 여러 번 폐기될 뻔했으나, 운동가들은 인터넷을 통해 힘을

---

27) 1997년 1월 23일, 보스턴에서 러싱 상원의원과 가진 인터뷰.

28) 1997년 1월 23일, 보스턴에서 주브스와 가진 인터뷰.

29) 1997년 주브스와 가진 인터뷰; 1997년 러싱과 가진 인터뷰.

규합하여 매번 장애를 극복했다. 사실상 세계 모든 전체주의 국가를 대상으로 한 수정안은 자체의 무게에 짓눌려 통과되지 못했고, 1996년 3월 상원은 이 법안을 다음 회기 연도로 넘기는 것에 동의했다. 미얀마 협의회의 빌레니스는 전자 통신수단을 사용해 이 문제가 입법 과정에서 살아남을 수 있도록 하고, 심의 과정의 장애물을 제거하며, 이 법안을 지지하는 인터넷 모임을 유지하는 데 중심 역할을 했다. 그는 인터넷이 "하나의 소식을 많은 사람들에게 최소한의 시간과 비용으로 전하는 데 아주 유용하다"라고 말했다.[30] 인터넷은 사람들에게 미얀마 법안에 관한 최신 정보를 제공하고 그들의 지지를 얻는 데 핵심 기능을 했다.

미얀마 국경 근처에서 전 세계로 뻗어있는 인터넷과 전자 네트워크는, (적시에 전달되는) 정보가 캠페인에 동참하는 운동가들을 묶는 핵심 연결 고리가 된다는 점을 시사한다. 버마넷과 기타 소스들에서 정보를 추린 사이버 운동가들은, 미얀마 사람들이 직면하고 있는 상황에 관해 정확한 정보를 얻을 수 있었다. 인터넷이 없었다면 "그렇게 많은 정보를 얻는다는 것은 상상도 못할 일입니다"라고 러싱은 말했다. "우리가 이러한 일을 해낼 수 있었던 이유는 의원들에게 가서 '자, 보십시오. 이것이 그곳에서 일어나고 있는 일들입니다'라고 말할 수 있었기 때문입니다." 정보의 흐름은 지지자들이 반대자나 회의론자들을 만나고 그들의 의견에 대응할 수 있도록 해주었다. 그리고 무엇보다 이는 그들이 아웅산 수지 여사의 입장과 발맞춰 가고 있다는 확신을 주었다. 러싱은 관련국 민주화 단체들의 지지가 없었다면 이 캠페인은 "날아가 버렸을 것"이라고 말했다. 인터넷을 통해 "우린 항상 수지 여사가 이 문제에 대해 어떤 입장인지 알고 있었다". 그는 인터넷의 잘못된 정보의 문제점을 인식하고 있다. 하지만 그는 잘못된 정보를 신속히 자정할 수 있는 다양한 '목소리'가 인터넷에 존재한다고 생각한다.[31]

---

30) 1997년 1월 23일 사이먼 빌레니스와 가진 인터뷰.
31) 1997년 러싱과 가진 인터뷰.

웰드가 미얀마 법안에 서명한 데에는 구시대적인 정치적 이유들도 있었다. 민주당 상원의원이자 1996년 연방 상원의원 선거 당시 맞수였던 존 케리(John Kerry)는 미얀마에 대한 연방 정부의 제재 여부에 대해 주저하고 있었으며 미국의 마약퇴치 지원기금을 미얀마 군부에 제공하는 것을 지지하고 있었다. 웰드는 이런 상황을 케리를 궁지에 몰아놓고 매사추세츠 주의 진보적 유권자들의 표를 끌어올 좋은 기회로 보았다.[32]

하지만 인터넷 캠페인은, 인터넷이 아니면 주목의 대상도 되지 못했을 미얀마 관련 이슈에 웰드 주지사의 관심을 붙드는 데 성공했으며, 압력을 계속 강화해 나갔다. "웰드 주지사에게 매일 팩스와 전화를 하자!!!" 이 법안이 의회를 통과하여, 주지사에게 전해지기 전날인 6월 12일 빌레니스는 지지자들에게 보낸 최신 소식지에서 이렇게 촉구했다. 여기에는 웰드 주지사의 최신 팩스 번호도 포함돼 있었다. 6월 중순에 법안에 서명하라는 탄원서가 웰드 주지사에게 쇄도했다. 매사추세츠뿐만 아니라 미국 전역, 일본, 영국, 프랑스, 그리고 캐나다에서도 왔다. 한 편지는 미얀마의 서쪽 국경에서 인도의 지지자를 경유해 왔다. 매사추세츠 주 브레인트리(Braintree)에 사는 샘 번스타인(Sam Bernstein)이란 사람은 웰드 주지사에게 편지를 썼다. "만약 당신이 서명한다면 다음번 미국 상원의원 선거에 협조하겠다." 이런 편지를 보낸 사람은 그 혼자가 아니었다.[33] 주브스에 따르면, 웰드는 이 법안과 관련된 편지 약 100통과 전자우편 약 40통을 받았으며, 이 사안이 거리 복구나 범죄 또는 세금처럼 민생과 직결된 문제가 아니란 점을 고려할 때 이는 엄청난 숫자라고 말했다. 웰드는 몇몇 대표적인 편지들을 보았다. 주브스는 "이 편지들이 주지사가 법안을 승인하는 데 영향을 미쳤다고는 생각하지 않지만, 편지를 통해 긍

32) Wayne Woodlief, "Burma Bill May Gain Votes for Weld," *The Boston Herald*(June 13, 1996), p.35; Michael Kranish, "Proposed Sanctions on Burma a Hot Issue For Weld, Kerry," *The Boston Globe*(June 14, 1996) 참조.
33) 웰드 주지사실에서 제공한 편지 사본들.

정적인 생각을 하게 된 것 같다"라며 단지 정치적 이익 때문에 법안에 서명했을 것이라는 세간의 인식을 반박했다.[34]

처음에 운동가들은 웰드가 법안을 거부할 것으로 예상하고, 의원들을 대상으로 거부권 무효화 운동을 벌일 것을 생각했다. 그들은 주지사에게 공격적으로 접근했다. 하지만 주지사가 법안에 서명할 것이라는 징조를 보이자, 양측의 관계는 급속도로 달라졌다. 주지사 측에선 이 법안 통과에서 주지사의 역할을 돋보이도록 하기 위해 언론 행사를 마련하려고 했다. 인터넷 운동가들은 다시 한번 네트워크를 가동하여, 전자우편을 통해 적극적인 참여를 독려하고 주지사 사무실이 필요로 하는 배경 정보를 전달했다. 위스콘신 주 '자유미얀마연합(FBC: Free Burma Coalition)'의 자르니(Zar Ni) 같은 운동가들의 지지 발언도 이끌어냈다. 이 행사의 책임자였던 주브스는 "이것은 저희에게 엄청난 병참 지원이었죠"라고 말했다.[35]

마침내 매사추세츠의 인터넷 캠페인은 그 놀라운 성공 덕분에 또 다른 파생 효과를 냈다. 어떤 한 주가 자체적으로 대외 정책을 결정하고 민초들이 정치에 영향을 미치는 도구로 인터넷이 사용되었다는 사실에 매료된 전통적인 뉴스 매체들이 민주화 단체와 매사추세츠 주에서 벌어진 일들을 심층적으로 다루기 시작했다.

물론 이러한 이야기들은 미얀마에서 벌어지는 투쟁에도 초점을 맞추었다. 주브스의 전화기는 BBC 라디오, 오스트레일리아 방송(Australia Broadcasting), CNN, 블룸버그(Bloomberg) 통신, 미국의 소리(Voice of America), ≪뉴스위크≫ 등 수많은 언론 매체들의 취재 요청으로 쉴 틈이 없을 정도였다.

주브스는 인터넷이 없었다면 이 법안은 성사되지 못했거나 성사되기까지 더 오랜 시간이 걸렸을 것이라고 말했다. 그와 함께 일한 많은 사람

---

34) 1997년 주브스와 가진 인터뷰; Strobel, *Late-Breaking Foreign Policy*(1997); Martin Linsky, *Impact: How the Press Affects Federal Policymaking*(New York: W.W. Norton, 1986) 참조.

35) 1997년 주브스와 가진 인터뷰.

들은 지리적으로 흩어져 있었으나, 그들에게는 인터넷이 있었다. 주브스
는 "사람들이 매사추세츠 주에 집중하고 있었다"라며, "모든 사람들이
한 곳으로 연결되어 있었다"라고 말했다.36)

　이러한 입법부에서의 승리 이후, 러싱은 (한때는 생각도 할 수 없었던)
대외 정책에 대한 지역의 역할이라는 문제가 많이 진전될 것이라고 예견
했다. 많은 도시와 주 정부들이 인권 문제를 거론하고 있으며 인권을 유
린하는 나라들과 사업 관계를 유지할 것인지, 또 어떻게 사업을 할 것인
가에 관해 논의하고 있다. 누가 대외 정책을 통제하며 경제 주권은 어디
서 시작되고 끝나는가와 같은 문제들은 이론을 뛰어넘은 관심사가 되고
있다.37) 일본과 유럽연합이 매사추세츠 주의 선택적 구매법안이 세계무
역 규정을 어겼다고 주장하면서 미국 정부에 이를 '무효화할 것'을 요구
하자, 운동가들은 '사이버 바리케이드' 뒤로 돌아가 다시 한번 법안 보호
운동을 벌였다. 1998년 11월 4일, 미국 지방법원은 업계 단체인 '전국해
외무역협의회(National Foreign Trade Council)'의 주장을 받아들여 "선택적
구매법은 대외 정책을 통제하는 연방 정부의 권리를 침해했으므로 위헌"
이라고 판결했다(Lelyveld, 1998). 이 법안은 미국 대법원까지 가야 할 것
같다(Inter Press Service, 1998. 12. 17.). 양편이 계속 논쟁을 벌이는 가운데,
인터넷은 매사추세츠 주의 선택적 법안 통과에 기여한 사람들에게 여전
히 핵심적인 도구로 쓰이고 있다.

---

36) Ibid.
37) 한 조사에 따르면, 미얀마, 나이지리아, 쿠바, 그리고 티베트에 대해 총 27개
　　주, 카운티, 그리고 시에서 경제제재를 가한 것으로 나타났다. Michael S.
　　Lelyveld, "Massachusetts Sanctions Struck Down: Judge's Ruling May Set Precedent
　　for State Bans," *Journal of Commerce*(November 6, 1998) 참조. 회의적인 시각에서
　　이 문제를 다룬 연구로는, "The Mass That Roared"(1997); David R. Schmahmann
　　and James S. Finch, *State and Local Sanctions Fail Constitutional Test*, Trade Policy
　　Briefing Paper No.3(Washington, D.C.: The Cato Institute, August 6, 1998) 참조.

자유미얀마연합과 펩시 보이콧 운동

스트라이더(Strider)는 "인터넷은 미얀마 군사정부의 수뇌들에게 대항해 대중의 여론을 동원하는 거대한 운동의 척추이다"라고 말한다. 그는 "에 디바우어의 미얀마 투자를 반대하여 대학가와 여러 단체의 운동가들을 집결시킨 것은 바로 인터넷이었다"라고 설명했다(Neumann, 1996).

대학에서 컴퓨터 사용이 일반화되면서 학내 학생 조직이 국내외 네트 워크와 연결됐으며, 이는 사회운동을 활성화시키고 학생운동의 성격을 변모시켰다. 또한 이 때문에 학생들에게 세계는 운동을 전개해야 하는, 수많은 문제들이 산적한 지역사회로 축소되었다. 사이버 활동가 사이먼 빌레니스는 "인터넷에서 일반 시민 수준의 인권운동을 할 수 있는 가능 성을 발견하기 시작했다. 심지어 사람들은 자신과 개인적인 연관이 없는 나라의 상황도 신경 쓰고 있다"라고 설명했다.[38]

컴퓨터가 대학 생활에 완전히 녹아들어서 이제 학업의 필수품이 되었 다. 하버드대학에 입학한 모든 신입생은 전자우편 주소와 계정을 부여받 는다. 학생들과 학생 단체들은 온라인에서 회합을 갖고 활동을 펼쳤다. 처음에는 주로 인터넷을 통해 대화를 나누는 정도였으나, 후에는 인권 문제를 비롯하여 여러 가지 문제를 깊이 인식했다. 일단 인터넷에 들어 가면 학생들은 각종 운동가들을 만난다. 학생들은 이 운동가들과 만나 이들에게 들은 정보를 통해 인터넷에서 조직을 만드는 법을 배웠고, 결 과적으로 운동에 동참하게 되었다.

매사추세츠 주가 미국의 주 정부 중 최초로 미얀마 국법질서회복위원 회와의 계약을 금지하는 주가 될 것임을 발표한 웰드 주지사의 기자회견 장에는 학생들도 많이 참석했다. 웰드의 공보관 주브스는 인터넷이 학생 들의 기자회견 참석에 많은 영향을 끼쳤으며, 다른 어떤 법안 서명식보

---

38) 1997년 빌레니스와 가진 인터뷰.

다 이 법안 승인식에 학생들이 많이 참석했다고 말했다.[39]

'전자우편 없이는 학생들이 아무것도 얻을 수 없는' 하버드에선 '플러그를 꽂다(plug in)'라는 말의 의미가 '접속하다'라는 뜻으로 바뀌고 있다. 인터넷이 없다면 많은 학생 단체들은 일이 어떻게 진행되는지 상상조차 할 수 없다.[40]

미얀마에서 미국의 자본을, 궁극적으로는 모든 해외 자본을 빼내기 위해 선택적 구매법안을 제정하자는 캠페인이 힘을 얻어가면서 학생 단체들은 이 운동을 더 강하게 밀어붙였다. 선택적 구매 결의안은 여러 도시의 회에 상정됐고, 이 제재운동들은 작은 성공을 거두면서 계속 확대되어 민주화 운동을 뒷받침하게 됐다. 학생들과 운동가들은 주주들을 조직하여, 미얀마에서 사업을 하는 기업들에 그곳에서의 사업을 재검토할 것을 요청하는 결의문을 작성하기도 했다. 이 주주들은 연례 주주총회에서 이 결의문을 발표하여 회사의 미얀마 관련 사업 내용을 투자자들에게 알리고 미얀마에서 사업을 철수할 것을 요구했다. 이러한 노력들은 전통적인 형태의 운동, 토론 모임, 편지 쓰기 운동 등에서 발전해 나온 것이다.

펩시콜라를 캠페인의 목표로 설정하면서 학생운동가들은 눈에 보이는 상품, 과정, 그리고 결과를 대할 수 있었다. 그들은 캠퍼스에서 친구들에게 펩시콜라와 미얀마 군부 정권의 협력 관계에 대해 이야기해 주면서 작은 규모로 운동을 시작할 수 있었다. 그리고 나서 학생 결의문을 통과시키고, 펩시 관련사 제품들의 보이콧 운동을 일으키며, 때로는 학교 구내 식품 공급 계약도 갱신하도록 했다. 그 후에 그들은 학교 인근 지역으로 진출했고, 나아가 시의회와 주 의회까지 활동 범위를 넓혔다.

1990년 펩시는 한때 콩 수출업자였던 테인 툰(Thein Tun)이 운영하는 미얀마골든스타(Myanmar Golden Star)와 합작하여 미얀마에 진출했다. 캐나다의 '미얀마행동집단(Myanmar Action Group)'의 리드 쿠퍼(Reed Cooper)는 펩시에서 일하는 미얀마인 직원들이 대부분 군부와 어떤 식으로든 연

39) 1997년 주브스와 가진 인터뷰.
40) 1997년 1월 24일, 보스턴에서 학생운동가 마르코 사이먼스와 가진 인터뷰.

관되어 있다고 말했다.[41] 하루에 80만 병을 생산하던 양곤의 펩시 병 제
조 공장은 하루 500만 병을 생산할 정도로 성장했고, 펩시는 만달레이
(Mandalay)에 새 공장을 지었다(Hirsh and Moreau, 1995: 24).

'인권침해가 종식되고 1990년 민주 선거의 승자에게 정권이 이양될
때까지 미얀마에 대한 국제적 경제 보이콧'을 촉구한 시애틀 결의문에서,
펩시는 미얀마 군사정부와 미얀마 민중에 대한 군사정부의 압제를 지지
하는 회사 중 하나로 언급됐다.[42] 이 결의문은 캘리포니아 주 버클리에
서 유사한 보이콧 결의가 통과된 직후에 만장일치로 통과되었다.[43]

사이버 운동가 빌레니스는 지역사회의 단단한 기반을 바탕으로 캠페
인을 전개해 갔다. 그의 조직은 전국 각지의 다양한 운동 단체들에 '보이
콧 펩시(Boycott Pepsi)'라고 쓰여진 스티커 리본을 나누어주었다. 그는
1993년 미얀마 국경 지대에서 열린 기념비적인 현지답사 여행에 노벨평
화상 수상자들이 참석하도록 했고 그들의 지지를 이끌어냈다(미얀마 안으
로 들어가는 것은 허락되지 않았다). 그 자리에 참석한 노벨상 수상자들은
미얀마에서 수출하는 상품들에 대해 국제적인 보이콧을 요청하였다. 이
여행은 빌레니스, 쿠퍼, 래리 도스(Larry Dohrs) 등과 같은 시민운동가들의
캠페인을 본격적으로 촉발시켰고, 그들의 노력은 서서히 결집되었다. 그
들의 노력을 합법화하고 결실을 맺을 마지막 시간이 왔다.

빌레니스는 "남아프리카공화국에서도 이렇게 시작됐죠"라고 말했다.
그 전략이란 선택적 구매법안이 먼저 지역 의회에서 통과되고, 다음엔
시의회, 그리고 주 정부에서도 통과되게 하는 것이다. 그는 국회가 분명
히 따라올 것이라고 믿었다.[44] 미얀마 운동가들의 네트워크를 연결하는

41) 1995년 워싱턴 D.C.에서 리드 쿠퍼와 가진 전화 인터뷰.
42) 1995년 4월 24일, 자유미얀마를 위한 시애틀 캠페인(The Seattle Campaign for a
    Free Burma)이 발행한 보도 자료; Seattle City Council Resolution 29077 참조.
43) Ibid.
44) 1997년 빌레니스와 가진 인터뷰.

인터넷망은 대부분 다시 빌레니스에게 연결된다. 그러므로 그가 점점 확
산되고 있는 미얀마의 학생운동을 지원하기 위해 미국 대학 내 학생운동
을 자극하려 한 것은 놀랄 일이 아니다.

하버드대학의 펩시 보이콧

미국에 미얀마인은 거의 없다. 심지어 미얀마가 어디에 있는지 아는
사람도 드물다. 하지만 미얀마를 걱정하는 사람들은 조직을 결성하고 힘
을 보여주었다. 그것은 인터넷 덕분이다.

- 더글라스 스틸러[45]

하버드 학생들은 미얀마 인터넷 네트워크의 문을 두드렸고, 펩시콜라
와 하버드 식당 간의 계약을 막는 데 성공했다. 그들의 운동은 하버드대
학 학생운동 조직에도 영향을 주었다. 미얀마 문제에 대한 인식을 높였
을 뿐만 아니라 미얀마에 대한 하버드대학의 투자에 영향을 미친 결의안
이 학생 자치 조직에서 통과되는 데 영향을 끼쳤다.
　학내 미얀마 캠페인의 주도 학생 중에 마르코 사이먼스(Marco Simons)
라는 학생이 있었다.[46] 고등학교 시절 미얀마의 인권 상황에 관해, 소논
문을 쓰기도 했던 그는 3학년이 되기 전 여름방학 때 'soc.culture.burma'
를 통해 인터넷 운동의 세계를 접했다. 곧 '책임감 있는 사회 투자를 위한
프랭클린 연구소(Franklin Research Institute for Socially Responsible Investment)'에
서 일하던 빌레니스가 사이먼스에게 연락했다. 빌레니스는 하버드대학
내에 미얀마 단체를 만들기 위해 고심하던 중이었다. 이와 동시에, 1995

---

45) A. Lin Neumann, "The Resistance Network," *Wired*, Vol.4.01(January 1996)에
서 재인용.
46) 이 부분은 1997년 1월 보스턴에서 마르코 사이먼스와 가진 인터뷰와 1997년
2월 워싱턴 D.C.에서 자르 니와 가진 인터뷰를 바탕으로 한 것이다.

년 가을, '자유미얀마연합'이 온라인상에 처음 모습을 드러냈다. 자유미얀마연합의 웹사이트는 미국 전역에서 수많은 학생들을 끌어들였고, 뒤이어 나타난 네트워크의 허브가 되었다. 하버드대학 학부에는 미얀마 학생이 없었다. 대학원에 미얀마 출신 학생이 한 명 있었고, 미얀마에 방문했거나 외국인으로 잠시 체류했던 학생만이 몇 명 있었다. 따라서 미얀마 단체 활동을 맨 처음 시작한 하버드 학생 3명은 미얀마에 대해 알리는 것이 첫 번째 할 일이라는 것을 깨달았다. 가을 학기가 시작되면서 그들은 학내 정치운동 관련 행사에 자리를 마련했다. 그들은 방문한 학생들에게 미얀마의 지도상 위치나 인접 국가들을 질문하는 지리학 소양 퀴즈를 진행했다. 이 행사에 참여한 학생들은 전자우편 주소를 남겨달라는 요청을 받았고, 그날 전자우편 주소가 40~50개 정도 모아졌다.

사이먼스는 학내 문화가 사실상 대화형(interactive)이라고 말한다. 사이먼스가 우편으로 받는 것은 대학 행정 당국의 우편물뿐이다. 그는 "우리 내부의 조직화는 전자우편 모임을 통해서 이루어졌습니다"라고 말했다. 이 단체는 거의 전자우편을 통해서만 의사소통했다. 캠페인이 학내 자치 조직에 미얀마와 관련한 결의안을 통과시키라고 로비를 벌일 정도로 성장했을 때도, 운동가들은 학생 자치 조직과 전자우편으로 대화를 나누었다. 그들은 사회운동의 전통적인 방법과 대학 환경에서 이용 가능한 기술을 결합시켰다.

이 신생 단체의 회원들은 학생들의 전자우편 주소를 받은 후에, 학생들에게 대학 당국이 미얀마에 투자하는 회사들과 계약을 맺지 말 것을 촉구하는 편지 쓰기 운동에 동참해 달라고 요청했다. 또 아웅산 수지 여사에 대한 명예박사 학위 수여 운동을 벌였다. 하버드 학생회는 미얀마의 민주화 운동을 지지하는 결의안을 통과시킨 최초의 학생회가 되었다. 그 이후로 많은 대학들이 유사한 결의문을 통과시켰고, 많은 이들이 이러한 운동을 어떻게 시작해야 하는지 인터넷을 통해 사이먼스에게 문의했다.[47]

---

47) 1997년 사이먼스와 가진 인터뷰; 1997년 빌레니스와 가진 인터뷰.

하버드 학생들이 통과시킨 결의문 중 일부는 미얀마에서 사업을 하는 회사들에 대학 명의로 철수를 요구하는 편지를 보내라고 요청했다. 사이먼스는, 학생들은 하버드라는 이름이 회사 내 인맥에 많은 영향을 줄 것이라고 믿었다고 말한다. 결의문은 1996년 1월과 2월에 .통과되었다.

하버드대학 자체는 70억 달러의 기금을 운용하는 거액 투자자이다. 학생들은 하버드대학의 자금을 운용하는 회사 하버드(Harvard Corp.)에 이 회사가 주식을 보유한 기업들이 미얀마와 사업 연계가 있을 경우 투자철회를 요구하는 결의안의 통과를 위해 캠페인을 벌이기로 했다.

하버드 내 미얀마 운동가들은 여건이 될 때마다 캠페인의 현지화를 시도했다. 그리고 나서 그들은 펩시 관련 캠페인과 연관을 짓고 이를 확대하여, 결국 나중에 언론의 대대적인 주목을 받았다.

사이먼스는 "하버드대학이 코카콜라와 오랫동안 계약을 맺어왔기 때문에 처음에는 하버드대학에서 펩시 캠페인을 벌일 생각은 하지 않았습니다"라고 말했다.[48] 그는 빌레니스를 통해 미얀마 운동가들이 펩시를 상대로 벌이는 전국적인 반펩시 운동을 알게 됐다.[49] 빌레니스는 국내 시민단체들과 연합하여 '펩시 보이콧'을 지지하는 미얀마 토론회를 정기적으로 열었다.

하버드대학 신문인 ≪하버드크림슨(Harvard Crimson)≫에 하버드 식품부가 코카콜라 대신 펩시와 계약을 맺을 계획이라는 소식이 보도된 것은 바로 그때였다. 사이먼스는 "펩시는 항상 대학들과 음료 공급 계약을 맺으려고 노력했었죠"라고 설명했다. "코카콜라와 계약을 갱신할 때가 되었고 학교 당국은 코카콜라의 서비스에 불만이 많았습니다. 그래서 펩시를 생각한 거죠"[50]

미얀마 운동가들은 이 계약에 반대하기로 결정하고, 2개의 전선을 설정했다. 우선은 학생 의회였고, 또 하나는 하버드대학 식품부였다. 계약

48) 1997년 사이먼스와 가진 인터뷰.
49) 선택적 구매법안이 지역 시의회에 의해 전국적으로 고려되었다.
50) 1997년 사이먼스와 가진 인터뷰.

에 따르면, 펩시는 하버드 학생 단체들에 2만 5,000달러를 기부하고 학생 자치 조직에는 별도로 1만 5,000달러를 주기로 했다. 학생 의회에 대한 운동가들의 전략은 펩시의 기부금을 공격하는 결의안을 내는 것이었다. 이러한 결의문을 통해 그들은 대학 당국에 펩시의 기부금을 어떻게 사용할 것인지 조사하도록 요청했다. 그들은 공개적으로 그 돈을 거절할 수도 있었고, 도리어 그 돈을 '보이콧 펩시' 같은 친미얀마 운동 단체들에 기부할 수도 있었다. 여러 가지 선택을 조사하면서 그들은 펩시와 대학의 계약이 아직 성사되지 않은 것을 알게 되었다.

로비 활동의 일환으로 학생들은 식품부 직원들을 만났다. 또한 식품부 담당인 마이클 베리(Michael Berry)와 구매 책임자인 존 알레그레토(John Allegretto)와 인터넷으로 계속 접촉했다. 펩시 측 대표자인 랜드 카이저(Rand Kaiser)는 식품부와 운동 주동자들을 만나 펩시의 입장을 설명했다. 사이먼스는 카이저가 펩시와 미얀마 군부의 계약을 '건설적 개입(constructive engagement)'이라고 주장했다고 말한다.[51] 카이저는 설득력 있는 논리로 미얀마에 대한 펩시의 투자를 긍정적으로 표현했다. 모임이 끝난 후 사이먼스와 베리는 전자우편으로 접촉했다. 이를 통해 학생들은 펩시의 주장을 반박하는 목소리를 낼 수 있었다. 사이먼스는 한 가지 제안을 했다. 그는 펩시가 미얀마에서 행하는 대응 무역(counter trade)의 현지 협력 업체 명단을 발표하는 것이 적절할 것 같다는 의견을 식품부에 전했다.[52] 식품

---

51) '건설적 개입'은 친시장적 입장에서 문제 지역에 대한 투자를 옹호하는 논리이다. 이 논리의 옹호자들은 투자를 통해 그 지역 주민들의 평균적인 삶의 질이 높아진다고 주장한다. 이는 다시 자유와 권리에 대한 국민들의 기대치를 높이게 된다. 동시에 활성화된 경제는 정보의 자유로운 흐름을 요구하고, 이는 결국 기술 및 언론과 표현의 자유로 귀결된다. 이에 따라 폐쇄 사회가 개방된다.

52) 미얀마의 화폐는 실질적으로 거의 가치가 없기 때문에, 외국 투자자들은 이익을 미얀마 밖으로 빼내기 전에 먼저 이를 본국으로 보내야 했다. 인권운동 단체들은, 펩시가 이익을 보충하기 위해 농산물을 사서 팔았으며 이 농산물들은 정부가 주도하는 노예 노동에 의해 수확된 것이라고 굳게 믿었다. 메이시(Macy) 백화점도 비슷한 목록을 발표했으며 이에 따라 사업에 상당한 타격을 입었다.

부는 그들의 요청에 동의했다. 하버드 학생들은 펩시에 팩스로 공급 업체의 목록을 요청했다. 식품부 책임자도 별도로 그 정보를 요청했다. 사이먼스는 학생들도 식품부도 그 목록을 받지 못했다고 말했다.

그러던 중 1996년 펩시 주주총회가 열렸고 미얀마 사업을 철수하자는 결의문이 제안되었다. 펩시의 경영진들은 미얀마가 그들의 사업에 매우 작은 부분임을 근거로 내세워 이 결의안의 정식 제출을 차단했다. 이에 대한 대응으로 빌레니스는, '보이콧 펩시' 운동이 회사에 미칠 영향을 설명하는 편지를 써서 회사와 주주들에게 보냈다. 하버드에서 일어난 일에 관한 자료도 첨부했다. 이 일로 학생들은 그들의 노력이 대학 밖에서도 영향력을 가진다고 생각했고, 크게 고무됐다.

학생 미얀마 운동가들은 학생 자치 조직이 식품부에 펩시가 아니라 코카콜라와 계약하도록 요구하는 또 다른 결의문을 통과시키도록 요청했다. 이것이 학생 의회를 거쳐 통과되고, 식품부는 코카콜라와 계약을 갱신했다. 그때 식품부는 이 계약에 미얀마 문제가 고려 대상 중에 하나였다는 점을 기록으로 남겼다.

언론 캠페인이 계속되고, 하버드 학생들은 주류 언론사들의 관심을 받게 되었다. 학생들은 인터넷으로 자유미얀마연합 학생 리더들과 논의한 후, 그들의 성명서를 언론에 보냈다. 관련 기사들이 ≪워싱턴포스트(Washington Post)≫, ≪USA투데이(USA Today)≫, ≪보스톤글로브(Boston Globe)≫, AP통신, 그리고 각종 지역 신문에 실렸다(Urschel, 1996: 1A). 또 사이먼스는 BBC나 벨기에 언론사 등 해외 언론사의 취재 요청을 받았다고 말했다.

자유미얀마연합 웹사이트와 전자우편 리스트를 구독하는 다른 학교 학생들도 하버드의 소식을 접할 수 있었고, 그 소식을 이용하여 자신들의 학교에서 캠페인을 시작할 수 있었다. 그들은 다른 학생들과 전자우편을 주고받고 대화하면서, 과거의 실수를 교훈 삼아 기술과 전략을 논의했다.

인터넷의 도움이 있긴 했지만, 미얀마의 민주화를 위한 학생운동이 모두 성공을 거둔 것은 아니었다. 워싱턴 D.C.에 소재한 조지타운대학

(Georgetown University)의 노력은 그리 큰 성공을 거두지 못했다.[53] 보스턴에 있는 또 다른 대학인 텁츠대학(Tufts University)은 미얀마 문제에 대한 학생운동의 싹을 트게 했다. 그들은 인터넷을 통해 하버드 운동 단체와 정보를 교환했다. 하지만 텁츠 학생들은 학생회에 펩시와 계약을 끝내는 결의문을 통과시키도록 설득하지는 못했다. 카이저는, 하버드에서 펩시 반대운동이 일어난 초기에, 텁츠 학생회에도 가서 펩시를 옹호하는 로비를 벌였다. 또 텁츠 학생들은 자신들이 하버드 학생들만큼 식품부와 좋은 관계를 가지지 못했음을 인정했다. 텁츠대학의 식품부 대표는 이 문제를 총장에게 맡겼으며, 총장은 펩시와 계약을 연장했다.

네트워크

하버드 집단은 미얀마 민주화 운동의 핵심으로 알려진 몇몇 인사들과 긴밀히 협조했다. 그들은 빌레니스, 조 라마(Joe Lamar) 신부, 자유미얀마연합의 자르 니, 그리고 래리 도어스이다.

이미 언급한 대로, 하버드 활동의 대부분은 인터넷을 통해 이루어졌다. 사이먼스는 버마넷과 유사하게 미얀마의 근황과 자유미얀마운동의 동태를 뉴스처럼 알리는 '자유미얀마(Free Burma)'의 일일 소식지의 압축판을 하버드 학생들을 위해 인터넷에 올렸다. 이전에 작성된 보도 자료는 캠페인 기간 내내 사용되었다. 또 하버드 내 활동 단체의 회의는 대부분 전자우편을 통해 인터넷에서 열렸다. 사이먼스는 펩시 캠페인에 대해 "인터넷이 없었다면 이번 일은 없었을 겁니다"라고 말했다. 그는 "자유미얀마연합 같은 운동이 이렇게까지 성공적이지 못했을 것이고 완전히 다른 양상을 보였을 겁니다"라고 덧붙였다.[54]

---

53) 1997년 스틸리와 가진 인터뷰.
54) 1997년 사이먼스와 가진 인터뷰.

학생 단체들의 네트워크인 자유미얀마연합은 공동 항의를 위한 국제 행동의 날로 3일을 정하였다. 국제 행동의 날은 1995년 10월에 하루, 1996년 3월에 하루, 그리고 1996년 10월에 하루였다. 이러한 행동 조율은 거의 전적으로 인터넷을 통해 이루어졌다. 하버드 학생들도 이 행사에 참여했다.

보스턴의 학생 네트워크는 자유미얀마연합와의 접촉을 시작점으로 각 단체들 간의 교류를 통해 성장했다. 하버드대학, 텁츠대학, 보스턴칼리지(Boston College), 브랜디스(Brandies), MIT(Massachusetts Institute of Technology), 그리고 보스턴대학(Boston University)은 빌레니스가 마련한 미얀마라운드테이블을 통해 연락을 유지한다. 이제 보스턴 네트워크는 고등학교까지 진출했다. 위스콘신 주 매디슨은 보스턴을 제외한 지역으로는 유일하게 고등학교까지 네트워크를 형성한 곳이다. 보스턴과 매디슨은 인터넷을 사용하여, 미얀마 운동에 공립학교들이 참여하도록 유기적인 노력을 펼치고 있다.

자유미얀마연합은 학생들이 인터넷에 접속하고 캠페인을 진행할 수 있도록 정보와 조언, 그리고 조직적 틀을 제공한다. 인터넷이 학생들의 호감을 사는 데는 몇 가지 이유가 있다. 첫째, 학생들은 대학에서 쉽게 인터넷을 이용할 수 있기 때문이다. 둘째, 정보를 빨리 얻을 수 있다. 셋째, 접속 가격도 저렴하다. 넷째, 소수의 인원만으로 차별화된 활동을 벌일 수 있다. 다섯째, 네트워크는 국제적으로 행동을 조정할 수 있는 수단이 된다. 마지막으로, 인터넷은 사회적이다. 하버드에서 미얀마 운동을 처음 시작한 세 학생은 미얀마 관련 활동의 대부분을 담당하는 핵심으로 계속 남았다. 그들은 조직의 크기가 작았기 때문에 외부의 좀더 큰 네트워크와 연계하지 않았다면 이렇게 성공적으로 일할 수 없었을 것이라고 말한다.

사이먼스는 "전화와 일반 우편을 통한 연락망은 노동집약적이고 비용이 많이 들기 때문에 차선책에 불과하다"라고 설명했다. 그는 보통 하루에 몇 시간씩 인터넷을 사용한다. 거미(네트워크를 통해 활동하는 운동가들이 스스로를 부르는 말)들의 '망(web)'의 또 다른 이점은, 양곤과 주변 지역에서 전해진 최신 정보를 즉각 접할 수 있다는 점이다. 자르 니가 전하는 최신 소식들은 즉시 웹에 올라온다.[55]

자유미얀마연합이 의존한 운동가들의 네트워크는 이전부터 존재했다. 예를 들면, 사이먼스는 고등학교 때 국제사면위원회 활동을 했다. 그 단체의 활동 목적은, 인권 문제에 대한 사람들의 인식을 높이고 관련 인적 네트워크를 강화하는 것이었다. 전적으로 미얀마만을 위해 일하는 운동가들은 극히 소수였다. 그들은 동남아시아 국가들의 문제에서 시작하여 동티모르, 스리랑카, 환경 문제 등으로 영역을 넓힐 것이다. 이러한 소규모 네트워크 중 많은 수가 자유미얀마연합과 미얀마 캠페인을 그 활동 모델로 삼고 있다.

결과 평가하기

민주화 운동가들은 미얀마 군부에 대항해 정보전을 펼친다. 양측은 미얀마의 국내 사건에 관한 정보를 만들어내고, 국제사회에서 상대편의 이미지가 자신들의 뜻대로 비치도록 노력한다. 하지만 민주화 운동가들은 매사추세츠 캠페인, 미국 여러 도시로 퍼진 선택적 구매 캠페인, 펩시 보이콧 캠페인 등에서 인터넷을 효과적으로 사용해 왔다. 또한 그들은 인터넷을 통해 언론인들과 접촉하여, 자신들의 활동과 노예 노동, 학생 시위, 정부의 탄압 등 미얀마의 상황을 알렸다. 미얀마 군부 역시 웹페이지를 개설하는 한편, 캘리포니아에 있는 석유 회사 UNOCAL 및 동남아시아국가연합(ASEAN)과의 관계에 주로 의지해 해외에 좋은 이미지를 보이

---

55) Ibid.

기 위해 노력해 왔다. 하지만 미얀마 정부는 아직 이 기술이 가지는 장점을 충분히 살리지 못하고 있다. 전 세계, 특히 미얀마에 투자하려는 사람들이 양편을 주시하고 있다. 양측은 상대편보다 정보전에서 우위를 차지하여 세계에 자신들의 주장을 전파하려 한다.

미얀마 군부는 인터넷을 통해 정기적으로 '보복'을 감행했다. 1997년 7월 하순, 군부는 기존의 방법과 현대 기술을 둘 다 사용하여 역정보활동을 펼쳤다. 우선 정부는 기자회견을 열고 미국의 일부 NGO 직원들이 미국 정부를 위해 미얀마 정부 붕괴 활동을 벌였다고 폭로했다. 군부는 인터넷에 몇몇 관련자들의 이름을 언급하고 그들의 사진과 약력을 실었다. 연루된 사람들은 군부의 주장에 반발했으며, 미국 국무부도 이들이 미얀마 영토 내에서 발생한 테러를 지원했다는 주장을 부정했다(Danitz, 1997: A9).

인터넷은 외교적 측면에서도 장점을 지닌다. 인터넷은 폐쇄 사회와 외부 사회 사이의 대화를 촉진한다. 운동가들은 인터넷 캠페인을 통해 세계와 군부에 사안에 대한 자신들의 해석을 보여주었다고 할 수 있다. 이것은 왜곡된 정보를 바로잡는 고전적인 시도다. 만약 군부가 이에 대응하여, 자신들의 해석을 제시하며 운동가들의 해석에 도전한다면 외교적인 해결책도 가능할 것이다. 서로 대립하는 양측은 인터넷이 제공하는 대화의 장을 활용하여, 세계적 맥락에서 해결책을 도출할 수 있을 것이다. 현재 미얀마 민주화 운동 진영은 군부와의 사이버 토론을 성사시키기 위해 애쓰고 있다. 방콕의 한 미얀마 망명자는 군부가 웹페이지를 개설하고 오카를 인터넷 담당으로 지명한 것과 관련하여, "우리는 군부에 토론에 참여하라고 계속 촉구하고 있다. 아직 많은 진척은 없지만, 이것이 시작이다"라고 말했다(Barnes, 1997).

이처럼 인터넷을 토론의 장으로 활용함으로써, 미얀마의 민주화에 관한 논의를 국제사회에 알릴 수 있을 것이다. 운동가들은 군부와 국제사회의 연계를 끊기 위해 세계인의 동정심을 자극할 수도 있다. 그들은 경제제재 조치 입법 같은 활동을 통해 일부 성공을 거두었다.

인터넷에서 활동하는 미얀마 민주화 운동가들이 군부의 무력 사용에는 물리적으로 대응하지 못하지만, 정보의 '소프트 파워' 이용은 대략 비슷한 효과를 가져올 수 있다. 미얀마 관련 정보는 앞서 언급한 '미얀마 민주화의 목소리'와 (방콕에서 작성돼 국경 지대에서 미얀마를 출입하는 난민들을 통해 배포되는) ≪새시대 신문(New Era Journal)≫ 같은 채널을 통해 미얀마로 들어간다(이 프로그램은 미국의 무상 원조를 일부 받고 있다). 최근에 설립된 라디오 방송국 '자유아시아(Free Asia Radio)'는 미얀마어로 미얀마에 방송을 내보내고 있다. 또 검열과 세관 검색을 피하기 위해 (디즈니나 비디오 게임의 로고를 부착한) 컴퓨터 디스켓을 통해서도 정보는 미얀마로 흘러들어 간다.

미얀마에서 인터넷은 반체제 인사들을 위한 유일한 토론의 장일 수 있다. 인터넷은, 미얀마인들이나 세계인들이 군사정부가 국내외에 유포하는 정보와는 다른 정보를 얻을 수 있는 곳이다. 만약 미얀마의 운동가들이 군부 정권을 타도하고 민주화 정권을 세운다면, 이는 폐쇄 사회에서 반체제 인사들의 목소리가 정부에 반대하는 사람들이 모일 수 있는 장을 어떻게 만드는가의 한 예가 될 것이다. 물론 그렇더라도 인터넷은 성공의 분위기를 창조한 많은 요소 중 하나에 불과할 것이다.

이론상으로는, 잘못된 정보들이 난무하고 선전 기구가 국영 매체의 통제하에 있더라도 반대의 목소리가 존재하며 대안 매체와 그 관점이 일반 민중에게 전파될 수 있다면, 반대편은 결국 유권자들의 마음을 얻는 데 성공할 것이다. 대안적 정보, 특히 신뢰성을 많이 가진 정보를 계속 제공할 경우 역정보 캠페인을 뒤엎는 효과를 일으킬 수 있다. 또 해외에서 반체제 세력의 목소리는 국제사회에 퍼져있는 왜곡된 정보들에 맞서는 효과를 갖게 된다. 폐쇄 사회나 국가의 외부에서는 반대 세력의 의견이 좀더 자유롭게 유통될 수 있다. 만약 국제사회가 반체제 인사들의 주장을 받아들이면, 거짓을 선전하는 집권 세력의 정통성은 타격을 입게 된다.

정보로 가득한 사이버 고속도로(cyberhighway) 덕분에, (결코 이러한 운동에 참여하지 않았을 수도 있는) 수많은 사람들이 다양한 활동에 참여하고 있다. 왜냐하면 이러한 캠페인은 돈이 많이 들지 않고 시간이나 노력도 거의 필요하지 않기 때문이다. 그렇지 않다면, 왜 미국에 사는 평범한 시민들이 미얀마인들을 위해 나서겠는가? 미얀마 망명자 사회는 이러한 활동을 통해 여론 형성과 시민을 대상으로 한 사이버 전략에 관해 교훈을 얻었다.

시민운동에 미친 인터넷의 영향

인터넷 사용의 장점

사례연구와 인터넷 운동가들에 대한 조사에 따르면, 인터넷은 정치를 변화시키려는 풀뿌리 시민 단체들의 노력에 새롭고 중요한 도구를 제공한다. 인터넷의 장점 중 일부는, 단지 전화나 팩스 같은 기존의 기술보다 속도와 비용면에서 점진적 향상을 보인 것에 불과할 수도 있다. 하지만 인터넷의 독특한 특성을 반영한, 가히 혁명적인 장점도 있다. 물론 어떤 기술도 그 자체만으로 성공적인 캠페인을 보장하지 못한다. 하지만 인터넷은 사용자들에게 다른 어떤 것보다도 더 큰 힘을 준다.

인터넷은 값싸고 편리하다. 전자우편을 통해 소식을 전하는 것은 전화나 팩스 또는 다른 기술들을 사용하는 것보다 훨씬 더 저렴하다. 특히 회원들이 멀리 떨어진 곳에서 정보를 주고받거나 미얀마 국경 지대 같은 오지에 있는 네트워크 구성원들과 의사소통해야 할 경우 더욱 빛을 발한다. 게다가 펩시의 사례에서 보았듯이, 활동가들은 캠페인 포스터나 사진, 녹음 기록 등의 홍보 자료를 우편보다 훨씬 싸게, 또 훨씬 신속하고 쉽게 배포할 수 있다.

물론 컴퓨터, 모뎀, 인터넷 계정 등을 마련하기 위해서는 초기 비용이 들지만, 이는 개인이 감당 못할 정도는 아니다. 필자들의 조사 결과, 많은 운동가들이 무료로 제공되는 대학 전자우편 계정을 사용했다.

물론 비용과 핵심 회원들의 노동력은 기부금과 무상 원조에 의존하는 풀뿌리 시민 단체와 NGO들이 고려해야 할 주요 사항이다.

인터넷은 '탁월한(par excellence)' 조직화 도구이다. 인터넷이 없었다면 매사추세츠나 (여기에 언급되지 않은) 다른 많은 사례처럼, 운동가들이 서로 협력하며 압력을 행사하기란 사실상 불가능했을 것이다. 미얀마 운동가들은 미국과 세계 전역에 흩어져 있었다. 그러나 인터넷 덕분에 그들은 매우 가까워졌다. 매사추세츠에 미얀마인이 거의 없다는 사실도 문제가 되지 않았다. 캠페인을 위한 '가상 사회'가 창조되고 선택적 구매법안의 성사 가능성이 보이자, 회원들은 하나가 되어 행동했다. 신속한 대응의 필요성이나 참여자들의 지리적 거리를 생각할 때, 기존의 전화 연락망이나 팩스만을 가지고 이러한 캠페인을 이끌어나가는 것은 거의 불가능했을 것이다.

더구나 인터넷은 신속하게 정보를 교환하고 같은 정보를 세계의 수많은 사람들에게 보낼 수 있기 때문에, 운동가들은 더 많은 사람들과 의견을 조율하고 아이디어를 다듬을 수 있었다. 특히 버마넷 같은 '리스트서브(listservs)'는 신속한 브레인스토밍(brainstorming)에 적합하다. 한 개인이 전자우편으로 자신의 생각을 보내고, 다른 많은 소스들에게서 신속히 피드백을 받을 수 있기 때문이다.[56] 소수의 운동가만으로 수많은 편지와 전자우편을 신속하게 정책결정자에게 보내고, 온라인으로 청원하며, '사이버' 로비를 벌일 수 있다. 운동에 참여하는 사람들의 숫자는 시위나 집회 같은 활동만큼 중요하지 않다. 참여자는 아주 소수일 수도 있다.

---

56) 버마넷 편집자가 쓴 『자유미얀마운동과 인터넷(The Free Burma Movement and the Internet)』(미출판 원고) 참조.

이것은 혁명적이라 할 수 있다. 인터넷 덕택에 처음으로 국제사회의
구성원들이 미국 국내 및 지역 입법 활동에 영향을 미칠 수 있었다. 과거
에는 이것이 로비스트들 또는 미국 유권자들만의 특권이었다. 이것을 '사
이버 외교(cyberdiplonacy)'라고 할 수 있다.

인터넷은 정보를 빠르게 활동가에게 전달한다. 매사추세츠 주나 펩시의
사례에서, 미얀마 군사정부 제재 법안의 지지자들은 인터넷을 통해 미얀
마 국내 상황과 세계 여러 나라의 미얀마 관련 정책에 관한 최신 정보를
모아 전파했다. 이는 그들의 주장을 매우 효과적으로 만들었을 뿐만 아
니라 그들과 미얀마 내 민주화 운동 세력 사이에 단절이 없도록 했다.
말 그대로 '아는 것이 힘'이다.

인터넷을 통해 성공 사례의 신속한 복제가 가능해졌다. 성공적인 인터넷
캠페인 운영자들은 그들의 성공 또는 실패한 전략을 실시간으로 전 세계
의 동지들과 나눌 수 있다.

여러 지역적 상황과 요인 때문에 한 지역의 성공이 또 다른 지역의 성
공으로 반드시 이어지는 것은 아니다. 그러나 선택적 구매법안 도입 운
동을 벌였던 뉴잉글랜드 지역 운동가들은 법안의 전문, 보도 자료, 그리
고 기타 자료들을 다른 지역에서 유사한 활동을 벌이려는 동료들에게 전
자우편으로 보냈다.[57] 각 지역 활동가들은 그 자료들을 자신들의 지역
상황에 맞게 수정했다. 팩시밀리로 몇 년 전부터 이와 비슷한 일을 해왔
지만 인터넷을 이용하면 훨씬 더 많은 자료를 접할 수 있다. 또 웹에 올
려진 자료는 언제 어디서나 다운로드할 수 있다.

인터넷은 여러 시민운동들이 서로 조율하고 비교할 수 있도록 도움을
주었다. 나이지리아나 티베트의 운동가들 또는 동남아시아의 티크 숲(teak-
wood) 파괴 같은 환경 문제에 관심이 있는 이들이 서로 협력할 수 있게 된
것이다.

인터넷은 사용자들이 자신들의 행동 수위를 선택할 수 있도록 해준다. 같

---

57) Ibid.; 1997년 빌레니스와 가진 인터뷰; 1996년 비어와 가진 인터뷰.

은 종류의 컴퓨터와 통신 장비를 사용하면서도, 활동가들은 운동의 참여 정도를 스스로 선택할 수 있다. 그들은 버마넷을 구독하고 'soc.culture. burma'에서 글을 읽으며 다양한 미얀마 관련 사이트를 둘러보는 등 새 소식을 꾸준히 접하는 것만을 선택할 수도 있다. 좀더 수위를 높여서, 여러 뉴스 그룹에 자료와 의견을 올리고 전자 청원서 보내기에 동참하며 설문에 응답하고 캠페인 자료를 다운로드해 사용할 수도 있다. 가장 깊숙이 참여하는 사람들은 인터넷을 활용하여, 정치적 변화를 위해 캠페인을 조직하고 이를 운영한다(BurmaNet Editor, unpublished).

인터넷은 자신들의 대의와 활동을 공표할 수 있도록 도와준다. 특히 캠페인이 성공적으로 진행될 때, 이것은 분명한 사실이다. 이전 세대 반체제 인사들이 팸플릿과 전화, 그리고 팩스를 사용했다면, 오늘날의 운동가들은 인터넷을 사용해 세계에 그들의 활동과 미얀마 민중의 상황을 알리고 이에 대한 대중의 관심을 불러일으킨다. 물론 이것은 모든 국제적 시민운동의 첫 번째 목표이다.

매사추세츠 주의 선택적 구매법안과 펩시의 경우, 각 활동들은 보스턴 지역 신문은 물론이고 ≪USA투데이≫나 ≪뉴욕타임스(New York Times)≫ 같은 전국지에도 여러 번 기사화됐다. 웰드 주지사가 선택적 구매법안에 서명할 것이 확실해지자, 전 세계의 전통 매체들이 매사추세츠 주에 집결했다. 유럽, 아시아, 그리고 오스트레일리아의 라디오와 텔레비전은 갑자기 (그리고 아마도 처음으로) 미국 일개 주의 지방 법안에 시선을 집중했다.

인터넷을 통해 정치적 힘을 행사한다는 것은 매우 새로운 현상이었기 때문에, 기존 매체들은 사이버 운동가들이 벌이는 일과 그들이 일하는 방식의 신선함에 시선을 모았다. 인터넷이 정치운동의 도구로 좀더 널리 쓰이면 이러한 신선함은 사라질 지도 모른다. 하지만 이는 더 두고 볼 일이다.

이와 함께 풀뿌리 시민 정치운동이 무력이나 폭력을 사용하지는 않지만, 이성보다는 말과 이미지에 크게 의존한다는 점도 주목을 받아왔다 (Larmer, 1995: 9). 인터넷은 이러한 말과 이미지를 퍼뜨려 활동가들이 바라는 동정적 여론이 형성되도록 돕는다.

인터넷 기반의 운동가들은 비인터넷 기반 단체들보다 앞서 나간다. 미얀마 운동을 벌이든 아니면 다른 운동에 관련되어 있든, 시민운동가들은 인터넷의 정치적 힘을 처음으로 이해한 사람들 중 하나였다. 미얀마 군사정부와 미얀마에서 사업을 하는 국제적 기업들이 인터넷이라는 도구가 그들의 적에게 부여하는 힘을 깨닫고 그것을 모방하려 했지만, 민주화 운동 조직은 인터넷의 사용에서 지속적으로 앞서 나갔다. 이것은 인터넷이 그 본질상 탈집중화된 조직에 적합하고 계급 조직에는 불리한 것이 아닌가라는 의문을 제기한다.

군부에는 국내의 열악한 경제 사정 때문에 인터넷 사용을 최대화할 수 있는 기반 시설이 없다. 설령 그런 기반이 갖추어져 있다 하더라도, 군부나 인터넷에 호의를 보이는 회사가 같은 방법으로 인터넷을 사용할 지는 분명하지 않다. 미얀마 관련 사례처럼, 범세계적 네트워크를 활용하는 운동가들이 군부의 부조리를 폭로하고 변화를 요구하며 '공격'을 벌이는 것은, 그 반대편의 군사정부가 인터넷을 통해 '방어'하는 것보다 훨씬 더 쉽다. 군사정부가 인터넷을 무엇에 사용할 지는 불분명하다. 민주화 운동가들의 비난에 직접 대응하는 것은 민주화 운동 진영의 주장을 더욱 확산시킬 뿐이다. 하나의 대안은 'www.myanmar.com'처럼 인터넷을 통해 홍보와 이미지 메이킹 활동을 하는 것이다. 하지만 — 대다수는 아니더라도 — 많은 인터넷 사용자들은 본능적으로 권력을 경계하고, 정부나 기업의 미끼에 넘어가지 않는다.

인터넷 사용의 단점

정치 활동에 관여하는 시민 단체들이 인터넷을 사용할 때, 잠재적 단점들도 있다. 이런 '부정적인 면'은 주로 인터넷을 사용하는 방법에 달려 있다. 앞서 언급한 인터넷의 장점처럼, 단점은 인터넷이라는 미디어의 독특한 특성과 관련돼 있다.

하나의 의사소통 채널에만 의존하는 것은 위험하다. 비록 인터넷이 비상 상황에서도 제대로 작동하도록 설계돼 있긴 하지만, 인터넷 불통 사태는 일어날 수 있고 또 일어난 바 있다. 1997년 7월, 인간의 실수와 기술적 결함의 기묘한 결합 때문에 미국의 대부분 지역에서 인터넷 트래픽이 '마비'됐다(Chandrasekaran and Corcoran, 1997: A1). 일부 전문가들은 언젠가는 이러한 인터넷 마비가 좀더 치명적인 위험을 초래할 것으로 보고 있다. 1997년 4월 20일에는 버마넷을 비롯해 평화 및 인권과 관련된 많은 리스트서브들을 호스트하는 IGC의 서버가 '다운'됐다. 그 이틀 후, 미국 클린턴 대통령은 미얀마 군사정부에 대해 연방 차원의 경제제재 조치를 취한다는 발표를 했다. 그러나 4월 24일까지 IGC서버가 복구되지 않았기 때문에, 며칠 동안 운동가들은 새로운 소식을 접하지 못했고 이 중대한 상황을 제대로 논의하지 못했다.[58] 마르코 사이먼스는 "인터넷 접속이 갑자기 중단되면 자유미얀마연합은 아마 붕괴될 것"이라며, "인터넷 의존도가 너무 큰 것 같다"라고 말했다.[59]

정보를 보낸 사람이 상대편이 정보를 수신했음을 바로 확인해야 하는 경우처럼 일부 특수한 상황에서는, 전화나 팩스 같은 기술이 여전히 유용하다.

인터넷을 통한 의사소통은 쉽게 감시될 수 있다. 군부와 그 동조자들이 버마넷의 공개 토론과 다른 토론 채널들을 모니터링한다는 것은 사실이다. 미얀마 군부는 물론이고 캠페인의 표적이 된 회사들도 민주화 단체들의 활동을 전자 도청할 수 있다. 그러나 필자들의 설문에 응답한 일부 인터넷 운동가들이나 인터뷰 대상자들은 이러한 감시 기능을 나쁜 것으로만 보지 않았다. 버마넷의 한 구독자는 이렇게 말했다. "나는 그들이

---

58) *The BurmaNet News*, No.701(April 23, 1997) 참조.

59) 1997년 사이먼스와 가진 인터뷰.

우리의 내용을 읽기 바랍니다. 그들은 어떤 식으로든 배워야 합니다."[60]

개인적인 1대1 전자우편은 조금 더 안전하긴 하지만 기술적 지식이 있는 사람한테 '해킹'당할 수 있다.

좀더 확실한 방법은 암호 기능을 사용하는 것이다. 이론상으로는, 암호 기능을 사용하면, 전자우편 발신자와 수신자만이 해독된 내용을 읽을 수 있다. '전국민주화연맹(National League for Democracy)' 및 기타 민주화 단체들을 후원하는 미국 단체들은, PGP로 알려진 암호화 시스템을 통해 태국과 인도 국경 지역에 있는 단체들과 지속적으로 연락을 취하고 있다. 이 시스템은 미얀마 내의 회동을 추진하고 양곤이나 다른 국경 지역에서 온 운동가들의 소식을 거의 실시간으로 전하는 데 사용되었다. 최근에는 민주화 운동에 대한 태국 정부의 압박이 심해진 것에 대응하여, 사용자들이 암호를 입력해야 온라인 대화방에 들어갈 수 있는 보안 웹페이지를 구축할 정도로 발전했다.[61] 그러나 아직 이러한 보안 기술은 많은 인터넷 사용자들 사이에 널리 쓰이고 있지 않다.

반대자들이 인터넷을 사용해 방해할 수도 있다. 이것은 앞에 언급한 것과도 일부 연관되어 있지만, 정치적 캠페인의 대상(이 경우, 미얀마 군부를 말함)이 속임수를 쓰거나 혼란을 일으키거나 운동가들 사이에 불화를 조장하는 등 좀더 적극적으로 인터넷을 사용하는 경우를 말한다.

가용 자료(예: 인터뷰, 버마넷이나 다른 온라인 포럼에서의 대화)와 인터넷 활동가들에 대한 설문 조사에 따르면, 활동가들은 상대방의 방해 공작이 때로 문제가 될 수 있다고 보는 것으로 나타났다. 하지만 이것이 인터넷 운동을 퇴조시키거나 전 지구적 활동에 적합한 인터넷의 장점을 없애지는 않는다. 조사에 참여한 사람들 대다수는 군부의 방해 작전을 경험한 적이 없으며, 그런 활동들 때문에 캠페인이 입을 손실에 대해서도 거의 우려하지 않았다.

---

60) 1997년 5월 27일 버마넷 전자우편 내용.

61) 마이크 미첼이 제공한 정보.

하지만 정권 측 인물이 인터넷의 익명성을 이용하여 다른 사람으로 가장, 운동권 내에 분란을 조장하기 위해 게시물을 올릴 가능성도 있다(BurmaNet Editor, unpublished). 군사정부 지지자인 오카는 때로 반정부 활동에 혼란을 조장하거나 세력을 약화시키려는 의도를 지닌 글을 버마넷에 올렸다. 일례로 1997년 2월에 올려진 한 게시물은, 전국민주화연맹이 민중의 고통과 군사정부에 대한 불만을 고조시키기 위해 일본에 미얀마에 대한 고등학교 설립 지원 계획을 중단하고 소아마비 백신도 제공하지 말도록 설득했다는 내용이었다. 이 편지는 '마이런 시걸 박사(Dr. Myron Segal)'가 보낸 편지로 알려졌다. 그 한 달 전에, 운동권 지도자 자르 니는 운동권 내에 분란을 조장하려는 군부에 대한 경고 전자우편을 올렸다. 자르 니는 "우리가 읽는 내용뿐만 아니라 우리가 읽는 방법도 우리가 취할 행동의 방향을 결정짓는 데 도움이 됩니다. 그러므로 미얀마의 소식을 '소비하는' 데 신중합시다"라고 충고했다. 그는 러디야드 키플링(Rudyard Kipling)의 말을 인용했다. "실제는 겉보기와 많이 다르다. 이것이 바로 동양이다"(Ni, 1997).

때로 인터넷 토론은 실제 또는 가상의 군부 앞잡이를 비난하는 손가락질로 가득한, 그리고 미얀마의 역사와 특유의 정치학이 많이 가미된 토론으로 퇴보하기도 했다. 하지만 오랫동안 인터넷을 사용해 온 호주의 미얀마 망명자 우 네 우(U Ne Oo)는 최근 인터넷이 "성숙의 경지에 오른 것 같다. 군부가 사용자들을 부추겨 분란이 날 가능성은 적어지고 있다"라고 주장한다(Oo, 1997).

인터넷으로 전달된 정보는 '여과되지 않은 것'으로 때로 정확성에 문제가 있을 수 있다. 운동가들과 기타 많은 사용자들에게 인터넷의 장점 중 하나는, 뉴스 리포터나 정부 관료 같은 기존의 '여과 장치'가 없다는 사실이다. 인터넷은 사용자들이 스스로 흥미 있는 정보를 선택하고, 일반 신문이나 텔레비전이 제공하는 것보다 더 자세한 정보를 접할 수 있게 해준다.

그러나 이 같은 특성은, 사실 관계가 정확하지 않거나 인종차별주의,

성차별주의 또는 기타 과격 단체의 선전·선동을 담은 위험한 정보를 폭넓고 신속하게 전달하는 위험성도 있다.[62]

미얀마 군부가 내보내는 왜곡된 또는 악의적 정보에 관한 문제들은 앞서 이미 언급했다. 필자들의 연구 결과, 미얀마 내 민주화 운동 단체와 세계의 지지자들이 나중에 잘못된 것으로 밝혀진 정보들을 바탕으로 중요 정책을 발표하거나 중대한 조치를 취한 적은 없던 것으로 나타났다.

이러한 문제의 많은 부분은 네티즌의 인터넷 사용 능력에 달린 것으로 보인다. 러싱 의원은 "먼저 당신 스스로 생각해서 그 정보의 가치를 파악해야 한다. 컴퓨터로 전송된 정보라는 사실만으로 진실이 되는 것은 아니다"라고 말했다. 하지만 그는 "사람들은 정말 빠르게 무엇이 사실인지 아닌지 구별한다. 나는 시스템의 자정 능력에 신뢰를 느낀다"라고 덧붙였다.[63]

인터넷 접속 기회는 평등하지 않으며, 정보를 '가진 자'와 '가지지 못한 자'의 구분은 더 명확해질 것이다. 미얀마의 변화를 위한 캠페인에서 일정 역할을 희망하는 사람들이 모두 컴퓨터, 모뎀, 전화선 등 인터넷 접속에 필요한 현대적 수단을 이용할 수 있는 것은 아니다. 이미 말했듯이, 안전한 의사소통을 위해 암호화 도구를 사용할 여력이 있는 사람들도 제한돼 있다.

인터넷 운동가들에 대한 필자들의 조사에 따르면, 미얀마 운동가들 대다수는 영어를 주요 활동 언어로 선택했다. 언어 문제가 운동 참여에 장벽이 된다고 응답한 사람은 거의 없지만, 언어가 장벽이 되는 사람들은 아예 인터넷을 사용하지 않을 수도 있다. 인터넷에서 미얀마어 사용이 가능하도록 특별한 폰트의 보급이 점점 늘고 있지만, 영어는 여전히 인터넷의 지배 언어이다.

---

62) 예를 들면, Graeme Browning, *Electronic Democracy: Using the Internet to Influence American Politics*(Wilton, Conn.: Pemberton Press, 1996), pp.79~81 참조.

63) 1997년 러싱과 가진 인터뷰.

그러므로 토론은 외국인 운동가들 및 그들과 영어로 능숙하게 대화할 수 있는 미얀마인들이 주로 한다. 조직화와 리더십 개발이 인터넷의 효율적인 사용과 연계되면서, 영어를 유창하게 또는 설득력 있게 구사하지 못하는 사람은 주변으로 밀려날 위험성이 더 커졌다(BurmaNet Editor, unpublished).

언어와 함께 자금이 중대한 문제이다. 서구의 NGO나 자선 단체처럼 좀더 많은 지원을 받는 단체와 미얀마 국경 지대가 아닌 도시 중심부에 위치한 망명 단체는, 인터넷에 좀더 많이 접속할 수 있으며 군사정부에 대한 반대 여론을 형성할 기회도 더 많다. 미얀마 내 수많은 소수민족 문제는 논의조차 되지 않고 있으며, 심지어 드러나지 않을 수 있다.[64]

인터넷은 로비나 다른 운동에서 가능한 직접 대면을 대체할 수 없다. 이 경고는 사실 필자들과 인터뷰한 사람들이 거의 공통적으로 얘기한 것이다. 인터넷이나 다른 의사소통 매체는 사람 사이의 직접 대면을 대신할 수 없다. 인터넷은 고유한 장단점을 가지며 운동가들이 활용할 수 있는 여러 '수단' 중 하나일 뿐이다.

심지어 매사추세츠 주의 선택적 구매법 제정운동에서도 전화나 직접 대면 회의 같은 인터넷 외의 다른 도구들이 "더 중요했다"라고 국제비폭력기구의 마이클 비어는 말했다. 그는 "어떤 시점에 이르면, 지역적·직접적 교류가 결정적 중요성을 갖게 된다"라고 덧붙였다.[65] 러싱은, 캠페인에 대해 설명하면서, 전자 로비와 정보의 신속한 전달에서 인터넷이 결정적인 역할을 했다고 말했다. 하지만 그는 자신이 어떻게 의회의 동료 의원들을 직접 만나 그들을 설득했는지를 거듭 말했다. 그는 인터넷이 로비 활동의 '보완물'이라며, "직접 사람들을 만날 수 없을 때, 인터넷은

---

64) Ibid.; 미국 사회에서 드러난 이 문제에 관하여 더 자세히 보려면, Graeme Browning, *Electronic Democracy: Using the Internet to Influence American Politics*(Wilton, Conn.: Pemberton Press, 1996), pp.76~79 참조.

65) 1996년 비어와 가진 인터뷰.

큰 공백을 메울 수 있다"라고 밝혔다.[66]

캠페인을 이끄는 조직 내부의 관점에서 보면, 인터넷은 개인 간 상호 작용의 변화를 가져올 수도 있다. 인터넷은 캠페인, 특히 국제적인 캠페인을 펼칠 때 강력한 의사소통 도구가 됐기 때문이다.

직접 대면하는 모임은 훨씬 적습니다. 단체 회의의 기능은 (특히 지역 적으로 흩어져 있는 사람들이 모일 때) 세부 전략을 짜는 것이라기보다는 유대 관계를 돈독히 하고 외부 인사들을 청빙하는 것입니다(BurmaNet Editor, unpublished).

마지막으로 사람들 간의 접촉이나 조직 내부 강화보다는 외부와의 의사소통과 홍보에만 주력하는 캠페인은 위험할 수 있다.

다른 중요한 요소들을 배제한 채, 매체에만 집중하는 현대 비폭력운동 에는 문제의 소지가 있다. 매체가 관심을 갖는 시간은 아주 짧고, 관심의 집중을 받기 원하는 다른 운동들도 언제나 있기 마련이다. 일단 매체가 관심을 거두고 나면 운동은 어떻게 되는가? 조직을 유지할 길이 없거나 운동이 매체 주도였다면, 그 운동은 흔적도 없이 사라질 것이다(Larmer, 1995: 18~20).

인터넷 때문에 정치 캠페인에 대한 역사적 기억이나 자료 기록의 보존 이 부실해질 수 있다. 이는 컴퓨터 활용이 늘어나고 기록이나 문서를 인쇄 형태로 저장하지 않게 되면서 등장한 우려 중 하나이다. 그러나 버마 넷 뉴스나 관련 자료 기록물들은 전자적으로 보존되어 있다.[67] 운동가들

---

66) 1997년 러싱과 가진 인터뷰.

67) Theo Emery, "Motorola, HP to Cut Ties to Burma: Cite Massachusetts Law Barring Business in Nation," *The Boston Globe*(November 29, 1996) 참조.

은 후임자들을 위해서 과거의 토론·결정·활동 내역들의 기록 보존에 주의를 기울여야 한다.

인터넷 캠페인은 탈집중적이라는 본성 때문에 불안정할 수 있다. 빠른 변화와 유기적·탈집중적 특징을 가진 인터넷 때문에, 과거보다 더 빠르게 캠페인이 만들어지고 활동하다가 곧 사라진다는 것은 더 논할 가치도 없이 명백하다. 집중화와 계급 조직이 현대사회에서 많은 단점을 지니지만, 안정적인 구조를 갖춘 것은 사실이다.

결론

미얀마 군사정부를 대상으로 한 네트워크화된 사회운동의 사례에서, 미국 사회에서 상대적으로 비중이 낮은 유권자들이 인터넷을 이용해 미국의 대외 정책에 영향을 미쳤음을 볼 수 있었다. 모뎀으로 연결된 전 세계 활동가들의 느슨한 연합의 지원을 받은 유권자들의 영향력은, 미국이 WTO에서 유럽 및 일본과 협상하게 할 정도로 강해졌다. WTO에서는, 미얀마를 겨냥한 매사추세츠 주의 선택적 구매법안에 대해 불만이 가득했었다. 이 사례의 결론은 지역 주권 문제에 의미심장한 영향을 끼칠 수 있다.

그러나 인터넷이 사회적·정치적 변화를 꾀하는 국제적 시민 캠페인의 성공을 보장하지는 않는다. 인터넷은 멀리 떨어져 있는 운동가들을 조직하고 다른 지역과 새 소식이나 성공 전략을 신속히 공유하며 모방하는데 적합한 도구이다. 또 운동가들이 (고도로 정제된) 목표 하나에 집중할수 있도록 해준다. 직접 만나는 로비나 '소매 정치(retail politics: 후보들이 일일이 주민들을 만나 자신을 알리고 표를 모으는 것)' 같은 기존의 접근들은 여전히 정치 캠페인의 성공에 매우 중대하다. 또 인터넷에 의존하는 것은 적들의 방해와 감시, 그리고 분란 조장의 위험을 수반한다.

그러나 필자들이 연구한 사례에서, 인터넷은 시민운동가들에게 다국적 기업들과 양곤 정권의 강력한 힘에 대항할 수 있는 새로운 도구를 제공했다. 미얀마 캠페인이 전화선과 광케이블을 통해 맹위를 떨친 이후, 인터넷을 사용해 인권과 민주주의를 개선하려는 노력이 인도네시아, 나이지리아, 티베트, 그리고 동티모르까지 확장됐으며, 지구 온난화 방지나 동아시아의 티크 숲 보호운동에도 이 같은 방법이 채택됐다.

이러한 캠페인들은 언제 그리고 어떻게 인터넷이 가장 잘 활용될 수 있으며, 그 한계점은 무엇인지, 또 인터넷이 정치권력과 주권에 미칠 영향은 무엇인지 등을 더 깊이 연구하는 데 주요한 대상이 된다.

참고문헌

Barnes, William. 1997, March 19. "Generals Fight Back Through Internet." *South China Morning Post*.

BurmaNet Editor. *The Free Burma Movement and the Internet*. unpublished.

Chandrasekaran, Rajiv and Elizabeth Corcoran. 1997, July 18. "Human Errors Block E-Mail, Web Sites in Internet Failure: Garbled Address Files From Va, Firm Blamed." *The Washington Post*.

Danitz, Tiffany. 1997, July 4. "Burmese Junta Says U.S. a Partner in Terrorism." *The Washington Times*.

FitzSimmon, Martha(ed.). 1994. *Communications of Conscience: Humanitarian and Human Rights Organizations' Use of the Internet*. New York: The Freedom Forum Media Studies Center.

Hirsh, Michael and Ron Moreau. 1995, June 19. "Making It in Mandalay." *Newsweek*.

Koppel, Ted. 1994, December 1. "The Global Information Revolution and TV News." address to the United States Institute of Peace conference. *Managing Chaos*. Washington, D.C.

"L.A. Bans Trade Ties to Burma Despite Federal Ruling." 1998, December 17. Inter Press Service, Washington, D.C.

Larmer, Brook. 1995, April 27. "Revolutions Without Guns: Nonviolent Resistance in the 'Global Village'," unpublished work-in-progress presentation. U.S. Institute of Peace.

Lelyveld, Michael S. 1998, November 6. "Massachusetts Sanctions Struck Down: Judge's Ruling May Set Precedent for State Bans." *Journal of Commerce*.

Neuman, Johanna. 1991. *The Media: Partners in the Revolutions of 1989*. Atlantic Council

Occasional Paper(June). Washington, D.C.: Atlantic Council Publications.

Neuman, Johanna. 1996. *Lights, Camera, War*. New York: St. Martin's Press.

Neumann, A. Lin. 1996. "The Resistance Network." *Wired*, Vol.4.01(January).

Ni, Zar. 1997, January 10. "How to Read Burma and Burma Reports." email posted on free-burma listserv.

Oo, U Ne. 1997, May, 16. "The Grassroots Activism and Internet." article posted on BurmaNet.

Ronfeldt, David. 1992. "Cyberocracy Is Coming." *The Information Society*, Vol.8, No.4.

Urschel, Joe. 1996, April 29. "College Cry: 'Free Burma' Activists Make Inroads with U.S. Companies." *USA Today*.

제6장 사파티스타 사회적 네트워의
출현과 그 영향
Emergence And Influence Of The Zapatista Social Netwar

데이비드 론펠트·존 아퀼라

■ 편자 초록: 사회적 네트워는 민주화가 많이 진척된 곳에서 더 효과적이다. 이 장은 이전에 출판된 RAND의 연구서 『멕시코의 사파티스타 사회적 네트워(The Zapatista Social Netwar in Mexico)』(1998)를 요약한 것이다. 이 사례는, 멕시코가 권위주의 체제에서 좀더 개방적이고 민주화된 체제로 진화해 가던 1994년에서 1998년 사이에, 사파티스타 운동이 멕시코 정부를 어떻게 수세에 몰아넣었는지를 보여준다. 심지어 NGO들은 세 번에 걸쳐 멕시코 정부에 군사행동을 중지할 것을 강력히 촉구했다. 그러나 이러한 위기 때문에 멕시코 군 조직은 혁신을 꾀하여 네트워크화를 추진했다. '시애틀의 전투'가 있기 전까지 이 사례는, 사회운동가들에게 네트워크나 네트워가 정보화 시대 사회운동의 나아갈 방향임을 다른 어떤 사례보다도 더 확실히 알려주었다.

EZLN은 지방의 반군으로 이루어져 있다. 그러나 그들은 범상치 않다. 그들은 얼마 안 가 멕시코 지식인들[예: 멕시코의 카를로스 푸엔테스(Carlos Fuentes)와 파블로 곤잘레스 카사노바(Pablo Gonzalez Casanova)]에 의해 세계 최초의 포스트 공산주의자로서, '포스트모던' 반란을 대표하는 것으로 인식되었다.

　삐딱한 의견을 가진 사람들은 치아파스(Chipas)에서 일어난 일에 대해 이렇게 반응했다. "또 시작이군, 이런 봉기는 옛날 산디니스타(Sandinista), 카스트로(Castro), 마르크스주의, 그리고 레닌주의의 유산이야. 이게 멕시코에 정말 필요한 걸까?" 반군들은 그 정반대임을 입증했다. 이번 봉기는 마지막 옛날식 혁명이 아니라 라틴아메리카 최초의 포스트 공산주의 혁명이었다(Fuentes, 1994: 56).

　이 놀라운 주장은 중요한 점을 시사한다. EZLN 반란은 새롭다는 것이다. 게다가 이 봉기를 새롭게 만든 것, 즉 (시민사회를 대변한다고 주장하는) 초국가 및 지역 NGO들과의 유대는 논의의 초점을 '봉기'에서 '네트워'라는 틀로 옮기게 한다. 폭동이 일어난 후 몇 시간 안에 상황에 적극 개입한 NGO 활동가들이 없었다면 치아파스의 상황은 기존 방식을 띤 반란과 제압의 상태로 악화됐을 것이고, 열악한 화력을 지닌 소규모 반군 EZLN은 성공하지 못했을 것이다. 또 '무장 선전(armed propaganda)'을 위해 EZLN이 펼친 노력도 별로 특별해 보이지 않았을 것이다.

　EZLN 봉기 그 자체의 특성이 아니라, 정보화 시대에 맞춘 초국가적 NGO 활동이 틀을 바꾸었다. EZLN은 '인터넷'을 기반으로 한 토착 부대가 아니었다. 마르코스 부사령관이라고 알려진 지도부에는 뛰어난 언론 대변인이 있긴 했지만, 게릴라 부대는 컴퓨터, 팩시밀리, 그리고 휴대폰도 가지고 있지 않았고 인터넷 접속도 할 수 없었다. 이러한 정보화 능력은 대다수 초국가적 NGO와 일부 멕시코 NGO의 손에 있었다. 그들은

이를 활용해 EZLN과 자신들의 견해를 전달하고, 서로 의사소통하며 의
견을 조율하고, 지지자들을 대거 동원하는 데 성공했다.

사파티스타 운동의 3계층

　뒤돌아볼 때, 멕시코와 치아파스는 1990년대 초기에 사회적 네트워를
펼친 여건이 무르익었다. 멕시코 전체는 — 정치적·경제적·사회적으로 — 깊
고 어려운 과도기를 보냈고 지금도 그렇다. 전통적으로 전해지는 족벌적·
위계적 행태가 계속 정치체제를 지배했다. 그러나 이러한 체제가 개방을
시작했다. 미겔 데 라 마드리드(Miguel de la Madrid, 1982~1988) 대통령과
카를로스 살리나스 데 고르타리(Carlos Salinas de Gortari, 1988~1994) 대통
령이 경제 자유화를 시작했고, 소폭이긴 하나 정치 자유화의 문도 열었
다. 멕시코가 현대 시장 원리를 수용하기 시작했다. NGO를 비롯한 독립
적 시민사회 집단들이, 민주화를 지연하고 사회복지 문제를 무시하는 정
부에 압력을 가하기 시작했다.[1]
　한편, 한때 멕시코 남부 국경 근처의 고립된 지역이었던 치아파스는
외세로 가득 차게 되었다. 치아파스는 전통적으로 빈부 격차가 큰 지역
이었다. 사병을 거느리고 봉토를 유지하는 특권계급층의 지주, 독재적인
지역 토호들(caciques), 그리고 가난에 찌들었으나 자신들의 삶의 질이 향
상되고 문화가 존중받길 희망했던 원주민(indigenas)들이 공존했다. 멕시
코의 신자유주의 경제개혁, 특히 살리나스 행정부가 시행한 경제개혁으

---

1) 시민사회와 NGO에 대해선, Jonathan Fox, "The Difficult Transition from
　Clientelism to Citizenship: Lessons from Mexico," *World Politics*, Vol.46, No.2(January
　1994), pp.151~184; Jonathan Fox and Luis Hernandez, "Mexico's Difficult Democracy:
　Grassroots Movements, NGOs and Local Government." *Alternatives*, Vol.17(1992),
　pp.165~208 참조.

로 많은 원주민들의 생활고는 더욱 심해졌고, 결국 EZLN을 조직하고 봉기하는 단계에 이르게 되었다.2)

지역 경제와 사회 상황은 중요하다. 그러나 이 장에서는 치아파스에 대한 초국가적 영향력이 계속 커졌다는 점에 주목한다. 1980년대에 치아파스는 NGO 운동가들, 해방신학을 신봉하는 천주교 신부들, 개신교 전도자들, 과테말라 난민들, 중앙아메리카의 게릴라들, 그리고 마약과 무기를 밀매하는 범죄자들이 모이는 곳이 됐다. 이런 초국가적 영향력은 게릴라 반군의 근거지가 될 뻔했던 인근의 두 도시, 오악사카(Oaxaca)와 게레로(Guerrero)보다 치아파스에서 훨씬 강하고 두드러졌다. 인권 문제를 다루는 초국가적 NGO들은 치아파스의 상황에 깊은 관심을 표명했고, 이들은 주교 관구나 산크리스토발데라스카사스(San Crostobal de las Casas)의 멕시코 NGO들을 통해 오악사카나 게레로보다 치아파스에서 더 깊은

2) 이에 대해 참고한 자료로는, George Collier, "Roots of the Rebellion in Chiapas," *Cultural Survival Quarterly*, Vol.18, No.1(Spring 1994), pp.14~18; George Collier with Elizabeth Lowery Quaratiello, *BASTA! Land and the Zapatista Rebellion in Chiapas*, A Food First Book(Oakland, Calif.: Institute for Food and Development Policy, 1994); Gary H. Gossen, "Comments on the Zapatista Movement," *Cultural Survival Quarterly*, Vol.18, No.1(Spring 1994), pp.19~21; Neil Harvey, "Rebellion in Chiapas: Rural Reforms, Campesino Radicalism, and the Limits to Salinismo," *Transformation of Rural Mexico*, No.5(Ejido Research Project, La Jolla, Calif.: Center for U.S.-Mexican Studies, 1994), pp.1~43; Luis Hernandez, "The Chiapas Uprising," *Transformation of Rural Mexico*, No.5(Ejido Research Project, La Jolla, Calif.: Center for U.S.-Mexican Studies, 1994), pp.44~56; Luis Hernandez, "The New Mayan War," *NACLA: Report on the Americas*, Vol.27, No.5(March/April 1994), pp.6~10; June Nash, "The Reassertion of Indigenous Identity: Mayan Responses to State Intervention in Chiapas," *Latin American Research Review*, Vol.30, No.3(1995), pp.7~41; John Ross, *Rebellion from the Roots: Indian Uprising in Chiapas*(Monroe, Me.: Common Courage Press, 1995) 등이 있다. 나온 지 한 세기 이상 됐지만 여전히 흥미로운 스티븐스의 보고서에 따르면, 치아파스는 토지 문제를 둘러싼 매우 오랜 갈등의 역사가 있으며 멕시코시티 측에 의해 호전적인 인디오(indios)들로 가득 찬 곳으로 간주됐다(Stephens, 1988).

유대 관계를 가졌다.3) 이는 1994년에 네트워로 발전한 봉기가 다른 주가 아닌 치아파스에서 일어나게 된 한 원인이다.

그렇다면 네트워크 구조는 사파티스타 운동을 어떻게 규정하는가? 네트워크 구조는 다음에 언급한 운동의 3계층(layer)에서 발전해 나왔다. 각각은 다음과 같다.

- EZLN의 사회적 기층부에는 마야어를 쓰는 몇몇 마야 부족 출신의 원주민들이 있다. 가장 '부족적인' 이 계층은 평등주의·코뮌·대화의 이상과 목적에 깊이 심취해 있다.
- 다음 계층은 EZLN의 지도부이다. 핵심 지도부를 구성하는 이들은 대부분 교육받은 지주층(landino) 출신으로 인디언 혈통과는 거의 상관이 없으며, 게릴라 부대를 창설하기 위해 치아파스에 침투한 사람들이다. 이들은 치아파스 안팎에서 게릴라전을 수행하기 위해 위계적 지휘 체계를 조직하려는 포부를 가졌다는 점에서, 적어도 초기에는 대단히 위계적인 계층이었다.
- 네트워의 관점에서 보았을 때, 최고위층은 사파티스타 운동의 대의를 위해 모인 수많은 멕시코 및 (주로 미국인과 캐나다인으로 이루어진) 초국가적 NGO들이다. 정보화 시대의 관점에서 보았을 때, 이들은 가장 네트워크화된 계층이다.4)

이들은 서로 다른 가치, 목적, 그리고 전략적 우선순위를 가진, 상이한

---

3) 게레로와 오악사카에서는 토착민 문화와 사회구조가 그렇게 강하거나 뚜렷하지 않았으며, 치아파스처럼 멕시코 중앙 정부로부터 소외됐다.
4) 사파티스타 운동 내부에 부족적, 위계적, 그리고 네트워크 형태의 조직이 공존한다는 점을 이 장에서는 자세히 다루지 못했다. 이 측면의 중요성 및 이와 관련해 더 연구해야 할 점들에 대해서는, David Ronfeldt, *Tribes, Institutions, Markets, Networks: A Framework About Societal Evolution*(Santa Monica, Calif.: RAND, P-7967, 1996) 참조.

문화 출신의 운동가들을 비롯해, 매우 다양한 계층으로 구성되어 있다. 결코 획일적이거나 동일한 행위자들의 집단이 아니다. 이들을 특징지을 수 있는 단일하고 공식화된 조직 구조나 교리도 존재하지 않으며, 있다 해도 이를 오랫동안 강요할 수도 없다. 사파티스타 운동의 형태와 역동 성은 매우 임의적인(ad hoc) 방식으로 드러났다.

사회적 네트워로서 사파티스타 운동의 성격은 주로 최고위 NGO층에 의존한다. 이것이 없었다면 아마 EZLN은 다른 전통적인 반란이나 소수 민족 갈등과 유사한 조직 및 행태로 정착했을 것이다. 사실, 사회적 네트 워의 핵심적 특징인 정보 작전을 실행하는 EZLN과 사파티스타 운동의 역량은, EZLN의 대의에 대한 NGO들의 헌신과 팩스·전자우편·기타 통 신 시스템을 사용해 소식을 전하는 NGO들의 능력에 많이 의존했다. 그 러나 기반을 이루는 원주민 계층의 본질 또한 EZLN을 네트워크화하도 록 이끌었다. 각 계층의 이러한 차이점들은, 사파티스타 운동의 어떤 면 이 네트워와 부합하고 어떤 면이 부합하지 않는지 구별하는 데 매우 중 요하다.

왜 멕시코에서 사회적 네트워가 일어났는지, 그리고 왜 봉기가 사회적 네트워로 변화했는지를 이해하기 위해서는, NGO들의 활동과 관련된 멕 시코 외부의 동향을 살펴야만 한다.5) 실질적인 봉사와 사회적 약자 옹호 운동을 수행하는 이 같은 NGO들의 출현은 사실 새로운 현상이 아니다. 그러나 NGO의 수, 다양성, 그리고 역량은 1970년대 이후 전 세계에서 극적으로 성장했다. 그리고 1980년대 이후 그들은 서로 연계해 행동을 조율하면서 정보화 시대에 걸맞은 구조적·기술적 네트워크를 발전시켰

---

5) 여기서 NGO라는 용어는 비영리 기구(NPO: nonprofit organization), 민간 자원 봉사 단체(PVO: private voluntary organization), 풀뿌리 단체(GRO: grassroots organization) 등을 포함한다. 국제 정부 기구(IGO: international governmental organization), 정부 조직 NGO(GONGO: government-organized NGO), 정부 주 도 NGO(GINGO: government-inspired NGO), 유사 NGO(QUANGO: qausi-NGO) 등은 포함되지 않는다.

다.6) 따라서 EZLN의 봉기에 반응해 멕시코에서 스워밍한 NGO들의 역
량은 이례적인 것이 아니었다. 이는 10~20년에 걸쳐 전 세계적으로, 지
역적으로, 그리고 국지적으로 펼쳐진 네트워크 구축 노력의 결과에서 비
롯된 것이었다.7)

일부 NGO들은 좀더 과격하고 호전적이었으며, 몇몇 NGO들은 오래
된 이데올로기에 많은 영향을 받았다. 그러나 이들은 대부분 정치권력을
추구하거나 다른 행위자들이 권력을 얻도록 돕는 데 관심을 두지 않는다
는 기본 합의점을 지녔다. 오히려 그들은, 시민사회운동가들이 국가와
경제주체들을 견제하고 시민사회에 영향을 미치는 공공 정책을 결정하
는 데 핵심 기능을 할 수 있는 민주주의를 조성하고 싶어했다.8) 정보혁
명의 부산물인 이러한 새로운 이데올로기적 태도는 EZLN 봉기 직전에
는 거의 나타나지 않았다. 그러나 운동가들에게 EZLN을 보호하기 위해
멕시코에 스워밍하라는 일치된 동기를 제공하는 데는 충분했을 것으로
생각한다.

그래서 EZLN 봉기가 일어났을 때, 세계적·지역적 네트워크를 구축해
온 NGO들, 특히 인권, 원주민 권리, 그리고 교회 일치와 민주화 문제를
다루던 초국가적 NGO들은 멕시코시티, 산크리스토발데라스카사스, 그
리고 기타 지역의 협력 상대를 확보하고 있었다. 그러고 나서 1994년에

---

6) 론펠트는 이런 일반적 현상에 관한 문서 자료들을 언급했다(Ronfeldt, 1996). 매슈
(Matthew, 1997)와 슬로터(Slaughter, 1997)의 연구도 중요한 저작이다.

7) 배경 지식을 위해서는, Howard Frederick, *North America NGO Networking on Trade
and Immigration: Computer Communications in Cross-Border Coalition-Building*(Santa Monica,
Calif.: RAND, DRU-234-FF, 1993); David Ronfeldt, Cathryn Thorup, Sergio Aguayo,
and Howard Frederick, *Restructuring Civil Society Across North America in the Information
Age: New Networks for Immigration Advocacy Organizations*(Santa Monica, Calif.: RAND,
DRU-599-FF, 1993) 참조.

8) Howard Frederick, "Computer Networks and the Emergence of Global Civil
Society," in Linda Harasim(ed.), *Global Networks: Computers and International Communica-
tion*(Cambridge, Mass.: MIT Press, 1993), pp.283~295 참조.

초기 NGO 대표들이 치아파스에 집결했을 때, NGO 간의 의사소통과 조정을 지원하기 위해 새로운 NGO들이 설립됐다. 이중 가장 중요한 단체는 산크리스토발의 주교 관구를 기반으로 한 '평화를 위한 NGO들의 연합(이하 CONPAZ)'이었다['멕시코민주화전국연합(National Commission for Democracy in Mexico)'이라는 NGO가 미국에 설립됐다. 하지만 실제로 이것은 EZLN의 대외 홍보 기구였다.[9]

EZLN의 지도자들은 이것의 잠재 능력을 인지했는가? 그들은 수많은 NGO들이 자신들을 돕기 위해 결집(스위밍)할 것을 예견했는가? 이에 관한 증거는 없다. 그러나 치아파스의 상황은 활동가들에게 잘 알려져 있었다. 국제사면위원회(Amnesty International)와 아메리카스워치(Americas Watch)에서 1986년과 1991년에 이 지역의 인권침해에 관한 보고서를 출간했다. 1993년 8월 미네소타인권보호회(Minnesota Advocates for Human Rights)와 세계정책연구소(World Policy Institue)는, 군인들이 원주민을 구타하고 고문한 사건(1993년 5월 발생)을 다룬 공동 보고서를 출간했다. 과테말라에서 난민 관련 활동을 해온 예수회난민보호소(Jesuit Refugee Service)는, 치아파스의 원주민 처우에 우려를 표명하면서 1993년 8월『국제사회에 보내는 긴급 구조 요청(Urgent Call to the International Community)』을 발간했다. 예수회의 요구 사항은 몇 달 후 1994년 1월 수많은 멕시코와 초국가적 NGO들이 요청한 것과 거의 내용이 같았다.

이후 여러 계층으로 구성된 운동이 출현했다. 원주민들과 NGO들은 비위계적인 네트워크 형태의 조직과 행동을 선호했다. EZLN도 ─ 핵심부에

---

9) CONPAZ는 1월 이전에 치아파스에서 활동한 멕시코의 14개 인권 단체들로 구성됐다. 그들이 연합한 이유는, 전쟁의 발발로 어려움을 겪은 데다 평화를 증진하기를 원했고, 연합하면 영향력을 확대할 수 있다는 것을 알았으며, 독자적으로 활동할 수 있는 자금 마련이 힘들었기 때문이다. CONPAZ의 목표는 갈등 지역에 응급 구호 물품과 서비스를 제공하고, 인권침해 행위를 감시·근절하며, 타격을 입은 공동체와 의사소통을 이어가고, NGO 활동을 국제적으로 홍보하는 것이었다.

서는 전통적 마르크스주의 무장운동 같은 계급 조직을 원했지만—대체로 이 방
향으로 움직였다. 비계급적인 구조를 선호하는 이 같은 성향은, (EZLN과 원
주민을 위해) NGO들의 동원을 촉진하고 일단 동원된 운동의 유대를 견고히
했다. 그리고 1993년 말에는 다층의 동원(multilayered mobilization)을 유지하기
위해 강력한 조직적·기술적 네트워크가 자리를 잡았다.

사회적 네트워를 위한 자원의 동원

사파티스타 봉기는 사회적 네트워로 시작한 것은 아니다. 오히려 기존
의 마오쩌둥식 봉기로 시작했다. 그러나 '벼룩 전쟁(war of the flea)'을 벌
이기 위한 EZLN의 군사전략이 문제에 봉착하고, 멕시코인들과 초국가
적 NGO 운동가들이 결집해 '스웜 네트워크'10)를 형성, 치아파스와 멕시
코시티로 몰려가면서 며칠 사이에 상황이 달라졌다. EZLN이 치아파스
에서 차지한 영역은 작았지만 멕시코의 그 어떤 반란 세력보다 언론의
관심을 많이 모았다.11)

EZLN의 전투: '벼룩 전쟁'

EZLN의 지도자들이 원주민의 이상과 제도를 구현할 수 있는 지성, 유
연성, 그리고 혁신성을 갖춘 것으로 보일지 모른다. 특히 마르코스는

---

10) 다음 저작에서 따온 용어이다. Kevin Kelly, *Out of Control: The Rise of
Neo-Biological Civilization*(New York: A William Patrick Book, Addison-Wesley
Publishing Company, 1994).
11) 이는 멕시코 평론가 카를로스 몬테마요르(Carlos Montemayor)의 저술들[예:
"La Regellion Indigena," *La Jornada Semanal*(February 9, 1997)]에서 얻은 관점
이다.

EZLN의 세계관을 마야인의 세계관에 맞도록 변화시키는 데 성공했다. 그렇더라도 자신보다 훨씬 강력한 국가와 대치하는 작은 게릴라 부대인 EZLN은, 적어도 초기에는 매우 고전적인 무장운동 전략인 '벼룩 전쟁' — 이 용어는 태버(Taber, 1970)에 의해 널리 쓰였으며, 로스(Ross, 1995)가 치아파스를 언급하면서 다시 사용했다 — 을 추구했다.

벼룩 전쟁은 주로 가볍게 무장한 소규모 비정규군에 적합하다. 이는 중앙의 전략 통제와 전술적 탈집중화의 결합이라는 마오쩌뚱의 교시를 따른 것으로, 반란군은 소규모 기습 공격을 통해 주도권 확보를 노린다.[12] 멕시코의 경제 기반 구조에 대한 사보타주(Sabotage) 행위는 EZLN 운동의 특징이 되었다. 이런 식의 전쟁에서 승리는, 공통의 전략적 목표를 추구하고, 협조 체제를 통해 여러 목표를 공격하며, 전략적·병참적 연합을 통해 희소 자원을 분배하는, 분산된 단위 조직들 — 에르네스토 체 게바라(Ernesto 'Che' Guevara)의 게릴라전 이론에 등장하는 포코스(focos)와 같다[13] — 의 능력에 달려 있다.

이러한 전략적 접근은 독립을 위한 멕시코인들의 전쟁과 투쟁의 역사에서 그 선례를 찾아볼 수 있다(Asprey, 1994: 159~171). EZLN이라는 이름의 유래가 된 에밀리아노 사파타(Emiliano Zapata)는 멕시코 혁명의 성패에 중요한 기능을 한 벼룩 게릴라전을 벌였다. 게릴라전은 나폴레옹 전쟁 초기 남미 지역에서 해외 제국에 대한 지배력을 유지하려 했던 스페인(1815~1825)이나 1860년대 멕시코를 통치하려던 프랑스에 대항할 때도 핵심적인 저항 형태였다. 게릴라전은 매번 강력한 적에 대항하여 성공을 거두었다. EZLN 지도부는 이러한 역사적 사실을 알고 있었고, 16세기에 인디언들이 스페인 정복군에 대항해 게릴라전 기술을 사용한

---

12) Samuel Griffith, *Mao Tse-Tung on Guerrilla Warfare*(New York: Praeger, 1961), p.114 참조.
13) '포코스'는 체 게바라의 게릴라 이론에 등장하는 소규모 무장 병력 단위이다. Che Guevara, *Guerrilla Warfare*[1960], translated by J. P. Morray(Lincoln: University of Nebraska Press, 1985) 참조.

사실도 알고 있었다.[14)

1994년 1월 1일 선전포고를 할 때에도, EZLN은 멕시코 저항운동의 오랜 게릴라 전통을 고수했다. 그리고 이전의 수많은 운동처럼, '벼룩 전쟁'의 기본 원칙을 너무 엄격히 고수했기 때문에 곧 문제에 봉착하게 됐다.

구조적 수준과 전술적 수준에서 각각 하나씩 큰 문제가 발생했다. 첫째, 봉기 초기에 EZLN은 마오쩌둥이 최적의 전투 형태로 지목한, 500~700명으로 구성된 대대 규모의 부대 몇 개로 조직됐다(Griffith, 1961: 80). 개별 부대 파견은 이 큰 규모의 부대에서 이뤄지는데, 이들은 중앙의 지휘 통제를 받았다. 이 때문에 이들이 치아파스의 작은 마을들을 점령할 무렵, 더 필요한 조치를 취할 수 있는 재량권을 거의 갖고 있지 않았다. 결과적으로 라칸돈(Lacandón) 정글로 퇴각하라는 명령이 내려질 때까지 많은 사파티스타 병력은 그저 자리를 지키고 있을 뿐이었다. 또 주력 부대가 멕시코군에게 공격받았을 때, 파견 부대는 너무 멀리 떨어져 있어서 제때 주력 부대를 도우러 올 수 없었다.

이러한 병력의 분산은 EZLN의 주력 부대에 심각한 문제가 됐다. 왜냐하면 치열한 전투가 예상되는 지역에, 전투원들을 모두 집결시킬 수 없

---

14) 멕시카(Mexica: 아즈텍인들이 스스로를 일컫던 말)들에게서 게릴라 전술은 스페인 침략군의 화력·기병·장갑의 우세에 대응하는 방법으로 자연스럽게 떠올랐다. 프레스컷(Prescott)이 언급했듯이, "개방된 전장에서 그들은 스페인군의 상대가 되지 못하였다"(1949: 428). 그러나 이러한 미비한 전력 때문에 토착민들은 그들의 군사적 전통을 혁신하거나 심지어 이런 전통에서 변화를 추구하기도 했다. 따라서 "멕시카들은 다른 종류의 전쟁을 치렀다. 모두들 복잡한 명령 없이 자연스러운 규율만으로 할 수 있는 한 최선을 다해 싸웠다"(Thomas, 1993: 400). 이 때문에 스페인 정복군(conqistadors)도 교리에 변화를 주지 않을 수 없었다. 특히 전통적인 밀집 대형(close-packed formation)에서, 디아즈(Diaz)가 그의 비망록에서 묘사한 좀더 느슨한 전투(skirmishing) 형태로 변화한 것이 두드러진 특징이었다(1963: 353, 364). 이는 게릴라 부대의 화력 때문에 필요해진 것이다. "적들이 돌과 화살을 너무 많이 발사했기 때문에 우리의 병사들은 갑옷을 입었는데도 부상을 입었다." 스페인군은 힘든 전쟁을 치렀지만 군사 교리의 변화로 완전한 승리를 거둘 수 있었다.

기 때문이었다. 사실 그들의 전술 교리는 많은 부분에서 "적이 전진해 올 때 게릴라의 집중력은 높아진다"라고 갈파한 마오쩌둥의 영향을 받았다 (Griffith, 1961: 103). 예를 들면, 오코싱고(Ocosingo) 시장에서 벌어진 전투에서 전투원 수백 명으로 구성된 EZLN 부대는 멕시코 정규군을 무방비 상태에서 맞닥뜨렸다. 그 결과는 참혹했다. 반란군은 신속히 포위됐고, 포병과 헬리콥터의 강력한 공격에 노출됐다. EZLN 지도부는 이 전투를 피하려고 신속한 퇴각을 요청했지만, 오코싱고에 주둔한 사파티스타 사령관은 받은 명령을 사수하려 했고, EZLN의 피해는 엄청났다(수십 명 사망, 100명 이상 부상).15)

EZLN 지도부는 이내 기존 게릴라 전략의 약점을 깨닫고, 신속히 변화하기 시작했다. 그들은 도시나 마을의 노출된 위치에서 퇴각했고, 대규모 전투부대를 해체해 12~16명으로 구성된 분대 크기의 소규모 전투 단위로 대체했다. 전국적인 봉기를 불러일으키리라 예상됐던 공개 대치 교리 (open confrontation doctrine)는 아무런 성과도 얻지 못해,16) 매복과 소규모 전투로 바뀌었다. 그래서 전투 작전은 사라졌고, 국내외의 일반 대중, 대중매체, 그리고 인권 NGO들이 개입했을 때, EZLN은 전투지가 아닌 곳에서 주요 작전이 벌어지는, 완전히 다른 종류의 투쟁으로 전환할 준비가 돼있었다.

EZLN에서 가장 눈에 띄는 조직적 변화는 탈집중화와 작전 수행 병력의 축소였다.17) 이는 치아파스의 도시와 마을에 대한 최초 공격 후 몇

15) 텔로의 저작(Tello, 1995)은 전투 첫날에 대한 유용한 자료이다. 필자들은 EZLN의 조직과 교리에 대해 얘기해 준 익명의 멕시코군 정보장교에게 사의를 표한다.
16) EZLN은 강력한 전국적 구조를 갖추지 않았다. 더구나 마르코스를 비롯한 몇몇 EZLN 지도부가 체포됐는데도, 멕시코 내에서 다른 자발적인 무장 세력이 일어나지 않았다.
17) 후에 필자들은 멕시코군이 이에 대응하여, 탈집중화된 구조로 변모한 것에 대해 살펴볼 것이다. 한 가지 형태의 탈집중화는 다른 형태의 탈집중화에 의해 대응됐다.

주 안에 이루어졌다. 또 다른 주요 발전은, NGO를 비롯한 지구촌 시민 사회의 구성원들을 자신들의 대의에 끌어들이기 위해 벌인 EZLN의 캠페인이었다. 후에 논의되겠지만, 이러한 비국가 행위자들은 신속하게 동원됐으며, (미국이 암묵적으로 봉기에 대한 무력 진압에 관심을 보이던 기간에도) 멕시코 정부가 봉기에 무력으로 대응하지 못하도록 억제했다. EZLN은 비국가적 정치 연합과 손을 잡으면서 당초에 선언했던 정치적 목표를 변경하여, 정부의 전복 대신 개혁을 공공연히 요구했다. 이러한 변화가 일어나면서, EZLN의 '벼룩 전쟁'은 사파티스타 운동의 '스웜 전쟁'에 자리를 내주었다.

초국가적 NGO의 동원: '스웜 전쟁'

봉기에 대한 소문이 퍼지자, 일찍이 북미자유무역협정(이하 NAFTA)과 중앙아메리카에 대한 미국의 정책에 반대하는 네트워크에 참여했던 미국과 캐나다의 NGO들이, 제일 먼저 움직여 EZLN 운동의 대의에 지지와 동감을 나타냈고 멕시코 정부의 대응을 비판했다. 또 당시 한창 성장하며 높은 수준의 네트워크화를 이룬 인권 및 원주민 권리 NGO들도 신속히 합세했다. 곧 평화, 교회 일치, 교역 등 광범위한 분야에서 활동하는 NGO들이 운동에 참가했다.

며칠 안에 여러 초국가적 NGO들의 대표단이 멕시코시티와 산크리스토발데라카사스에 모여, 지역 NGO들과 EZLN 대표들의 연결 고리를 만들었다. 시위, 행진, 평화 순례 등이 멕시코뿐만 아니라 주미 멕시코 영사관 앞에서도 벌어졌다. NGO들은 직접 대면 회의는 물론이고, 컴퓨터를 이용한 회의, 전자우편, 팩스, 전화 시스템 등을 잘 활용하여 서로 의견을 나누고 조율하였다. 그들은 CONPAZ 결성 당시처럼, 서로 협력하는 능력의 향상에 초점을 맞추었고, 멕시코 관료들이 자신들의 존재를 인지하고 이 문제에 주시하도록 하기 위해, 팩스 보내기 운동, 대중 집회, 기자회견과 인터뷰 등의 방법들을 통해 끊임없이 싸웠다. 멕시코와 미국 관료들의 팩스 번호가 자주 인터넷 뉴스 그룹과 메일 리스트에 올랐다. 만약 번호가 바뀌면 새 번호를 찾아 올렸다. 또 활동가들은 EZLN과 그들의 관점에 대한 인상을 호의적으로 심어주기 위해, 이 봉기가 세계 언론이 관심을 가질 만한 사건으로 인식되고 계속 주목받을 수 있도록 하는 데 주력했다. 사실 모든 이해 당사자가 서로에 대한 인식을 합법화하거나 불법화하거나 또는 다른 방식으로 영향을 주기 위해 홍보 (PR) 전쟁을 벌였다.

한편 마르코스를 비롯한 EZLN 지도자들은 NGO 대표들에게 멕시코로 올 것을 계속 촉구했다. 이미 멕시코 현지에 간 NGO들도 다른 NGO들에게 동참을 촉구했다. 일종의 '편승효과(bandwagon effect)'가 일어났다. 멕시코 정부와 군대를 수세에 몰기 위해 역동적인 스워밍이 발생했다. 공통된 목표와 요구로 한데 묶여 "사태에 공동 대응할 수 있는 유연하고 수평적인 관계"로 특징지어진 NGO 연합이 등장했다(Castro, 1994: 123).[18]

NGO들의 요구는 무엇이었나? 그것은 비폭력적 수단을 통한 민주화 성취, 인권 존중, 정전(停戰)과 군대 철수, 치아파스 지역 주교를 중재자로 하는 평화 협정, 정보의 자유, NGO의 역할 존중(예: 분쟁 지역 상황을 감시할 수 있는 권리 허용) 등이었다. 비폭력 추구를 제외하고는 NGO들의 의제는 EZLN과 매우 유사했다. 이것은 어느 정도 타협된 의제였다. 한편, EZLN과 연대를 원한 NGO들과 중립을 선호하는 NGO들 사이에 긴장이 있었다. 이는 특히 CONPAZ 회의에서 두드러졌다. 또 일부 활동가들은 멕시코의 집권당 PRI의 붕괴 또는 약화라는 다른 목표를 갖고 있었다. 이들은 PRI를, 권위주의와 멕시코 정치 체계의 모든 잘못된 것의 핵

18) Rafael Reygadas Robles Gil, "Espacio Civil por la Paz," in Mario B. Monroy(ed.), *Pensar Chiapas, Repensar México: Reflexiones de las ONGs Mexicanas*(Mexico: Convergecia de Organismos Civiles por la Democracia, August 1994) 참조.

심으로 간주했기 때문이다.[19]

많은 NGO 운동가들은 네트워크를 바탕으로 조직과 전략의 모델을 만들었다. 사회운동에서 이 네트워크는 레닌주의나 다른 기존의 접근들과는 판이하게 다른 방식을 취했다. 예리한 학자이자 활동가인 해리 클리버는 이렇게 말했다.[20]

여러 조직들이 이러한 제휴 형성 과정을 통해 '뿌리로부터 연결된 자율적 집단'이라는 새로운 조직 형태를 창출했다. 이러한 조직 형태는 전에는 절연되고 분리됐던 북미 지역 NGO들의 모든 노력들을 하나로 묶었다(Cleaver, 1994a).

우리가 이번 운동에서 본 새로운 조직 형태는 옛날 방식, 즉 레닌주의나 사회민주주의를 대체하는 것이 아니다. 그것은 전혀 다른 것을 제공한다. 혁명적 조직과 투쟁이라는 포스트 사회주의자의 문제에 대해 실현 가능한 해결책을 제시한다(Cleaver, 1994b).

19) 자신들과 관련된 특정 문제들이 즉각 해결되기를 원한 토착민들의 요구(예: 전기 공급)와 일반적이고 국가 전체에 영향을 미치는 문제들에 관심을 가진 지식인 및 NGO 활동가들의 요구(예: 선거 개혁) 사이에는 부분적인 불균형이 있었음을 주목할 필요가 있다. 어떤 면에서, 토착민과 지식인들은 서로 다른 언어를 사용했다. 지식인들이 언론의 주목을 좀더 많이 받았다.
20) 해리 클리버(1994a)는 처음으로 새로운 네트워크 구조의 등장을 인식하고 이를 논의했다. 그리고 치아파스 사태에 대한 NGO들의 대응이, NAFTA 반대 단체들과 현지인들의 권리를 옹호하는 단체들의 네트워킹에 의해 어떻게 발전해 왔는지를 설명한 인물이다(1994b). 클리버(1995)는 이 주제를 계속 발전시켰다. 언론인 조엘 스미스(Joel Smith, 1995)가, 네트워가 이러한 형태의 갈등을 이해하는 데 흥미로운 개념이 될 수 있음을 제시하는 글을 발표했을 때, 인터넷에선 잠시 이와 관련한 토론이 활발히 이루어졌다. Jason Wehling, "Netwars' and Activists Power on the Internet"(March 25, 1995)(as circulated on the Internet in the abridged version, "Netwars': Politics and the Internet." August 7, 1995. The full version is posted at www.teleport.com/~jwehling/OtherNetwars.html); www.teleport.com/~jwehling/OtherNetwars.html의 다른 자료 참조.

비폭력적이면서도 강한 압력을 주는 활동은 정보 시대의 활동가들에게 매우 중요하다. 이를 위해 활동가들에게는 정보와 여행의 자유뿐만 아니라 신속하고 광범위한 의사소통이 필요하다. 네트워의 상당 부분이 신문, 잡지, 텔레비전 같은 기존 매체와 팩스, 전자우편, 컴퓨터 회의 시스템 같은 신매체로 이루어졌다(기존의 직접 대면과 전화도 중요했다).

사파티스타 봉기가 처음 신매체를 통해 알려졌을 때, 활동가들은 정보를 퍼뜨리고[21] 힘을 동원하고 합작운동을 조율하기 위해 인터넷, 피스넷(Peacenet) 같은 회의 시스템, 그리고 멕시코의 신생 라네타(La Neta: 1993년 온라인에 만들어짐)를 많이 활용했다. 1994년 말에는 관련 웹페이지가 상당히 많이 만들어졌으며, 전자우편 리스트서브(email listserve)와 고퍼 아카이브(gopher archive)도 만들어져 누구나 EZLN과 마르코스의 성명을 읽거나 다운로드할 수 있었다.[22] 이를 통해 다양한 NGO들의 견해와 정책적 입장에 대해 의견을 교환할 수 있게 됐으며, 후에 '전자적 시민 불복종(electronic civil disobedience)'이라고 명명된 실례를 보여주었다.[23] 사파티스타 운동은 인터넷상에서 전례 없이 많은 세계인들의 관심을 모았고, 이는 오늘날까지 지속되어 성장하고 있다.[24]

네트워가 진행되면서 치아파스와 관련하여 두 종류의 NGO가 동원됐고, 이 둘은 모두 중요했다. 하나는 이슈 중심의 NGO였고, 또 하나는 기반 구조 구축과 네트워크 결성을 촉진하는 NGO였다. 주로 전자가 주

---

21) 때로는 의도적으로 잘못된 정보를 퍼뜨리기 위해서 사용됐다. 이 점은 뒤에 논의된다.

22) EZLN의 비공식 홈페이지로 간주되었던 초기의 인기 사이트 www.peak.org/~justin/ezln/은 미국인 학생 저스틴 폴슨(Justin Paulson)이 개설했으며, 지금은 www.ezln.org로 옮겨졌다.

23) 전자적 시민 불복종에 관한 배경 지식과 관련 자료는 스테판 레이(Stefan Wray)의 웹사이트(www.nyu.edu/projects/wray/ecd.html)에서 참조.

24) 이에 대한 가장 좋은 가이드는 해리 클리버의 웹사이트, 사이버 공간의 사파티스타 운동: 분석을 위한 지침과 참고 자료(Zapatistas in Cyberspace: A Guide to Analysis and Resources), www.eco.utexas.edu/faculty/Cleaver/zapsincyber.html이다.

목을 받았지만, 후자 또한 동등하게 중요했다. 어떤 면에서 전자가 사회
운동의 '내용'이라면 후자는 '통로'와 같은 것이며, '메시지'와 '매체'에 비
유할 수 있다.

이슈 중심의 NGO들은 인권이나 원주민 권리, 평화, 환경, 통상, 개발
과 같은 특정 이슈를 자신의 정체성과 임무로 생각하는 단체들이다. 수
많은 NGO들이 각 분야에서 활약했다.

두 번째 유형의 NGO인 기반 구조 구축과 네트워크 촉진 NGO들은
첫 번째 유형의 조직들과 제휴하여 행동했다. 이러한 NGO들은 특정한
주제로 정의되지 않는다. 오히려 이들은, 주제와는 상관없이, 다른 NGO
들과 운동가들을 도와준다. 이들은 의사소통을 촉진하고, 시위와 항의,
그리고 여러 행사를 조직하며, 교육과 교류 활동 지원을 전문으로 한다.

이중 기술과 훈련의 관점에서 가장 중요한 것은 국제진보통신연합
(APC: Association for Progressive Communications, 이하 APC)이다. APC는 미
국에 기반을 둔 피스넷과 콘플릭트넷(Conflictnet), 그리고 멕시코의 라네
타를 비롯해, 많은 자매회사를 갖고 있는 전 세계 컴퓨터 네트워크의 네
트워크이다. 이들은 모두 인터넷에 접속되어 있다. APC와 자매 네트워크
들은 NGO들을 위한 전 세계적 컴퓨터 회의 및 전자우편 시스템인 것이
다. NGO들은 이것을 통해 조언을 구하고 의견을 조율하며 소식과 정보
를 널리 알리고, 팩스 대량 발송이나 전자우편 캠페인을 통해 정부에 압
력을 행사할 수 있게 됐다. 또 APC는 NGO들의 온라인 활용을 위해 장
비 구입과 회원 훈련을 도와준다.[25]

물론 이러한 인터넷 활용은 인터넷 접속이 가능한 좋은 통신수단이 있
다는 것을 전제로 한다. 당시 멕시코에서는 대학이나 일부 상업 인터넷

---

25) 일반적 배경 지식을 위해서는, Howard Frederick, "Computer Networks and
the Emergence of Global Civil Society," in Linda Harasim(ed.), *Global Networks:
Computers and International Communication*(Cambridge, Mass.: MIT Press, 1993),
pp.283~295 참조.

서비스 업체를 통해서만 인터넷이 가능했으며, 대다수 활동가들이 사용하기에는 비용이 지나치게 많이 들었다. APC의 자매 네트워크인 라네타도 1993년에야 비로소 시작됐으며, 시작 당시엔 사용자가 많지 않았다. 멕시코시티나 몇몇 주요 도시, 그리고 대학에서는 인터넷 접속이 상당히 안정적이었다. 반면 산크리스토발데라카사스 같은 곳의 사정은 다르다. 가능하긴 하나 매우 느리며 안정적이지도 않다. 이럴 때 이들에게는 팩스나 전화가 더 좋은 의사소통 수단이다.[26]

APC는 특별히 치아파스를 위해 멕시코에 활동가들을 두지 않았지만, 다른 중요한 기반 구조 구축 NGO들은 활동가들을 두었다. 여기에는 미국 NGO인 글로벌익스체인지(Global Exchange), 캐나다의 네트워크 NGO인 액션캐나다(Action Canada), 그리고 멕시코의 CONPAZ가 있다. 이 모든 조직 사이에는 협조적 관계가 존재했다[이슈 중심의 NGO들이 다른 NGO들에게 정보를 퍼뜨리는 일을 했다는 것을 주목할 필요가 있다. 가장 중요하고 신뢰할 수 있는 단체 중 하나는 '미겔 오거스틴 프로 인권 센터(Miguel Augustin Pro Center for Human Rights)'로 일간 및 주간 소식지를 발행한다].

(국제적십자기구와 같은 국제 정부 기구를 제외하고) 글로벌익스체인지 말고는 치아파스에 상설 기구를 설치한 초국가적 NGO는 없었다. 대부분은 EZLN이 개최하는 회의나 다른 NGO들의 활동에 참석차 또는 자체 보고서 작성을 위해 가끔씩 치아파스에 대표들을 파견했다. 하지만 많은 NGO들은 새로운 의사소통 기술을 활용하여, 지지자들의 메일링 리스트 운영, 청원서 서명, 팩스 및 편지 쓰기 캠페인을 벌이고 NGO들이 발행한 보고서를 인터넷이나 다른 매체에 유포함으로써, 현지에 '가상 주재(virtual presence)'를 계속 할 수 있었다. 이러한 '가상 주재'는 초국가적인 사회적 네트워 수행에 중요한 기능을 할 수 있다.

---

26) 마르코스가 그의 성명서를 인터넷에 올린다는 생각은 매우 묵시론적(apocryphal)이다. 그는 정글에서도 노트북 컴퓨터를 갖고 다니는 것으로 알려졌다. 하지만 무언가를 업로드하거나 다운로드하기 위해서는 디스켓을 산크리스토발로 가져나와야만 한다고 한다.

전체적으로 가톨릭 교회, 특히 산크리스토발 교구 및 '프레이바톨메데 라카사스' 인권 센터('Fray Bartolome de las Casas' Center for Human Rights) 같은 교회와 관련된 멕시코 NGO들이 치아파스에서 강력한 영향력을 갖고 있다는 사실은 앞서 언급한 NGO들의 결집에 결정적이었다. 산크리스토발 교구와 (얼마 지나지 않아 COMPAZ도 포함된) 관련 NGO들은 초국가적 운동가들에게 핵심 노드 기능을 하는 실제 연락 지점을 제공했다(게레로나 오악사카처럼 새로운 분쟁이 일어나는 다른 주에는 이러한 노드가 없다).

그러므로 사파티스타 네트워크는 필자들이 네트워에서 기대하는 바대로 성장했다. 활동가들의 네트워크는 비공식적이고 종종 임시변통적인 형태를 띠었다. 비록 몇몇 NGO들은 주도적으로 활동하거나 다른 단체들과 협력하며 꾸준히 참여했지만, 참여의 정도는 이슈에 따라 계속 달라졌다. 일반적으로 NGO들은 이른바 '투쟁의 네트워크'를 창출하기 위해 네트워크의 전체적인 성장에 관심이 있는 것처럼 보이지만, 어떤 NGO들은 여전히 자율성과 독자성을 유지하려 했으며 자신들만의 독특한 관심과 전략을 염두에 두고 있다. NGO들은 과거에도 그랬고, 지금도 전략에 대한 새로운 접근 방법을 어떻게 사용할 것인가를 배우고 있다. 이는 NGO들이 네트워크를 통해 공유된 정체성을 발전·유지할 것과 정보 운용을 강화할 것을 요구한다.

군사작전의 중단이나 수감된 사파티스타 반군의 석방 요구 같은 민감한 이슈를 둘러싸고 스워밍이 형성됐을 때 인상적인 유대와 조화가 있었다. 그러나 동시에 사파티스타 회원들 사이에 완벽한 연대나 조화가 존재한 적도 없었다. 필자들의 인터뷰에 따르면, 조율은 항상 쉽지 않았다. 갈등의 현장에 있는 운동가들 사이의 문제점과 상이점은 차라리 다루기 쉬었지만, 멕시코시티에서는 논쟁의 톤이 매우 달랐고 긴장감도 훨씬 강했다. 실제로 상당한 갈등이 존재했고, 표면에 떠올랐으며, 그것은 운동의 성과를 제한하는 효과를 가져왔다.

예를 들면, 1994년 1월 당시 EZLN의 최초 수사(修辭)는 스타일이나 내용면에서 상당히 사회주의적이었고, 문화적 권리나 자치 같은 원주민 문제의 중요성은 거의 언급되지 않았다. 그러나 2월 마르코스가 지도자가 된 후에 사안들의 재조정이 이루어졌다. 사회주의적 내용은 줄어들었고 원주민 권리에 관심을 기울이라는 요구가 전면에 등장했다(Van Cott, 1996: 74~77).[27] 이것은 이미 EZLN을 지지했던 많은 원주민 권리 옹호 NGO들을 안심시켰다. 하지만 일부는 EZLN이 마르크스주의적 언어는 줄이고, 인디언들의 관심사는 더 많이 반영하여 범인디언 운동 구축에 동참하기를 원했다. 그러나 EZLN은 자신들의 목표를 민족주의의 틀 안에서 유지하려고 했다. 다른 관점에서 봤을 때, 일부 좌파 활동가들은 EZLN이 민족문제를 중요한 요소로 간주하는 것이 불만족스러웠다. 특히 마르크스 좌파들에게는 경제 계급이 핵심 요소이고, 계급투쟁에서 민족성은 연합보다는 불화를 일으키는 요소로 간주됐다.

그러나 전반적으로 많은 멕시코 NGO 활동가들은 치아파스 문제뿐만 아니라 멕시코의 개혁을 증진하기 위한 노력에서도, 의사소통과 조율, 그리고 동원을 위해 네트워크적 접근을 채택한 것에 대해 스스로 자신감을 가졌다. 1994년 대통령 선거를 감시하기 위해 만들어졌고 1995년 EZLN에 의해 국민투표 주관 기구로 선정된 NGO들의 민주화 연합 네트워크인 '시민연합(Civil Alliance)'의 리더 세르지우 아구아요(Sergio Auguayo)[28]는 이렇게 말했다.

우리는 NGO의 자긍심에 심대한 영향력이 미쳤음을 본다. 그들은 자신들이 중대한 정치적 의미를 지닌 어려운 과제들을 조율하고 해낼 수 있

---

27) June Nash, "The Reassertion of Indigenous Identity: Mayan Responses to State Intervention in Chiapas," *Latin American Research Review*, Vol.30, No.3(1995), pp.7~41 참조.

28) 세르지우 아구아요는 멕시코의 NGO 운동 발전을 가장 날카롭게 분석했다. 예를 들면, Sergio Aguayo Quezada, "Los modos del Marcos," *La Jornada*(January 10, 1996) 참조. 이는 전자우편 리스트를 통해 수신한 것이다.

다는 것을 스스로 입증해 냈다.[29)]

그리고 시민 기구들이 지대한 영향력을 가지고 있다면, 그것은 그들이 네트워크를 구축하고 미국, 캐나다, 유럽에 있는 단체들의 지지와 연대를 받았기 때문이다(Aguayo, 1996: B9).

분쟁의 변환

실질적으로, 또 전자적으로 멕시코에서 스워밍한 NGO들은 사파티스타 갈등의 맥락과 수행 방식을 신속히 변환시켰다. 며칠 지나지 않아, 전통 방식의 게릴라 봉기는 정보 시대의 사회적 네트워로 변모했다. 주요 참여자들은 이미 네트워크화된 구조를 가지거나 그런 방향으로 전환했다. 멕시코 정부와 군부대보다 EZLN과 그에 동조한 NGO들이 좀더 네트워크적 성격이 강했지만, 멕시코 정부와 군대도 후에 네트워크적 조직으로 전환했다.

몇 주 안에 이 갈등은 'EZLN' 운동이라기보다는 NGO 스워밍을 포함하는 넓은 의미의 '사파티스타 운동'의 성격을 띠게 되었다. 이 운동은 명확한 정의나 경계가 없었다. 이 운동은 이슈 토론에서부터 산크리스토발데라카사스나 멕시코시티에서의 집단 항의 시위 조직까지 모든 활동의 중심을 (어느 정도) 갖고 있었다. 산크리스토발 주교관이나 CONPAZ처럼 방송이 되기 전에 이슈가 제기되는 조직적 중심부가 있었다. 또 이 운동은 일부 핵심 NGO들의 모임에 의존했다. 그러나 공식적인 조직이나 본부, 그리고 지도부나 의사결정체는 없었다. 이 운동의 회원들은 (회원이라고 표현할 수 있다면) 임시변통적이고 유동적이었다. 회원 상황은 어떤

29) David C. Scott, "NGOs Achieve Credibility in Mexico," *Crosslines Global Report*(October 31, 1995), from http://burn.ucsd.edu/archives/chiapas-l/1995.11/msg00013.html에서 재인용.

NGO의 대표들이 당시 현장에 있었는가, 어떤 NGO가 인터넷에서 집결하는가, 어떤 주제가 관련돼 있는가, 그리고 이슈나 상황에 따라 달라질수 있었다. 분명히 어떤 NGO들은 사파티스타 운동에 꾸준한 관심을 표명한 반면, 어떤 NGO들은—특히 사파티스타가 자신들의 주 관심사가 아닐경우—일시적으로만 연대했다. 요약하면, 전반적으로 사파티스타 운동은불규칙하게 퍼져나가며, 혼란스럽고, 형태가 없는 집단이었다. 어떤 면에서 보면, 정의할 수 없다는 점이 바로 사파티스타의 힘의 일부였다.[30]

'정보 작전'이 부각되면서, 봉기는 조직 측면에서 더욱 탈집중화됐고, NGO와 밀접하게 연계됐지만, 군사작전의 측면은 약화됐다. NGO들은멕시코 정부에 군사적 반응은 자제하고 협상에 응하도록 압력을 가하기위해, 다양한 신구 매체를 사용하는 비폭력 전략을 이용했으며 다른 조직이 같은 전략을 쓰는 것을 옹호했다.

1월에 12일간 치열한 전투를 치른 후에, 정부는 대응 공격을 사실상그만두었다. 멕시코 군부대가 사파타스타 봉기에 효과적으로 대응했다는점을 고려할 때, 정부가 공격을 자제한 이유는 아직도 의문으로 남아있다. 멕시코 정부의 전투 작전 종료는 미국의 역습에 대한 두려움이 멕시코의 행동을 제한했다는 전통적인 국가 중심 이론으로는 설명될 수 없다. 사파티스타 봉기를 다룰 때 미국은—비록 암묵적·간접적으로 지지했을지는몰라도—EZLN의 진압을 확실히 지지하지는 않았다. 다른 국가 정부들의 암묵적 지지에도 불구하고, 멕시코 정부는 EZLN과 NGO들의 주도권장악을 피할 수 없다는 것을 알았다.

네트워가 발전함에 따라, 멕시코의 대통령 두 명은 군사작전을 끝내고정치적 대화와 타협을 선택할 수 밖에 없었다. 앞서 언급한 대로 1994년1월, 살리나스 대통령은 처음으로 산크리스토발데라카사스의 대성당에서 협상을 열었다. 1년 후인 1995년 2월, 그의 후임자 에르네스토 세디

---

30) 사파티스타 운동에 관한 연구 문헌들은 아직까지도 '사파티스타 운동'의 정확한 정의를 내리지 못하고 있다.

요(Ernesto Zedillo, 1994~2000)는 분쟁 지역에 군을 증파하여, EZLN 지도자들을 체포하라고 명령한 후 4일 만에, 정전을 선포하고 산안드레스라라인자르(San Andres Larrainzar)에서 협상 재개에 동의했다. 두 번에 걸친 멕시코 정부의 방향 선회는 정부 관료와 군 장교, 그리고 대중을 모두 놀라게 했다. 1994년 1월의 정전 선언은, 몇 달간 전투를 치러야 협상의 가능성이 보일 것으로 예측했던 EZLN으로서도 놀랄 일이었다. 정부는 심지어 열대림에 있는 EZLN의 본거지를 당분간 EZLN의 자치권으로 관리되는 '자유 지역'으로 간주하는 데에도 동의했다.

왜 살리나스와 세디요 두 대통령은 군사작전을 중지하고 대화와 타협에 동의했는가? 이를 설명하기 위해 다양한 주장들이 제기됐다. 군대가 우위를 잡았다는 자신감, 외국 채권자들이나 투자자들의 반발에 대한 우려, 대중매체에 비치는 멕시코의 이미지 실추, 멕시코 위정자들 사이의 내분 또는 멕시코 대중 사이에 퍼진 폭력 진압에 대한 거부감 등이 그 예이다. 그러나 필자들의 분석에 의하면, 두 경우 모두 초국가적 활동가들의 네트워, 특히 거기서 연유한 정보 작전이 매우 크게 기여한 것으로 드러났다. 미디어의 관심 증가, 외국 투자자들의 우려 등 다른 설명의 배후에는 네트워가 자리 잡고 있었다. 이러한 활동은 정보혁명의 결과로 가능해진 네트워킹 능력에 의해 현실화됐다. 사파티스타 갈등을 통해서 세계 시민사회는 처음으로 자신들이 국가와 (국가에 대응하는) 비국가 행위자 사이의 관계에서 새로운 핵심 행위자임을 입증했다. NGO들은 정보 작전 덕분에 이런 일들을 이룰 수 있었다. 멕시코 정부 관료들은 갈등 초기에 '정보 전쟁'에 압도당했음을 인정했다.

멕시코를 넘어서

앞에서 말했듯이 사파티스타는 처음부터 세계 최초의 '포스트모던' 봉기 또는 운동으로 평가받아 왔다. 그래서 이 운동은 멕시코 안팎에서 비상한 관심을 모았는데, 그중 상당 부분은 이 운동이 앞으로 (다른 나라에서 더 발전되고 재현될 수 있는) 정보화 시대 사회 투쟁의 모델을 제공하는지, 그리고 어떻게 제공하는지에 관련된 것이었다. 그런 견해에 비난이 없던 것은 아니다. 예를 들면, 전통적 좌파 입장의 대니얼 누겐트(Daniel Nugent, 1995)는 EZLN은 많은 면에서 굉장히 전통적이고 전근대적이라며, 포스트모던이라는 수식어를 비난했다.

스스로를 500년에 걸친 투쟁의 산물로 인식하고 있으며, 멕시코 헌법에 근거를 두어 대통령의 즉각 하야라는 자신들의 요구를 합법화하고, 덧붙여 멕시코인들을 위한 일자리, 토지, 주택, 음식, 건강, 교육, 독립, 자유, 민주화, 정의, 그리고 평화를 요구하는 농부들의 반란 군대를 어떻게 '포스트모던 정치운동'이라고 부를 수 있는지 이해하기 어렵다. 그들이 쓰는 용어는 분명히 모더니즘적이고 그들의 실제 조직은 단연코 비현대적인데도, 어떻게 EZLN이 근대의 정치학을 뛰어넘어서 행동할 수 있는가? 그들의 민주적 명령 구조는 5~6개의 다른 언어로 기초 공동체들과 직접 대화해야 하는 느린 조직 형태이다. 따라서 포스트모던한 디지털적 즉시성을 만족시키기 어렵다. 멕시코의 나무집이나 벽돌집마다 모뎀과 VCR을 달라는 것이 그들의 요구인가? 아니다. 그들의 이름이 '포스트모던 다국적 해방군'이거나 '남반부의 사이버 전사들인가'? 아니다.

그의 논점은 전근대, 근대, 그리고 포스트모던을 정확히 나누는 것에 초점을 맞춘다. 반면 크리스 하블스 그레이(1997: 5~6)는 그의 책 『포스트모던 전쟁(Postmodern War)』의 서문에서 사파티스타가 이 세 시대의 혼합이며, 어떤 면에서 이 혼합이 곧 포스트모던하다고 지적했다.

　　그들의 운동은 혼성적 운동이었다. 전통적인 농민 봉기는 인터넷과 타
　블로이드 신문을 이용하는 첨단 홍보 전략의 도움을 받았다.…… (마르코
　스는) 소규모 공격, 전국적 동원, 그리고 국제적 호소와 같은 이질적인 요
　소들을 결합해 정치적 고립을 돌파하려는 사파티스타의 정교한 시도 중
　한 부분이다.…… 마르코스에게 승리는 국가의 권력을 잡는 게 아니라, 국
　가의 권력을 재구성하는 것이다.

　　포스트모던이라는 꼬리표를 붙일 수 있는가와는 상관없이, 이 운동에
서 정보가 생산적이고 결정적인 기능을 한 사실은 부인할 수 없다. 정보
화 시대가 세계의 사회적 갈등의 본질에 어떤 영향을 미칠 것인가에 대
해 마누엘 카스텔(1997: 79)은 이렇게 지적했다.

　　사파티스타의 성공은 주로 그들의 의사소통 전략 때문이었다. 따라서
　최초의 정보 게릴라 운동이라는 말이 딱 들어맞는다. 그들은 유혈 전쟁을
　피하기 위해 결사적으로 노력하면서, 한편으로 자신들의 메시지를 퍼뜨리
　기 위해 미디어 이벤트를 만들어냈다.…… 전 세계 및 멕시코 사회와 의
　사소통하는 사파티스타의 능력은 국지적이고 미약한 반란 조직을 세계
　정치의 최전선으로 나아가게 했다.

　　그리고 그의 의견은 사파티스타에만 국한되는 것은 아니다. 정보혁명
의 결과, 많은 새로운 사회운동이 — 카스텔은 환경, 종교 근본주의, 여성 해
방, 그리고 미국 시민군 운동 등을 거론한다 — "네트워킹하고 탈집중적인 조
직 형태 및 개입"의 출현으로 새롭게 정의되고 있다(Castells, 1997: 362).
이러한 네트워크에서 중요한 것은 활동을 조직화하는 능력뿐만 아니라
자신들의 '문화 코드'를 생산하고 이를 사회 전반에 퍼뜨리는 능력이다.

우리의 역사적인 비전은 정렬한 대대, 화려한 깃발, 그리고 정형화된 사회 변혁의 주장들에 너무나 익숙해 있어서, 권력의 핵심에서 벗어나 다양한 네트워크를 통해 처리되는 상징들이 계속 변화하며 교묘히 파고들 때 우린 길을 잃는다(Castells, 1997: 362).

해리 클리버(1998: 622~623)는, 멕시코 사태는 종자와 같아서, '사파티스타 효과'가 다른 사회운동으로 확산될 수도 있다고 말했다.

사파티스타 투쟁은, 멕시코의 정치체제를 위기로 몰아넣는 것을 넘어서, 다른 많은 나라들의 다양한 풀뿌리 정치운동을 고양시키고 자극했다.······ 세계의 사회운동에 반향을 일으키고 있는 '사파티스타 효과'는, 1994년 페소 위기 때 신흥 금융시장에 파문을 일으켰던 '테킬라 효과'와 비슷하면서도, 궁극적으로는 신자유주의의 신세계 질서에 더 위협적이라고 말해도 과언이 아닐 것이다.

유럽에서 있었던 마스트리히트(Masstricht) 조약 반대 행진과 사파티스타에 의해 고취된 이탈리아 급진파 등이 그가 인용한 예들이다. 그러나 그의 분석의 요지는 각 사례보다 폭넓다. 새로운 '투쟁의 전자 구조'가 건설되고 있고 이는 세계의 운동을 서로 연결하고 고취시키는 데 도움을 준다(Cleaver, 1995, 1998).[31]

---

31) 캐나다위원회(Council of Canadians), 말레이시아에 본부를 둔 '제3세계 네트워크 (Third World Network)' 등이 포함된 초국가적 시민사회 NGO들의 연합체가 인터넷과 기타 미디어를 활용하여, 다자간투자협정(MAI: Multilateral Agreement on Investment)을 이끌어내기 위해 국제 협상의 방향을 돌려놓은 것은 클리버의 주장의 또 다른 증거라 할 수 있다. 경제개발협력기구(OECD) 29개국 장관들이 국제적인 항의의 물결 때문에 협상이 합의에 이르지 못했음을 시인한 것은, 네트워킹의 명백한 승리를 뜻한다. 이 네트워킹에 참여한 일부 캐나다인들은 전에 안티 NAFTA 운동에도 관여했다. Madelaine Drohan, "How the Net Killed the MAI: Grassroots Groups Used Their Own Glibalization to Derail Deal," *The Globe and Mail*(April 29, 1998) 참조.

여기서 필자들의 주장에 어떤 지적인 순환성이 있음을 눈여겨 봐야 한다. 네트워 발흥의 증거로 언급하고 인용했던 많은 저서들은 네트워의 개념을 제안했던 필자들의 책(특히, 1993년과 1996년에 출간된 책)을 인용 또는 언급한 저자들(예: 카스텔, 클리버, 그레이)의 것이다. 그러나 이러한 순환성 때문에 네트워의 확산에 대한 증거로서 필자들이 그들의 저서를 사용하는 것이 무효가 되지는 않는다. 대신 이는 사파티스타가 조직한 두 번의 '대륙 간 회합(Intercontinental Encounter)'[32]에서 논의된 대로, '네트워크' 밈(meme)[33]이 지식층과 운동가층에서 영역을 구축하고 새로운 곳으로 확산되고 있음을 재확인해 준다.

그러므로 치아파스는 향후 몇 년간 이어질 수많은 사회적 네트워의 첫 번째 사례라고 할 수 있다. 각 사회적 네트워는 발생한 국가나 지역에 따라 독특한 특징을 가질 수 있다. 치아파스는 초기 사례이기 때문에, 특별한 사례가 될 수도 있다. 그래서 치아파스 사례를 일반화하는 데 주의해야 한다. 그러나 이것은 분명히 전조이다.

치아파스 사례는, 네트워가 '스웜 네트워크'의 등장에 의존한다는 것[34]

---

32) EZLN이 '신자유주의에 반대하고 인간성을 지키기 위해' 1996년 사파티스타 정글에서 개최한 회합이다. 세계 42개국에서 3,000명이 참석해 신자유주의에 대한 투쟁 방안을 논의했다. 2차 모임은 이듬해 스페인에서 열렸다. '대륙 간 회합'은 인터넷을 통해 제안되고 행사를 조직하는 등 정보 시대에 걸맞은 사회운동 조직화의 예를 보여준 것으로 평가된다(옮긴이 주).

33) 도킨스(Dawkins)는 밈의 개념을 인간 진화의 지속을 위한 탈유전자(postgenetic)적 기반으로서 제시했다. 그는 이를 통해 생물학적 조직뿐만 아니라 문화적 조직도 '정보의 자기 복제 패턴(self-replicating pattern of information)'에 기반함을 보이려 했다(1989: 329). 그는 이렇게 주장한다. 유전자가 정자나 난자를 통해 육체에서 육체로 전달됨으로써 유전자 풀(pool) 내에서 스스로를 확산시키듯이, 밈도 넓은 의미에서 모방이라 부를 수 있는 과정을 통해 뇌에서 뇌로 전달됨으로써 밈 풀에서 스스로를 확산시킨다(1989: 192). 한편 린치(Lynch, 1996)는 밈이 '사고 전염(thought contagion)'을 통해 어떻게 퍼지는지를 논의했다.

34) 자세한 내용은 John Arquilla and David Ronfeldt(eds.), *In Athena's Camp: Preparing for Conflict in the Information Age*(Santa Monica, Calif.: RAND, MR-880-OSD/RC, 1997); 이 책의 10장 참조.

과 스워밍은 분산된 NGO들이 인터넷으로 연결되고 '집합적인 다양성'
과 '조율된 무정부주의'를 드러내는 방식으로 협력했을 때 가장 잘 일어
난다는 것을 보여준다. 이 표현들이 보여주는 역설적 성격은 의도된 것
이다. 스워밍은 다양하게 특화된 관심사를 가진 NGO들의 참여로 이루
어진다. 그러므로 어떤 이슈라도 스워밍에 참가하는 NGO들 중 일부에
의해 ─ 참여하는 NGO 전체가 아니라 ─ 주요 이슈로 부각돼 스워밍의 대
상이 될 수 있다. 동시에 많은 NGO들은 포괄적인 이데올로기와 정치적
이상, 그리고 비폭력적 전략과 전술에 대한 개념을 공유하는 집합체의
한 부분으로서 활동할 수 있고, 또 그렇게 활동하는 자신들을 인식할 수
있다. 일부 NGO들이 다른 단체보다 활동적이고 영향력이 강할 수는 있
지만, 집합체가 중앙 지도부나 명령 구조를 갖고 있지는 않다. 이는 지도
부를 여러 개 가진 구조이며, 특정 지도부를 공격해 조직을 무력화시키
는 것은 불가능하다.[35] 스워밍의 행태는 통제가 안 되어 보일 수도 있고
때로 혼란스러워 보일 수도 있지만, 스워밍은 ─ 각 부분들 사이의 신속한
의사소통을 통해 ─ 폭넓은 자문과 조율로 그 모양새를 갖춘다.[36]

사파티스타의 사례는 초국가적 NGO들에게 사회적 네트워가 효력을
발휘할 수 있도록 해주는 일종의 교리와 전략을 알려준다. 세 가지 핵심
원칙이 있다. ① 시민사회를 최전선으로: '세계 시민사회'를 만들고 그것
을 지역 NGO들과 연결하라. ② '정보'와 '정보 작전'을 핵심 무기로 하
라. 정보 및 정보 접근의 자유를 요구하고,[37] 언론의 주의를 사로잡으며,

---

35) 하지만 특정한 지도자는 차이를 만들 수 있다. 초기 발전 단계에 있는 많은
NGO들의 경우, 지도자의 능력이나 선호에 따라 그 행태에 큰 차이를 보일 수
있다. 브리스크(Brysk, 1992)는 이 점을 잘 지적하며 적절한 예들도 제시한다.
36) 물론 네트워크의 모습과 행태에 영향을 미치는 심각한 분열과 분파가 네트워
크 내부에 있을 수 있다. 네트워크 내부에서 네트워(intranetwar)가 발생해 네
트워크의 능력을 변경시키거나 제한할 수 있다.
37) 정보와 의사소통에 관한 NGO 권리 헌장을 제정하려는 노력에 대해서는 여러
자료 중 특히 Howard Frederick, *Global Communication and International Relations*
(Belmont, Calif.: Wadsworth Publishing Co, 1993) 참조.

정보와 의사소통 기술의 모든 방법을 사용하라. 사실 NGO 활동가들이 (논쟁이 되는) 공적 이슈를 놓고 정부나 다른 NGO들에 맞서는 사회적 네트워에서, 싸움은 주로 정보(주로 누가 무엇을 언제 어디서 왜 알고 있는가)에 대한 것이다. ③ '스워밍'을 뚜렷한 목표로 하고 정부나 다른 목표 대상들을 압도할 수 있는 능력을 구축하라. 앞에서도 언급했듯이, 스워밍은 정보 시대 네트워크 중심 갈등의 자연스러운 산물이기는 하지만, 동시에 교리나 전략의 차원에서 의도적·적극적 노력을 통해 다듬어야 가능한 것이기도 하다. 이것은 절대 우연히 일어나지 않는다.

이 모든 것이 가능할 때 네트워 전사들은 폭력이나 군대의 힘을 빌리지 않고도 국가나 시장 행위자에게 강력한 압력을 가할 수 있다. 한편으로 이는 미국의 이익에 잠재적인 위협이 될 수도 있다. 그러나 다른 한편으로는, 멕시코의 네트워가 위협이라기보다는 도전이 됐던 것처럼, 긍정적인 결과를 가져올 수도 있다. 특히 사회적·정치적 개혁에 박차를 가하게 될 것이다. 실제로, 좀더 긍정적인 면을 보면, 사파티스타 네트워는 멕시코의 안정과 미래 전망에 관해 국내외에 불안을 높이기는 했지만, 멕시코(또는 미국의 이해관계)에 결코 나쁘지 않았다.

편자 후기

이것은 1998년의 사례였다. 1999년과 2000년에는 사파티스타 운동이나 관련 행위자들의 활동이 상당히 잠잠했다. 마르코스는 공개적으로 의견을 거의 밝히지 않았다. EZLN은 새 작전을 펴지 않았다. 멕시코 군은 EZLN의 활동을 작은 지역에 묶어두었다. 멕시코 관료들은 외국인 활동가들을 날카로운 시선으로 계속 주시했다. 그리고 많은 NGO 활동가들은 멕시코나 다른 지역의 다른 문제에 관심을 돌렸다. 어떤 부정적 결과가 잠재해 있는지는 알 수 없지만, 사파티스타 운동은 이 기간에 계속해서 다양한 긍정적인 결과들을 가져왔다. 치아파스에서, 사파티스타 운동은 멕시코군에게 자극을 주어 혁신적으로 대응하게 했다. 멕시코 군대는 소규모 부대의 조직과 능력을 재정비하고 이들이 여러 지역에 걸쳐 네트워크를 형성하도록 했다. 멕시코 전체로 보았을 때, 이 운동은 직·간접적으로 민주적 경쟁과 투명한 선거의 분위기를 향상시켜, 2000년 12월 새로운 정당인 인민행동당(PAN)이 정권을 잡는 데 기여했다고 볼 수 있다.

취임 후 빈센테 폭스(Vincente Fox) 대통령은 새로운 평화 계획의 정착에 주력하여, 수감된 사파티스타 운동원들을 석방하고, 몇몇 봉기 지역에서 군대를 철수시켰다. 마르코스와 EZLN은 이에 대해 희망과 의심을 동시에 나타냈다. 2001년 EZLN 진영이 2주간에 걸쳐 행한 치아파스에서 멕시코시티로의 행진은 이러한 그들의 입장을 여실히 보여준 행사였다. 그리하여 2001년은 정부와 EZLN 사이에 (전통적이면서 극적인) 정치적 주고받기 행위로 시작되었다. 그러나 원주민 권리 법안에 대해 폭스 행정부와 사파티스타 사이에 새롭게 이견이 불거지면서 새로운 사회적 네트워가 발생할 전망도 여전히 상존한다.

2001년 여름

참고문헌

Aguayo, Sergio. 1996, August 15. "Citizens Chip Away at the Dinosaur." *Los Angeles Times*.

Arquilla, John and David Ronfeldt. 1993. "Cyberwar Is Coming!" *Comparative Strategy*, Vol.12, No.2(Summer), pp.141~165. Available as RAND reprint RP-223.

Arquilla, John and David Ronfeldt. 1996. *The Advent of Netwar*. Santa Monica, Calif.: RAND, MR-789-OSD.

Asprey, Robert. 1994. *War in the Shadows*. New York: Morrow.

Brysk, Alison. 1992. "Acting Globally: International Relations and Indian Rights in Latin America." paper presented at the XVII International Congress of the Latin American Studies Association, Los Angeles, September 24~27.

Castells, Manuel. 1997. *The Information Age: Economy, Society and Culture*, Vol.II, *The Power of Identity*. Malden, Mass.: Blackwell Publishers.

Castro Soto, Oscar. 1994. "Elementos Para un Analisis de Coyuntura y una Posible Estrategia desde las Clases Populares y las Organizaciones no Gubernamentales." in Mario B. Monroy(ed.). *Pensar Chiapas, Repensar México: Reflexiones de las ONGs Mexicanas*. Mexico: Convergecia de Organismos Civiles por la Democracia(August).

Cleaver, Harry. 1994a, February. "The Chiapas Uprising and the Future of Class Struggle in the New World Order." for *RIFF-RAFF*, Padova, Italy(online at gopher://lanic.utexas.edu:70/11/la/Mexico/).

Cleaver, Harry. 1994b. "Introduction." in Editorial Collective. *¡Zapatistas! Documents of the New Mexican Revolution*. Brooklyn: Autonomedia(online at gopher://lanic.utexas. edu:70/11/la/Mexico/Zapatistas/).

Cleaver, Harry. 1995. "The Zapatistas and the Electronic Fabric of Struggle." from http://www.eco.utexas.edu/faculty/Cleaver/zaps.html. printed in John Holloway and Eloina Pelaez(eds.). 1998. *Zapatista! Reinventing Revolution in Mexico*. Sterling, Va.:

Pluto Press, pp.81~103.

Cleaver, Harry. 1998. "The Zapatista Effect: The Internet and the Rise of an Alternative Political Fabric." *Journal of International Affairs*, Vol.51, No.2(Spring), pp.621~640.

Dawkins, Richard. 1989. *The Selfish Gene*. New York: Oxford University Press.

Diaz del Castillo, Bernal. 1963. *The Conquest of New Spain*[1568]. Baltimore: Penguin.

Fuentes, Carlos. 1994. "Chiapas: Latin America's First Post-Communist Rebellion." *New Perspectives Quarterly*, Vol.11, No.2(Spring), pp.54~58.

Gray, Chris Hables. 1997. *Postmodern War: The New Politics of Conflict*. New York: The Guilford Press.

Griffith, Samuel. 1961. *Mao Tse-Tung on Guerrilla Warfare*. New York: Praeger.

Lynch, Aaron. 1996. *Thought Contagion: How Belief Spreads Through Society*. New York: Basic Books.

Mathews, Jessica. 1997. "Power Shift." *Foreign Affairs*, Vol.76, No.1(January/February), pp.50~66.

Nash, June. 1995. "The Reassertion of Indigenous Identity: Mayan Responses to State Intervention in Chiapas." *Latin American Research Review*, Vol.30, No.3, pp.7~41.

Nugent, Daniel. 1995. "Northern Intellectuals and the EZLN." *Monthly Review*, Vol.47, No.3(July-August), as circulated on the Internet.

Prescott, W. H. 1949. *A History of the Conquest of Mexico*[1843]. New York: Heritage.

Ronfeldt, David. 1996. *Tribes, Institutions, Markets, Networks: A Framework About Societal Evolution*. Santa Monica, Calif.: RAND, P-7967.

Ross, John. 1995. *Rebellion from the Roots: Indian Uprising in Chiapas*. Monroe, Me.: Common Courage Press.

Scott, David C. 1995, October 31. "NGOs Achieve Credibility in Mexico." *Crosslines Global Report*, from http://burn.ucsd.edu/archives/chiapas-l/1995.11/msg00013. html.

Simon, Joel. 1995, March 13. "Netwar Could Make Mexico Ungovernable." *Pacific News Service*.

Slaughter, Anne-Marie. 1997. "The New World Order." *Foreign Affairs*, Vol.76, No.5(September/October), pp.183~197.

Stephens, John Lloyd. 1988. *Incidents of Travel in Central America, Chiapas and Yucatan*[1841]. New York/London: Harper/Century.

Taber, Robert. 1970. *The War of the Flea*. New York: Citadel.

Tello Díaz, Carlos. 1995. *La Rebelión de las Cañadas*. Mexico City: Cal y Arena.

Thomas, Hugh. 1993. *Conquest: Montezuma, Cortes, and the Fall of Old Mexico*. New York: Simon and Schuster.

Van Cott, Donna Lee. 1996. *Defiant Again: Indigenous Peoples and Latin American Security*. McNair Paper 53, Washington, D.C.: Institute for National Strategic Studies(October).

제7장 에머럴드 도시의 네트워: WTO 시위의 전략과 전술
Netwar In The Emerald City: WTO Protest Strategy And Tactics

폴 드 아몽

■ 편자 초록: 자유 사회에서 때로 네트워는 말 그대로 통제 불능 상태로 갈 수도 있다. 이른바 '시애틀의 전투'는 지금까지 발생했던 네트워 중 이러한 상황의 가장 좋은 예이다. 드 아몽은 목격한 사실들을 기술하면서 모든 행위자와 전략을 분석하고, 왜 그리고 어떻게 DAN이 그렇게 효과적이었는지 밝힌다. 이 투쟁은 WTO의 출범을 위해 모인 각국 정부 및 국제기구 관계자들의 회합을 와해하려는 세계의 여러 활동가들과 무정부주의자들의 활발한 참여로 특징지을 수 있다. 이번 장은 폴 드 아몽의 한 논문을 요약한 것이며, 허락을 받아 다시 출판한다.*

---

* 그 논문은 다음과 같다. Paul de Armond, "Black Flag Over Seattle," *Albion Monitor*, No.72(March 2000), from http://www.monitor.net/monitor/seattlewto/index.html.

미국의 다른 도시들처럼 시애틀도 별칭이 있다. 시애틀의 별칭 중 하나는 '에머럴드 도시'인데, 이는 항상 촉촉한 푸른 초목과 신비한 오즈의 나라라는 시애틀의 이미지에서 따온 것이다. 1999년 11월 30일, 시애틀 주민들은 새롭게 떠오르는 세계적 저항운동의 현실을 자각했다. 이 운동이 시애틀에서 시작한 것은 아니다. 비슷한 동기와 참가자, 그리고 전략을 가진 다른 저항운동들이 미국과 전 세계에 걸쳐 이미 상당 기간 진행 중이었다. 이른바 'N30(11월 30일)' 시위를 특별하게 만든 것은, ─마치 도로시나 토토가 불현듯 캔자스가 아닌 다른 곳으로 옮겨진 것처럼─ 우리가 갑자기 네트워의 한복판에 놓여져 있음을 자각하게 만든 충격이었다.

그 이듬해 내내 항의 시위들이 계속되었으며, 시애틀에서 폭발했던 선전·선동을 계속 이어갔다. 미국에선 보스턴(Biodevastion), 워싱턴 D.C.(A16), 노동자의 날에 수많은 도시들(M1), 밀워키(동물 권리), 디트로이트와 윈저, 온타리오(OAS), 필라델피아(공화당 전당대회), L.A.(민주당 전당대회) 등에서 시위자들이 '시애틀의 정신'이라 부르는 시애틀 방식의 시위를 했다. 세계적으로도 방콕, 런던, 프라하, 멜버른 등지에서 시위가 일어났다.

N30의 모든 것은 미리 예견되었다. 이전의 시위들, 특히 1999년 6월 18일 런던을 비롯한 세계 곳곳에서 있었던 'J18(6월 18일, 거리 점령 시위)'은 시애틀의 11월 30일 시위의 전조였다. 6월 18일의 시위는 무시되거나 잊혀지거나 잘못 해석되었다. 반면 시애틀의 시위는 정보망을 통해 확산되었고 전 세계에 알려졌다. 오즈는 무너지지 않았지만, 벽은 갈라졌다.

네트워크화된 사회단체는 새로운 시위운동을 일으킨다. 데이비드 론펠트와 존 아퀼라가 '네트워'라고 명명한 이런 형식의 갈등은 정보와 정보통신 기술, 비계급적 조직, 그리고 이전의 시민사회 갈등과는 판이하게 다른 전술에 주로 의존한다. 에머럴드 도시에서 무슨 일이 있었는가를 이해하기 위해서는 수많은 행위자들을 식별하고, 그들의 전략과 전술을 파악하며, 시위 진행과 함께 발생한 사건들을 알아야 한다.

시위의 배경

시애틀 시위의 핵심은, 화요일 아침 첫 대치 중에 있었던 놀라움과 혼란이다. "그것은 두 군대가 전장에서 만났을 때, 바로 자신들의 전투 계획이 완전히 무너지는 것을 경험하는 전형적인 예였다"라고 시애틀의 정치학자 다니엘 주나스(Daniel Junas)는 말했다.[1]

거리 시위는 3단계로 구분할 수 있다. 첫 번째, DAN의 시위자들은 전략적 교차점을 몇 개만 장악해 경찰을 무력화했다. 두 번째, 경찰의 전략은 DAN 시위는 진압하고 노동자의 시가행진은 허용한다는 상반된 두 가지 목표로 분리됐다. 세 번째, DAN 시위대를 통제하여 이들이 회의장에 접근하지 못하게 한다는 목표가 실패로 돌아갔다. 노동자 시가행진을 빠져나온 사람들이 속속 DAN 시위에 합류하면서, 아침 10시부터 경찰들이 최루탄을 사용했는데도, 시위대는 더욱 확고히 거리를 장악했다. 화요일 3시경, 경찰의 본격 진압 결정이 내려졌지만, DAN은 회의 저지라는 목표를 이루었다.

---

1) 인용은 대부분 1999년 12월에서 2000년 1월 사이에 벌어졌던 WTO 시위를 다룬 ≪시애틀타임스(Seattle Times)≫와 ≪시애틀포스트인텔리전서(Seattle Post-Intelligencer)≫의 기사에서 가져온 것이다. WTO에 대한 두 신문의 모든 기사는 http://seattletimes.nwsource.com/wto와 http://seattlep-i.nwsource.com/wto/에서 볼 수 있다. 다니엘 주나스와 제프 보스콜(Jeff Boscole)의 인용은 필자와의 대화를 통해서 들은 것이다. 주요 사건 일지는 1999년 10월 KIRO TV가 방송한 WTO 관련 다큐멘터리 <시애틀에서의 4일(Four Days in Seattle)>을 바탕으로 구성했다. 블랙블록의 무정부주의적 견해를 보기 위해선, 톰 트러블(Tom Trouble)이 블랙블록 참가자와 가진 인터뷰 참조. http://csf.colorado.edu/forums/pfvs/2000/msg03110.html에서도 볼 수 있다. 경찰의 관점은, Mike Carter and David Postman, "There was Unrest Even at the Top During WTO Riots," *Seattle Times*(December 16, 1999); Brett Smith and Dan Raley, "Police Officer Blames City's Poor Planning," *Seattle Post-Intelligencer*(December 4, 1999) 등에서 참고했다. AFL-CIO 행진에 참여했던 한 참여자의 경험은, Greta Gaard, "Shut Down the WTO! Labor and Activists Create Change," *Every Other Weekly*(Bellingham, Wash., December 16~29, 1999) 참조.

그 이후의 결과는 자명했다. 이 전투는 도시의 다른 지역으로 확산되어 3일간 계속됐다. 목요일에 이르러 WTO 회의는 무기한 연기됐고, 경찰은 민간인 공격을 중단했다. 경찰은 WTO 회의를 연기할 수 밖에 없다는 화요일의 결론을 목요일이 되어서야 인정한 셈이 됐다.

행위자: WTO 반대자

DAN은 제도보다는 네트워크를 기반으로 해서 출현한 정치조직이다. DAN과 네트워크를 맺은 초기 조직들은 '열대림보호네트워크(the Rainforest Action Network)', '예술과 혁명(Art and Revolution)', 그리고 '러커스협회(Ruckus Society)'와 같은 단체들의 연합이었다. DAN을 통해, 이런 단체들은 비폭력 시위 훈련과 의사소통, 그리고 (자문 및 합의의 탈집중화를 통한) 집단 전략과 전술을 조율하였다.

NGO들의 이러한 새로운 정보 기반 네트워크의 전략과 전술은, 베트남전 반대운동 시절 필요에 따라 임시로 운영된 위원회들, 최근 세계 환경과 인권을 위한 국제회의에서의 '대안 정상회담' 운동, 걸프전 기간 미국의 정책에 반대하기 위해 형성된 연합운동 등을 거쳐 진화돼 왔다. 제도와 반대되는 의미인 네트워크는, 탈집중화된 지휘통제 기구에 의해 형성되고, 지도자들을 겨냥한 '지도부 타격'의 영향을 최소화하며, 하나의 상징적인 목표에 집중하면서도 상당히 다른 의제들을 가진 연합체들과 손잡을 수 있는 무정형의 조직이다. 네트워크와 관련된 갈등은 공격과 방어의 경계선을 모호하게 한다.

DAN의 총체적인 전략 목표는 시애틀의 WTO 모임을 '봉쇄'하는 것이었다. 목표를 이루기 위한 주요 방법은, 운동가들이 스스로 조직한 소규모 단위 조직인 십여 개 '유사 단체'를 배치하는 것이었다. 이러한 유사 단체들은 시위가 있기 몇 주 전 DAN 훈련 기간 중에 조직됐다. 주요 훈련은 루커스협회가 담당했고, 약 250명이 참가했다. 이후 그들은 경찰과 폭력적으로 대치하고, 시위 시작 후 체포당할 수 있는 위험을 감수하는 '첫 번째 층(first wave)'의 핵심 시위대가 되었다. 첫 번째 층은 독자적으로 다양하게 활동하지만 전략적으로는 연합하고 있었으며, 이러한 첫 번째 층의 물결은 다른 유사 단체 및 지지자들의 두 번째 층으로 이어졌다. 두 번째 층은 투쟁적이긴 하나 체포와 부상의 위험은 피하려는 경향이 있었다. 이들은 모두 WTO 회의를 봉쇄하기 위해 거리 장악에 나섰다. 숫자로 보면 적은 유사 단체들이 시위대에 포진하여, 촉매제 역할을 담당하며 군중들에게 행동 방향을 제시했다. DAN의 목표와 종합적인 전략은 모든 시위자들의 불만을 포용할 수 있을 정도로 충분히 넓었다.

WTO에 반대하는 또 하나의 주요 단체는 미국의 노동조직 AFL-CIO이다. AFL-CIO는 단일 구조와 상명 하달을 강조하는 위계질서 체제이다. 지도부의 결정을 합리화하기 위해 때로 형식적인 선거가 열리긴 하지만, 조합의 의사결정 과정에 일반 조합원들의 참여는 거의 없다. 근본적으로 내셔널리즘의 입장을 취하는 AFL-CIO의 정책 목표는, 국제적인 문제보다는 국내 정책에 더 초점을 맞춘다. 간단히 말하면, AFL-CIO의 전략적 목표는 국가에 충실한 야당으로서 순전히 상징적 입장 표명을 통해 클린턴 대통령을 지지하고 그의 행동에 합법성을 부여하는 것이었다. AFL-CIO는 수천 명을 시애틀로 끌어들이는 데 도움을 주었다. AFL-CIO의 열성 지지자들은 DAN과 같이 행동하는 데 관심이 없었다. 그러나, 시위 두 번째와 세 번째 날, AFL-CIO 사람들이 DAN의 거리 시위에 동참했고, 그 여파는 궁극적으로 경찰을 압도한 '세 번째 층'에 힘을 실어주었다.

행위자: WTO와 그 연합 세력

갈등의 또 다른 편에서는, WTO와 그 연합 세력들이 더욱 복잡하고 분열된 그림을 그리고 있었다. WTO 회의의 목적은 국제무역 협상을 위해 새로운 틀을 만드는 것이었다. 더 좁은 범위에서 WTO 회의의 목적은 현존하는 무역협정의 범위를 저개발국까지 포함하도록 넓히는 것이었다. 시애틀 회의 이전에는 주요 무역 지대 세 개가 WTO를 주도했는데, 그것은 NAFTA 조약을 중심으로 구성된 서반구, 유럽경제연합(EEC), 그리고 아시아의 공업국들이었다. 시애틀 회담에서는 처음으로 저개발국을 포함했다. 회담장 밖에 시위대가 없었다 해도, 회의장 내부의 긴장은 회담 진행이 순탄치 않을 것이라는 것을 예고했다.

미국의 입장은, 표면적으로는 지지를 보내는 척하면서 합의를 가로막는 것이었다. 클린턴 대통령의 전략은 회담 자체의 성공보다는 회담에서 자신의 등장에 더 초점을 맞추었다. 만약 회담이 새로운 틀을 이끌어내는 데 실패했다면, (개발도상국보다는 선진공업국의 이익에 훨씬 편향된) 기존의 협약이 국제 협상의 기본 방침으로 계속 유지될 수 있었다. 시위와 관련하여, 연방 정부의 전략은 클린턴이 회의장에 나가는 것이었다.

회담을 개최하고 치안을 담당한 시애틀 시는 시위를 진압해야 하는 책임이 있었다. 이러한 기본 의무는 접어두고서라도, 셀(Schell) 시장의 정치적 관심사는 복잡했다. 우선 시애틀이 WTO 회담을 유치한 첫 번째 이유는, 지역 무역과 관련된 이해관계를 증진하는 것이었다. 시애틀은 목재와 삼림 제품, 밀, 그리고 마이크로소프트(MS)와 보잉으로 대표되는 다양한 최첨단 산업을 가진 도시이다. 두 번째, 셀은 민주당 및 민주당의 강력한 재정적 후원자인 AFL-CIO와 끈끈한 연대를 맺고 있는 자유주의자다. 마지막으로, 셀은 비록 노동자에 대한 관심 때문에 민주당에서는 거의 배제됐지만 시애틀의 핵심 정치 세력인 진보적 민주당 세력 및 환경론자들과 깊게 연계돼 있다. 이런 모든 관심사를 만족시키려 했던 셀의 시도는, 상반된 이해관계 때문에 너무 복잡해져서 더 이상 사태 제어가 불가능하게 되었고, 결국 천천히 그 파장을 키우는 결과를 가져왔다.

DAN과 WTO의 직접 접점은 바로 시애틀 경찰청(SPD)이었다. 놈 스탬퍼(Norm Stamper) 청장의 지휘하에, 시애틀 경찰청은 '공동체 치안'으로 알려진 진보적 사법 철학의 실험장이 됐다. 그 무렵, 경찰 당국과 셸 시장의 시 행정부는 서로 관계가 좋지 않았다. 특히 일선 경찰들의 저항을 고려할 때, 공동체 치안의 길은 거칠고 험했다.

시애틀 경찰청에는 경찰관이 총 1,800명가량 있었고, 이중에 약 850명이 도시 전체의 거리 치안에 투입될 수 있었다. 이중 400명이 WTO 시위대에 배치됐다. 시애틀의 인구 대 경찰 비율은 시카고와 비슷했지만, 시애틀의 소규모 경찰 병력으로는 다른 지역의 경찰과 합동작전을 펴지 않는 한, 현장에서 시위대를 진압하기 힘들 수밖에 없었다. 시위 두 번째 날인 수요일, 500명이 넘는 지역 경찰과 주 방위대 200명이 배치됐다.

시애틀에서 활용할 수 있는 가장 큰 외부 병력은 킹카운티 보안국(the King County Sheriff's Department)과 워싱턴 주 치안대(the Washington State Patrol)였다. 킹카운티의 데이브 라이허트(Dave Reichert) 보안관은 보수주의 공화당원으로 셸 시장의 정적이었다. 이는 시애틀과 킹카운티 정부의 오랜 분열을 반영한다. 시애틀을 둘러싼 교외 지역은 주 선거 때마다 치열한 전투가 벌어지는 전통적인 정치 격전장이다. 외곽 지역은 공화당 지지 지역이고, 도시는 민주당 지지 지역이다. 교외 지역은 둘 사이를 왔다 갔다 한다. 주 치안대와 방위대는, 킹카운티 위원회를 통해 주지사에 오른 (명목상 민주당원인) 게리 로크(Gary Locke) 주지사의 관할에 있다. 외부 기관 그 어느 곳도 공동체 치안 정책을 지지하지 않는다. 이는 외부 기관이 시애틀 경찰을 지원할 경우, 스탬퍼 청장이 근본적인 정책적 차이를 가진 병력들을 통제해야 함을 의미한다.

화요일에 외부 병력을 배치하면, 이들 병력이 노동조합의 행진과 도시 거주민을 공격할 가능성이 높다는 우려가 제기됐다. 외부 병력의 배치를 지연함으로써 조합 행진과 접촉되는 것을 막았다. 일단 조합 지지자들이 버스에 올라 마을을 떠나자, 증원된 병력은 거리를 습격했다. 그러고 나서, 경찰은 도시 거주민들을 공격하기 시작했고, 이것은 화요일과 수요일 밤까지 계속됐다. 수요일에는 주 의회 의사당에서 언론과 선출직 공무원까지 경찰에 공격당하는 사태마저 발생했으나, 목요일이 될 때까지도 경찰의 지휘 통합 체계는 확립되지 않았다.

행위자: 와일드카드

연구 대상이 되는 행위자로 두 단체가 더 있다. 특히 이중 하나는 전국 언론의 관심을 독차지했다. WTO 시위의 총체적인 결과에서 볼 때, 이 두 단체는 다수를 차지하지도 않았고 전략상 중요하지도 않았다. 그러나 둘 다 (미디어가 전투의 장인 동시에 보상인) 정보 전쟁을 효과적으로 통제했다.

첫 번째는 오리건 주 유진에서 온 이른바 '무정부주의자'라고 알려진, 좀더 정확하게는 '블랙블록'으로 불리는 단체이다. 블랙블록의 총 참여자 수는 100명에서 200명 사이였으며, 이것은 DAN의 '골수' 유사 단체들보다 약간 적은 숫자이다. 블랙블록이 시위에 모습을 드러낸 것은 비교적 최근의 현상이다. 블랙블록의 목적은, 좀더 급진적인 무정부주의자 분파가 실제로 존재한다는 것을 보여주는 데 있다. 블랙블록 당원들은 검은 옷을 입고, 무정부주의자 깃발과 현수막을 들고 다니며, 시위대에서 좀더 공격적인 입장을 취한다.

무정부주의자들을 위한 매체인 '액티브트랜스포메이션(Active Transformation)'과 가진 인터뷰에서, 시애틀 블랙블록 시위에 참여했던 사람은 다음과 같이 얘기했다.

무정부주의자들은 블랙블록 안에 고립돼 있지 않았다. 무정부주의자들은 가능한 모든 방법으로 서로 연관되어 있었다. 무정부주의적 노동운동, 비폭력 봉쇄 시위대, 행진하는 악대, 의료팀, 연락팀, 그리고 기자들이 있었고, 유사 단체들 속에서도 다국적 자본주의에 상징적인 물질적 피해를 최대한 입힐 자세가 되어있는 검은 가면을 쓴 사람들이 약 200명 정도 있었다. 전에도 미국에서 블랙블록이 시위에 나선 것을 많이 봤지만, 이렇게 성공적인 것은 처음이었다. 블랙블록이 어떤 음모의 결과물은 아니라는 것에 주목해야 한다. 또한 이 시위가 비슷한 갈망을 가진 전국의 사람들과 함께 동시에 일어났다는 것도 주목할 만하다.

'유진의 무정부주의자'라는 언론의 꼬리표는 결국 절반의 진실만을 담고 있을 뿐이다. 진실인 부분은 유진 출신 사람들이 블랙블록에 참여했다는 것이다. 또 알려지지 않은 진실은―블랙블록과 상관없이―시애틀과 그 주변 지역에서 온 사람들이 문화·예술을 고의로 파괴하고 약탈했다는 것이다. 이 사람들은 블랙블록에 속한 사람들도 아니며, 블랙블록의 행동 강령을 따르거나 블랙블록의 통제를 받은 사람들도 아니었다. 거짓인 부분은, 블랙블록이 경찰의 폭력 진압을 유발했다는 것이다. 사실 군중에 대한 경찰의 공격은, 시내에서 유리창이 깨지면서 시위가 본격화되기 몇 시간 전에 이미 시작됐다.

블랙블록의 주요 목표는 WTO도 아니고 유리창이 박살난 사업체들도 아니었다. 블랙블록은 시애틀에서 시위를 근본적으로 변화시키려고 했으며, 초기 움직임이 AFL-CIO의 보호 아래 흡수되는 것을 막으려 했다.

두 번째, 와일드카드는 의도적으로 명령 체계에 혼란을 일으켜, 시위대와의 초기 대치를 혼란으로 몰고 가려 했던 시애틀 경찰청의 일부 세력이었다. 시위대를 다루는 경찰 전략의 '관대함'에 대해 불만의 말들이 떠돌아 다녔다는 것에서 경찰의 기강이 무너졌음을 확인할 수 있다. 10월 군중 통제 훈련 기간, 에드 조이너(Ed Joiner) 부국장은 시위대 폭력에 관한 질문에 대해 걱정할 것 없으며 시위대는 폭력을 사용하지 않을 것이라고 답했다. 반면 시애틀 경찰청의 브레트 스미스(Brett Smith)는 ≪시애틀포스트인텔리전서≫에 FBI와 비밀경찰국(Secret Service)이 킹카운티 보안국 간부에게 "시위대 통제에 투입된 경찰 중 5~6명이 실종되거나 심각한 부상을 입거나 살해될 것이다"라고 보고했다고 말했다. 화요일 정오에 이르러 경찰의 명령 체계는 심각하게 무너졌다. 그 순간부터 좀 더 많은 지휘 책임이 거리에 있는 실무 경찰관들의 재량에 넘어갔다. 명령 체계의 붕괴는 그 다음날도 계속됐고, 수요일 밤에 이르러 최고조에 달했다. 목요일이 되어서야 비로소 통합 명령 체계가 세워지고 일선 경찰들의 행동에 대한 총체적 통제가 가능해졌다.

전략

시애틀의 시내 지리는 시위대들에게 유리하다. 지난 10년 사이 두 번의 큰 민중 소요가—첫 번째는 걸프전 시위, 두 번째는 '로드니 킹(Rodney King)' 폭동[2]—같은 거리에서 같은 코스를 따라 일어났다. 베트남 전쟁 때도 수없이 많은 시위가 같은 거리에서 일어났다. 시위자의 수가 충분하다면, 무모한 전략으로도 시위대들은 시애틀 거리를 장악할 수 있다.

시애틀 시위의 결과는 AFL-CIO와 DAN, 그리고 시애틀 경찰의 각 전략들이 성공했기 때문이 아니라 실패했기 때문에 생긴 것이었다. 네트워 갈등의 경우, 종종 승리는 통제 없이도 가장 효과적으로 움직이는 편에 돌아간다. 각 전략들이 무너져 혼란 상태에 빠졌을 때, DAN의 전략이 그 무질서 속에서 살아남았다는 것임이 이를 증명한다.

AFL-CIO의 전략은 시애틀 센터에서 대규모 집회를 열고 시내로 짧게 행진하는 것이었다. AFL-CIO 전략의 골자는 시위대를 통제하여, 그들을 시내에 접근하지 못하게 하는 것이었다. AFL-CIO가 해야 했던 일은 그

---

2) 로드니 킹 폭동은, 1991년 로스앤젤레스 인근에서 과속 운전 단속에 걸린 흑인 로드니 킹을 단속 과정에서 심하게 폭행해 재판에 회부된 백인 경찰 4명이 1992년 무죄 평결을 받자, 이에 분노한 흑인들이 일으킨 폭동이다. 이때 55명이 죽고 2,000여 명이 다쳤으며, 특히 한인 상가가 큰 피해를 입었다(옮긴이 주).

들의 통제를 받지 않는 단체들의 시위를 막고, 노동계가 왜 그리고 어떻게 국내 정책을 바꿨는지를 대중매체들이 계속 반복해 보도하게 하는 것이었다. 그런데 AFL-CIO는 모든 시위자들을 통제하고 그들을 침묵시킨다는 목표를 이루지 못했다.

DAN은 WTO 회의장을 둘러싼 (앞서 언급한) 3개 층의 바리케이드를 구성한, '인간 통합(people convergence)' 전략으로 좀더 효과적이고 (종국적으로) 현실적인 계획을 세웠다.

- 첫 번째 층은 '핵심' 유사 단체 소속의 사람들 200~300명으로 이루어졌다. 이들은 비폭력적으로 시민 불복종 운동을 벌이고 체포된다. 그들의 임무는 회의장 근처에 침투, 시위 목표물의 움직임을 통제할 수 있는 전략적 교차점을 점유해, 공권력이 추가 투입될 때까지 버티는 것이었다. DAN은 이 첫 번째 층의 시위 참가자 규모를 정확하게 추산했다.
- 두 번째 층은 시위대 수천 명을 포함하며, 역시 유사 단체들로 구성되어 있었다. 그들은 비폭력 시위를 펼치지만 체포는 피하려 한다. 그들의 임무는 첫 번째 층을 경찰의 폭력에서 보호하고 엄청난 숫자를 바탕으로 소극적으로 저항하면서 길을 장악하는 것이었다. DAN이 예상했던 것보다 더 많은 사람들이 두 번째 층에 합류했다.
- 세 번째 층은 노동자 행진 대신 거리 시위에 참여한 '민중 의회' 소속 사람들 수천 명으로 이루어졌다. 이들은 주로 환경과 인권 관련 단체들로 구성돼 있다. 이 사람들은 오후 1시쯤에 남쪽에서 시내로 진입하여, 시위 지역 안에 있는 파라마운트(Paramount) 극장으로 행진했다. 수많은 사람들이 AFL-CIO 행렬에서 이탈해 시내 시위대로 합류하면서, 이 세 번째 층의 규모는 당초 DAN의 예상을 훨씬 뛰어넘었다.

첫 번째와 두 번째 층은 약 12개 유사 단체들로 구성되었고, 사방에서 시위 목표지를 스위밍했다. 각 유사 단체들은 정해진 교차로를 봉쇄했다. DAN은, 경찰들이 거리를 다시 장악하기 위해 시위자들을 대거 체포하기 시작할 때까지는, 이 봉쇄가 지탱되리라 예상했다. 놀랍게도 이 봉쇄는 DAN의 당초 기대보다 훨씬 더 효과적이어서, 경찰은 예상과 달리 시위대를 제대로 체포하지 못했다.

DAN 시위자들은 화요일에 주요 교차로를 점거하고, 수요일에는 '무시위' 지역을 장악하는 등 시위 기간 내내 상대방에게 스위밍 공격을 가할 수 있었다. DAN의 정보 교환 채널들은 시애틀을 장악하고, 인터넷을 통해 세계와 교신했다. 사실 DAN의 응집력은 부분적으로 휴대폰, 라디오, 경찰 교신 탐지기, 그리고 휴대형 컴퓨터로 구성된 즉흥적 정보 교환 네트워크 덕분에 발휘된 것이다. 무선 휴대형 컴퓨터를 가지고 있던 시위자들은 거리의 새로운 소식을 웹페이지에 접속하여 계속 전할 수 있었다. 경찰 교신 탐지기는 경찰들의 메시지를 감시하여 경찰의 전술 변화를 미리 알리는 데 사용됐다. 휴대폰도 여러 가지 용도로 사용됐다. 시위자들의 의사소통망은 휴대폰을 사용하는 개인 시위자들, 인터넷에 실시간으로 정보를 올리는 독립 뉴스 매체들, 현장 동영상을 방송할 수 있는 (무선 모뎀을 장착한) 개인용 컴퓨터, 그리고 기타 다양한 네트워크 커뮤니케이션으로 엮여 있었다. 시위 현장에서는 유사 단체들이 대부분 대면하거나 휴대폰을 사용해 의사를 전달했기 때문에 인터넷의 역할이 적었다고 하더라도, 실제로는 최루탄 가스 위로 수많은 전자 정보를 담은 광대역 주파수가 인터넷을 통해 세계로 뻗어가고 있었다.

언론, 경찰, 그리고 AFL-CIO 같은 기관들은, 매우 중앙 집중적이고 위계화된, 협소한 의사소통 통로에 의존하는 경향이 있다. 반면 DAN의 분산된 의사소통 네트워크는 시위자들이 변화하는 환경에 계속 적응할 수 있도록 했다. 협의적 의사결정 형태는 대규모 행동을 조율하는 능력을 향상시켰다. 리더십과 정보 교환이 시위대 단체들의 네트워크를 통해 널리 공유되고, 의사소통 네트워크가 계속 팽창하며 달라졌기 때문에, 수요일에 '주모자들'을 체포하려는 경찰의 시도는 수포로 돌아갔다. 화요일에는, 경찰이 DAN의 정보 교환 채널 중 일부를 제거했지만, 몇 시간 후에 휴대폰을 기반으로 한 새롭고 더 큰 네트워크가 작동했다.

DAN과 AFL-CIO의 경쟁적인 전략들 때문에 경찰은 한정된 병력을 분산시켰다가 결국 각 부분에서 참담하게 패배하는 고전적 형태의 실패를 겪었다. 경찰은 노동조합 지도부와 협력, AFL-CIO 시위를 이용해 시위대를 통제하고 그들을 회의가 열리는 컨벤션 센터에서 멀리 떼어놓으려 했다. 경찰 병력의 다수는 회의장 주변을 방어하는 데 집중하기로 했지만, 더 많은 경찰 병력이 시위가 벌어지는 지역으로 옮겨 가면서 전선은 이동되고 경찰 인력은 분산되어 버린 것이 수요일의 실제 상황이었다.

경찰이 직면한 문제는 시위대와 노동자 중 누구를 막을 것이냐는 것이었다. 경찰은 노동자 쪽에 돈을 걸어 잃었다. 노동자 행진이 시위의 주요 요소가 될 가능성은 거의 없었지만, 이는 경찰이 유일하게 통제할 수 있는 것이었다.

노동자 행진을 과대평가하고 DAN의 동원 능력을 과소평가한 결과, 경찰의 계획은 화요일 오전 일찍이 붕괴됐다. 경찰은 밖으로는 회의장 주변에서 시위대를 체포하고, 안으로는 DAN 시위대가 회의장에 진입하는 것을 막는 '올가미' 작전을 구사했다. 파라마운트 극장에서, 이 두 올가미 사이의 거리는 시내 거리 폭보다 좁았다. 혼전이 본격화되면서 (끈으로 만든) 바깥 쪽의 허술한 바리케이드는 순식간에 (버스로 바리케이드를 친) 안쪽까지 밀려 들어왔다. 경찰은 피트 단위 길이로 회의장 외부를 방어할 계획을 세웠고, 시위대는 도시를 블록 단위로 봉쇄할 계획을 세웠다.

정보전 실패

경찰의 시위 진압 전략이 실패한 근본 이유 중 하나는 정보전의 실패였다. 확대돼 가는 시위를 지켜보는 사법 당국의 모습은 막연한 희망과 자멸, 그리고 (가장 전형적 실패의 모습인) '전략과 전술의 혼동'이었다. 경찰 당국은 상황을 평가하는 데 필요한 정보를 가지고 있었으나, 시위대의 전략을 총체적으로 이해하지는 못했다. 총체적인 이해 없이는 정보의 조각들로 그림을 정확히 짜맞추지 못한다.

막연한 희망이란 경찰과 AFL-CIO의 협력 관계에 중심을 둔 것이었다. 노동자 시위로 시위대를 빨아들이고 그들을 주변부로 이끌어낸다는 계획은 현실성이 전혀 없었다. DAN과 그 연합 세력들은 그들의 시위 조직을 노동조합으로 넘길 의도가 전혀 없었다. 만약 시위대와 노동자 행진 사이에 어떤 연합이 있었다면, 그것은 노동자들이 시위대 쪽을 따르는 것이었다. 시 관료들은 시위대를 통제할 수 있다는 노동조합의 다짐을 믿기로 했다. 이 때문에 경찰은 시위대의 숫자를 엄청나게 과소평가했다. 경찰과 조합, 그 어느 쪽도 DAN이 그렇게 성공적인 시위를 할 것이라고 예상하지 못했고, 그들이 12개 블록을 봉쇄하리라는 것도 상상하지 못했다. 일단 잘못된 가정을 기반으로 계획이 만들어지면, 반대되는 어떤 증거도 제대로 받아들여지거나 해석되지 못하는 법이다.

시위에 대한 예측은, 시위대가 폭력적일 것이라는 연방 사법기관들의 주장으로 더욱 혼란스러워졌다. 한 FBI 예측관이 펴낸 공식 문건은 매우 히스테릭한 예측으로 가득했다.

> 시위 참여자들은 회의를 방해하고 …… 극단적인 환경론자나 동물권리 애호가 또는 무정부주의자들이 유발하는 폭력 …… 컴퓨터를 이용하여 WTO 관련 웹사이트나 주요 회사와 금융 사이트를 공격 …… 후원 기업들은 자신들의 주요 피고용인 거주지를 파악하고 있는 …… 이런 단체들의 감시하에 있을지도 모른다. …… 이 피고용인들은 안티 WTO 운동의 일환으로 자신들을 목표로 삼고 있을지도 모르는 사람들을 조심해야 한다. …… 안티 WTO 단체들의 위협에 촉각을 세워야 한다.

FBI의 '테러리스트 위협 자문단'은 회의가 '방해를 받을 것'이라는 사실 외에 거리에서 무슨 일이 일어날지 전혀 눈치 채지 못했다. DAN과 AFL-CIO의 경쟁적인 전략들은 주최 측에 의해 언론에 자세히 알려졌다. 그 요지는 비폭력 시민 불복종, 회의 봉쇄, 시위대의 회의장 접근을 막으려는 노동자 시위 등이었다. 시의 고위 관료들은 그들의 계획을 뒷받침할 만한 정보들만을 선택했다. 일선 경찰들도 같은 작업을 했지만, 그 결과는 정반대로 나타났다. 경찰 사상자에 관한 연방 정부의 예상에 대해 경찰국 내에 떠도는 소문들은—그것이 터무니없는 상상이든 아니든—경찰 전략에 비현실성만 높였다.

세력들의 상관관계

11월 30일 월요일 저녁, 모든 요소들이 합쳐져 하나의 결론을 이끌어 냈다. DAN은 거리에서 스워밍 공격을 가해서 WTO 회의장을 봉쇄할 계획을 세웠다. AFL-CIO는 대규모 집회와 행진을 통해 미국 통상 정책과 다가올 대통령 선거에 영향을 줄 예정이었다. 놈 스탬퍼 경찰청장은 외부의 도움을 받으면 평화가 깨질 것이라 보고, 외부 병력의 도움 없이 자체 경찰력만으로 시위대를 평화롭게 제어할 수 있다고 판단했다. 시장은 모든 반대 증거에도 불구하고, 노동조합이 시위대를 삼키고 통제하기를 바라면서, 화요일에 AFL-CIO가 스스로 시위를 통제하는 것을 허락했다. 시애틀 경찰청은 노동자 행진은 허락하되, 시위는 막는 임무를 맡게 됐다. 외부 사법기관들은 이 전장에 끼어들려고 안달했지만, 시애틀 경찰청이 치안 유지를 맡는 한, 그들은 방관자 입장을 유지할 수밖에 없었다. FBI와 비밀경찰국은 셸 시장과 스탬퍼 국장의 계획을 비공식적으로 승인하면서 어두운 전망에 눈물을 삼킬 수밖에 없었다. 블랙블록은 쇠파이프를 휘두르고 무질서를 꿈꾸며 유리한 위치를 구축하고 있었다.

누구나 미래를 예견할 수 있지만 가장 뛰어난 예견자만이 승리하고 다른 이들은 물러날 수밖에 없다.

결국 DAN의 전략이 효과적으로 AFL-CIO와 연방 정부의 연합 전략을 봉쇄했기 때문에, DAN이 유리한 위치를 차지했다. 뒤에서 확인할 수 있겠지만, 거리 시위의 중요한 시점에서 비조합원 시위자들과 일부 조합원들이 AFL-CIO행진을 벗어나 거리 시위에 참여하면서 균형이 DAN으로 넘어갔고, 이로써 하루 동안 계속된 DAN의 봉쇄는 확실히 성공했다.

사건 연대기

화요일 새벽 5시, 워싱턴 주 순찰국 아네트 샌드버그(Annette Sandberg) 국장은 회의장 근처 스타벅스에서 커피를 마시고 있었다. 그날 저녁 거기에서 커피를 마신 사람은 아무도 없었다. 왜냐하면 그날 저녁 그곳이 산산조각 났기 때문이다. 샌드버그는 경찰이 도착하기 전에 시위대가 전략적 거점들로 이동하는 것을 보았다. DAN 시위대는 시애틀을 봉쇄하기 시작했다.

첫 번째 DAN '체포' 유사 단체들이 회의장 근처의 전략적 교차점들로 이동했다. 후에 이 시위대들은 거리에 경찰들이 없어서 놀랐다고 말했다. 많은 지역에서 이 '체포' 단체들은 '비체포' 단체들보다 일찍 도착했다. '비체포' 단체들은 경찰이 '체포' 단체들을 연행하는 것을 제지하기로 돼있었다. 언론에 보도된 이 '봉쇄' 단체들의 사진은 초현실적인 분위기를 나타냈다. 막 동이 튼, 텅 빈 거리에서 시위대들이 경찰의 연행을 막기 위해 팔짱을 끼고 자전거 고정 장치나 타이어 튜브로 서로를 묶었다. 아침 8시, 주요 교차로는 대부분 시위대가 점령했고, 두 번째 층으로 보강됐다.

킹카운티의 데이브 라이허트 보안관은 오전 8시에 카운티 경찰한테 전화를 받았다고 증언했다. 라이허트는 "그는 '보안관님, 지금 포위당했습니다. 지원이 전혀 없습니다'라고 말했습니다"라고 증언했다. "폭도들이 '말 그대로' 유리를 깨부수며 밀려들어 오는 동안, 경찰은 호텔에 바리케이드를 치고 버틸 수밖에 없었습니다. 하지만 경찰을 도울 사람은 아무도 없었습니다. 아무도." 라이허트는 현장에 있지 않았지만, 이미 시위대가 '폭도'라고 생각하고 있었다. KIRO TV 촬영팀은 현장에 있었고, 이를 드러내고 웃는 시위대들이 손을 잡고 거리를 장악하는 장면을 중계했다. '유리를 깨부수는 폭도'는 없었다.

시위대의 숫자가 늘어나는 동안, 경찰 400명은 회의장 주위나 메모리얼(Memorial) 경기장 주변에서 자기 위치를 지켰다. 시위대의 느린 침입 때문에 경찰은 군중의 의도를 파악하기가 어려웠다. DAN은 이미 경찰에 스워밍 공격을 가했으며, 자신들의 통제하에 들어온 거리를 지키기 위한 방어 전략으로 전환했다. 파라마운트 극장에 쳐놓은 '올가미', 즉 빈약한 노끈과 그물막 장애물은 시위대가 극장 옆에 세워져 있는 시내버스들 쪽으로 걸어가면서 와르르 무너졌다. 버스들은 경찰과 군중을 나누는 두 번째 방어선이었다. 경찰 전략은 수동적인 '지켜보기(wait and see)'에서 좀더 공격적인 전술로 바꿀 것을 결정하는 데 주로 이 '올가미'의 방어 여부에 의존했다. 불행히도 '올가미' 지역은 DAN 유사 단체들과 그들을 둘러싼 군중에 의해 완전히 포위돼 고립됐다.

그러는 사이 AFL-CIO의 대규모 시위를 위해 시애틀 센터 메모리얼 경기장의 문이 열렸다. 시위는 오전 10시에 시작할 예정이었다. 참가자들의 수송을 위해, 허가받은 버스들이 조합원들과 시위대들을 태우고 차도에 있었다. AFL-CIO는 워싱턴 주의 여러 자유주의 진보 단체들의 비조합원 지지자들에게 카드를 대량 발송했다. 카드에는 '이번 세기 최대의 행진에 참여하라'라고 적혀 있었다. 경기장이 열리기 전부터 DAN은 이미 AFL-CIO의 문구를 무색하게 만들었다. '거짓 좌파 시위'인 노동자 시위는 주요 행사가 아닌, 곁들이 프로그램이 된 것이다.

워싱턴 주 순찰국장 샌드버그에 따르면, 오전 9시 10분 "군중을 통제하려는 노력이 위기를 맞이했다". 그는 웨스턴워싱턴 지역 전체에 경찰관을 비상 배치했다. 하루가 시작되기도 전에 경찰의 계획은 이미 무너진 것이다. 연방 관료와 미국을 방문한 해외 관료들의 안전을 책임지는 비밀경찰국은, 약 5개 블록 사이에 있는 회의장, 인근 호텔, 그리고 파라마운트 극장 사이의 거리들이 시위대에 의해 점령되었다는 것을 알았다. "잠깐 사이에 일은 헝클어지기 시작했다"라고 비밀경찰국 시애틀 사무소 책임자 로날드 레건(Ronald Legan)은 말했다.

경찰이 공격을 계속하다

오전 10시가 지나자마자, 시애틀 경찰국은 DAN이 막고 있는 삼각 지역의 남쪽 끝에서 최루탄을 사용하기 시작했다. 외부에서 시위대 지역으로 파고 들어가는 길목을 열기 위해 최루탄을 사용했지만, 부질없는 노력의 일환이었을 것이다. 왜냐하면 최루탄은 대학과 유니온 거리 사이에 있는 6번가에서 발사됐는데, 그곳은 바로 파견단 일부가 묵고 있는 올림픽(Olympic) 호텔과 접해있었기 때문이다. 경찰은 후에 그 최루탄은 군중들로 둘러싸인, 경찰의 고립된 방어선을 확대하고 다시 연결하기 위한 시도였다고 설명했다.

최루탄을 쏘자 거리 분위기는 급변했다. 경찰은 아주 조금 군중을 물러서게 할 수 있었다. 경찰이 총구에서 불을 뿜지도 않았고, 군중들이 반격을 가해 경찰을 다치게 하지도 않았다. 경찰은 파라마운트 극장에서 호텔에 이르는 거리들을 다시 뚫기 위해 노력했지만, 군중들은 최루탄 기운이 사라지면 곧바로 거리를 다시 장악했다. 간단히 말하면, 경찰의 전술은 경찰보다 엄청나게 많은 시위대 숫자 때문에 별 효과를 거두지 못했다.

최루탄 사용의 효과는 군중을 이곳에서 저곳으로 밀어내는 것이었지, 경찰이 거리 통제권을 장악하도록 하지 못했다. 이 혼전 와중에, '봉쇄'를 맡은 유사 단체들이 자리를 지켰고 교차로를 장악했으며, 시위대들은 회의장 주변에 자리를 잡았다. 경찰은 요지부동한 사람들을 향해 최루탄을 쏘아댔지만, 계속적인 봉쇄로 그들을 체포하거나 제거하지 못했다. 이 전술은 봉쇄자들을 움직이게 하지 못했고, 오히려 봉쇄 단체 보호를 자신들의 주요 임무로 생각하는 군중의 분노를 폭발하게 만들었다. 군중은 놀라고 분노했으며, 자신들이 장악한 거리의 통제권을 계속 지키기로 결심했다.

전술이 엉망진창 되었는데도, 전반적인 전략 상황은 변함이 없었다. 봉쇄망이 움직이기도 했지만, 시위대의 숫자는 봉쇄망을 지키기에 충분했다. 경찰은 체포한 사람들을 데리고 나갈 길도 막힌 채 시위대 지역 안에 고립됐다. 최루탄을 쏜 지 한 시간 만에, 이런 무질서는 파이크(Pike)와 파인(Pine)까지 확산되었다. 시위대들은 회의장을 중심으로 머물러있었다. 경찰의 공격 때문에 군중들은 주변 지역으로 흩어졌지만, 주요 교차로를 지키고 있는 '봉쇄' 유사 단체를 보호하기 위해 계속 다시 돌아왔다.

노동자 거짓 시위가 급선회하다

오전 11시, 메모리얼 경기장의 대규모 시위는 약 1시간 동안 계속되고 있었다. 약 2만 명이 경기장을 반쯤 채웠다. 조합원의 숫자는, WTO에 반대하기 위해 조합의 초대에 응한 안티 WTO 기구들에 의해 부풀려 있었다. 이 사람들에는 환경, 사회정의, 그리고 인권 단체들이 섞여 있었다. 이후 두 시간 동안 DAN의 봉쇄를 깨려는 조합 지도부와 경찰의 공동 계획으로, 노동자와 진보 좌파의 일시적 연합은 깨뜨려졌다.

노동자 대회가 진행되면서, 에드 조이너 부청장은 거리 행진을 취소할 수 있는 도시 비상사태를 선포하라는 상부의 명령을 거부했다. 조이너는 화요일 오전 11시쯤에 비상사태를 선포하라는 존 파이락(John Pirak) 부청 장의 권고를 묵살했다고 말했다. "예상보다 더 많은 시위대들과 마주쳤 다"라는 사실에도 불구하고, 조이너는 비상사태 선포를 거절했다.

조이너는 그 거부권이 AFL-CIO의 시내 행진 계획을 염두에 두고 취 해진 것이라고 말했다. "행진을 시작하기도 전에 그 시점에서 비상사태 를 선포하는 것은, 도시 치안에 이미 많은 문제가 있음을 공공연히 공개 하는 것이라는 생각이 들었습니다"라고 조이너는 말했다.

조이너는 행진이 (확대된) 경찰 방어선에 도움이 될 것이라고 생각했 다. 그는 평화로운 행진으로 다른 시위대들을 휩쓸어 도시에서 내모는 것이 전략이었다고 말했다.

마지막 결정은, AFL-CIO 시위대가 시애틀 센터에서 출발해 도심지로 행진하는 것을 허락한 것이었다. 이 결정으로 DAN의 승리는 기정사실이 된 셈이었다. 만약 행진이 취소돼 더 많은 시위자들이 시내의 무질서에 합 류하지 않았다면, 질서를 회복시킬 가능성은 더 커졌을 것이다. AFL-CIO를 사용하여 DAN을 무력화하는 전략은 너무 잘못된 것이었다.

행진은 회의장에서 시작하여, 몇몇 블록을 돌면서 사람들을 거리 시위 대에서 끌어내고 북쪽으로 움직여 메모리얼 경기장 근처에 있는 리퍼블 리컨(Republican)가 부근의 '해산 지점'에 가는 것으로 계획되었다. 경찰은 시위대 뒤에서 움직여 호텔과 회의장의 방어선을 확대하려 했다. 조이너 는 이렇게 말했다.

저는 아직도 그때 시위대가 방향을 전환했다면 우리가 다루려던 대상 을 통제할 수 있었다고 생각합니다. 그건 명확하지 않았어요. 완전히 엉 망이 될 수도 있었죠. 하지만 대표들이 드나들 수 있는 길을 만들 수는 있었다고 생각합니다.

행진이 시내에 접근하면서, AFL-CIO의 진행자는 "진로가 달라졌습니다. 여기서 도세요"라고 말하면서 시위대가 회의장으로 향하는 것을 막기 시작했다. 경찰은 남쪽 몇 블록에 집결해 있었지만, 시애틀 센터에 도착하는 사람들에게는 보이지 않았다. 수천 명이 행진에서 떨어져 나갔고, 마침 사람들을 회의장에서 해산시키기 위해 새로 충원된 경찰들과 맞닥뜨렸다. 회의장으로 움직이던 수천 명은 행진의 예정 선회점인 5번가와 파이크가를 지나 남쪽으로 몇 블록 밀려 내려갔다. 그들 뒤에 있던 노동자 행진의 지도부는 시내에서 북쪽으로 움직였고 경찰의 제지를 받지 않고 다시 시애틀 센터로 돌아왔다.

시위대 재조직을 위한 휴지기

DAN 시위대를 시내에서 끌어내어 AFL-CIO 행진에 끌어들이겠다는 조이너 부위원장의 '황당한' 계획은, 시애틀 전투에 대한 인식에 극적인 효과를 가져온 여러 행동을 유발했다. 이런 여러 행동이 어떻게 하나의 결과로 수렴됐는지 이해하기 위해서는, 조이너 부위원장이 비상사태 선포와 AFL-CIO 행진 취소 요청을 거절했던 12시경으로 돌아갈 필요가 있다.

12시쯤 공공 안보 빌딩 내 다기관지휘센터(Multi-Agency Command Center)에는 최고위급 정부 관료와 사법기관 담당자들이 모여들기 시작했다. 연방 관료들은 거리의 통제권을 다시 장악하지 못할 때 생길 결과에 대해 크게 우려했다. 주 순찰국장 아네트 샌드버그는 연방 관리들이 '패닉 상태'였다고 말했다.

시위대에 대한 경찰의 공격은 행진이 시애틀 센터를 출발하기 직전에 최고조에 달했다. 경찰 관계자에 따르면, 행진이 시내에 도착하기 전에 이미 거의 모든 최루탄이 소비됐다. 시위에 대비해 셸 시장과 스탬퍼 국장은 약 2만 달러어치의 최루탄을 비축하고 있었다. 이는 연방 관료들의 권장량 1/5 수준이었다. ≪시애틀포스트인텔리전서≫에 따르면, "경찰들이 최루탄 공급처를 찾기 위해 직접 뛰었다"라고 한다. 조이너가 행진이 끝난 후에야 최루탄을 보충할 계획이었다는 해석도 있다.

경찰들은 킹카운티 구치소와 교도소뿐만 아니라 아번(Arburn), 렌턴(Renton), 그리고 투퀼라(Tukwila) 경찰서의 무기고까지 비워 최루탄을 시내로 운반했다. 다른 경찰관들은 지방 경찰 거래 업체에서 추가로 화학제들을 사들였다. 그러는 사이 경찰서장은 와이오밍 주 캐스퍼로 날아가 아머 홀딩스(Armor Holdings)의 자회사인 디펜스테크놀로지(Defense Technology Corp.)에서 '스팅어 셸(Stinger shells)'이라는 가스를 대량으로 샀고 자잘한 장비들도 구입했다. 현지에서 구입한 최루탄은 가능한 빨리 거리 시위를 막기 위해 사용됐다. 탄약은 평범한 가방에 넣어져 거리의 사복형사들에게 넘겨졌다.

다른 돌발 상황에 대한 대비책들은 최루탄 운반만큼 순조롭게 이루어지지 않았다. 비상사태 선포는 오후 3시 24분까지 연기돼, AFL-CIO 행진 참가자들이 버스에 옮겨 타고 나서도 한참이 지난 후에야, 다른 사법기관의 병력 지원과 국경 수비대의 합법 배치가 이루어질 수 있었다. 에드 조이너 부위원장의 계획은 시애틀 소방국이 시위자들에게 소방 호스 들이대기를 거절하면서 또 한번 난관에 부딪혔다. 소방 진압으로 사람들이 다칠지도 모른다는 이유 때문에, 소방차 운영을 거절했던 사복 차림의 소방관들은 트럭을 시애틀 경찰청으로 옮겨 놓았다.

블랙블록이 미친 듯 날뛰다

경찰들이 재편성되고 DAN 시위자들이 AFL-CIO 행진에 합류하도록 준비하는 동안, 몇몇 단체는 전쟁의 소강상태를 이용했다. 이들은 모두 이름 없는, 무정부주의자 무리들로서—사회적 통념과 달리 하나의 '조직화된' 무정부주의적 의제를 지닌 것이 아니었고 — 서로 다른 의제를 가지고 행동했다.

오후 1시쯤, 경찰은 일시적으로 시위 지역에 통로를 내는 것을 멈추었다. 그 전에, 블랙블록 무정부주의자들은 거리에 평화가 유지된다면 파괴 행위를 자제하기로 DAN과 양해했다. 하지만 잠시 후, 블랙블록은 망치, 쇠지레, 스프레이 페인트, M-80 콩알탄, 그리고 페인트 폭탄으로 무장하고 시내에 들어왔다. 그들의 목표는 나이키, 스타벅스, 갭, 올드네이비 등의 점포들을 파괴함으로써 '그들의 행적을 선전'하는 것이었다.

블랙블록 무정부주의자들은 시간을 보내면서 점포들을 파괴하고 달아날 기회를 엿보고 있었다. 그들은 전날부터 경찰과 FBI의 집요한 감시를 받고 있었다. 화요일 오전 일찍, FBI는 시애틀 경찰에게 블랙블록의 소재와 행동을 간략하게 보고했다. FBI 수사 요원들은 마스크로 얼굴을 가리고 무정부주의자들과 섞여서 그들을 주도면밀하게 감시하고 있었다.

KIRO TV에 따르면, 블랙블록의 파괴 행위는 파인가와 올리브(Olive) 거리 사이에 있는 6번가에서 시작되었다. 파괴자들은 블록 한 가운데에 있는 커피 전문점 스타벅스의 유리창을 박살내고, 올리브 거리를 향해 북쪽으로 이동했다. 올리브 거리에서 서쪽으로 방향을 틀어, 시퍼스트 은행(SeaFirst Bank)을 공격했고, 남쪽 5번가로 향했다. 5번가에서는 점포 두세 개가 파괴되었다. 다시 파인가에 한데 모인 블랙블록은 서쪽으로 가서, 두 블록 다음에 있는 점포 서너 개를 더 공격했다. 3번가에 이르자, 블랙블록은 남쪽으로 방향을 틀어 흩어졌다.

≪시애틀 타임스≫는 파괴 행위가 주로 3번가와 6번가 사이에 있는 파이크가를 따라 이루어졌다고 보도했다. 이 신문에 실린 파괴된 점포들의 지도는 블랙블록이 지나간 거리와 단지 처음과 끝만 일치한다. 파괴는 대부분 4번가와 파이크가에서 일어났고, 그곳은 KIRO TV가 촬영하는 동안 블랙블록이 피해간 곳이다.

블랙블록에 속하지 않은 많은 10대들이 그 상황을 이용해 비슷한 파괴 행위를 저질렀다. 유리가 깨진 점포를 약탈하고, 나이키 점포를 점령한 사람들은 바로 (100명 또는 그 이상으로 추산되는) 이들 두 번째 그룹이었다. 이들은 점포에 재산 피해를 입히고, 경찰차와 리무진에 스프레이 페인트를 뿌리며 타이어에 펑크를 냈다.

6번가에 있던 목격자 제프 보스콜(Jeff Boscole)은 이들 두 그룹을 옷, 건물, 그리고 창에 페인트로 휘갈긴 슬로건으로 구분할 수 있다고 말했다. 보스콜에 따르면, 블랙블록의 글씨는 읽기 쉬운 정치적 슬로건인 반면, '소란스러운 10대들'은 (슬로건이 아닌) 읽기 힘든 개인화된 상징들을 '낙서했다'.

파괴 행위에 동참한 블랙블록은 기껏해야 30~40명이었다. 그들은 모두 비슷한 복장을 했다. 검은 옷을 입었으며 신분 노출을 막기 위해 모자를 쓰거나 마스크를 썼다. 그들은 민첩하게 움직였으며, 때로는 몇 명씩 나뉘어 유리를 부수거나 무정부주의 및 반기업 슬로건을 스프레이 페인트로 썼다. 난동 초기에, 그들은 KIRO TV 촬영팀을 두 번이나 공격했는데, 촬영을 막기 위해 카메라 렌즈에 페인트를 뿌렸다. 그래서 뉴스팀은 더 이상 공격을 당하지 않기 위해 반 블록쯤 떨어져서 그들을 따라갔다. 블랙블록은 하나로 붙어 다녔고, 예정된 길을 같이 갔으며, DAN 비폭력 시위대와 몇 번 난투를 벌였다. 소수의 사복경찰과 FBI가 그들을 따라붙으면서 그들의 움직임을 보고했다. 경찰은 파괴 행위를 멈추기 위해 아무런 제재도 가하지 않았지만, DAN 시위대는 블랙블록 멤버들을 몇 번 간섭했고, 일부는 소용없는 '비폭력'만 외쳐댔다. 파괴 행위와 약탈은 DAN 시위대와 AFL-CIO 행진 사이에 완충지대를 만들기 위해 소개시킨 지역에서 일어났다. 피해를 당한 지역의 중심부는 행진의 전환점과 일치한다.

비상사태 선포

오후 12시 45분, 게리 로크 주지사는 비서관에게 국경 수비대를 소집

할 준비를 하라고 지시했다. 그보다 한 시간 전, 주 순찰국장 아네트 샌
드버그는 이스턴워싱턴의 주 순찰 병력에 대기 명령을 내렸고, 22명으로
구성된 치안유지팀을 파견해 스포캔에서 시애틀까지 400마일을 차로 이
동하게 했다. 그들은 최고 속력으로 달렸는데도 해지기 전에 도착하지
못했다.

로크가 국경 수비대의 출동을 준비하자마자, 올림피아에 있는 그의 사
무실로 화가 난 국무장관 매들린 올브라이트(Madeline Albright)의 전화가
걸려왔다. 그녀는 주지사에게 시위자들이 포위하고 있는 호텔에서 자신
이 나올 수 있도록 즉시 조치를 취해달라고 요구했다.

로크 주지사는 조치를 취하고 있다고 주장할 수 있었다. 다만 시간이
걸릴 뿐이었다. 오후 2시 50분쯤, 로크는 공공 안보 빌딩의 다기관지휘센
터에 시장보다 약 10분 더 빨리 도착했다. "지휘 센터에 도착하자마자, 반
드시 국경 수비대를 소집해야 한다는 생각이 들었다"라고 로크는 말했다.

셸 시장은 그날 대부분을 WTO 회의장에서 개막식을 기다리며 보냈
다. 그는 개막식이 취소되고 2시간이 지난, 오후 3시가 될 때까지 다기관
지휘센터에 나타나지 않았다.

셸이 도착하자마자, 시애틀 경찰청, 기밀 경찰, FBI, 주 순찰국, 법무
부, 국무부, 킹카운티, 주지사 비서실, 그리고 백악관 관료들이 밀실에서
열띤 토론을 벌였다. 논쟁이 계속되는 동안, 검찰총장 재닛 리노(Janet Reno)
는 주지사에게 전화를 걸어 국경 수비대를 소집해야 한다고 강조했다.

리노와 대화를 나눈 뒤, 로크는 시장을 만났다. 그런 다음, 셸 시장은
조이너와 파이락 경찰 부청장과 이야기를 했다. 조이너는 "그때 우리는
상황을 바라볼 수 있는 기회를 얻었고, 시장은 즉시 비상사태 선포를 동
의하고 이를 인가했습니다"라고 말했다. "머뭇거림이 전혀 없었죠." 시장
이 다기관지휘센터에 도착해서 비상사태를 선포하기까지 30분이 채 걸
리지 않았다. 오후 3시 24분, 시장은 비상사태를 선포했다.

시장의 비상사태 선포로 킹카운티 보안국, 워싱턴 주 순찰국, 그리고

인근 도시 경찰서들의 부대가 시애틀을 지원할 수 있게 됐다. 지원 부대의 도착이 3시간이나 늦었는데, 이는 시애틀 경찰과 킹카운티 보안관 데이브 라이허트 사이의 불협화음 때문이었다.

전투 재개

오후 3시경, 경찰은 뒤늦게 회의장을 둘러싼 주요 교차로 세 개에서 본격적으로 시위대들을 밀어내기 시작했다. DAN 봉쇄망은 여전히 끄떡없이, 경찰을 무력화시키고 회의장 주변의 전략적인 삼각 지대를 장악했다. 결과적으로 경찰은 회의장 남쪽과 서쪽에서 작전을 대부분 수행했다. 남쪽에서 출발한 경찰은 유니온가, 대학가, 그리고 북쪽으로 3번가를 따라 7번가로 이동했는데, 이는 이미 노동조합 지도부가 물러난 북쪽 길로 시위대를 밀어붙이기 위해서였다.

경찰은 군중을 북쪽으로 밀어붙여 파이크가와 파인가를 동서로 잇는 지대로 밀어넣으려 했다. 하지만 경찰은 또 한번 대규모 군중에게 밀렸다. 중심가 진입을 막기 위해 길에 밀어놓았던 대형 쓰레기차가 불타기 시작하면서 경찰은 몇 시간 동안 꼼짝하지 못했다. 군중이 경찰이 바란 북쪽이 아니라 동쪽으로 퇴각하는 동안, 이 불길은 변칙적으로 천천히 퍼졌고, 초저녁에는 국회의사당까지 이르렀다.

오후 5시 30분, 보안관 지원군의 도착으로 증원된 경찰의 저지선은 4번가와 파이크가에 이르렀다. 시위대는 파이크가와 파인가를 따라 물러나기 시작해 국회의사당으로 향했고, 경찰은 최루탄, 섬광 수류탄, 고무탄, 그리고 나무 발사탄을 가지고 뒤따랐으며 때로 경찰차가 동행하기도 했다. 경찰은 군중과 직접 부딪치지 않고 그들을 국회의사당까지 따라갔다. 북쪽이 아니라 동쪽으로 밀어붙인 경찰의 작전은 에드 조이너 부국장의 계획과는 정반대였다. 정치학자 다니엘 주니스에 따르면, DAN은 경찰 무선 연락망을 도청하여, 의사당에 있는 동부 지구 경찰 병력이 시내에 있는 경찰에게 시위대를 자기네 쪽으로 밀어붙이는 것을 중지해 달라고 강력하게 요구했다는 것을 들었다고 한다. 본부의 응답은 동쪽이 아니라 (시내에서 AFL-CIO가 퇴각한 노선인) 북쪽으로 군중을 밀어내고 있다는 것이었다.

시내에서 시위대가 물러난 때는, 증원군이 도착하고 7시 통행금지령이 선포된, 날이 어두워질 무렵이었다. WTO는 오후 1시쯤에 행사 취소를 알렸지만, 이 소식은 오후 늦게까지 잘 알려지지 않았다. 동쪽 파인가로 올라가는 시위대의 사진과 비디오를 분석해 볼 때, 시위대는 (경찰이 밀어붙이는 게 아니라) 경찰을 뒤따르게 하면서 시내를 떠나기로 결정한 것처럼 보인다. 경찰이 간선도로를 건넜을 때 시위대는 흩어졌다. 의사당 근처 주민들은, 킹카운티와 시애틀 인근 도시에서 새로 도착하여 파인가까지 시위대를 추격하던 경찰 병력한테 공격당했다.

최루탄과 고무탄을 발사하면서 국회의사당까지 추격한 경찰의 결정은 시내를 비우려 했다는 애초 의도에서 볼 때 납득이 안 되는 것이며, 조이너 부국장의 계획과도 정반대이다. 처음 최루탄을 사용했을 때처럼, 이것은 분명히 지휘부가 통제권을 상실했다는 증거였다. 맹렬한 시위대 추격은, 거리에서의 전술이 지휘부의 전략과 정반대로 나간 두 번째 예였다. 철수를 거부한 경찰의 결정은 혼란을 밤까지 끌고 갔다. 의사당 인근 주민에 대한 공격을 중지하지 못한 지휘부는 다음날 심각한 반발을 받았다.

경찰과 시위대의 느슨한 접촉 때문에 이날 마지막에 심각한 파괴 행위가 발생했다. 경찰은 웨스틴 호텔(the Westin Hotel) 부근의 6번가와 스튜워트(Stewart)에 있는 교차로를 통제하지 않았다. 시위대는 교차로 한가운데에 불을 질렀다. 저녁 7시 15분쯤, 난동 무리들은 스타벅스의 유리를 박살냈다. 이곳은 워싱턴 주 순찰국장 아네트 샌드버그가 새벽 5시에 DAN 유사 단체를 본 바로 그 가게였다. 당시 그 유사 단체들은 WTO 회의장을 둘러싼 전략적 교차로를 점령하기 위해 이동 중이었다. 사건은 한 바퀴 돌아서 다시 제자리로 왔다.

두 번째 날

첫째 날이 끝날 무렵 AFL-CIO 행진 참가자들이 떠나면서, DAN은 시애틀의 시위를 완전히 장악했다. 블랙블록은 거리에 잠깐 나타났다가 곧 DAN의 비폭력 전략의 통제 아래에 들어왔다. 언론들은 유진 대표단을 연구 대상으로 삼았으며, 블랙블록은 '자치론자' 무정부주의 철학과 ('원시주의'를 옹호하며 최첨단 기술 사회에서 벗어나라고 얘기한) 유진 무정부주의자 철학자 존 제르잔(John Zerzan)에 대한 유례없는 관심을 불러일으켰다. 그러나 비폭력 시민 불복종이라는 DAN의 전략은, 경찰 폭력의 수위를 높이려는 블랙블록의 노력, 자신들의 행진을 통해 시위를 조절하고 최소화하려던 AFL-CIO의 전략, 최루탄으로 시위를 억누르려 했던 시애틀 경찰의 시도, 그리고 '폭력적인 시위대' 쪽으로 이슈를 끌고 가려 했던 대중매체를 누르고 성공했다.

그리고 나서 수요일 오전 7시 30분, 경찰은 대거 체포를 시작했다. DAN 시위대는 몇 군데에 모였고, 다른 이들은 시내로 향했다. 시내 북쪽의 데니(Denny) 공원에서 일부가 체포됐다. 경찰은 몇몇 시위자들을 수갑을 채워 버스에 태우고, 임시 구치소[전에 샌드포인트해군비행장(Sand Point Naval Air Station)이었음]로 보냈다. 다른 이들은 시위의 흔적을 없애서 체포되지 않았다. 이들은 시내로 갔다.

시위자들은 웨스트레이크센터(Westlake Center)에 모였고, 거기서 오전 8시쯤에 체포가 시작됐다. 오전이 지나면서 WTO 회의장이 아니라 웨스트레이크센터가 수요일 봉쇄망의 초점임이 분명해졌다. DAN은 쇼핑·사업 지구가 경찰 전략의 새로운 약점임을 정확히 파악했다. 오전 9시 웨스트레이크 센터는 평화적으로 연좌시위를 하는 사람들로 꽉 찼고, 시위자들은 참을성 있게 경찰의 체포를 기다렸다. 연좌시위에 합류하기 위해 기다리는 시위 대기자들과 사업 지구에서 구경 나온 사람들로 군중은 계속 늘어갔다. 시위자 한 명이 체포되면, 더 많은 사람들이 나와 앉았다. 다시 한번, 은밀한 접근으로 목표물을 '스워밍'하는 네트워 전술이 성공했다.

오전 10시, 경찰의 전술이 연좌시위를 중지시킬 수 없다는 것과 경찰이 통제 불가능한 상황을 만들었다는 것이 분명해졌다. 오전 10시 30분, 경찰 본부장은 자신의 부하와 시위대 사이에 섰다. 그는 연좌시위를 하는 시위대에게 몸을 굽혀 말했다. "우린 철수할 것이다." 그러고 나서 그는 그의 부하들에게 그 지역을 떠나라는 손짓을 했고, 경찰은 질서 있게 철수했다. 앉아있거나 군중 사이에 서있던 시위대는 환호성을 질렀다. 그들이 압도한 것이다. 웨스트레이크센터에서 경찰이 철수함으로써 대거 체포라는 경찰의 전술은 종지부를 찍었다.

그 전날, 경찰과 연방 정부의 보안 담당 관료들이 공공 안보 빌딩 다기관지휘센터에서 절망적인 분위기 속에 헤맬 때, 비밀경찰 시애틀 지부를 책임지는 로날드 레건이 대통령 방문과 관련하여 시애틀 관료들에게 최후통첩을 내놓았다. 레건은 이렇게 말했다.

우리가 거리를 통제하지 못한다면, 대통령이 오지 않는 게 좋겠다고 우리끼리 말한 것으로 기억합니다. 문제는, 대통령은 스스로 의제를 정해서 원하는 곳에 간다는 거죠. 그런데 우린 시애틀 안팎에서 30대의 차량 행렬과 씨름하는 것을 꺼렸습니다.

시애틀 부청장 에드 조이너는 화요일의 토론에 대해 "위협은 아니지만 그때의 상황이 다음날까지 계속된다면 미국 대통령을 시애틀에 오게 할 방법은 없다는 것이 명백했죠"라고 말했다.

대통령 도착 이후의 무질서

수요일 오후의 거리는 화요일의 반복이었다. 경찰은 AFL-CIO 행진이 시내에 다다랐을 때 잠시 후퇴했던 것처럼, 클린턴 대통령이 대중에게 모습을 드러낸 4시간 동안에도 물러나 있었다. 한 방송기자의 말에 따르면, "거리는 이상하게 조용했다". 오후 1시 게리 로크 워싱턴 주지사는 지방 텔레비전에서 생방송 인터뷰를 했다. 로크는, 시애틀의 질서는 복구되었으며 도시 상인들에게 "시내로 나오라"라고 말했다. 불행히도 주지사는 오후 4시에 경찰이 시위대를 시내 중심부에서 끌어내기로 한 계획을 듣지 못했으며, 그 시간은 공교롭게도 러시아워였다.

클린턴을 실은 경호 차량 행렬이 출발하자, 거리는 다시 한번 최루탄으로 뒤덮였고, 경찰은 누구든 상관없이 거리에 있는 사람에게 페퍼 스프레이(pepper spray)를 쏘아댔다. 파이크플레이스 시장(Pike Place Market)에서는 최루탄을 얼마나 많이 쏘았는지, 과일과 채소가 최루탄에 오염돼서 상인들이 다음날 가게 문을 닫는다는 표지까지 내걸 정도였다.

화요일처럼 경찰은 시위대 군중을 움직이는 데 실패했으며, 시위대 움직임의 중심축은 다시 한번 파이크가와 파인가였다. 두 시간 후, 경찰은 시장에서 파이크가 쪽으로 단지 두 블록 움직여 2번가까지 갈 수 있었다. 3번가와 파인가에 있는 시위대의 바리케이드는 시위대가 오후 6시 45분에 자진해서 해산할 때까지 전혀 동요가 없었다.

텅 빈 거리의 '통제권'을 자축하기 위해, 경찰차 10여 대가 비상등을 켜고 사이렌을 울리며 텅 빈 시내를 질주했다. 경찰 관료들은 기자들에게 이 '경찰차' 레이스를 '거리를 소탕한 힘의 본보기'라고 설명했다. 이 차량 행렬을 담은 화면은 그 주에 가장 초현실적인 것 중 하나였다. 그날 밤 일은 더 이상하게 되었다.

'경찰차'가 시내를 질주할 때, 경찰은 시애틀 시의회 의원 리처드 맥아이버(Richard McIver)를 급습했다. 맥아이버는 웨스턴 호텔 근처에서 열리는 WTO 리셉션 행사에 참석하기 위해 차를 타고 가는데, 경찰들이 차에서 자신을 끌어내더니 팔을 꺾고 수갑을 채웠다고 말했다. 맥아이버 의원은 이렇게 말했다.

　난 난동을 일으킨 폭도를 돕고 싶지 않다. 그리고 난 어떤 경찰관과도 말다툼하고 싶지 않다.…… 하지만 유색인을 대할 때 경찰은 큰 문제가 있다. 내 나이 쉰 여덟이고 비싼 양복을 입고 있었지만, 어젯밤 난 그저 한 명의 '검둥이'였을 뿐이었다.

시가전

수요일 밤 마지막 사건은 경찰권을 통제하는 시민의 힘이 잠시 사라졌다는 것을 증명한다. '의사당 전투'는 아마도 WTO 시위 중에 경찰 지휘부가 거리에서 그 통제력을 완전히 상실한 유일한 시간이었으며, 거의 '경찰의 폭동'에 가까웠다.

오후 7시경 시위대가 시내 야간 통행금지 구역에서 철수할 때, 시위대 수백 명은 북쪽 4번가를 따라 이동했고, 거리를 두고 경찰이 따라갔다. 이들은 질서 있게 철수했으며 몇 번 멈춰서 어디로 갈지 투표했다. 그들은 동쪽 데니웨이(Denny Way)에서 의사당 쪽으로 움직였으며, 오후 7시 45분 브로드웨이(Broadway)와 이스트해리슨(East Harrison) 거리에 도착했다. 그곳에서 그들은 이미 교차로에 있던 다른 사람들을 만났다. 이때 사람들의 숫자는 대략 500명 정도 됐다. 그들이 길을 지나갈 때, 주민들의 격려하는 소리와 차의 지지 클락션 소리가 그들을 반겼다. 군중은 깃발을 들고 밴드의 음악에 맞춰 브로드웨이를 따라 약 1시간 정도 행진했다. 그 분위기는 시위라기보다는 일종의 축제였다.

대중은 주로 의사당 지역 주민들이었는데, 대다수가 그 전날 퇴근하는 길에 (시위대를 언덕 쪽으로 밀어붙이던) 경찰에게 무차별 공격을 당해 화가 난 사람들이었다. 저녁 9시경, 경찰과 국경 수비대 병력이 이 지역에 도착했다. 9시 30분, 경찰은 이스트리퍼블리컨과 이스트존 사이의 브로드웨이 지역 몇 블록을 봉쇄했다. 주민들은 경찰이 나타난 것을 비난했고, 경찰의 폭력 행사를 두려워해서 긴장은 높아졌다. KIRO TV는 그날 밤 경찰에 반대한 사람들은 모두 의사당 인근 주민이었다고 보도했다. 나중에 경찰은 화염병을 가지고 다니며 돌과 병을 던지는 선동자들이 있었다고 주장했다. 그들은 일부 시위자들이 경찰관을 공격했다고 말했다. 그러나 그날 터진 화염병은 없었고, 뉴스에서는 경찰의 공격만 보일 뿐 경찰을 공격한 시민의 모습은 보이지 않았다.

경찰은 최루탄을 사용했고, 9시 30분이 지나자 소화탄도 쐈다. 처음에는 존스트리트(John Street)와 브로드웨이에서 남쪽으로 출발하여 북쪽으로 이동했고, 해리슨 근처에서는 남쪽으로 이동하며 시위대를 공격했다. 더 많은 경찰들이 거리를 막아 대중이 흩어지는 것을 막았다.

파인가 근처 경찰 방어선 뒤에서 지켜보던 의사당 인근 주민, 에린 캐츠(Erin Katz)는 이렇게 말했다. "시위대는 아주 평온해 보였어요. 그들은 이 소란을 선동하지 않았어요. 아무런 경고도 없이 경찰은 그들에게 최루탄을 쏘았습니다."

이후 2시간 반 동안, 경찰은 브로드웨이를 따라 진압을 시작했다. 경찰의 만행이 최악이었던 때는 바로 이 기간이었다. 전국의 방송은 투퀼라의 경관이 한 젊은이의 급소를 발로 차고 이어서 총을 상반신 가까이에 대고 쏘는 장면을 반복해서 방송했다. 브로드웨이 근처 주차장에서, 언론학 전공 학생 두 명이 문제의 장면을 촬영했다. 킹카운티 지원 경찰은 그들의 차로 다가가 창문을 열라고 몸짓을 했다. 창문을 열자, 그들은 페퍼 스프레이를 쐈으며, "이것도 찍어봐라, 이 나쁜 년들아!"라고 소리쳤다. 이것도 반복해서 전국 방송 채널을 통해 방송됐다. 이러한 사건들 때문에 관련 경찰과 그 상급 기관인 시애틀 경찰국은 시민들의 민사소송을 당했다.

이러한 무질서가 계속되자, 자정 무렵 몇몇 주 관료들이 나와 경찰과 시위대를 분리시키려고 노력했다. 그들 중엔 브라이언 더도브스키(Brian Derdowski) 킹카운티 의회 의원, 리처드 콘린(Richard Conlin) 시의회 의원, 닉 리카타(Nick Licata) 시의회 의원, 그리고 주디 니캐스트로(Judy Nicastro) 시의원 당선자가 있었다.

더도브스키는 "시의원들은 경찰 지휘부를 통해 문제를 해결하려고 했지만 아무도 접촉할 수 없었습니다"라고 말했다. 두 시간 동안 시의원들은 경찰이 대중을 공격하는 것을 막으려고 노력했다. 마침내 새벽 2시경, 시위대는 자리를 뜨기 시작했다. 경찰은 최루탄과 고무탄으로 응대했다. 더도브스키는 이렇게 말했다.

전 경찰들에게 본연의 자세로 돌아갈 것과 한발 양보할 것을 부탁했습니다. 그것이 바로 시위대가 필요로 했던 것이고, 사람들은 자진 해산할 기미를 보였습니다. 경찰들은 그렇게 할 수 없다고 하더군요. 그래서 우린 사람들에게 가서 그곳을 떠나야 한다고 말했습니다. 많은 사람들이 자진 해산했지만 일부 소수는 고집을 부렸죠. 그들은 크리스마스 캐럴을 부르기 시작했습니다. 「징글벨」을 불렀고, 「고요한 밤」을 부르기 시작했을 때 최루탄이 또 날라왔습니다. 뭐가 내 등을 쳤고, 그곳은 아수라장이 됐습니다. 그래서 우린 그곳을 떠났죠.

구치소 봉쇄와 석방

목요일에 이르러 DAN 시위의 성공은 부인할 수 없게 됐다. 화요일에 치르기로 했던 WTO 회의 개막식은 연기됐다. 수요일 클린턴 대통령이 시위대를 지지하는 발언을 반복하고 ─ 비록 그가 언급한 것은 AFL-CIO였지만 ─ WTO 회의에서 주요 합의를 도출하는 것은 불가능하다는 것을 보여주는 미국 정부 정책이 공개적으로 발표되면서 해결의 실마리가 보이기 시작했다. 수요일 밤, 경찰들은 (패주하는 군대에서나 볼 수 있는) 명령과 기강이 무너진 모습으로 지역 주민들을 공격했다. 시애틀 곳곳에 "기억하라! 우린 이기고 있다!"라는 낙서가 등장하기 시작했다. 목요일 오후, 마침내 경찰은 DAN과 화해했으며, DAN이 행진할 때 경찰이 경호를 해주었다.

이제 DAN 전략의 초점은, WTO에서 체포당해 수감된 사람들을 석방하는 것으로 바뀌었다. 이들은 이틀 동안 공공 안보 빌딩 주변에서 불침번을 섰으며, 때때로 그 건물을 완전히 포위했다.

금요일 저녁 시 관료들과 만남을 가진 후, DAN 법률 담당 인사가 시 당국과 맺은 합의를 발표했다. 수감된 시위자들은 법원 조사에 협력하고, 자신들의 신분을 밝히기로 했다. 그때까지 많은 이들이 이름과 주소 밝히기를 거부하면서, 자신의 이름을 '제인 WTO(Jane WTO)'나 '존 WTO(John WTO)'라고 했다. 어떤 사람은 '에밀리아노 사파타'라고 했다. 일단 고소가 진행된 후에, 그들은 혐의를 시인하고 석방됐다. 수감자들은 대부분 일요일까지 석방되었다. 수감된 시위자들이 석방된 후에, 시애틀 시 검찰총장 마크 시드런(Mark Sidran)은 어떤 합의도 없었으며, 모든 사건을 기소할 것이라는 성명을 발표했다. 경찰들이 체포 조서를 작성하지 않았기 때문에 모든 체포 건은 1월에 기각됐다.

경찰 관료들 사임하다

WTO 시위대의 마지막 결과는 놈 스탬퍼 시애틀 경찰청장, 에드 조이너 전략 담당 부청장, 낸시 맥퍼슨(Nancy McPherson) 지역 정보 서비스 민간 국장, 그리고 하브 퍼거슨(Harve Ferguson) 조사 담당 부청장의 예고된 퇴진이었다. 자신들의 사임 또는 은퇴를 공식 발표한 이들은, 이것이

WTO 시위 이전에 결정된 것이라고 말했다. 스탬퍼 국장은, 자신의 사임을 발표한 목적 중에 하나는 시위 기간 중의 경찰 행동에 대한 조사에 "정치색을 없애는 것이다"라고 말했으며, "발표를 하는 순간 나는 이미 내 자리를 내놓았다"라고 말했다. 경찰 부청장 7명 중에 3명이 사임했지만, 대중매체는 그들의 사임을 사실상 무시했다.

시애틀 경찰 조직은 홍보 캠페인을 대대적으로 벌였다. 그중 거의 엽기적이라 할 만한 행동이 있었는데, 경찰은 마치 자신들이 큰 승리를 거둔 것처럼 지역 상인들에게 티셔츠를 팔았다. 그 셔츠에는 시애틀의 상징인 스페이스 니들(Space Needle)이 토네이도에 휩싸인 그림이 있고, '시애틀 전투 WTO 99'라는 문구가 적혀 있었다. 시애틀 경찰조합장 마이크 에드워즈(Mike Edwards)는 티셔츠 판매 수익금으로 시내에 있는 상인들에게 물건을 사서 그 물건을 자선단체에 보내겠다고 말했다. 또 조합은 경찰에 대한 지지를 호소하는 시위를 조직했다. 보수적인 '질서' 옹호자인 루크 에서(Luke Esser) 주 하원의원은 경찰 시위에 참가할 것이라고 밝히면서, "WTO 폭동 기간 법과 질서를 준수하기 위해 열악한 환경 속에서도 24시간 내내 일했던 용감한 경찰들을 칭송한다"라는 내용의 성명서를 발표했다. ≪시애틀타임스≫는 경찰을 옹호하는 여러 글을 실었고, 그중에는 경찰견의 은퇴를 발표하는 1면 기사도 있었다.

결론

시애틀에서 벌어진 WTO 시위는 걸프전 이후 미국에서 일어난 가장 큰 좌파 시위였다. 시위의 성공 여부가 시위대의 목표와 공공 정책 이슈에 미친 시위 영향의 일치성 정도로 측정될 수 있다면, 이 시위는 최근 10년 동안 있었던 시위 중 가장 성공적인 정치 시위였다.

WTO 시위는 전략적 의외성과 열린 전술이 결합하여 성공을 거두었다. 이러한 성공을 이끈 거리 시위에는 세 가지 주요 계기가 있었다. 첫째는 화요일 오전의 '스워밍'이 전략적 교차로를 봉쇄했다는 것이다. 둘째는 AFL-CIO 행진은 허락하면서 DAN 시위는 진압하려 했던 경찰 전략의 붕괴였다. 셋째는 DAN 시위대를 집어삼키려던 AFL-CIO 행진의 의도가 실패했다는 것이었다.

이 시위는 이후 다른 나라나 도시에서 일어난 시위와 세 가지 면에서 구별된다. 이후의 어떤 시위에서도 AFL-CIO와 같은 우연한 사건이 없었으며, 무정부주의자들의 파괴와 약탈이 없었고, 경찰 지휘 체계가 분열된 경우도 없었다. 과대 포장됐던 AFL-CIO와 경찰의 동맹은 즉시 사라졌다. AFL-CIO는 목표를 중국의 WTO 가입 허가로 바꾸었고, 환경 단체나 인권 단체와 맺었던 작은 연결고리마저 끊어버렸다. 시위대는 호전적인 무정부주의자들의 재산 파괴 전술을 온전히 거부했으며, 처음부터 그들을 수용하지도 않았다. 블랙블록은 이후 시위에서 결코 영향력 있는 요소가 되지 못했다. 시위 발발 가능성이 있는 모든 지역에서 경찰은, 놈 스탬퍼 시애틀 경찰청장의 운명을 유념해, 시위를 억제하고 분산시키며 통제할 준비를 철저히 했다. 시위대들은 새로운 전술을 개발하거나 N30의 전략적 의외성을 재현하지 못했다. 1994년 1월 치아파스에서 있었던 사파티스타 공격이 의외의 전략적 성공을 거두었으나 그 이후 계속 정체됐다.

WTO 시위의 가장 의미심장한 결과는 미국 정치에서 네트워 구조의 등장이다. '시애틀의 전투'는 거리에서뿐만 아니라 정보 세계에서도 이루어졌다. 일단 세계화에 반대하는 국제 좌파의 생각이 정치 세력으로 결집돼 드러나자, 정보 공격은 성공했다. 전략적 의외성은 적의 의식 속에서 일어났다.

WTO 시위는 인터넷을 통해 고밀도의 광범위한 대안 매체를 충분히 활용한 첫 번째 예이다. '미디어 특공대'의 활용은 네트워와 정보전의 특징 중 하나이다. DAN이 사용한 유연하고 즉흥적인 정보 교환 구조는 그 시위에서 주목할 만한 특징이다. 네트워와 관련한 명제 중 하나는, 네트워 행위자는 의사소통을 차단하는 것보다 의사소통을 유지하는 데 더 큰 관심이 있다는 것이다. DAN이 사용한 촘촘하고 다양한 의사 교환은, 시애틀 전체의 모든 매체와 의사 교환을 차단하지 않는 한 심각한 피해를 받을 수 없었다. 이러한 전적인 차단은 경제적·사회적 손실을 고려할 때 불가능하다. 또 네트워에서 이러한 완전 차단은, 기존 방식의 전쟁에서 무조건 항복하는 것에 해당한다. 시위대와 시위대의 적, 모두 네트워의 함의와 정보, 이해, 그리고 '모든 것을 볼 수 있는 눈(topsight)'을 위한 투쟁에 친숙해져야 할 것이다. 네트워 갈등에서 궁극적인 소득은 여론이 아니라 이해이기 때문에, 정보의 양이 아니라 질이 최후의 결과를 결정한다.

시애틀에서 발생한 WTO 시위 이후, 제도와 네트워크의 새로운 혼성 체제가 모든 시위에서 증가했다. 시애틀에서 '독립 매체 센터(Independent Media Center)'가 출범한 이후, 모든 새로운 시위는 새로운 '독립 매체(indymedia organization)' 조직을 낳았다. 신문, 웹사이트, 비디오, 그리고 라디오 프로그램을 제작하고 계속 정보를 제공함으로써, 독립 매체는 기업들이 운영하는 대중매체와 정보 면에서 균등한 위치를 얻으려고 시도한다. 현재 www.indymedia.org는 40개가 넘는 노드를 가지고 있다. 10개의 국제 웹사이트가 여러 나라에 있으며, 이 밖에도 오스트레일리아에 2개, 캐나다에 6개, 그리고 미국에 20개가 있다. 또한 독립 매체 지원 운용을 위한 특별 하위 사이트가 5개 있다. 중요한 것은, 독립 매체 네트워크는 '전방위(all points)' 접속점을 가진다는 것이다. 모든 사이트가 다른 사이트와 링크돼 있어, 정보, 링크, 기술 지원, 그리고 웹디자인을 공유한다.

네트워는 충돌의 형태 면에서 전혀 새로울 게 없다. 새로운 것은 더 풍요로워진 정보 환경이며, 이를 통해 시민(그리고 비시민) 사회조직은 더 쉽게, 비용을 덜 들이면서, 그리고 좀더 능률적으로 네트워크를 형성할 수 있게 되었다. 또한 사회적 네트워에서 이기는 데 필수적인 조건들은 네트워를 가능하게 만드는 조건들이기도 하다. 바로 직접행동을 요구하는 상황에 대한 공유된 이해이다. 많은 면에서 DAN의 승리는, 그렇게 많은 사람들이 그 갈등을 이해하고 그 이해를 바탕으로 기꺼이 행동하기로 했다는 사실에 내재되어 있다. 시애틀의 거리는 민주주의가 어떤 것인가를 보여주었다.

편자 후기

시애틀은 씨앗과 같은 승리였다. 이는 WTO, IMF, 그리고 기업 세계화 과정을 반대하는 운동가들이 워싱턴, 로스앤젤레스, 그리고 기타 여러 도시의 거리에서 새로운 네트워를 펼치도록 촉발시켰다. 한 운동가는 시위가 세계 어느 도시에서 어느 때나 일어날 수 있다고 자랑스럽게 말했다.

미국에서 거리의 네트워는 시애틀 이후로 심하게 실패했다. 시애틀은 여러 면에서 독특했다. 첫 번째, AFL-CIO 참가자들을 끌어들여 세 번째 층을 이루었던 시위대의 엄청난 스워밍은 DAN과 치안 당국을 놀라게 했다. 시위대보다는 정부 당국이 시애틀 전투에서 배운 게 더 많을지도 모른다. 워싱턴과 로스앤젤레스 시위에서 경찰은 운동가들의 거의 모든 전술적 행동을 미리 선제 공격하거나 막을 수 있었다. 시애틀 이후, 이와 같은 시위에서 시위 조직자들은 중앙집권 통제 운영 체제로 돌아가 지휘, 미디어, 그리고 기타 기능들을 한 건물 안에 배치함으로써 지도부 타격 공격에 취약점을 가지게 됐다. 시애틀 전투의 승리는 현장 지휘관과 현장 운영자 없이 이룬 것이었다. 시애틀 이후의 시위들은 '지도력 부재'라는 네트워의 핵심 원칙을 어겼다.

사법 당국, 주 당국, 심지어 '미국시민자유연합(American Civil Liberty

Union)'까지 시애틀 전투에 대해 사후 분석을 실시했다. AFL-CIO가 얻은 교훈이 정확히 무엇인지는 알려지지 않았지만, 실제로 그들은 이후의 시위에 참가하지 않았다. 이는 NGO 운동가들이 활용할 수 있는 자원 풀(pool)의 범위를 좁히는 결과를 가져왔다. 이와는 반대로, 그 어떤 시위 조직도 시애틀에서 사용된 전략과 전술에 대해 사후 분석을 실시하지 않았다. 인터넷 안에 목격자들의 증언이 가득한데도 말이다.

오래 지속된 갈등에서는 초기 대치가 모든 면에서 교리의 혁신을 가져오는 온상이다. 만약 정부 당국이 시애틀의 패배에서 많은 것을 배웠다면 사회적 네트워 전사들도 로스앤젤레스, 워싱턴, 그리고 그 밖의 다른 곳의 패배에서 많은 것을 배우리라 기대할 수 있다. 사실 2001년 여름 제노바(Genova) 사건은, 네트워 전사들이 교훈을 얻고 있으며 이를 꾸준히 실전에 적용하려 한다는 것을 보여준다.

2001년 여름

제3부 네트워의 현재와 미래

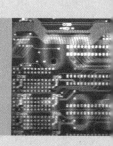

제8장 액티비즘, 핵티비즘, 사이버 테러리즘: 인터넷은 대외 정책에 영향을 미칠 수 있는가?
Activism, Hacktivism, And Cyberterrorism:
The Internet As A Tool For Influencing Foreign Policy

도로시 E. 데닝

■ 편자 초록: 기술이 네트워의 핵심은 아니지만, 정보 기술을 잘 활용한다면 확실히 더 좋은 결과를 얻을 수 있다. 이 장에서 조지타운대학(George University)의 데닝은 활동가, 핵티비스트, 그리고 사이버 테러리스트들이 어떻게 인터넷을 사용하며 정책결정에 어떤 영향을 미쳤는가를 검토한다. 이들 중 사회 활동가들이 가장 효과적인 네트워 행위자인 것으로 나타났다. 핵티비스트와 사이버 테러리스트가 실질적인 위협을 가한 사례는 아직 없었다. 그러나 그들이 더 좋은 도구와 기술, 조직 수단을 손에 넣는다면, 또 사이버 공간의 방어 체제 확립이 더디게 진행된다면, 이런 사정은 얼마든지 바뀔 수 있다. 컴퓨터 관련 기술은 너무 발전이 빨라서 오늘의 도구나 기술은 곧 시대에 뒤떨어지기도 하지만, 데닝의 분석적 접근은 당분간 유효할 것으로 보인다. 이 장의 원문은 노틸러스 연구소(Nautilus Institute)의 후원으로 작성됐으며, 세계문제연구원(The World Affairs Council)이 "인터넷과 국제 시스템: 정보 기술과 미국 대외 정책 의사결정(The Internet and International Systems: Information Technology and American Foreign Policy Decision Making)"이란 주제로 1999년 12월 10일 샌프란시스코에서 개최한 컨퍼런스에서 발표됐다.* 허가를 받아 재출판한다.

---

* www.nautilus.org/info-policy/workshop/papers/denning.html.

코소보 분쟁은 최초의 인터넷 전쟁으로 그 성격을 규정할 수 있다. 정부와 NGO들은 모두 정보를 전달하고 선전·선동을 확산하며 상대편을 매도하고 자신들에 대한 지지를 모으기 위해 인터넷을 사용했다. 해커들은 인터넷을 사용하여, 정부의 컴퓨터 서비스망을 교란하고 웹사이트에서 연좌시위를 벌임으로써 유고슬라비아(Yugoslav)와 NATO 공격에 대해 반감을 표시했다. 분쟁지의 주민들은 인터넷을 통해 분쟁의 한가운데에 놓인 자신들의 두려움과 공포에 대한 이야기들을 털어놓았으며, 활동가들은 인터넷으로 온 세계 사람들에게 자신들의 주장을 전했다. 그리고 사람들은 인터넷을 이용해 관련 이슈들을 토론하고 다른 매체에선 접할 수 없는 텍스트, 이미지, 동영상 등을 교환했다. ≪로스앤젤레스타임스(Los Angeles Times)≫는 1999년 4월, 코소보 분쟁이 디지털 이미지 사용, 온라인 토론 그룹 활동, 해킹 공격 등을 통해 사이버 공간을 사람들의 마음과 의지를 얻기 위한 가상의 전쟁터로 바꾸어놓았다고 보도했다(Dunn, 1999). 캘리포니아주립대학 산타크루즈(University of California Santa Cruz) 심리학과 교수이며 『선전의 시대: 일상에 나타난 설득의 활용과 오용(Age of Propaganda: The Everyday Use and Abuse of Persuasion)』의 저자인 앤서니 프래트커니스(Anthony Pratkanis) 교수는 이렇게 말했다.

> 우리가 지금 보고 있는 것은, 유구한 전통을 가진 전시(戰時) 선전전에서 중요하고 매우 정교한 도구가 될 것의 첫 단계에 지나지 않는다. 만약 아직 이에 신경 쓰지 않고 있는 전략가들이 있다면 반드시 이것에 주의해야 할 것이다(Montgomery, 1999: 19).

인터넷은 전쟁과 관련된 대외 정책결정에 얼마나 영향을 미쳤는가? 인터넷은 분명히 현재 진행 중인 정치적 담론의 한 부분을 차지하고 있으며, 대외 정책결정에 변화를 가하려는 활동가들에 의해서도 활용되고 있다. 또 인터넷은 군사적 결정에도 영향을 미친다. NATO는 슬로보단

밀로셰비치(Slobodan Milosevic)의 선전전을 수행하는 세르비아 매체를 목
표로 삼아 공격했지만, 인터넷 서비스 제공업체(ISP)들은 의도적으로 공
격하지 않았으며 유고슬라비아에 인터넷 접속을 제공하는 위성 설비들
도 차단하지 않았다. 대신 NATO는 인터넷 접속을 계속 허용하는 정책
을 취했다. 미국 국무부의 제임스 P. 루빈(James P. Rubin) 대변인은 "인터
넷에 대한 공개적 접근은, 세르비아 국민들이 밀로셰비치 체제가 코소보
에서 자행하는 학살 및 인류에 저지른 범죄에 관한 추악한 진실을 알도
록 도울 것"이라고 말했다(Briscoe, 1999). 인터넷은 전쟁에 대한 대중의
지지에 간접적으로 영향을 미쳤으며, 이는 전쟁 중 이루어진 정책결정
과정에도 영향을 미쳤다.

이 장의 목적은, 인터넷이 어떻게 정치적 담론의 지형을 바꾸는지 살
펴보는 것이며, 특히 대외 정책에 영향을 미치려는 사람들이 인터넷을
어떻게 활용하는지에 중점을 둔다. 개인과 단체를 포함한 비정부 행위자
에 초점을 맞출 것이지만, 인터넷에 의해 대외 정책결정이 촉발된 경우
에는 정부의 행동도 논의한다. 이 분석에서 주로 사용된 정보원은 각 사
건·사고에 대한 언론 보도이다. 별도의 인터뷰와 입수 가능한 조사 자료
도 보충해서 사용했다. 향후 좀더 과학적인 연구가 필요할 것이다.

이 장은 세 가지 행위를 중심으로 구성됐는데, 그것은 액티비즘(activ-
ism), 핵티비즘, 그리고 사이버 테러리즘이다. 첫 번째 유형인 액티비즘은
어떤 의제나 대의를 지원하기 위해 일반적으로 사용되는데, 혼란을 조장
하지 않는(nondisruptive) 방법으로 인터넷을 사용하는 것을 말한다. 이 영
역에 해당하는 행위로는 정보를 찾기 위한 웹브라우징, 웹사이트를 만들
고 게시물을 올리는 것, 전자우편으로 전자 자료와 편지를 전송하는 것,
인터넷을 사용해 이슈를 토론하고 연합체를 형성하며 행동을 기획·조정
하는 것 등이 포함된다. 두 번째 유형인 핵티비즘은 액티비즘과 해킹의
결합을 말한다. 이는 목표 대상의 정상적인 활동을 방해할 목적으로 대
상 웹사이트를 해킹하는 것을 말하나 중대한 손실을 입히는 것을 목적으

로 하지는 않는다. 웹 연좌시위(web sit-in)와 가상 차단(virtual blockade), 자동화된 전자우편 폭탄, 웹 해킹, 컴퓨터 침입, 바이러스와 웜 유포 등이 대표적 예이다. 마지막 유형인 사이버 테러리즘은 사이버 공간과 테러리즘의 결합을 의미한다. 이는 인명 피해나 심대한 경제적 손실과 같은 중대한 손실을 입히기 위해 의도된 (정치적 동기를 가진) 해킹 공격을 말한다. 항공관제 시스템에 침입해 비행기의 충돌을 유도하는 것이 여기에 포함된다. 일반적으로 첫 번째에서 세 번째 유형으로 가면서 손실과 혼란이 더 커지는 경향이 있지만, 그렇다고 정치적 효율성이 반드시 더 커지는 것은 아니다. 100만 명이 서명한 온라인 탄원운동이 119 응급 시스템을 교란하는 것보다 정책에 더 영향력을 미칠 수 있다.

　이 세 가지 유형을 따로 떼어서 논의하겠지만, 실제로 이들 사이의 경계는 다소 모호하다. 예를 들면, 어떤 사람은 전자우편 폭탄을 핵티비즘으로 간주하지만, 다른 사람들은 사이버 테러리즘으로 볼 수도 있다. 또한 행위자가 강도가 각기 다른 여러 유형의 행동을 할 수도 있다. 예를 들면, 어떤 테러리스트가 좀더 넓은 사이버 테러리즘의 일환으로 컴퓨터 바이러스를 유포하는 한편, 인터넷을 활용해 목표 대상에 대한 정보를 수집하고 동료와 행동을 조율하며 웹사이트에 선전 자료를 올릴 수도 있는 것이다. 이 장에서는 액티비즘, 핵티비즘, 그리고 사이버 테러리즘을 구분하지만, 한 개인은 세 가지 역할을 모두 수행할 수 있다.

　이어지는 각 절에서 세 가지 영역에 해당하는 행위의 예를 논의할 것이다. 사례는 코소보 분쟁, 암호 정책, 중국의 인권운동, 멕시코 사파티스타에 대한 지원 활동, 그리고 기타 분쟁에서 가져왔다. 여기에서 예로 든 세 가지 유형의 각 활동을 깊이 있게 다루지는 않았으며, 단지 내용을 대강 파악할 수 있도록 하는 데 목표를 두었다. 그러나 이 예들은 다양한 행위자, 공격 대상, 지리적 위치 등을 고려해서 선정됐다.

　이 장의 결론은, 인터넷은 액티비즘의 효율적 도구가 될 수 있으며, 특히 다른 매체(예: 방송, 인쇄 매체, 정책결정자와의 직접 대면)와 결합될 때 더욱 효과가 커진다는 것이다. 인터넷은 규모가 크고 자금 사정이 좋은 조직, 개인, 또는 소규모 단체에도 혜택을 줄 수 있다. 인터넷은 대중 및 미디어에 대한 홍보와 교육, 자금 모금, 지역적 경계를 넘어선 연합체 결성, 탄원과 행동 지침(action alert) 전파, 지역적·국제적 수준의 행사 기획 및 조정 등을 가능하게 한다. 또 정치적 억압이 심한 나라의 활동가들도 인터넷을 통해 정부의 검열과 감시를 피할 수 있다.

반면 핵티비즘과 사이버 테러리즘을 실행하는 사람들은 파괴적이고 혼란을 조장하는 기술을 채택하지 않는 사람들에 비해 대외 정책에 영향을 미치지 못하는 것으로 나타났다. 그들은 정부의 컴퓨터 시스템을 장악하고 여론의 집중적인 관심을 받아, 자신들이 힘이 있다고 느낄지 모르나 그것이 정책 변경으로 반드시 이어지는 것은 아니다. 그러한 행동의 결과는 행위자들의 요구 수용이 아니라 국가적·국제적 수준에서 사이버 방어 정책이 강화될 가능성을 크게 만든다.

액티비즘

인터넷은 서로 의사소통하고 행동을 조정할 수 있는 강력한 도구를 제공한다. 인터넷은 저렴하며 세계 곳곳에 퍼져가고 있다. 2000년 5월 현재, 3억 명이 인터넷을 이용하는 것으로 추산된다.[1] 2명으로 구성된 집단이건 200만 명으로 구성된 집단이건 간에, 많은 집단이 인터넷을 통해 서로 연락하고 자신들의 주장을 홍보할 수 있다. 네티즌들은 세계 어디서나 인터넷을 통해 모일 수 있으며 세계 어느 나라의 대외 정책에도 영향을 미칠 수 있다. 이 절에서는 수집(collection), 출판(publication), 대화(dialogue), 행동 조정(coordination of actions), 정책결정자에 대한 직접 로비(direct lobbying of decisionmakers) 등 인터넷을 사용하는 다섯 가지 방법을 설명한다. 이 방

---

1) Nua Internet Surveys, www.nua.ie. 이 사이트의 수치는 정기적으로 업데이트된다.

법들은 각각 논의되지만 사실 종종 함께 쓰이며, 여기에 묘사된 예들도 대부분 다양한 방법이 함께 사용된 것이다.

수집

어떤 면에서 인터넷은 하나의 거대한 디지털 도서관이다. 웹만 해도 수십억 페이지의 정보를 제공하며 이것들 중 상당수는 무료이다. 활동가들은 법조문, 공식 정책 문서, 특정 주제에 대한 분석과 토론 등 그들의 과제와 관련된 사항을 인터넷에서 찾을 수 있다. 그들은 인터넷에서 자신들이 영향을 미치려는 정부 내 의사결정권자들의 이름과 연락 정보를 찾을 수도 있다. 또 비슷한 이해관계를 가진 다른 집단이나 개인을 발견할 수도 있고, 잠재적 지지자와 협력 세력에 대한 연락 정보를 발견할 수도 있다. 검색엔진, 전자우편 리스트, 대화방, 토론 그룹 등 온라인상에서 '수집'을 돕는 도구들은 수없이 많다. 많은 웹사이트들은 자신들의 데이터베이스에서 정보를 추출할 수 있도록 자체 검색 도구를 제공한다.

인터넷이 다른 매체와 비교되는 장점 중 하나는, 정부가 세운 검열과 감시의 장벽을 깨뜨릴 수 있다는 것이다. 예를 들면, 요르단 정부가 요르단에서 팔리는 잡지 ≪이코노미스트(The Economist)≫의 40페이지를 삭제했을 때, 한 구독자가 온라인에서 그 페이지들을 발견, 이를 복사해 요르단인 1,000여 명에게 팩시밀리로 보낸 적이 있다. '아랍미디어내부네트워크(AMIA: Arabic Media Internal Network, 이하 AMIA)'의 다오우드 쿠타브(Daoud Kuttab) 총장은 "정부가 그 잡지의 인쇄판을 건드리지 않고 놓아두었으면 더 나았을 것"이라고 말했다. 그는 "처음으로 국가 내부의 전통적 검열 장벽을 건너뛴 사건이라는 점에서 매우 흥분된다"라고 말했다. 쿠타브는 AMIA가 요르단 언론인들을 위해 비아랍 세계와 (취재 조사 도구인) 인터넷의 문을 열어줬다고 밝혔다. 그는 "요르단 언론에서 아랍권의 문제뿐만 아니라 세계 문제에 대해서도 훨씬 개방적인 관점을 찾아볼 수 있게 됐다”라고 말했다(Docherty, 1999).

인터넷 그 자체는 정부의 검열에서 자유롭지 못하다. ‘국경 없는 기자
회(Reporters Sans Frontiers)’에 따르면, 45개국이 국영 인터넷 서비스 제공
업체를 통해서만 인터넷을 이용하도록 해서, 시민들의 인터넷 접속을 제
한하고 있다. 이 국가들은 국영 인터넷 서비스 업체를 통해 불온 사이트
에 대한 접속을 차단하고 있다(Reporters Sans Frontiers, 1999). 권위주의적
국가들은 인터넷이 경제 발전에 미치는 장점을 인정하면서도 인터넷이
갖는, 전례 없는 ‘표현의 자유’에 위협을 느끼고 있다.

중국 당국은 정부의 목표에 반대되는 것으로 판단되는 웹사이트들에
대한 접속을 차단하고 있다. 그러나 이는 부분적 효과만 있으며, 중국의
활동가들은 통제를 피해 정보를 퍼뜨리는 방법들을 발견했다. 중국의 정
치·경제 상황에 대한 기사와 에세이를 전문으로 하는 미국 워싱턴의 전
자잡지 ≪VIP레퍼런스(VIP Reference)≫는 전자 뉴스레터를 중국 본토의
전자우편 주소들로 직접 발송한다. 이 전자우편은 중국 당국의 추적을
피하기 위해 매일 다른 주소에서 보내진다. 또 이 전자우편은 상업용·공
용 리스트에서 무작위로 추출한 주소들에도 발송돼, 수신자들이 의도적
으로 전자우편을 구독했다는 혐의를 피할 수 있도록 했다. 1999년 1월
현재, 전자우편 수신을 원하지 않는 25만 명(중국 정부의 내부 인사를 포함)
이 이러한 친민주주의적 전자우편을 받아보았다. 물론 중국 당국도 수수
방관하지는 않았다. 상하이에 사는 소프트웨어 사업가 린 하이(Lin Hai,
30세)는 전자우편 주소 3만 개를 ≪VIP레퍼런스≫에 팔았다가 체포돼 징
역 2년형을 선고받았다. 또 중국 당국은 그에게 벌금으로 1만 위안(약
1,000달러)을 물리고 그의 컴퓨터 장비와 전화를 압수했다. 린은 중국에
서 국가를 전복하려고 인터넷을 사용했다는 혐의로 체포된 첫 번째 인물
이 됐다. 그는 자신이 단지 사업을 활성화하려 했을 뿐이지, 정치적 동기
를 가진 것은 아니었다고 주장했다(Farley, 1999; Oosthuizen, 1999).

코소보 분쟁 기간에 유고슬라비아 사람들은 서방세계의 뉴스 사이트

를 비롯해 인터넷에 자유롭게 접속할 수 있었다. 1999년 4월 ≪워싱턴포스트≫는 미국과 영국 관료들의 말을 인용하여, NATO가 유고슬라비아의 인터넷 서비스 업체 4개를 모두 통제하고 있으며, 역정보 및 선전·선동의 확산을 위해 접속을 계속 허용한다고 보도했다. 이 신문은 인구 150만 명이 사는 벨그라드(Belgrade)에는 인터넷 접속 회선이 약 10만 개 정도 있다고 설명했다(Dobbs, 1999). 인터넷 접속 계정이 없는 사람들은 인터넷 카페를 통해 인터넷에 접속할 수 있었다.

인터넷이나 위성, 케이블 TV 등을 통해 서방세계의 뉴스를 접하더라도, 세르비아 사람들은 대부분 자신들이 서구 미디어에서 보고 들은 것을 믿지 않았다. 그들은 세르비아 학살에 대한 서구 세계의 보도가 사실이 아닌 것으로 드러난 경우들을 제시하며, CNN, 스카이뉴스(Sky News) 등 서방 언론의 보도가 유고슬라비아 국영방송만큼이나 편향돼 있다고 간주했다. 분쟁 당시 벨그라드에서 지낸 세르비아계 미국인 알렉스 토도로비치(Alex Todorovic)가 관찰한 바에 따르면, "세르비아 사람들은 대체로 다른 나라의 언론을 불신했다. 예를 들면, CNN은 워싱턴의 공식 매체로 간주됐다"라고 한다(Todorovic, 1999). 일부 유고슬라비아인들은 인터넷에서 서방세계 뉴스를 굳이 찾아보지 않았다. 세르비아의 한 학생(22세)은 서구 언론사의 웹사이트를 방문한 적이 있냐는 질문에 "어차피 그들의 정보를 믿지 않는데 내가 무엇 때문에 그 사이트들을 보겠어요?"라고 대답했다(Dobbs, 1999). 이처럼 유고슬라비아의 인터넷 공개 정책이 실제로 밀로셰비치의 목표를 약화시켰는지는 불확실하다. 게다가 유고슬라비아 주민들이 NATO 폭격의 피해를 직접 목격했고 경험했으며 코소보의 알바니아인들에 대한 잔혹 행위 보도를 거의 믿지 않거나 듣지 못했다면, 벨그라드 전역에 반NATO 정서가 만연한 것도 무리는 아니다. 한 약사가 말한 것처럼, "나에겐 아이가 2명 있다. 현재는 이 아이들을 폭격하는 사람들이 나의 적"인 것이다(Todorovic, 1999).

특정 정책 이슈에 관한 정보 외에도, 사이버 활동가들은 웹을 통해 인터넷을 효과적으로 이용할 수 있는 다양한 정보를 접할 수 있다. 예를 들면, 네트액션(NetActiton)은 가상공간의 활동가들을 위해 훈련 가이드를 제공한다. 이 가이드(NetAction's Virtual Activist Training Guide)는 확산(outreach)·조직(organizing)·옹호(advocacy)를 위한 전자우편 활용법, 웹 기반의 각종 활동 도구, 회원 관리와 자금 모금, 네티켓과 정책 이슈, 기타 다양한 자료 등을 제공한다.[2]

출판

인터넷은 특정 목표를 추구하는 집단이나 개인들이 정책적 목적을 이루기 위해 정보(또는 역정보)를 출판할 수 있는 채널을 제공한다. 그들은 이 정보를 전자우편으로 보내거나 뉴스 그룹에 올릴 수 있다. 독자적인 전자 매체를 출간하거나 기사나 에세이를 다른 매체에 기고할 수도 있다. 또 지지자, 잠재적 지지자, 그리고 관찰자들이 한데 모이고, 그들이 정보를 손쉽게 얻을 수 있는 웹사이트를 개설할 수도 있다.

인터넷이 활동가들 사이에서 인기가 있는 이유 중 하나는 전통 매체에 비해 비용 측면에서 유리하기 때문이다. 공공 포럼에 메시지를 올리거나 웹사이트를 개설하는 것은, 라디오나 텔레비전 방송국을 운영하거나 신문을 찍는 것보다 쉽고 싸다. 웹사이트는 사실상 누구나 개설할 수 있다. 거기다 인터넷의 도달 범위는 전 세계적이다. 인터넷 게시물은 아무런 추가 비용 없이도 수백만 명에게 전달될 수 있다. 또 활동가들은 자신들의 노출 여부를 스스로 조정할 수 있다. 그들은 무엇을 어떻게 말할지를 스스로 결정할 수 있다. 그들은 관심을 끌고 자신들의 이야기를 '제대로' 전하기 위해 대중매체에 의존할 필요가 없다.

---

2) 이에 관해서는 http://www.netaction.org/training 참조.

코소보

코소보 분쟁 기간 중 전 세계의 각종 조직과 개인들은 분쟁 관련 정보를 출판하고, 어떤 경우에는 지지를 모으기 위해 자신들의 웹사이트를 활용했다. 코소보 관련 웹페이지를 운영한 비정부 조직으로는 언론을 비롯하여, 인권 단체, 인도적 구호단체, 교회, 여성운동 단체 등을 들 수 있다.

코소보 관련 정부 웹사이트들은 자신들의 공식 정책을 지지하는 선전·선동이나 자료로 웹사이트를 채우는 경향이 있었다. 예외적인 경우로는 NATO의 행동에 비판적인 언론을 포함하여, 세계 여러 나라의 관련 뉴스를 정리해 인터넷에 올리는 미국정보국(USIA: U.S. Information Agency, 이하 USIA)의 웹페이지가 있다.[3] USIA 최고정보책임자 조나단 스폴터(Jonathan Spalter)는 "우리의 성공은 우리가 선전·선동 기구가 아닌 반선전·선동 기구로 얼마나 인식되느냐에 따라 결정될 것"이라고 말했다(Briscoe, 1999). 영국 외무부(Foreign Office)는 부분적으로 세르비아의 선전·선동에 맞대응하기 위해 자체 웹사이트를 활용했다. 유고슬라비아 대중이 전쟁에 대해 매우 왜곡된 관점을 가질 것을 우려한 로빈 쿡(Robin Cook) 영국 외무장관은 세르비아 사람들을 겨냥한 특별 메시지를 외무부 공식 홈페이지에 올렸다. 이 메시지에서 영국은 세르비아 사람들에 대해선 아무런 악감정이 없지만 슬로보단 밀로셰비치의 잔혹 행위가 너무 심해 불가피하게 행동에 나설 수밖에 없었다고 밝혔다(Daily Telegraph, 1999: 9). 영국의 조지 로버트슨(George Robertson) 국방장관은 서방 언론에 대한 유고슬라비아의 검열을 피하기 위해 국방부 홈페이지를 세르비아어로 번역했다고 밝혔다(Allison, 1999).

유고슬라비아의 언론은 세르비아 정부에 의해 통제됐으며 밀로셰비치의 정책을 정당화하는 데 사용됐다. 유고슬라비아에는 B92라는 친민주적인 독립 라디오 방송이 있었으나, 코소보 분쟁 초기에 경찰에 단속당한 후 정부가 지정한 경영자가 임명됐다(Kahney, 1999). B92는 1996년에

---

3) www.usia.gov 참조.

정부가 뉴스 방송을 막기 위해 전파 송출을 방해했을 때도 정부와 갈등을 빚은 바 있다. 당시 B92는 뉴스를 리얼오디오 포맷으로 변환해서, 암스테르담의 웹사이트에 올려 정부의 감시를 피했다. 라디오자유유럽(Radio Free Europe)이란 단체는 B92 뉴스 프로그램의 테이프를 입수, 세르비아 당국의 전파 방해를 피해 세르비아에 방송을 역송출했다. 이후 유고슬라비아 정부는 방해 활동을 중단했다(Schmitt, 1997: A21). 하지만 1999년 정부가 다시 B92의 시설을 접수했을 때, 당시 경영진들은 정부에 굴복했으며 분쟁에 대해 믿을 만한 정보를 제공하던 웹사이트 뉴스도 중단했다. 이는, 벨그라드의 일류 뉴스 방송이었던 B92를 따라 일어난 유고슬라비아의 민주화 운동은 물론이고, 일반 대중에도 큰 손실인 것으로 평가된다.

몇몇 유고슬라비아 사람들은 그들이 직접 목격한 사건이나 현지 상황을 즉시 또는 약간의 시차를 두고 인터넷에 올렸다. 그들의 이야기는 공포와 파괴에 대한 내용을 담고 있으며, 파괴는 세르비아의 군인뿐만 아니라 NATO의 폭격에 의해서도 이루어졌다. 전체적으로 유고슬라비아의 상황은, 세르비아계이건 알바니아계이건 간에, 어디서나 끔찍했다. 이러한 이야기들은 활동가들을 자극하고 대중의 여론에 영향을 끼쳤지만, 정부의 의사결정에 어떤 영향을 미쳤는지는 명확하지 않다.

뉴미디어 예술가들은 발칸 반도의 갈등에 대한 자신들의 의견을 드러내기 위해 인터넷을 사용했다. 3월말, 예술가이며 고등학교 교사인 라이너 스트래서(Reiner Strasser)는 위크블러드(WeakBlood)라는 웹사이트를 개설하여, 시각적 시(詩), 동영상 이미지, 대화형 예술작품 등을 선보였다. 이 작품들은 모두 반폭력적인 메시지를 담고 있었다. 스트래서는 "폭탄이 떨어지고 사람들이 그 지역에서 학살당하는 한" 하루에 1~2개씩 작품을 올릴 것이라고 약속했다(Mirapaul, 1999).

일부 세르비아인들은 미국 언론사에 NATO의 폭격 중단을 촉구하는 전자우편을 보내기도 했다. 이들 메시지 중 상당수는 열띤 반NATO·반미국 정서를 담고 있다. AP통신에 보내진 한 전자우편은 "이제 세르비아인이라는 것은 아무 도움도 받을 수 없는 처지에 있다는 것을 말합니다. '평화 유지 작전(peace-making mission)'이니 '도덕적 의무(moral imperative)' 니 하는 완곡하고 위선적인 표현을 듣는다는 것입니다"라고 적었다. 그들의 삶이 어떻게 영향을 받았는가에 관한 내용을 담은 전자우편들도 있었다. 《워싱턴포스트》의 런던 특파원 톰 라이드(Tom Reid)는 유고슬라비아 전역의 교수와 활동가들에게서 매일 전자우편을 30~50통 정도 받는다고 말했다. 이 메시지의 주제는 거의 같다. "당신의 폭탄이 떨어지는 지역에도 사람이 산다는 것을 기억해 주세요"라고 주로 씌어있다고 그는 말했다(McShane, 1999).

세르비아 사람들은 전자우편 배포 리스트를 통해 인터넷 사용자(주로 미국인) 수만 명에게 NATO의 폭격을 비난하는 메시지들을 전달했다. 한 메시지는 이런 내용을 담고 있다.

최근 9일 동안 NATO의 야만인들은 우리의 학교와 병원, 다리를 파괴하고 사람들을 죽였지만 그것만으로는 부족했나 봅니다. 그들은 우리나라 존재의 핵심이 담긴 문화유적을 파괴하기 시작했습니다.

수신인들은 대부분 이런 원치 않는 전자우편을 짜증스러워 했다. 《월스트리트저널(Wall Street Journal)》은 이를 '유고스팸(Yugospam)'이라고 불렀다(Pollock and Oetersenm, 1999).

호주 퀸스랜드 기술대학 정보보안연구센터(Information Security Research Center)의 데니스 롱글리(Dennis Longley) 교수는 세르비아로부터 의심스러운 전자우편을 받았다고 밝혔다. 그 메시지는 문단 2개로 구성되어 있다. 첫 번째 문단은 일반적인 친절한 인사말을 담고 있다. 반면 둘째 문단은 선전·선동으로 보일만큼 NATO에 대한 적개심을 드러내고 있다. 이 메시지는 NATO를 '코소보에 거대한 인도적 재앙'만을 가져온 '테러 집단'으로 규정하고 있다. 또 문제의 원인이 "정부군의 억압이 아니라 알바니아의 테러리스트들과 분리주의자들에 있다"라고 주장했다. 두 번째 단락은 첫 번째 단락과는 다른 스타일을 보여주며 영어 수준도 발송자의 수준에 비해 현저히 낮아 세르비아 당국이 전자우편을 수정한 것이 아닌가 하는 의심을 일으켰다. 만약 그렇다면, 인터넷을 뒤덮은 다른 수많은 반NATO 전자우편들도 유고슬로비아 정부의 작품인지 알 수 없는 노릇이다.[4]

물론 발칸 지역에서 나오는 모든 메시지들이 반NATO 정서를 담은 것은 아니다. 코소보 분쟁이 시작된 직후, 필자는 'alb-net.com'이란 도메인으로 코소바위기센터(Kosova Crisis Center)가 운영하는 'kcc-news'라는 리스트를 발견했다.[5] 이 리스트에 있는 메시지들은 휴먼라이트워치(Human Right Watch)의 인권 플래시, 코소바태스크포스(Kosova Task Force)의 행동 지침 및 세르비아에 대한 전쟁을 지지하는 각종 호소 등을 포함하고 있다. 한 메시지에는 "세르비아인들이 모두 물러날 때까지 폭격을 계속하라", "인종 학살 중단을 위해 지상군을 즉시 파병하라" 등의 내용이 담긴 광고가 들어있었다. 이 광고에는 세르비아인이 저지른 학살과 공격 행위에 관한 자료를 모아둔 웹페이지로 링크가 걸려 있었다.

유고슬라비아 정부가 인터넷 활동을 금지하지 않았더라도 유고슬라비아 네티즌들은 정부의 보복을 우려해서, 신원이 드러나지 않도록 익명의 전자우편 재전송자(remailer)를 통해 게시물을 올렸을 것이다. 이를 통해 인터넷 토론 그룹에서 좀더 자유로운 논의가 가능해졌으며, 벨그라드와 코소보의 내부 상황에 대한 정보도 좀더 잘 전파될 수 있었다. 마이크로소프트의 온라인 매체인 '슬레이트(Slate)'는 '벨그라드의 비밀통신'이란 섹션을 개설했다. 익명의 통신원이 이 코너를 통해 세르비아의 잔혹 행위와 NATO의 폭격을 당한 민간인들의 고통을 매일 전했다(Montgomery, 1999).

인권 단체들이 유고슬라비아 정부가 국민들의 인터넷 사용을 감시하

---

4) 1999년 7월 15일, 데니스 롱글리와 대화하면서 알게 된 사실이다.
5) 이 센터는 이름에 'Kosova'라는 철자를 사용했으며, 코소보에 대해 언급할 때 항상 이같이 표기한다.

고 반정부적 의견을 표한 사람들을 단속한다는 우려를 나타낸 이후, 익명 웹 검색 및 전자우편 서비스를 제공하는 애너니마이저(Anonymizer Inc.)라는 업체는 '코소보 프라이버시 프로젝트'라는 웹사이트를 개설했다. 1999년에 문을 연 이 사이트는 네티즌에게 익명 전자우편을 제공하고, 보이스오브아메리카(Voice of America), 라디오자유유럽 등 20여 개 웹사이트에 익명으로 즉시 접속할 수 있게 해주었다. ≪페더럴컴퓨터위크(Federal Computer Week)≫에 따르면, 애너니마이저는 코소보 프로젝트에 NATO 및 다른 서방 국가 정부의 웹페이지를 추가하고, 중국을 비롯하여 다른 나라를 대상으로도 비슷한 정보 인권 프로젝트를 실시한다는 계획을 세웠다(Verton, 1999). 그러나 코소보 프로젝트의 효과는 확인되지 않았다. 1999년 8월 ≪USA투데이≫는 활동가들이 그 프로젝트가 코소보 내부에는 거의 알려지지 않았다고 말했다고 보도했다. 당시 코소보의 전통적 미디어들은 이런 프로젝트의 존재를 알지 못했고, 인터넷 접속시설은 전투 와중에 마비됐다(Rodger, 1999).

인터넷 정책 이슈

인터넷은 프라이버시, 암호, 검열, 전자상거래, 국제 통상, 지적재산권의 보호, 조세, 인터넷 정부, 사이버 범죄, 정보전 등의 영역에서 수많은 정책 관련 문제를 새로 제기했으며, 이들은 모두 대외 정책적 측면과 관련이 있다. 이 문제들이 긴급한 필요성을 가지고 제기됨에 따라 기존 산업계와 공공단체들은 이 문제들을 거론하기 시작했다. 또 인터넷 관련 문제를 전문으로 담당하는 국가 및 국제적 시민 단체들이 등장했다. 이 단체들은 모두 웹사이트를 운영하며, 이를 통해 정책 보고서를 올리고 이슈들에 대한 정보와 회원 정보를 제공하며, 각종 행사를 마련한다. 그리고 단체들은 대부분 전자우편 소식지와 행동 지침 등을 발송한다.

암호화 정책을 예로 들면, 이 영역에서 활동하는 단체로는 컴퓨터 프라이버시를 지키는 미국인들(ACP: Americans for Computer Privacy, 이하 ACP), 민주주의와 기술 센터(CDT: Center for Democracy and Technology), 사이버 권리와 사이버 자유(Cyber-Rights and Cyber Liberties), 전자 프론티어 재단(EEF: Electronic Frontier Foundation), 전자 프라이버시 정보 센터(EPIC: Electronic Privacy Information Center), 세계 인터넷 자유 캠페인(GILC: Global Internet Liberty Campaign, 이하 GILC), 인터넷 프라이버시 연맹(Internet Privacy Coalition) 등이 있다. ACP는 40개 업계 단체, 100여 개 기업, 개인 회원 3,000명 이상으로 구성돼, 구성원 측면에서 가장 큰 단체라고 할 수 있다.[6] GILC는 가장 글로벌한 단체 중 하나로서 유럽, 북미, 호주, 아시아 등에 회원 단체를 두고 있다.

1999년 7월, 미국의 9개 주요 인터넷 업체들이 힘을 합쳐 프라이버시, 소비자 보호, 국제 통상 등의 이슈들에 대해 인터넷 업계의 목소리를 내기로 했다. 이렇게 결성된 업계 단체인 네트콜리션닷컴(NetCoalition.com)에는 AOL(America Online), 아마존(Amazon.com), 이베이, 라이코스(Lycos), 야후, 더블클릭(DobleClick), 익사이트홈(Excite@Home), 잉크토미(Inktomi), 그리고 글로브닷컴(Theglobe.com)이 참여했다. 이 업체들은 세계 10대 인터넷 사이트 중 7개를 차지하며, 세계 인터넷 사용자의 90%가 적어도 한 달에 한 번은 이들 사이트 중 하나를 방문한다. 이 단체는 의회에 상정된 150여 개 인터넷 관련 법안에 초점을 맞추기로 계획했다(IDG, 1999).

해커와 테러리스트

해커(핵티비스트 포함)와 테러리스트들은 인터넷을 자신들의 표현 매체로 활발히 사용한다. 해커들은 전자잡지를 출판하거나 웹사이트를 개설하여, 소프트웨어 도구와 해킹 관련 정보를 공유한다. 이 사이트들은 유명 시스템(예: MS의 윈도)의 취약점과 이 취약점을 활용하는 방법, 패스워드 크래킹 프로그램, 컴퓨터 바이러스 제작용 소프트웨어 패키지, 컴퓨터 네트워크 및 웹사이트에 침투하거나 이들을 마비시키는 스크립트 등

---

6) http://www.computerprivacy.org 참조.

다양하고 상세한 정보를 담고 있다. ≪뉴욕타임스≫는 1997년 3월, 해킹 관련 팁과 도구를 파는 웹사이트가 1,900여 개로 추정되며 30개 해커 관련 간행물이 있다고 보도했다(Lohr, 1997).

테러 집단들은 선전·선동을 확산하기 위해 인터넷을 사용한다. 1998년 2월 당시, 헤즈볼라는 웹사이트 3개를 운영하고 있었다. 하나는 중앙 언론실 사이트였으며, 다른 하나는 이스라엘에 대한 공격을 소개하는 사이트였다. 마지막 하나는 뉴스와 정보를 전하는 사이트였다(Arquilla, Ronfeldt, and Zanini, 1999: 66).[7] 같은 달 시카고 응급 대응 및 조사 연구소(ERRI: Emergency Response and Research Institute, 이하 ERRI)의 클라크 스테이튼 (Clarke Staten) 소장은 미국 상원 소위원회에서 "소규모 테러 집단들도 그들의 메시지를 대량 전파하는 한편, 세계 각국의 일반 대중에게 잘못된 정보를 제공하고, 자신들이 원하는 대로 대중을 이끌기 위해 인터넷을 사용하고 있다"라고 증언했다. 그는 소위원회에 반미국·반이스라엘 선전· 선동과 위협이 담긴 국내용 및 국제용 메시지들의 복사본을 제출했다. 여기에는 미국과 영국에 대한 성전을 촉구하는 극단주의자들의 메시지도 포함돼 있었다.[8] ≪유에스뉴스앤드월드리포트(U.S. News and World Report)≫는 1998년 6월, 미국 국무부의 테러 집단 목록에 오른 조직 30개 중 12개가 웹사이트를 운영한다고 보도했다. 1999년 8월 현재, 사실상 모든 테러 조직들이 자유의 투사, 십자군, 선전·선동가, 그리고 용병들과 뒤섞여 인터넷에서 활동하고 있는 것으로 보인다.[9] 표현의 자유가 법으로 규정된 나라들에는 사이트를 개설할 수 있기 때문에, 인터넷에서

---

7) 아퀼라, 론펠트, 그리고 자니니는 다음 자료들을 인용하였다. "Hizbullah TV Summary 18 February 1998," *Al-Manar Television World Wide Webcast*, FBIS-NES-98-050(February 19, 1998); "Developments in Mideast Media: January~May 1998," Foreign Broadcast Information Service(FBIS) (May 11, 1998).

8) 1998년 2월 24일, 스테이튼이 미국 상원 법사위원회 '기술, 테러리즘, 그리고 정부 정보 소위원회' 청문회에서 한 증언.

9) 퍼듀(Purdue)대학 밥 크롬웰(Bob Cromwell)의 사이트는 이 주제에 관련된 웹페이지들과 링크되어 있다. http://RVL4.ecn.purdue.edu/-cromwell/It/terror.html.

그들의 웹사이트를 제거하는 것은 불가능하다. 한 예로 스리랑카 정부는 분리주의 반군(예: LTTE)의 활동을 금지시켰지만, 런던에 있는 그들의 웹사이트는 폐쇄할 시도조차 하지 않았다(Whitelaw, 1998: 46).[10]

대화

인터넷은 정책적 이슈에 대한 대화와 토론의 장을 제공한다. 여기에는 전자우편과 뉴스 그룹, 웹 포럼, 대화방 등이 포함된다. 토론 그룹은 전자우편을 통해 폐쇄 집단에 의해 꾸려질 수도 있고, 일반 대중에게 공개될 수도 있다. 일부 언론 사이트들은 네티즌이 최신 기사나 현재 이슈, 사건 등에 대해 의견을 남길 수 있도록 한다. 정부 관료나 특정 분야 전문가들이 초대돼 토론 활성화의 촉매 역할을 할 수도 있으며 이슈를 토론하고 질문에 답할 수도 있다. 이러한 여건이 안 되는 사이트들에서도 토론은 일어날 수 있다. 이스라엘 업체 하이퍼닉스(Hypernix)가 개발한 구이(Gooey) 소프트웨어를 사용하면 웹사이트 방문자가 현재 그 사이트에 있는 다른 구이 사용자와 대화를 할 수 있다(Oaks, 1999).

인터넷 토론 포럼은 종종 논쟁하고 비난하며, 심지어 정부 정책에 영향을 미치기 위해서 사용된다. 일례로 암호 정책은 'cypherpunks'와 'ukcrypto' 등의 전자우편 리스트와 alt.privacy나 sci.crypt 등의 뉴스 그룹에서 논의됐다.

ukcrypto 리스트는 1996년 초, 학자인 로스 앤더슨(Ross Anderson, Cambridge)과 폴 릴런드(Paul Lealand, Oxford)가 당시 정부 기관에서 일하던 브라이언 글래드먼(Brian Gladman, NATO SHAPE)과 처음 만들었다. 글래드먼은 자신의 공식 업무와는 별도로 이 리스트에 참여했다. 이들은, 영국에서 암호와 관련된 공개 토론과 논의가 부재한 탓에, 영국의 이익에 반하는 정책들이 수립될 것을 우려, 정부의 암호 정책에 영향을 끼칠 목적

---

10) 미 국무부의 테러 조직 목록은 www.state.gov/www/global/terrorism/index.html 에서 볼 수 있다.

으로 이 리스트를 만들었다. 그들은 국내 및 대외 암호 정책 모두에 관심을 가졌는데, 국내적으로는 자국인들의 암호 사용을 제한하고 대외적으로는 관련 제품의 수출을 통제해야 한다고 주장했다. 1999년 5월 현재, 이 리스트에는 구독자가 300명 정도 있으며, 이중에는 영국의 관련 당국자들도 있고 미국을 비롯한 다른 나라 사람들도 있다. 주요 기고자들 중 상당수는 관련 분야의 정책을 결정하는 중요한 위치에 있는 사람들이다. 영국의 정책적 문제를 주로 논의하지만 국제적으로 이해관계가 얽혀 있는 문제도 종종 거론된다. 이러한 국제 문제로는 바세나르 협정(Wassenaar Arrangement)에서 도입된 수출 통제(31개국이 참여했음), 프랑스, 미국 등 다른 나라의 정책 변화, 유럽연합이나 다른 국제기구들의 정책 성명서 및 몇몇 기술적 문제 등을 들 수 있다.11)

글래드먼은 이 리스트가 네 가지 주요한 공헌을 했다고 본다. 우선 ① 정책적 이슈에 대해 대중에게 교육 효과를 일으키는 한편, 언론인과 작가들이 이 주제에 관해 기사와 글을 작성하도록 격려했다. ② 개인과 관련 산업계 간의 관점의 차이를 줄이는 한편, 개인들이 정부 정책에 찬성하지 않을 경우에는 정부에 협조하는 것이 꼭 좋은 것만은 아니라는 점을 영국 산업계에 좀더 명확히 알려줬다. ③ 정부 내 진보적인 세력들이 더 큰 목소리를 낼 수 있도록 하고, 그들의 견해가 공공의 의견을 대변한다고 주장할 수 있는 근거를 마련했다. ④ 각자 활동하던 여러 단체들을 하나로 묶었다. 글래드먼은 "ukcrypto의 가장 큰 공헌은 직접적으로 드러나는 것이 아니다"라며, "관심 있는 연구자들의 커뮤니티를 육성하고 정부 정책을 비평할 수 있는 공개 토론장을 마련한 것이 가장 큰 기여"라고 말했다.

반면 어떤 ukcrypto의 일부 게시물들은 개설자들이 영향을 주고 싶어했던 정부 관료들을 소외시키는 경향도 있었다. 글래드먼은 이렇게 말했다.

---

11) 이 내용은 글래드먼과 개인적으로 교류하면서 알게 된 것과 ukcrypto 리스트 시작 당시부터 구독한 필자의 관찰을 통해 파악한 것이다.

때로 이 리스트의 토론은 마치 돌팔매질처럼 변해서 정부 측 회원들에
게 방어적 자세를 취하게 하고 논의되는 사안들을 축소해서 듣게 하는 경
향이 생긴다. 우리가 개인이 아니라 정책에 초점을 맞춘다면 좀더 효과적
일 것이다.[12]

앤드루 브라운(Andrew Brown)은 ukcrypto가 암호를 합법적이고 유용
하게 유지할 수 있도록 아이디어와 조율 작업을 제공한다며, ukcrypto를
높이 평가했다. 그는 ≪뉴스테이츠먼(New Statesman)≫에 쓴 기고에서 이
렇게 밝혔다.

최근 2년 동안 이 분야 정책 담당 관료들은 자신들과 동의하지 않는
사람들과 상대해야 했다. 그들은 자신들의 행동을 대중이 아니라 지리적
으로 멀리 떨어져 있는 소수의 전문가 집단을 상대로 정당화해야 했다.
이는 마치 로마 원형 경기장에서 사자 앞에 던져진 기독교인과 비슷한 입
장이라 할 수 있다(Brown, 1999).

영국 통상산업부(DTI: Department of Trade and Industry)에서 정책결정에
중요한 역할을 하는 니겔 힉슨(Nigel Hickson)은 인터넷과 ukcrypto가 영
국의 암호 정책을 수립하는 데 특히 중요한 기능을 했다는 것에 동의했
다.[13] 하지만 그는 그 리스트의 활동에 비판적이기도 하다.

ukcrypto가 영국의 암호 정책을 수립하는 데 (의심의 여지없이) 많은 영
향을 미치기는 했지만, 한편으론 논쟁 자체를 (너무 극단적으로 대립된) 두
의견으로 양극화시키는 경향도 있다. 이는 아마 상업적 또는 정치적 이유
로 직접 의견을 표출하지 않는 '침묵하는 다수'가 많기 때문인 듯하다.[14]

---

12) Ibid.
13) 1999년 4월 29일, 힉슨과 가진 대화에서 파악한 내용.
14) 1999년 7월 28일, 힉슨과의 개인적 연락을 통해 파악한 내용.

ukcrypto에 참여하는 것 말고도 통상산업부는 공공의 의견을 듣기 위해 웹사이트에 관련 정책 문서의 초안을 올려놓았다. 많은 응답이 전자우편을 통해 접수됐다. 또 통상산업부는 업계 단체들과도 만남을 가졌으며 컨퍼런스나 세미나 같은 행사에도 참여했다. 이러한 것들도 정책결정에 영향을 미쳤다.

이 밖에도 대외(그리고 국내) 정책에 관한 유스넷 뉴스 그룹과 기타 대화형 온라인 포럼들이 존재한다. 이들이 정책결정에 효과적인가 아닌가는 별개의 문제이다. 인터넷이 미국 정치에 끼치는 영향을 연구한 미국 브리검영대학(Brigham Young University)의 정치학 교수이자『정치학의 그물망(The Web of Politics)』의 저자인 리처드 데이비스(Richard Davis)는 이렇게 관찰했다.

유스넷의 정치 토론에 참여하는 사람들은 상대방을 비난하지 않으면서 서로 번갈아 이야기한다. 문제의 해결이 아니라 토론의 지속이 강조된다(Davis, 1999: 177).

또 데이비스는 인터넷의 양방향성은 환상에 불과하다는 점을 발견했다.

이익집단, 정당 조직, 의원 등은 정보의 확산을 위해 웹을 사용하려 한다. 그러나 그들은 자신들의 웹사이트가 다른 사람들의 의견을 위한 장이 되도록 하는 데에는 별로 관심이 없다(Davis, 1999: 178).

행동 조정

시민 단체(advocacy group)들은 인터넷을 사용해 회원 사이는 물론이고 다른 조직과의 행동을 조정할 수 있다. 행동 계획은 전자우편으로 전파되거나 웹사이트에 올려질 수 있다. 이는 전화나 팩스보다 저렴하며, 우편이나 인편을 통해 전달하는 것보다 빠르다(이는 인터넷이 제대로 작동한다는 전제하에서 애기한 것인데, 인터넷이 항상 제대로 작동하는 것은 아니다). 인터넷을 통해 사람들은 세계 어디서나 시간이나 지리적 제약 없이 행동을 조정할 수 있다. 그들은 제휴나 연합체를 형성할 수도 있고 독립적으로 활동할 수도 있다.

활동가들이 세계적으로 행동을 조율하고 시위와 회의에 관한 정보를 공유하도록 돕는 웹사이트도 개설됐다. 프로테스트넷(Protest.Net)의 성명에 따르면, 이 웹사이트는 "시위와 회의의 시간과 장소를 일괄적으로 알릴 수 있는 공간을 마련함으로써 세계의 진보적인 활동가들을 돕는 것"을 목표로 한다. 이 사이트를 개설한 사람은 "이 사이트로 가용 자원과 대중매체에 대한 접근에 제약을 겪는 활동가들이 좀더 쉽게 자원을 취득하고 배분을 할 수 있도록 돕고 싶다"라고 말했다.[15] 이 사이트는 행동 지침과 각종 행사에 대한 정보와 뉴스를 제공한다.

활동가들을 동원하는 인터넷의 위력은 쿠르드족 반군 지도자 압둘라 오잘란(Abdullah Ocalan)의 체포 사건에서 잘 드러났다. 콘코디아대학(Concordia University) 정치학과의 마이클 다트넬(Michael Dartnell)에 따르면, 터키군이 오잘란을 체포했을 때 전 세계의 쿠르드인들은 몇 시간도 안돼 항의 시위를 조직했다. 다트넬 교수는 인터넷과 웹도 이런 재빠른 대응을 가능하게 한 요소 중 하나라고 분석했다. 그는 "쿠르드인들은 각국 정부보다 더 빨리 오잘란의 체포 사태에 대응했다"라고 말했다. 다트넬 교수는 인터넷과 발달한 통신 기술이 전 세계 사람들의 정치 활동 방식을 바꿔놓고 있다고 주장한다. 반정부 단체들이 구성한 제휴와 연합체의 형성은 아마 신기술이 없었다면 불가능했을 것이다(Stone, 1999).

인터넷의 힘은 1999년 6월 18일 기업들에 대한 시위의 날에서도 잘 드러난다. 독일 쾰른에서 열린 G8 정상회담에 맞춰 벌어진 이 시위는 J18이란 단체가 조직했다. 이 단체는 웹을 통해 '금융 센터, 은행가, 다국적 기

---

15) www.protest.net 참조.

업 본부' 등의 운영을 교란하는 활동을 벌이라고 촉구했다. 이 단체는 행진, 시위, 해킹 등의 활동을 추천했다. 런던에서는 반자본주의자 2,000명이 도시 곳곳에서 구호를 외치고 건물에 스프레이 페인트로 낙서를 하며 시위를 벌였다(Harris, 1999: B11; Adam, 1999). ≪선데이타임스(Sunday Times)≫는 인도네시아, 이스라엘, 독일, 캐나다 등의 해커팀들이 바클레이(Barclays) 증권거래소를 비롯해 적어도 20개 기업의 컴퓨터를 공격했다고 보도했다. 5시간 동안 공격이 1만 건 이상 시도됐다(Ungoed-Thomas and Sheehan, 1999).

코소보 분쟁 동안, 코소바태스크포스는 인터넷을 통해 이슬람 신도와 코소보 지지자들에게 행동 계획을 전달했다. 예를 들면, 1999년 3월의 행동 지침은 사람들에게 4월 3일 오전 11시에 각 지역 연방 정부 건물과 시청에서 코소보 연대를 표하는 시위를 조직할 것을 촉구했다. 또 공개 장례 기도 행사를 조직하고 사람들에게 코소보를 지지하는 전화나 전자 우편을 매일 백악관으로 보내도록 촉구하는 한편, 다른 사람에게도 동참을 권유하라고 지시했다. 이 메시지에는 코소보의 독립, 세르비아인이 완전 축출될 때까지 폭격을 계속할 것, 코소보 지역 알바니아인들의 무장 등을 요구하는 내용이 있었다. 또 사람들에게 지역구 의원들에게도 전화를 걸어 코소보 지지 의사를 밝히도록 요청할 것을 촉구했다. 4월 18일자로 보내진 지침은 미국의 모든 마을에 활동과 정보 공유를 위한 코소바 룸(Kosova Room)의 설치를 요청했다. 이 공간은 전화를 여러 대 설치하여, #HCR9 결의안(코소보의 독립을 요청한 안)을 지지하는 전화를 매일 1,000통씩 백악관과 의회에 거는 곳으로 활용될 것이었다.

세계 75개국 1,300여 단체의 느슨한 연합체인 국제대인지뢰금지운동은 대인지뢰의 사용·생산·비축·이송을 중단하고, 지뢰 제거와 희생자 지원에 필요한 국제적 지지를 얻기 위해 인터넷을 적극 활용해 왔다. 국제대인지뢰금지운동의 리즈 번스타인(Liz Bernstein)은 인터넷은 이미 1996년부터 주도적 의사소통 형태였다고 밝혔다.[16] 인터넷은 각종 행사와 위

---

16) 1999년 10월 4일, 번스타인과 가진 대화에서 파악한 내용.

원회 활동의 조율, 탄원서와 행동 지침의 전파, 모금, 대중 및 언론 홍보 등에 광범위하게 사용됐다. 직접 로비는 대부분 대면 회의와 편지를 통해 이루어졌지만, 전자우편은 이러한 의사소통(주로 정부 정책결정자들과 하는 의사소통)을 훨씬 원활하게 했다. 번스타인은 "느슨한 연합체로서, 각자 자신의 의제를 세워 캠페인을 진행하지만, 공통의 정보와 의사소통 공유가 필요한 운동"에 인터넷이 큰 도움이 됐다고 밝혔다.[17] 지뢰생존자네트워크(Land Mine Survivors Network)의 공동 창립자인 켄 러더퍼드(Ken Rutherford)는 인터넷이 북미, 유럽, 아시아, 그리고 아프리카의 연계에 큰 기능을 했으며, 1997년의 대인지뢰협정이 국제사회에서 조속히 수용되도록 도왔다고 밝혔다.[18] 대인지뢰협정은 1999년 3월 1일 국제법으로 발효됐으며, 1999년 9월 16일 현재 135개국이 조인했고 86개국이 비준했다. 국제대인지뢰금지운동과 이 운동의 책임자 조디 윌리엄스는 1997년 노벨평화상을 수상했다.[19]

인권운동가들도 억압적 정부에 대항하는 자신들의 활동을 조정하기 위해 인터넷 사용을 점차 늘이고 있다. 이러한 투쟁에서 중요한 도구로 떠오른 것이 암호화이다. 활동가들은 암호화를 통해 정부의 감시를 피해 의사소통의 보안을 유지하고 정보를 저장할 수 있기 때문이다. 일례로 과테말라의 인권운동가들은 자신들이 군부의 만행을 폭로한 증인들의 생명을 보호할 수 있었던 것은 PGP 덕분이라고 밝혔다(Boyle, 1999).[20] 물론 정부가 암호 프로그램의 사용을 금지하고 위반자들을 체포할 수 있기 때문에 암호화가 궁극적인 해결책은 아니다.

테러리스트들도 서로 의사소통하고 자신들의 활동을 조정하기 위해 인터넷을 사용한다. 오사마 빈 라덴의 아프가니스탄 본부는 1996년에 이

---

17) Ibid.
18) 1999년 10월 6일, 러더퍼드와 가진 대화에서 파악한 내용.
19) 국제대인지뢰금지운동의 웹사이트(www.icbl.org)와 지뢰생존자네트워크 웹페이지(www.landminesurvivors.org) 참조.
20) PGP는 파일과 전자우편 모두를 암호화해 준다.

미 각종 컴퓨터와 통신 장비를 갖추고 있었다. 이집트 출신의 '아프간' 컴퓨터 전문가가 웹, 전자우편, 전자게시판 등을 사용할 수 있는 통신망 구축을 도왔다(Arquilla, Ronfeldt, and Zanini, 1999: 65).[21] 하마스 활동가들도 작전 계획과 행동 조율에 인터넷 대화방과 전자우편을 사용한 것으로 알려졌다. 이스라엘 보안 당국은 그들의 메시지를 추적하고 내용을 해독하는 데 어려움을 겪었다(Arquilla, Ronfeldt, and Zanini, 1999: 65).[22]

'첨단 암호화 표준(AES: Advanced Encryption Standard, 이하 AES)'을 제정하려는 미국 정부의 계획은, 정부가 국제적 중요성을 가지는 문제의 의사결정 과정에 참여를 유도하고 이를 조정하기 위해 인터넷을 어떻게 활용하는지를 잘 보여준다. 미국 상무부의 국립표준기술연구원(NIST: National Institute of Standards and Technology, 이하 NIST)은 웹사이트를 개설해 AES 프로그램 및 컨퍼런스 관련 정보, 행사 일정, 후보 암호화 알고리즘(이중 반 이상은 미국 이외의 국가에서 개발된 것임), 문서와 실험 결과, 세계 각지의 분석 자료 등을 링크해 두었다. 이 사이트에는 의견 수렴을 위한 전자토론 포럼과 연방 정부의 등록 코너가 있었다. 공개적인 코멘트가 웹사이트에 올려졌으며 NIST 대표가 온라인 토론에 참여하고 질문에 응답했다.[23] AES는 안전한 전자상거래와 개인 사생활 보호를 위한 국제적 기반을 마련하기 위한 것이므로, 처음부터 국제사회의 적극적 참여를 유도해야 광범위하게 채택되어 성공을 거둘 수 있다. 세계 각지의 암호 관련 전문가들이 이 표준 수립에 참여하고 있다.

---

21) 아퀼라, 론펠트, 그리고 자니니는 다음 자료들을 인용했다. "Afghanistan, Saudi Arabia: Editor's Journey to Meet Bin-Laden Described," *London al-Quds al-'Arabi*, FBIS-TOT-97-003-L(November 27, 1996), p.4; "Arab Afghans Said to Launch Worldwide Terrorist War"(1995).

22) 아퀼라, 론펠트, 그리고 자니니는 다음 자료들을 인용했다. "Israel: U.S. Hamas Activists Use Internet to Send Attack Threats," *Tel Aviv IDF Radio*, FBIS-TOT-97-001-L(October 13, 1996); "Israel: Hamas Using Internet to Relay Operational Messages," *Tel Aviv Ha'aretz*, FBIS-TOT-98-034(February 3, 1998), p.1.

23) NITST AES의 웹사이트는 csrc.nist.gov/encryption/aes/aes_home.htm이다.

NIST와 같이 의사결정 과정을 위해 인터넷을 사용하는 것이 일반적인 모습으로는 보이지 않을지 모른다. 정부 관련 웹사이트들은 대부분 담당자에게 연락할 수 있는 전자우편 주소를 공개하지만, 온라인 토론 공간을 지원하거나 진행 중인 정책결정 과정에 대해 적극적으로 의견을 구하는 일은 드물다. 그러나 정부가 전자우편 메시지나 온라인 토론 그룹을 통해 들어오는 의견들을 환영하는 한, 인터넷은 민주적 절차 확립에 기여할 수 있다. 인터넷에 게시물을 올리거나 전자우편을 보내는 것은 실제 편지를 보내는 것보다 쉬우므로, 스케줄에 쫓기는 전문가들도 공공자문 과정에 좀더 적극적으로 참여할 수 있다. 또 전문가들이 인터넷을 통해 정책결정자들을 좀더 쉽게 접할 수 있으면, 정책에 영향을 미치려는 시도를 더 하게 될 것이다.

정책결정자들에 대한 로비

활동가들은 정부 기관들이 자신들의 의견을 채택하든 말든 간에 정책결정권자들에 대한 로비에 인터넷을 활용할 수 있다. 예를 들면, 코소바 태스크포스가 백악관 접촉을 위해 제시한 방법은 전자우편이었다. "유고슬라비아에 대한 NATO 공습을 중단하라(Stop the NATO Bombing of Yugoslavia Now!)"라는 캐나다 웹사이트도 전쟁 중단에 관심이 있는 모든 사람들에게 장 크레티앙(Jean Chretien) 총리와 모든 의회 의원들에게 전자우편이나 팩스를 보내라고 촉구했다. 표본 편지도 공개돼 있었다. 그 편지는 "유고슬라비아에 대한 공격을 중단하고, 코소보 문제 해결을 위해 평화적 방법을 모색하자"라는 호소로 마무리됐다.[24]

또 전자우편은 돈세탁을 근절하려는 미국의 은행 개혁안을 중단시킨 것으로 평가된다. 미국금융규제당국은 '네 고객을 알라(Know Your Customer)' 정책에 따라, 미국 은행들이 고객들의 은행 사용 패턴을 감시하고 특이

---

24) www.aeronautix.com/nato 참조.

사항이 있을 때엔 연방 규제 당국에 보고하도록 할 계획이었다. 연방예금보험공사(FDIC: Federal Deposit Insurance Corporation)는 정책결정 과정에서 인터넷의 효용을 인지하고 웹사이트를 개설하여, 의견 수렴을 위한 전자우편 주소를 공개하고 메시지를 모두 인쇄해 표로 작성했다. 새 은행법이 철회될 쯤엔 의견이 25만 7,000건 들어왔으며, 이중 80%인 20만 5,000건은 전자우편으로 왔다. 이중 50건을 제외하고는 모두 그 계획에 반대했다. 연방예금보험공사 회장 도나 타노(Donna Tanoue)는 은행법안을 철회하도록 한 것은 엄청난 전자우편 때문이었다고 밝혔다. 그는 "의견의 내용과 양 때문에 계획을 취소했다"라며, "소비자들이 은행 내부 규정에 그토록 민감하게 반응한다면 우리는 주의를 기울여야 한다"라고 말했다(Raney, 1999).

전자우편은 대부분 리버터리안파티(Libertarian Party)가 후원한 온라인 캠페인이 발송했다. 전체의 83%인 17만 1,000통이 이 단체의 웹사이트를 통해 보내졌다. 이 단체는 라디오 토크쇼와 회원들에 대한 전자우편 공지를 통해 자신들의 캠페인을 홍보했다.[25] 이러한 성공은 풀뿌리 시민들의 자발적인 대응 때문이 아니라 대규모 NGO들의 노력 때문에 가능했다고 볼 수도 있다.

실제로 많은 NGO들이 전자우편 캠페인을 펼친다. 이런 단체들은 특정 주제에 대한 공지를 전자우편 구독자들에게 보내며, 의원이나 정책결정 기구에 보낼 표본 편지를 제시하고, 때로는 탄원을 위해 서명을 받으려고 특별 전자우편 계정이나 웹사이트를 개설하기도 한다. 탄원을 위한 서명 과정이 자동화되면서 적은 노력과 비용으로 여러 지역에 사는 수많은 사람들에게서 서명을 받는 것이 가능해졌다. 어떤 사이트(e-The People)는 탄원문 수백 개와 정부 관료 17만 명의 전자우편 주소를 제공한다(Harris, 1999: B11).[26]

---

25) Ibid.
26) 웹사이트는 www.e-thepeople.com.

'사회적 책임을 위한 컴퓨터 전문가들의 모임(CPSR: Computer Professional for Social Responsibility, 이하 CPSR)'은 1994년 초, 클리퍼 암호 칩(Clipper encryption chip)을 표준으로 채택하려는 미국 정부의 제안에 항의하기 위해 탄원 캠페인을 전개했다.[27] 그 칩은 강력한 암호 기능을 제공하지만 수사 당국이 법원의 허가를 얻어 용의자를 도청할 때 용의자의 메시지 해독이 가능했다. 정부 기관들이 그 칩 사용자의 사생활을 침해하지 못하도록 수많은 안전장치를 뒀지만,[28] 클리퍼 칩은 사생활 침해 우려를 이유로 심각한 반대에 직면했다. 인터넷 뉴스 그룹과 전자우편 리스트에서 드러난 일반 대중의 감정도 클리퍼에 대해 매우 적대적이었다. CPSR은 전자우편을 통한 탄원운동 계획을 발표하고 사람들이 서명할 수 있는 전자우편 주소를 신설했다. 서명이 수만 건 수집됐으나, 그 탄원운동의 실제 효과가 어느 정도였는지는 불분명하다. 후에 클리퍼는 결국 폐기됐지만, 정부는 어찌 됐든 간에 표준 정책을 계속 진행했다.[29]

인터넷을 통한 캠페인은 비용이 적게 들어 개인도 스스로 캠페인을 조직할 수 있다. 예를 들면, 빌 클린턴 전 대통령에 대한 탄핵운동이 한창이던 때, 버클리의 조안 블레이즈(Joan Blades)와 웨스 보이드(Wes Boyd) 부부는 MoveOn.org라는 사이트를 개설하고 "의회는 즉시 클린턴 대통령에 대한 견책을 마무리하고 국가가 직면한 좀더 화급한 문제들을 처리해야 한다"라는 한 줄짜리 탄원 서명운동을 벌였다.[30] 단 4개월 동안 50만 명이 이에 서명했다. "2000년 선거에서 나는 주요한 국가적 과제를 용기 있게 다루고 분열과 인신공격의 정치를 거부하는 후보를 뽑기 위해 노력하겠습니다"라는 또 다른 탄원은 상하원 모든 의원에게 전달됐다. MoveOn.org는

---

27) 이 캠페인을 주도한 사람들은 얼마 후 '전자 프라이버시 정보 센터'를 설립했다.
28) 예를 들면, 각각의 칩은 독특한 암호를 가지고 있기 때문에 별도의 두 정부 기관이 모두 키를 제공하지 않으면 해독할 수 없다.
29) 클리퍼에 반대하는 인터넷 캠페인에 대해 더 잘 알고 싶으면, Laura J. Gurak, *Persuasion and Privacy in Cyberspace*(Yale University Press, 1997) 참조.
30) 웹사이트 주소는 www.moveon.org.

지난 2000년 선거에서 후원금 1,300만 달러와 이 단체의 입장을 지지한 의원들에 대한 자원봉사(65만 시간)를 약정받았다(Carr, 1999). 탄핵 과정에서 이 사이트가 미친 영향을 정확히 평가하는 것은 힘들지만, 클린턴을 지지하고 의회가 다른 문제들로 관심을 돌리기를 바란 국민의 의견을 더 증폭시킨 것으로 보인다.

활동가들은 전자우편을 통해 정책결정자들에게 영향을 미치려 하지만, 실제로 정책결정권자들이 이들의 의견을 듣는지는 불분명하다(의견을 먼저 구했던 연방예금보험공사는 예외적인 경우임). 리처드 데이비스는 이렇게 관찰했다.

인터넷은 선출직 공무원들에 대한 공개적 의사 표현의 장이 될 것이라는 약속을 지키지 못했다. 사실, 전자우편 발송을 격려하면서도 의원들은 전자우편에 대한 호감을 점차 잃어가고 있다. 전자우편을 지역구민과 지성적 대화가 가능한 도구로 인식했던 가장 이상적인 의원들조차 이제 전자우편 주소 목록을 정치 활동을 위한 대규모 소식지 발송 도구 정도로만 생각한다. 심지어 의원들은 전자우편을 통한 의사소통을 평가절하하기도 한다(Davis, 1999: 135).

≪월스트리트저널≫에 따르면, 찰스 슈머(Charles Schumer) 상원의원 보좌진은 옛날식 편지에 가장 높은 우선순위를 둔다. 그의 계정으로 전자우편을 보내는 사람들이 개인적으로 답장을 원한다면, 직접 편지를 작성하라는 자동 응답을 받게 된다(Harris, 1999: B11).

시민 단체들의 가장 좋은 방법은, 직접 방문해서 정책결정권자들을 만나거나 대중에 호소하기 위해 방송 매체를 사용하는 등 전통적인 로비 방식을 인터넷 사용으로 보완하는 방법일 것이다. 이러한 활동은 시간도 많이 걸리고 비용도 비싸 자금력이 좋은 단체들에 유리하다. 또 정책결정자, 후원자, 그리고 유권자들과 장기적이고 신뢰성 있는 네트워크를 가질 필요도 있다. 이러한 점들은, 참여 민주주의를 위해 공론장이 되겠다는 인터넷의 약속이 실현될 가능성은 희박하다는 데이비스의 결론을 뒷받침한다. 데이비스는 언론, 이익단체, 후보, 정책결정권자 등 기존 미국 정치의 주요 행위자들이 인터넷을 받아들여 그들의 위치를 더욱 공고히 한다는 것을 발견했다. 또 그는 인터넷은 대중 정치운동에 적합한 도구가 아니라고 결론지었다(Davis, 1999: 168).

핵티비즘

핵티비즘은 해킹과 액티비즘의 결합이다. 여기서 해킹이란 주로 특수한 소프트웨어(해킹 도구)의 도움을 받아 비일상적이고 종종 불법적인 방법으로 컴퓨터를 이용하는 활동을 말한다. 핵티비즘에는 시민 불복종의 방법론을 사이버 공간에 도입한 전자적 시민 불복종이 포함된다. 이 절은 가상 연좌시위(virtual sit-in)와 차단(blockade), 자동 전자우편 폭탄(automated email bombs), 웹 해킹(web hacks)과 컴퓨터 침입(break-ins), 컴퓨터 바이러스와 웜, 이렇게 네 가지 유형의 핵티비즘에 대해 알아본다. 해킹 사고는 자주 언론에 보도되기 때문에, 이러한 유형의 활동은 활동가들과 그들의 대의명분에 대한 대중의 관심을 많이 불러일으킬 수 있다.

가상 연좌시위와 차단

가상 연좌시위와 차단은 실제 연좌시위와 차단의 사이버 버전이다. 두 가지 모두, 목적은 일상 활동을 교란하고 어떤 시설이나 서비스에 대한 접근을 차단함으로써 시위자와 그들의 대의에 대한 관심을 환기시키는 것이다.

가상 연좌시위란 수많은 활동가들이 동시에 한 웹사이트를 방문해서, 사이트가 감당할 수 없는 트래픽을 유발해 다른 사용자가 사이트에 접속할 수 없도록 하는 것을 말한다. 스트라노 네트워크(Strano Network)라고 자칭하는 한 단체가 프랑스 정부의 핵무기와 기타 이슈에 대한 정책에 반발하여, 처음으로 이 같은 시위를 벌였다. 그들은 1995년 12월 21일, 여러 정부 기관의 웹사이트들에 대해 1시간 동안 인터넷 스트라이크를 벌였다. 참가자들은 정해진 시간에 정부 웹사이트들에 접속하도록 지시를 받았다. 보도에 따르면, 일부 사이트들은 효과적으로 차단된 것으로 전해졌다(Schwartau, 1996: 407).[31]

　1998년에 전자교란부대(EDT: Electronic Disturbance Theater, 이하 EDT)는, 전자적 시민 불복종 개념을 한층 더 발전시켰다. 그들은 일련의 웹 연좌시위를 조직하여, 처음엔 멕시코 세디요의 웹사이트를 공격하고, 이어서 클린턴 대통령의 백악관 사이트, 미 국방성 웹사이트, 미 육군 남미 군사교육단(the School of the Americas)[32], 프랑크푸르트 증권거래소, 그리고 멕시코 증권거래소를 연달아 공격했다. 목적은 멕시코 사파티스타와 맺은 연대를 과시하는 것이었다.[33] EDT의 브레트 스탈바움(Brett Stalbaum)은 "미 국방성 사이트가 공격 대상에 포함된 것은, 미 군부가 인권침해를 자행하는 군인들을 훈련시킨다고 믿기 때문"이라고 밝혔다. 미 육군 남미 군사교육단도 비슷한 이유로 선택됐다(McKay, 1998a). 스탈바움은 프랑크푸르트 증권거래소가 공격 대상이 된 이유를 이렇게 설명했다.

　프랑크푸르트 증권거래소가 세계화에서 자본주의의 기능을 대표하기 때문이다. 세계화는 인종 학살과 인종 청소의 기술을 사용하며, 이는 곧

---

31) 브루스 스털링이 저자에게 알려준 정보도 인용했다.

32) 미 육군이 남미 국가 군인들의 교육을 위해 설치·운영한 군사교육 시설이다. 스페인어로 운용됐으며 2000년 폐쇄되고 서반구 안보 협력 기구(Western Hemisphere Institute of Security Cooperation)로 이름을 바꾸었다.

33) 사파티스타의 '네트워'에 관한 심도 있는 분석은, David Ronfeldt, John Arquilla, Graham E. Fuller, and Melissa Fuller, *The Zapatista 'Social Netwar' in Mexico*, Santa Monica(Calif.: RAND, MR-994-A, 1998) 참조.

오늘날 치아파스 문제의 근원이기도 하다. 치아파스의 민중은 자신들의 운명을 결정하는 데 주도적인 역할을 해야 한다. 서구 자본이 지원하는, (무력에 의해) 강요된 재배치에 따라 그들에게 원치 않는 운명이 부과돼서는 안 된다.[34)]

이 시위를 좀더 원활히 조직하기 위해 시위 주동자들은 자동화된 소프트웨어를 사용했다. 시위 참가자들이 해야 할 일은 플러드넷(FloodNet) 사이트들 중 하나를 방문하는 것이었다. 그들이 접속하면 사용자의 브라우저가 자바 애플릿 소프트웨어를 다운로드한다. 이 소프트웨어는 수초에 한 번씩 목표 사이트들에 자동으로 접속한다. 게다가 이 소프트웨어는 각 시위자가, 목표가 된 서버의 에러 로그에 개인적 메시지를 남길 수 있도록 해준다. 예를 들면, 브라우저가 대상 서버에서 '인권(human rights)'과 같은 존재하지 않는 파일을 찾도록 설정해 놓았다면, 서버는 "인권이 이 서버에 존재하지 않습니다"라는 메시지를 보내고 로그에 기록한다. 이 소프트웨어를 만든 스탈바움은 플러드넷이 "활동적이고 예술적인 표현을 통해 사람들에게 힘을 주는 개념적 네트 예술"이라고 그 성격을 규정했다.[35)]

EDT는 1998년 9월 9일 세디요 대통령과 미 국방부, 프랑크푸르트 증권거래소 사이트에서 행해진 연좌시위에 1만 명이 참여하여, 1분당 접속을 60만 회 시도한 것으로 평가했다. 《와이어드뉴스(Wired News)》의 나이얼 맥케이(Niall McKay)에 따르면, 미 국방성은 "분명히 반격을 가했다"라고 한다. 스탈바움은 이렇게 회상한다.

그들(미 국방성의 프로그래머들)은 EDT의 택티컬플러드넷(Tactical FloodNet)을 경유해 들어오는 모든 리퀘스트를 '적대적 애플릿(HostileApplet)'이라 불리는 애플릿을 포함하는 페이지로 돌렸다. 이 애플릿은 인터넷 문서를 최대한 빨리 새로 고침(reload)하는 작은 윈도를 계속 열어서 시위자의 브라우저를

---

34) 1999년 7월 23일, 스탈바움과 서신을 교환하면서 알게 된 정보.

35) Brett Stalbaum, "The Zapatista Tactical FloodNet," www.thing.net/~rdom/ecd/ZapTact.html.

끝없는 루프(loop)에 몰아넣었다. 나는 컴퓨터를 통제하기 위해 컴퓨터를 재부팅해야만 했다.

세디요 대통령의 사이트는 이 당시에는 반격을 가하지 않았다. 그러나 6월의 가상 연좌시위에서는 이 사이트도 시위자의 브라우저가 다운될 때까지 작은 윈도가 한없이 열리도록 하는 소프트웨어를 사용했다. 프랑크푸르트 증권거래소는, 시위가 진행되는 것을 인지했지만, 시위가 자신들의 서비스에는 영향을 미치지 않을 것으로 본다고 보고했다. 이 증권거래소 사이트의 방문자 수는 하루에 보통 600만 명이다. EDT는 이 공격이 전체적으로 성공적이었다고 본다. 스탈바움은 "우리의 목적은 치아파스 민중들이 살아남기 위해 필요한 국제적 관심을 계속 받을 수 있도록 돕는 것"이라고 말했다(McKay, 1998a).[36]

웹 시위의 효과에 대해 EDT의 리카르도 도밍구에스(Ricardo Dominguez)는 이렇게 대답했다.

디지털 사파티스타 운동은 1994년 1월 이래 우리가 아는 한 정치적으로 가장 효과적인 인터넷 활용이었다. 이는 자발적인 지원 노드 100여 개로 구성된 정보 배급 네트워크를 창출했다. 그리고 EZLN이 주류 언론의 필터를 거치지 않고도 세계에 직접 목소리를 낼 수 있도록 했다. 그들은 1998년 ≪와이어드뉴스≫가 선정한 온라인에서 가장 중요한 인물 25인에 뽑히기도 했다. 또 사파티스타 네트워크는 대규모 병력과 대(對)마약 전쟁 기술이 EZLN을 손쉽게 무너뜨리지 못하도록 막았다.

그는 플러드넷에 관해 말하면서 EDT의 사파티스타 플러드넷 시위의 목적을 이렇게 밝혔다.

시위의 목적은 치아파스 상황을 될 수 있는 한 자주 관심의 전면에 부

---

36) 1999년 1월 30일, 스탈바움과 가진 대화에서 파악한 내용도 인용했다.

상시키는 것이었다. 이러한 활동은 미국 국방부와 멕시코 정부에 충분한 반향을 불러일으켜, 그들은 온라인과 오프라인 전술을 모두 동원해 대응하지 않을 수 없었다. 따라서 이러한 가상 연좌시위는 기존 언론의 많은 관심을 끌었다. 만약 이 시도가 그 문제에 대한 세계적 관심을 불러일으키지 못했다면, 당신이 이렇게 나를 인터뷰하고 있지도 않을 것이다.[37]

또 EDT는 이라크에 대한 미국의 군사행동과 경제제재에 항의하기 위해 백악관 사이트에서 연좌시위도 벌였다. "중동 평화를 위해 플러드넷 행동을 요청한다(Call for FloodNet Action for Peace in the Middle East)"라는 제목의 웹페이지에서 EDT는 자신들의 철학을 밝혔다.

우리는 오직 국민국가만이 전쟁과 공격 행위에 개입할 수 있는 적법한 권위를 가졌다고 믿지 않는다. 그리고 우리는 사이버 공간을 비국가적 정치 행위자가 현재와 미래의 분쟁 영역에 개입할 수 있는 도구, 특히 국경을 넘어 그렇게 할 수 있는 도구로 간주한다.[38]

동물 권리 활동가들도 동물들에 대한 처우에 항의하기 위해 EDT의 플러드넷 소프트웨어를 사용했다. 12개 나라 시위자 800명 이상이 1999년 1월, 스웨덴 웹사이트들에 대한 연좌시위에 참여했다.[39] 플러드넷은 J18이 조직한 1999년 6월 18일의 반자본주의 시위에서도 주요한 도구였다(Ungoed-Thomas and Sheehan, 1999).

---

37) 1999년 2월 2일, 도밍구에스와 가진 대화에서 파악한 내용.
38) www.aec.at/infowar/NETSYMPOSIUM/ARCH-EN/msg00633.html 참조.
39) *Day of Net Attacking Against Vivisection*, communiqué from the Animal Liberation Front(December 31, 1998); *The First Ever Animal Liberation Electronic Civil Disobedient Virtual Sit-In on the SMI Lab Web Site in Sweden*, notice from Tactical Internet Response Network, http://freehosting.at.webjump.com/fl/floodnet-webjump/smi.html; *ECD Report-SMI Shuts Down Their Computer Network!!!*, www.aec.at/infowar/NETSYMPOSIUM/ARCH-EN/msg00678.html(January 15, 1999).

326 제3부 네트워의 현재와 미래

웹 연좌시위가 합법적인지는 명확하지 않다. 미국 법무부의 컴퓨터 범죄 수사대장을 지낸 마크 라쉬(Mark Rasch)는 그 같은 행위는—다른 사이트에 손실을 끼칠 목적으로 프로그램, 소프트웨어 코드, 명령어 등을 배포하는 것을 범죄로 규정한—연방 법률을 위반할 소지가 있다고 말했다. "그것은 아마 단지 전자적 연좌시위일지 모른다. 그러나 실제 연좌시위에선 사람들이 체포된다"라고 그는 말했다(Kaplan, 1998).[40] 연관된 문제는 DOS에 대한 역공격의 합법성 여부이다. 미 국방성의 경우는 적법한 것으로 간주될 가능성이 크다. 국가가 안보를 위협하는 공격을 방어하기 위해 그에 '상응하는(proportional)' 대응을 하는 것은 허용되기 때문이다.

웹 연좌시위에 쓰이는 도구도 진화를 거듭해, 이제 시위자들은 (특정 사이트에) 같은 시점에 모일 필요가 없어졌다. 대신 그들은 소프트웨어를 어느 때든 다운로드하거나 전자우편을 통해 받아서 지정된 시간에 실행할 수 있게 됐다. 그러나 이러한 소프트웨어는 여전히 지난 2000년 2월 야후와 기타 전자상거래 사이트를 공격하는 데 쓰였던 표준 DOS나 분산 DOS 공격과는 근본적으로 다르다. 그것은 어느 시스템에도 해를 끼치지 않으며 소스 주소들을 훔쳐내지도 않는다. 또 대상을 마비시키지도 않는다. 더구나 이러한 시도가 효과를 얻으려면 수천 또는 수만 명이 동시에 대상을 타격해야 한다. 사람들 다수에 의한 이러한 동시 타격은 '스워밍'이라고도 불린다. 스워밍은 시위 행위가 단지 한 개인 또는 작은 집단에게만 문제가 되는 것이 아님을 확실히 보여주는 수단이다.

또 다른 핵티비스트 집단인 전자히피(Electrohippies collective)는, 웹 연좌시위가 정책적 이슈들에 대한 광범위한 토론을 가능하게 해 특정 집단이 의제를 독점하는 것을 막아야 한다고 주장한다. 또 연좌시위를 정당화하기 위해 펼치는 행사들도 그 논쟁에 초점을 맞춰야 한다고 주장한다. 이 단체는 공개성과 책임감의 원칙을 옹호한다.[41] 이 단체는 1999년 말 시

---

40) 관련법은 Title 18 U.S.C section 1030(a)(5)(A)이다.

41) www.gn.apc.org/pmhp/ehippies 참조.

애틀의 WTO 반대 시위와 연계해 연좌시위를 벌였다. 2000년 4월에는 유전공학 산업계에 대한 웹 연좌시위를 계획했으나 웹사이트 방문자들의 투표 결과, 지지가 충분하지 않은 것으로 나타나자 철회하기도 했다. 그 연좌시위는 (낮은 수준의 로비 캠페인을 벌였던) "전자 항의는 생산적이다(E-Resistance is Fertile)"라는 좀더 광범위한 캠페인의 일환이었다.[42]

혼자 활동하는 개인이나 소규모 단체들도 인터넷 서버를 무력화하기 위해 DOS 도구를 사용했다. 코소보 분쟁 기간에 벨그라드의 해커들은 NATO의 서버에 이러한 공격을 가한 것으로 알려졌다. 그들은 서버가 정상적으로 작동하며 인터넷에 연결돼 있는지를 테스트하는 '핑(ping)' 명령을 통해 NATO의 웹 서버를 폭격했다. 그 결과 목표가 된 서버는 과부하 상태에 빠지고 말았다(Allison, 1999).

전자우편 폭탄

정부의 정책결정자에게 하루에 전자우편 한두 통을 보낸다면, 설사 매일 보내더라도 별일은 아니다. 그러나 자동화된 소프트웨어 도구를 이용해 한 번에 메시지 수천 통으로 폭격을 해버린다면 문제는 다르다. 수신자의 받은 편지함은 완전 마비가 돼서 정상적인 전자우편 수신도 불가능하게 된다. 따라서 전자우편 폭탄도 가상 차단의 한 형태이다. 전자우편 폭격은 주로 어떤 일에 대한 보복이나 괴롭힘의 차원에서 행해질 때가 많지만, 정부 정책에 항의하기 위해 사용되기도 한다.

스리랑카의 타밀 반군 게릴라는 전자우편 수천 통으로 스리랑카의 대사관 사이트들을 뒤덮어 버린 적이 있다. 미국의 정보 당국은, 이 사건이 한 국가의 컴퓨터 시스템에 대한 최초의 공개적 테러 공격이었다고 평가한다. 이 전자우편에서는 "우리는 인터넷블랙타이거(Internet Black Tiger)이며 당신들의 통신을 교란하기 위해 이렇게 한다"라는 내용이 있다(*Computer*

---

42) Ibid.

Security Alert, 1998: 8). 소수 타밀족의 독립국가 건설을 위해 투쟁하던 LTTE 의 한 분파가 1998년 이 공격을 감행한 것으로 보인다(Wolf, 1998).

당시 전자우편 폭격을 통해 2주 동안 하루에 전자우편이 약 800통 보 내졌다. 사회 기반 구조 및 전쟁 연구 센터(CIWARS: Center for Infrastructural Warfare Studies, 이하 CIWARS)의 윌리엄 처치(William Church) 편집인 은 이렇게 관찰했다.

LTTE는 대중의 관심을 간절히 원했으며, 그들이 원하는 바로 그것을 얻 어냈다. 그들이 정기적으로 인명 살상 테러를 일으켰던 점을 생각해 볼 때, 만약 전자우편 폭탄 테러가 폭탄 투척과 살인에 대한 그들의 관심을 다른 곳으로 돌릴 수 있다면, CIWARS는 평화의 이름으로 이 같은 유형의 테러 를 더 많이 저지르라고 권하고 싶다(*CIWARS Intelligence Report*, 1998a).

그러나 이러한 공격은 대사관들 사이에 공포를 일으킨다는 본래 목적 을 달성한 것으로 평가된다.

코소보 분쟁 기간, 양측의 시위자들은 각 정부 사이트들에 대해 전자우 편 폭격 시위를 했다. ≪PA뉴스(PA News)≫에 따르면, 3월말 NATO 서버 가 하루에 메시지를 2,000개 보낸 어떤 사람 때문에 마비됐다(Allison, 1999). 캘리포니아에 사는 리처드 클라크(Richard Clark)라는 사람이, 벨그라드의 해커들이 NATO의 웹사이트를 공격했다는 이야기를 듣고 유고슬라비아 정부 사이트들에 전자우편 폭격을 가해 보복했다는 ≪폭스뉴스(Fox News)≫ 의 보도도 있었다. 클라크는 며칠 동안 전자우편을 50만 통 보내 사이트를 다운시켰다고 말했다. 그는 사이트 다운이 전적으로 자신의 책임이라고 인정하지는 않았지만, "일정한 역할을 했다"라고 말했다. 그의 역할이 대 가를 치르지 않은 것은 아니다. 인터넷 서비스 제공업체 퍼시픽벨(Pacific Bell)은 그의 행동이 자사 스팸 정책에 위배된다며, 그에게 서비스를 중단 했다(Riley, 1999).

샌프란시스코의 인터넷 서비스 업체인 IGC(Institute for Global Communi-cation)도 스페인 북부 및 프랑스 남부 바스크 지역의 독립을 지지하는 뉴욕 단체가 발행하는 ≪유스칼헤리아저널(Euskal Herria Journal)≫의 웹페이지를 호스팅하다 1997년 전자우편 폭격을 당했다. 시위자들은 IGC가 "테러리즘을 지원한다"라고 주장했다. 웹페이지의 한 섹션이 바스크족 독립운동 단체 ETA에 관한 내용을 담았기 때문이다. ETA는 지난 30여 년간 바스크족의 독립을 위해 싸우는 과정에서 800명이 희생됐다고 주장했다. IGC에 대한 공격은 ETA 조직원이 스페인 북부의 유명한 시의원을 살해한 후 시작됐다(Vesely, 1997a, 1997b).

시위자들이 원한 것은 검열이었다. 그들은 문제의 사이트를 폐쇄할 것을 요구했다. 이를 위해 그들은 수백 개의 메일 서버를 거쳐온, 수천 개의 가짜 메시지들로 IGC 사이트를 공격했다. 그 결과, IGC의 서버에 전자우편 병목 현상이 일어나 회원들은 전자우편을 제대로 수신하지 못했으며, 고객 지원 인력들도 회원들의 불만 처리에 정신이 없었다. 시위자들은 IGC 직원과 회원 계정에도 스팸 우편을 쏟아부어 웹페이지를 가짜 신용카드 주문으로 넘쳐나게 했으며, IGC의 서비스를 이용하는 다른 조직들에도 같은 전술을 사용할 것이라고 위협했다. IGC가 공격을 막을 수 있는 유일한 길은 모든 중계 서버의 접속을 차단하는 것이었다.43)

IGC는 다른 사람들이 미러사이트를 개설할 수 있도록 자료의 복사본들을 저장한 후, 7월 18일 사이트를 폐쇄했다. 폐쇄 후 며칠 안 돼 미러사이트들이 3개 대륙 6개 서버에 나타났다. 미러사이트들 중 하나를 호스팅한 영국의 인터넷프리덤(Internet Freedom)은 "인터넷은 논쟁이 되는 사안들에 대해 읽고 토론할 수 있는 기회를 제공해야 한다"라고 밝혔다. 뉴욕에 있는 한 저널은, "자신들의 목적은 국제 매체들이 종종 무시하는 정보를 출간하고 갈등 상황에 대해 좀더 잘 이해할 수 있도록 의사소통

---

43) "ICG Gensored by Mailbombers," letter from Maureen Mason and Scott Weikart, IGC, www.infowar.com.

의 다리를 놓는 것"이라고 밝혔다(Vesely, 1997a). 이브 유드(Yves Eudes)는 프랑스 신문 ≪르몽드(Le Monde)≫에 기고한 글에서, IGC 사이트에 대한 전자우편 폭탄 공격은 '전례 없는 갈등'을 나타내는 것으로서 "불특정 다수의 해커들이 직접 실행하는 새로운 형태의 검열의 등장을 알리는 것이다"라고 적었다(Eudes, 1997).

IGC가 논란이 된 ≪유스칼헤리아저널≫ 사이트를 폐쇄하고, 한 달 후 스코틀랜드 야드 반테러 부대(Scotland Yard's Anti-Terror Squad)는 이 저널을 호스팅한 인터넷프리덤의 영국 웹사이트를 다운시켰다. 인터넷프리덤은 보도 자료를 내어 테러리즘에 반대되는 행동을 하라고 요구했다. 인터넷프리덤은 자신들의 뉴스 기능을 미국 사이트로 옮길 것이라고 밝혔다(Internet Freedom, 1997).

≪유스칼헤리아저널≫과 관련한 일련의 사건들은 인터넷 공간에서 핵티비즘의 위력을 잘 보여준다. IGC는 문제가 된 사이트를 계속 호스트하고 싶어했지만 계속되는 공격을 감당 못해, 사업을 계속할 수 없는 처지가 됐다. 그들은 사이트 폐쇄를 요구하는 전자우편 1~2통은 무시할 수 있었지만, 전자우편 폭격은 무시할 수 없었다. 또 이 사건은 언론 자유의 도구인 인터넷의 위력을 보여주는 것이기도 하다. 인터넷은 의견 표현을 위한 공간을 풍부하고 광범위하게 제공하기 때문에, 정부건 핵티비스트건 간에 어떤 콘텐츠를 인터넷에서 완전히 추방하는 것은 매우 어렵다. 이를 위해서는 매우 치밀한 국제 공조가 필요하지만, 그렇다 해도 문제의 사이트는 국제조약에 서명하지 않은 다른 나라로 도피해 운영을 계속할 수 있다.

웹 해킹과 컴퓨터 침입

신문이나 방송을 보면 웹사이트에 침투해 자기 뜻대로 내용을 바꾸어 놓은 해커들에 관한 기사로 넘쳐난다. 이러한 메시지들에는 보통 정치적인 내용이 담겨 있다. 포르투갈의 한 해커 집단이 1998년 40개 인도네시아 사이트에 침투하여, 큰 검정 글자로 '동티모르에 자유를(Free East Timor)'이라는 메시지를 남긴 것은 대표적인 경우다. ≪뉴욕타임스≫에 따르면, 이 해커들은 과거 포르투갈의 식민지였던 동티모르에 대한 인도네시아의 인권침해 사례들을 고발한 다른 웹사이트로 링크도 걸어놓았다(Harmon, 1999). 그리고 1999년 8월, 동티모르 독립운동의 대표자로서 호주에서 활동 중인 노벨상 수상자 호세 라모스 오르타(Jose Ramos Horta)는 만약 인도네시아 정부가 동티모르의 미래를 결정할 국민투표의 실시를 계속 지연한다면 세계 해커들의 네트워크 조직이 인도네시아를 마비시킬 것이라고 경고했다. 그는 ≪시드니모닝헤럴드(Sydney Morning Herald)≫와 가진 인터뷰에서 주로 10대들인 유럽과 미국 해커 100여 명이 계획을 준비 중이라고 밝혔다(Murdoch, 1999: 9).

1998년 6월에는 Milw0rm이라 자칭하는 국제 해커 단체가 인도의 바바 원자력 연구소(BARC: Bhabha Atomic Research Center, 이하 BARC)의 웹사이트를 해킹했다. 이들은 연구소 웹사이트에 "만약 핵전쟁이 발발하면 당신들이 가장 먼저 고통당할 것이다"라는 메시지를 남겨놓았다. 해커들은, 비록 그들이 반쯤은 모험 삼아 그렇게 했음을 인정했지만, 인도의 핵실험에 항의하기 위해 해킹을 저질렀다고 밝혔다. 또 그들은 연구소 홈페이지에서 수천 페이지의 전자우편과 연구 문건을 다운로드했으며, 그중에는 인도의 핵과학자와 이스라엘 정부 관료들 사이의 메시지도 포함돼 있다고 말했다. 그들은 BARC의 여러 서버 중 두 서버에 담긴 데이터를 삭제하기도 했다. 15~18세인 이들 해커 6명은 미국, 영국, 네덜란드, 그리고 뉴질랜드 출신이었다(Glave, 1998; Carter, 1998a, 1998b).

또 다른 방법은 방문자가 웹사이트에 접속했을 때 보이는 화면을 변경하는 것이다. 즉, 도메인 네임 서비스를 조작해 도메인 네임을 입력했을 때 엉뚱한 사이트의 주소로 연결되도록 하는 것이다. 그래서 사용자들이 브라우저로 특정 사이트에 들어가려 하면 그 사이트가 아닌 다른 사이트로 연결된다.

반핵을 주장하는 Milw0rm 해커들은 1998년 7월 애시트레이럼버잭
(Ashtray Lumberjacks)이라는 해커 그룹과 함께 웹사이트 300여 개를 공격
했다. 이는 사상 최대 규모의 홈페이지 침입 사건 중 하나로 평가받는다.
언론 보도에 따르면, 이들은 이 사이트들을 호스트하던 영국의 인터넷
서비스 업체 이지스페이스(EasySpace)에 침입했다. 그들은 이지스페이스
의 데이터베이스를 변경하여, 문제의 사이트들에 접속을 시도하는 사용
자들이 Milw0rm의 사이트로 접속되도록 했다. Milw0rm의 사이트에는
핵 군비 경쟁에 반대하는 메시지가 담겨 있었다. 그 메시지는 "세계 평화
를 유지하고 바보 같은 핵 경쟁을 멈추기 위해 노력해 달라"라는 말로
끝을 맺었다(Hu, 1998).[44]

코소보 분쟁 기간에도 몇몇 웹사이트들이 해킹을 당했다. ≪폭스뉴스≫
는 ≪보스턴글로브≫를 인용, 'Team Spl0it'이라는 미국의 해커 단체가 정
부 웹사이트들에 침입해 "당신 정부에 전쟁을 중단하라고 말하라"라는
메시지를 남겼다고 보도했다. 또 ≪폭스뉴스≫는 유럽과 알바니아의 해
커들로 구성된 코소보 해커 집단이 최소 5개의 웹사이트에 침입하여, 검
은색과 붉은색으로 된 "코소보에 자유를"이란 메시지를 남겼다고 전했다
(Riley, 1999). 벨그라드 지역 신문 ≪블리치(Blic)≫에 따르면, 보스니아계
세르비아 통신사인 SRNA는 세르비아블랙핸드(Serb Black Hand)라는 해커
단체가 미국 해군 컴퓨터의 데이터를 삭제했다고 한다. 또 ≪블리치≫는
블랙핸드와 세르비아안앤젤(Serbian Angel) 소속 해커들이 매일 NATO 컴퓨
터의 사용을 차단하고 작동을 교란시킬 계획을 세웠다고 전했다(SRNA,
1999. 3. 28.). 블랙핸드는 이전에도 코소보 알바니아계 웹사이트를 다운
시킨 적이 있다고 주장했다. 이 집단의 한 구성원은 "우리는 알바니아인
들의 거짓말을 인터넷에서 계속 제거할 것"이라고 ≪블리치≫와 가진 인
터뷰에서 밝혔다(*Associated Press*, 1998. 10. 22.).

---

44) Milw0rm의 웹페이지는 www.antionlin.com에서 볼 수 있다.

1999년 5월 NATO가 벨그라드에 있는 중국 대사관을 실수로 폭격했을 때, 성난 중국인들은 몇몇 미국 정부 기관의 웹사이트를 해킹한 것으로 알려졌다. "야만인에게 죽음을(Down with barbarians)"이라는 구호가 중국어로 베이징의 주중 미국 대사관 홈페이지에 올라갔으며, 내무부 웹사이트에는 폭격 중에 숨진 기자 3명, 베이징에서 공습에 항의하는 시위 군중, 휘날리는 중국 깃발 등의 이미지가 올라왔다고 ≪뉴스바이트(Newsbytes)≫가 보도했다(Williams, 1999). ≪워싱턴포스트≫의 보도에 따르면, 내무부 대변인 팀 어히언(Tim Ahearn)은 컴퓨터 전문가들이 해커들을 중국까지 추적했다고 말했다. 또 이 신문은 에너지부의 홈페이지에 다음과 같은 메시지가 올라왔다고 보도했다.

나치와 같은 미국의 행위에 항의하라! NATO의 야만적 행위에 항의하라! 우리는 정치에는 상관하지 않는 중국 해커들이다. 하지만 우리는 중국 기자들이 죽음을 당하는 것을 두고 볼 수 없다. 목적이 무엇이었건 간에 미국이 이끄는 NATO가 모든 책임을 져야 한다. 당신들은 중국 인민들에게 피의 부채를 졌으며 이를 반드시 갚아야 할 것이다. 우리는 전쟁이 끝날 때까지 당신들에 대한 공격을 멈추지 않을 것이다(Barr, 1999).

물론 NATO는 해킹 때문에 전쟁 중단을 선언하지는 않았다. 대외 정책에 대한 이 해킹의 영향은, 설령 있다 해도, 폭격에 비교할 때 매우 작다. 이 사건 이후 중국은 미국과의 고위급 군사 접촉을 유보했다(*Associated Press*, 1999. 5. 9.).

또 다른 해커들은 민주주의와 인권의 이름으로 중국 정부 기관들의 사이트를 겨냥했다. 홍콩블론즈(Hong Kong Blondes)라는 단체는 중국 정보 당국의 활동을 감시하고 체포가 임박한 정치범들에게 위험을 알리기 위해 중국 경찰과 보안 당국의 네트워크에 침투한 것으로 알려졌다(McKay, 1998b).[45]

---

45) Sarah Elton, "Hacking in the Name of Democracy in China," *The Toronto Star*(July 4, 1999) 참조.

컬트오브데드카우(CDC: Cult of the Dead Cow, 이하 CDC)의 '외무장관'인 옥스블러드 러핀(OXblood Ruffin)에 따르면, 블론즈는 중국 정부의 전복을 목표로 하는 중국의 반체제 지하 집단이라고 한다. 그들은 중국 국영 기관들과 중국에 투자한 서구 기업들을 공격할 것이라고 위협하기도 했다 (Taylor, 1999).

《로스앤젤레스타임스》는 캘리포니아의 컴퓨터 공학 전공자인 자칭 브롱크 버스터(Bronc Buster)와 그의 파트너 자이클론(Zyklon)이 중국 네트워크에 침입, 중국 정부의 인권 관련 사이트를 변조하고 검열을 방해했다고 보도했다. 이들은, 플레이보이닷컴(Playboy.com)에서부터 패런츠닷컴 (Parents.com)에 이르기까지 모든 것을 차단하는 방화벽 20개에 맞닥뜨렸으며, 자신들이 이중 5개의 차단 기능을 무력화시켰다고 말했다. 이들은 자신들이 데이터를 삭제하지는 않고 단지 옮겨 놓기만 했다고 밝혔다 (Farley, 1999).

브롱크 버스터는 해커 24명으로 구성된 리전오브언더그라운드(LoU: Legion of the Underground, 이하 LoU)라는 해커 단체의 일원이었다. 1998년 12월 말에 열린 인터넷 릴레이 챗(IRC: Internet Relay Chat, 이하 IRC) 기자 회견에서 LoU 소속의 한 해커가 중국과 이라크의 정보 기반 시설에 대한 사이버 전쟁을 선언했다. 그는 이들 나라의 인권침해 사실을 거론하며 중국과 이라크의 컴퓨터 시스템을 완전히 파괴하자고 제안했다.[46]

1999년 초에는 이들의 사이버 전쟁 선포에 반대하는 다른 해커 집단들의 연합이 결성됐다. 2600, 카오스컴퓨터클럽(Chaos Computer Club), CDC, 히스파학(Hispahak), L0pht헤비인더스트리(L0pht Heavy Industries), 프랙(Phrack), 풀하스(Pulhas), 그리고 네덜란드의 몇몇 해커 집단들이 공동 서명한 선언문은 "어떤 국가에 대해 '전쟁'을 선포하는 것은 해커가 할 수 있는 가장 무책임한 일로, 이는 핵티비즘이나 해킹 윤리와는 전혀 무관한 것이고 해커들이 결코 자랑스러워하지 않을 일"이라고 주장하며 사이버 전쟁 선

---

46) www.hackernews.com/archive.html/122998.html 참조.

포를 비난했다. CDC의 라이드 플레밍(Reid Fleming)은 "한 나라의 데이터 네트워크를 마비시키려 하면서, 그 나라에서 정보에 대한 자유로운 접근이 확산되기를 바랄 수는 없다"라고 말했다.[47]

이 서명문이 공개된 1월 7일경에 LoU는 IRC에서의 전쟁 선포는 그들 단체의 입장을 대표하는 것이 아니라는 내용의 성명서를 발표했다.

> LoU는 다른 나라의 컴퓨터나 네트워크 또는 시스템에 어떤 식으로든 손실을 입히는 것을 찬성하지 않는다. 그리고 중국이나 이라크의 시스템, 네트워크, 그리고 컴퓨터가 정상적으로 활동하는 데 방해될 수 있는 우리의 기술이나 능력을 사용하지 않을 것이다.[48]

브롱크 버스터는 IRC 선언이 다른 구성원에 의해 발표됐으며, 그 이후 그는 자리를 떠나 다시 돌아오지 않았다고 말했다(Glave, 1999).

1999년 8월에는 중국과 대만의 해커들 사이에서 사이버 전쟁이 발발했다. 중국의 해커들은 대만 정부의 몇몇 사이트에 침입, "대만은 중국의 분리될 수 없는 일부분이며 앞으로도 그럴 것"이라는 내용의 친중국적 메시지를 올려놓았다. 대만의 최고 규제 당국 사이트에는 "하나의 중국만이 존재하며, 하나의 중국만이 필요하다"라는 메시지가 올라왔다(Reuters, 1999. 8. 9.). 대만의 해커들도 즉각 보복에 나서, 중국의 한 첨단 인터넷 사이트에 붉은색과 푸른색의 대만 국기와 "본토를 재점령하라, 재점령하라, 재점령하라"라는 반공 메시지를 게시했다. 이 사이버 전쟁은 대만의 리덩후이(Lee Teng-hui) 총통이 중국은 대만을 '국가 대 국가' 관계로 대해야 한다는 성명서를 발표한 후, 이어진 중국과 대만의 날카로운 설전에 뒤따라 일어났다(Hang, 1999).

해킹의 결과 중 하나는 피해자들이 해킹의 책임을 실제로 해킹을 실행

---

47) 1999년 1월 7일의 서한.
48) 1999년 1월 7일의 성명서.

한 소규모 해커 집단이 아닌, 외국 정부에 돌린다는 점이다. 이는 대외 관계를 악화시키거나 좀더 심각한 갈등을 유발할 수도 있다.

중국 정부는 미국의 법륜공(Falun Gong) 사이트에 대한 해킹 혐의로 고소당하기도 했다. 중국 정부는 법륜공을 불법으로 규정했다. 미국 메릴랜드 주 미들턴에 사는 법륜공 수련자 밥 맥위(Bob McWee)는 그의 사이트가 1999년 7월 이래 전자 공격에 계속 시달렸다고 주장했다. 계속되는 DOS 공격에 더해, 누군가가 계속 그의 서버에 침입을 시도했다. 그는 그의 서버에 대한 침입 시도를 역추적했고, 중국 공안부(Public Security Ministry)의 인터넷 감시 부서(Internet Monitoring Bureau)가 배후에 있음을 발견했다고 주장했다(Associated Press, 1999. 7. 30.).[49] 《사우스차이나모닝포스트(South China Morning Post)》는 2000년 4월에도 법륜공 사이트에 대한 공격이 최소한 5건 더 일어났다고 보도했다. 그중 3건은 미국에서, 그리고 2건은 캐나다에서 일어났다. 법륜공의 메인 사이트(www.Falundafa. org)는 중국 경찰의 소프트웨어 보안 부서가 한 컴퓨터 회사에 법륜공 사이트를 해킹하면 보수를 지급하겠다고 제안했다는 익명의 제보를 받았다(South China Morning Post, 2000. 4. 14.). 만약 이러한 공격을 정말 중국 경찰이 행한 것이라면, 이는 대외 정책에서 중요한 의미를 가진다. 이는, 해외에 근거를 둔 웹사이트라도 본국에서 금지된 활동을 지지할 경우에는, 중국 경찰이 이를 공격할 수 있다는 의미이기 때문이다.

웹 해킹과 컴퓨터 침입은 매우 흔한 일이며, 그 대상에는 정부 컴퓨터뿐만 아니라 상업용·교육용 컴퓨터도 포함된다. 《인포메이션시큐리티(Information Security)》의 '1999년 업계 현황 조사'에 따르면, 컴퓨터 침입을 당한 회사의 비율은 1997년 12%에서 1998년 23%로 2배 가까이 뛰었다.[50] ERRI의 이머전시 뉴스 컴퓨터 해킹 실태 조사(ERRI/EmergencyNet News Local/County/State Computer 'Hacking Survey')에 따르면, 응답자 중 26%가

---

49) 맥위의 웹사이트는 www.falunusa.net이다.

50) www.infosecuritymag.com/articles/1999/julycover.shtml/ 참조.

컴퓨터 시스템에 대한 불법 침입이나 공격으로 피해를 입었다고 답했다.[51] CSI와 FBI의 1999년 컴퓨터 범죄 및 보안 조사(Computer Crime and Security Survey)에 따르면, 응답자의 30%가 외부의 침입이 있었다고 밝혔다(Power, 1999). 그러나 공격은 대부분 정치적 동기(핵티비즘) 때문이 아니라 모험, 호기심, 자아도취, 복수 또는 재정적 이익을 위해 행해졌다. 웹 해킹 한 분야만 놓고 보면, 1999년 7월까지 그해 해킹이 총 1,400여 건 일어났다고 Attrition.org가 밝혔다(Bridis, 1999).

컴퓨터 바이러스와 웜

핵티비스트들은 항의 메시지를 전파하고 컴퓨터 시스템에 손상을 입히기 위해 컴퓨터 바이러스와 웜을 사용해 왔다. 두 가지 모두 컴퓨터에 손상을 입히고 컴퓨터 네트워크를 타고 퍼지는 악성 코드의 형태이다. 차이가 있다면, 웜은 스스로 확산되는 자동 소프트웨어인 반면, 바이러스는 다른 파일이나 코드에 첨부돼 이들을 통해 전파된다는 점이다. 바이러스는 대개 전자우편에 첨부된 바이러스 파일을 연다든지 하는 사용자의 행동에 의해 퍼져나간다. 그러나 바이러스와 웜의 경계는 모호하며, 이것이 여기 논의에서 그렇게 중요한 것은 아니다.

약 10년 전에 핵 반대 해커들이 NASA(미국항공우주국)의 SPAN 네트워크에 웜을 뿌린 것이 웜을 사용한 최초의 사이버 시위였다. 1989년 10월 16일, 메릴랜드 그린벨트에 있는 고다드우주비행센터(Goddard Space Flight Center)의 컴퓨터에 접속한 과학자들은 초기 화면에서 WANK 웜이라는 배너를 보게 됐다(<그림 8-1> 참조).

당시 반핵 시위자들은 목성에 처음 발을 디디는 갈릴레오(Galileo) 조사위성을 실어나르는 우주왕복선 발사를 막으려 했다. 갈릴레오의 3만 2,500파운드짜리 부스터(booster) 시스템은 방사능 플루토늄을 연료로 사

---

51) 1999년 7월 19일, 클라크 스테이튼에게서 받은 전자우편 내용.

<그림 8-1> WANK 웜

```
W O R M S    A G A I N S T    N U C L E A R    K I L L E R S

  _____
 \__   _____   ___   _____   ___   __   _   ___/
  \ \ \   /\   / /   / /\ \       | \ \  | |    | | / /   /
   \ \ \ / \ / /   / /_\ \ \      |  |\ \ | |    | | / /   /
    \ \ \/ /\ \/ /   /  ___   \    | | \ \| |    | |\ \   /
     \_\ /_\ /___/ /  ___   \ \ \__| |_\ | | |___| |_\ \/
       _____/
        \                                              /
         \    Your System Has Been Officially WANKed   /
          _____/

You talk of times of peace for all, and then prepare for war.
```

용한다. NASA SPAN 담당실의 프로토콜 책임자 존 맥마흔(John McMahon)은 웜으로 인한 시간과 자원의 손실이 50만 달러에 이를 것으로 추산했다. 공격의 진원지는 밝혀지지 않았으나, 몇 가지 증거에 비추어볼 때 아마도 오스트레일리아 해커의 소행으로 추정된다(Bridis, 1999).

컴퓨터 바이러스는 정치적 메시지를 전파하는 데 쓰이지만 때로 심각한 손상을 입히기도 한다. 1999년 2월 《런던선데이텔레그래프(London Sunday Telegraph)》는 이스라엘의 한 10대가 이라크 정부의 웹사이트를 공격한 후 국민적 영웅이 됐다고 보도했다. 당시 14살이었던 니르 지그돈(Nir Zigdon)은 "그 이라크 사이트는 미국과 영국, 그리고 이스라엘에 대한 거짓말과 유대인에 대한 끔찍한 주장들을 담고 있었다"라고 말했다(Gross, 1999). "이스라엘이 사담 후세인을 공격하는 것을 두려워한다 해도, 적어도 나는 그의 웹사이트들을 마비시킬 수 있을 것이라고 생각했다. 나는 몇몇 특수 소프트웨어의 도움으로 그 사이트들을 추적하여, 서버가 중동 어느 나라에 있다는 것을 알아냈다"라고 그는 설명했다(Gross,

1999). 텔아비브에 사는 이 핵티비스트는 그 사이트에 컴퓨터 바이러스가 첨부된 전자우편을 보냈다. 그는 "전자우편에서 나는 내가 사담 후세인을 사모하는 팔레스타인 사람으로서 이스라엘 웹사이트들을 날려버릴 수 있는 바이러스를 개발했다고 주장했다"라고 설명했다. "이라크 사람들은 이에 속아 전자우편을 열고 바이러스 프로그램을 실행시켰다. 몇 시간 안 돼 그 사이트는 완전히 마비됐다. 얼마 후 나는 사이트 관리자 파이즈(Fayiz)한테 전자우편을 받았는데, 그는 내게 '지옥에나 가라'고 했다"라고 그는 말했다(Gross, 1999).

런던에 있는 인터넷 소프트웨어 업체 mi2g는 코소보 분쟁 기간 기업과 공공 기관, 학술 기관이 동유럽 국가들로부터 바이러스가 실린 전자우편을 받았다고 밝혔다. 이 회사는 보도 자료를 통해 "이 메시지들은 NATO의 불공정한 공격에 대한 정치적인 비난과 세르비아의 입장에 대한 옹호를 담고 있었으며 부정확한 영어와 선전·선동용 만화를 사용했다"라고 밝혔다. 또 이 회사는 "수신인들은 보통 첨부 파일 속에 포함된 몇몇 바이러스에 의해 피해를 입게 된다"라고 설명했다.[52] mi2g는 이전에도 보도 자료를 통해 "세르비아 해커들의 공격으로 진짜 피해를 입을 영역은, 잘 대비하고 있는 군부의 지휘 통제 네트워크가 아니라, NATO 국가의 경제 기반 시설이다"라고 경고한 바 있다.[53]

어떤 조직이 바이러스를 완전히 예방하기란 매우 어렵고 사실상 불가능하다. 사용자들이 의도하지 않게 바이러스가 첨부된 전자우편을 열고 바이러스에 감염된 문서를 동료들에게 보내기 때문이다. 바이러스 백신 프로그램이 바이러스를 감지하고 제거할 수 있지만, 이 프로그램은 회사나 조직 전체의 PC에서(수만 대가 될 수도 있음) 항상 최신 버전으로 업데이트돼야 하며 정확히 설치되고 사용돼야 효과를 낼 수 있다. 정치적 메

---

52) *mi2g Cyber Warfare Advisory Number 2*, April 17, 1999, M2 Communications April 19, 1999.

53) M2 Communications, April 8, 1999.

시지를 담은 바이러스는 심각한 문제로 보이지 않을지 모르나, 바이러스에 감염된 조직은 네트워크를 정리하기 위해 서비스를 일시 폐쇄해야 할 정도로 큰 피해를 입을 수도 있다.

특히 서비스를 마비시킬 정도로 부하를 많이 걸 수 있는 바이러스는 사이버 테러리스트들에게 유용한 도구가 될 수 있다. 컴퓨터 네트워크 공격과 같은 다른 핵티비즘의 도구들도 매우 파괴적인 결과를 일으킬 수 있다. 이에 대해선 다음 절에서 논의한다.

사이버 테러리즘

1980년대에 캘리포니아 안보정보연구소(Institute for Security and Intelligence)의 배리 콜린(Barry Collin) 선임 연구원은 사이버 공간과 테러리즘의 융합 현상을 지칭하기 위해 '사이버 테러리즘'이란 용어를 만들어냈다(Collin, 1997: 15~18). FBI의 특수요원 마크 폴릿(Mark Pollitt)은 실무적 정의를 내렸다.

사이버 테러리즘이란 정보, 컴퓨터 시스템, 컴퓨터 프로그램, 데이터 등에 대해 정치적 동기를 가지고 미리 계획된 공격으로, 국가 하위 조직이나 비밀 요원에 의해 실행되며, 비전투적 대상에 대한 폭력이다(Pollitt, 1997: 285~289).

전력이나 상수도의 공급 중단 같은 심각한 손실을 끼치는 정치적 동기의 공격도 사이버 테러리즘으로 규정할 수 있다.

위협

이미 언급한 것처럼, 테러 집단들은 그들의 주장을 전파하고 의사소통
과 행동 조정을 위해 인터넷을 적극적으로 활용한다. 그러나 사이버 테
러리즘의 범주에 넣을 수 있는 컴퓨터 네트워크에 대한 공격은 거의 없
다. 1998년 인터넷블랙타이거가 스리랑카 대사관들을 상대로 벌인 전자
우편 폭탄 공격이 현재로선 가장 사이버 테러리즘과 가까운 것이라 할
수 있으나, 전자우편 폭탄으로 발생한 피해는 같은 해 8월 나이로비와
다르에스살람(Dar es Salaam)에서 실제로 폭탄 테러가 발생해 240명이 희
생된 것에 비하면 미미하다고 할 수 있다.

사이버 테러리즘은 미래의 길을 열어주는가? 테러리스트들에게 사이
버 테러는 실제 물리적 테러에 비해 몇 가지 장점이 있다. 사이버 테러리
즘은 멀리서 익명으로 행할 수 있으며 비용도 저렴하다. 또 폭발물을 직
접 다루거나 자살 공격을 해야 할 필요도 없다. 언론이나 대중 모두 컴퓨
터 공격이라면 어떤 것이든 큰 관심을 보이기 때문에 언론의 주목을 끌
기도 쉽다. 컴퓨터 시스템의 위험에 관한 한 유명한 연구는 "미래의 테러
리스트들은 폭탄보다 키보드로 더 많은 것을 할 수 있다"라는 말로 시작
한다(National Research Council, 1991). 하지만 사이버 무기를 사용하는 것
은 실제 무기에 비해 단점도 있다. 컴퓨터 시스템은 복잡하기 때문에 공
격을 통제하는 것이 좀더 어렵고 원하는 만큼의 피해를 입히기도 쉽지
않다. 사람들이 실제로 다치지 않는 한, 극적인 요소나 감정적 호소력도
약하기 마련이다. 더구나 테러리스트들은 기존의 방법이 적절할 때까지
는 새로운 방법을 사용하려 하지 않을 수도 있다(Soo Hoo, Goodman, and
Greenburg, 1997).[54]

1997년에 발표한 논문에서 콜린(Collin)은 몇 가지 가능한 사이버 테러

---

54) 이 주제에 관해 좀더 자세한 점은, RAND의 미출간 보고서(Martin Libicki,
James Mulvenon, and Zalmay Khalilzad) 참조.

리즘 시나리오를 제시했다. 첫 번째 시나리오에선 사이버 테러리스트가
시리얼 제조 공장의 공정 조절 시스템에 침입하여, 철분 함유량 수준을
변경한다. 그 나라 아이들은 병에 걸려 죽게 된다. 두 번째 시나리오에선
사이버 테러리스트가 차세대 항공관제 시스템을 공격해서, 대형 민간 항
공기 두 대가 충돌한다. 세 번째 시나리오에선 사이버 테러리스트가 은
행, 국제금융거래소, 증권거래소의 시스템을 교란한다. 경제 시스템은 작
동을 멈추고 대중은 경제에 대한 신뢰를 잃으며 테러리스트들이 의도한
사회 불안정이 현실화된다(Collin, 1997: 15~18).55)

   폴릿은 콜린의 가설들을 분석하면서 오늘날 쓰이는 조정·통제 시스템
엔 인간의 손길이 충분히 많이 개입되기 때문에 '현재로선' 사이버 테러
리즘이 고전적 테러처럼 심각한 위협을 끼치지는 못할 것으로 결론지었
다. 예를 들면, 시리얼 오염 시나리오에 대해 그는 철분(또는 다른 영양소)
이 인체에 유해하려면 그 함유량이 굉장히 많아야 하기 때문에 생산 현
장의 직원이 이상을 알아차릴 것이라고 주장했다. 생산 현장에서 철은
다른 재료보다 먼저 바닥날 것이고, 생산된 제품은 맛이 다르고 좋지도
않을 것이다. 항공관제 시나리오에서도 관련 직원들이 문제점을 발견하
고 적절한 조치를 취할 것이다. 조종사들은 주변 상황을 파악하고 관제
사들의 실수를 발견할 수 있도록 훈련받으며, 무엇보다 항공관제가 전혀
없는 상황에서도 비행할 수 있도록 훈련받는다고 폴릿은 말한다(Pollitt,
1997: 285~289). 폴릿의 주장은 컴퓨터 시스템이 안전하며 취약점이 전
혀 없다는 것이 아니다. 오히려 그의 주장은, 이러한 취약점들에도 불구
하고, 의사결정의 각 과정에 사람들이 자리 잡고 있기 때문에 사이버 공
격이 재앙과 같은 결과를 초래할 가능성은 희박하다는 것이다. 그의 결
론은 다음과 같다.

---

55) 시나리오 구축에 관해선, RAND의 "The Day After ……in Cyberspace"라는 연구가
   선구적 연구이다. Roger C. Molander, Andrew S. Riddile, and Peter A. Wilson, *Strategic
   Information Warfare: A New Face of War*(Santa Monica, Calif.: RAND, 1996) 참조

우리가 문명에 더욱더 많은 기술을 도입할수록, 안전을 위해 더 많은
인간의 감독과 간섭이 필요하다.

테러리스트들이 심각한 피해를 입히려고 인터넷 공격을 준비 중이라
는 뚜렷한 증거는 없다. 그러나 ERRI의 클라크 스테이튼 소장은 1998년
2월 상원에서 이렇게 증언했다.

이슬람 극단주의 조직들이 그들의 컴퓨터 활동을 지원하고 미래에 공
격적 정보전을 벌이기 위해 '해커들의 네트워크' 구축을 시도 중인 것으
로 보인다.[56]

그해 11월, ≪디트로이트뉴스(Detroit News)≫는 인도의 무장 분리운동
단체 하르캇울안사(Harkat-ul-Ansar)의 일원이라 주장하는 칼리드 이브라
힘(Khalid Ibrahim)이, 미국 국방부의 컴퓨터에 침입해 군용 소프트웨어를
빼낸 해커에게서 그 소프트웨어를 사려 했다고 보도했다. 미국 국무부
리스트에 오른 30대 테러 조직 중 하나인 하르캇울안사는, (오사마 빈 라
덴이 운영하는) 아프가니스탄의 테러리스트 훈련 캠프가 8월 크루즈 미사
일 공격을 받자 미국에 전쟁을 선포했다. 8월의 공격으로 9명이 인명 피
해를 입은 것으로 알려졌다. 이 시도는 18살 먹은 자칭 카멜레온(Chame-
leon)이란 해커가 이브라힘한테 받은 1,000달러 수표를 현금으로 바꾸려
다 발각되면서 드러났다. 카멜레온은 자신이 그 소프트웨어를 가지고 있
지 않으며 이브라힘에게 그것을 주지도 않았으나, 이브라힘은 아마도 그
가 접근한 많은 해커들 중 한 명한테 문제의 소프트웨어나 다른 민감한
정보를 얻었을 것으로 본다고 말했다(Detroit News, 1998. 11. 9.).

사이버 테러리즘이 실제로 발생한 적이 없기 때문에 이 같은 행동의 영

---

56) 1998년 2월 24일, 스테이튼이 미국 상원 법사위원회 '기술, 테러리즘, 그리고
　　정부 정보 소위원회' 청문회에서 한 증언.

향을 평가하는 것도 불가능하다. 잠재적 손실을 예측하는 것도 매우 어렵다. 왜냐하면 국내 및 국제 정책에 영향을 미칠 의도로 시도된 컴퓨터 네트워크 공격이 실제로 어떻게 전개될지 알 수 없기 때문이다. 지금까지 테러리즘 말고 다른 목적(예: 전 직장 고용주에 대한 보복)으로 실행된 공격에서 입은 손실은 그 1차적 대상에 국한됐다. 실제 인명 피해가 난 적은 없다.

사이버 방어

국내외 정책에 대한 사이버 위협의 실제 효과는 이러한 공격들, 특히 핵심 기반 시설에 대한 공격을 얼마나 잘 방어할 수 있는가에 따라 달라진다. 미국을 비롯한 몇몇 국가는 상호 협력 조약, 범인 인도 조약, 정보 공유, 국경을 넘나드는 사이버 범죄자들을 효과적으로 수사·처벌하기 위한 공통의 컴퓨터 범죄법 등의 방법을 통해 국제적 수준에서 문제 해결을 시도하고 있다. 이러한 노력들은 사이버 테러리즘이나 핵티비즘에만 국한되는 것이 아니라 모든 형태의 해킹과 컴퓨터 네트워크에 대한 공격, 컴퓨터 및 통신 사기, 인터넷 아동 포르노, 그리고 디지털 저작권 침해(소프트웨어, 음악 등)의 행위를 총체적으로 뿌리 뽑는 것을 목표로 한다. 또 해킹과 컴퓨터 네트워크에 대한 공격을 군사 무기로 사용하는 국가 사이버 전쟁 작전도 사이버 방어의 범주에 들어간다.

지난 1998년 12월, 러시아연방의 주도로 열린 유엔 총회는 사이버 범죄·사이버 테러리즘·사이버 전쟁에 관한 결의안을 채택했다. '결의안 53/70', 즉 '국제 안보 상황에서의 정보 및 통신 분야의 발달'은 각 회원국들이 ① 정보 보안 관련 이슈들, ② 정보 보안과 관련된 기본 개념들의 정의, ③ 국제 정보통신 시스템을 향상시키고 정보 관련 테러와 범죄를 근절하기 위한 국제적 원칙을 도출하는 데 권고할 사항 등에 관한 견해와 평가를 의장에 알리도록 했다.[57]

---

57) G.A. Res. 53/70, U.N. GAOR, 53rd Sess., U.N. Doc. A/RES/53/70.

미국도 핵심 기반 시설들을 좀더 잘 보호하기 위해 몇몇 조치를 더 취했다. 1996년 7월, 클린턴 전 대통령은 '대통령직속핵심기반시설보호위원회(PCCIP: President's Commission on Critical Infrastructure Protection, 이하 PCCIP)'를 설립했다. 이 위원회는 국가의 생활 지원 시스템을 구성하는 핵심 기반 시설에 관해 연구하고, 다양한 위협 요소들에 대한 취약점을 발견하며, 이 시설들을 보호할 수 있도록 전략을 제안한다. 또 이 위원회는 통신, 은행 및 금융, 전력, 석유·가스의 배관과 저장, 상수도, 교통, 응급 서비스, 정부 서비스 등 8개 분야를 핵심 기반 시설로 정의했다. 1997년 10월에 발표된 최종 보고서에서 PCCIP는 핵심 기반 시설들에 대한 위협은 실재하며, 이들은 상호 의존성과 연결성 때문에 새로운 위협에 노출돼 있다고 보고했다. "이러한 새로운 위협을 계획적으로 악용하는 사례가 발생한다면, 우리의 경제와 안보, 그리고 일상에 심각한 결과를 가져올 것"이라고 이 보고서는 밝혔다.[58]

PCCIP는 사이버 위협이 문제의 지평을 근본적으로 변화시키고 있다는 점에 주목했다.

과거에 우리는 넓은 바다와 우호적인 이웃들의 도움으로 기반 시설에 대한 공격에서 보호받았다. 그러나 오늘날 상황은 사이버 위협의 발달로 극적으로 바뀌었다. 사이버 공간에서 국경선은 더 이상 의미가 없다. 전기는 여권을 보여주지 않고 그냥 통과한다. 사전에 감지될 만한 보급과 조달의 움직임 없이도 심각한 사이버 공격이 구상되고 계획될 수 있다. 보이지 않으면서 상황을 정찰하고 은밀히 연습한 후에, 공격자의 신원이나 위치도 밝히지 않은 채, 몇 분 아니 몇 초 안에 공격을 감행할 수 있다.[59]

58) *Critical Foundations: Protecting America's Infrastructures*, The Report of the President's Commission on Critical Infrastructure Protection(October 1997). 보고서 요약은 www.pccip.gov에 있다.

59) Ibid.

PCCIP는 실제 위협과 사이버 위협 모두를 평가하면서 이렇게 결론지었다.

실제 취약점을 이용한 실제 수단은 여전히 '오늘날' 우리의 기반 시설들에 대한 가장 두려운 위협이다. 하지만 우리가 접한 거의 모든 단체들이 새로운 사이버 취약점과 위협에 대해 우려의 목소리를 높였다. 그들은 모두 사이버 위협이 현실화돼 주요 시스템에 타격을 입히기 전에 기반 시설들을 보호할 수 있는 방법을 개발해야 한다고 입을 모았다.[60]

PCCIP의 보고서 발표 이후 대통령령 63호(Presidential Decision Directive 63)가 제정돼 국가기반시설보호센터(NIPC: National Infrastructure Protection Center), 핵심기반시설보호청(CIAO: Critical Infrastructure Assurance Office), 국가기반시설보호위원회(NIAC: National Infrastructure Assurance Council), 그리고 민간 영역의 정보공유·평가센터(ISACs: Information Sharing and Assessment Centers)가 설치됐다.[61] 국방부 역시 '컴퓨터네트워크보호대(Computer Network Defense)'라는 합동 태스크 포스를 설립했다. 미국 국가안보위원회(NSC: National Security Council)가 2001년 1월에 발표한 '정보 시스템 보호를 위한 국가 계획(National Plan for Information System Protection)'에서 이 문제에 관한 가장 최근의 진전들을 파악할 수 있다.

국가의 핵심 시스템들이 사이버 공격에 취약할 수 있다는 점은, 국가안보기구(NSA: National Security Agency, 이하 NSA)가 1997년 6월에 실시한 '엘리저블 리시버(Eligible Receiver)' 훈련의 주안점 중 하나였다. 이 훈련의 목적은 사이버 공격에 대한 미군 컴퓨터 시스템 및 일부 민간 기반 시설

---

60) Ibid.

61) *Protecting America's Critical Infrastructures: PDD 63*, The White House(May 22, 1998). 이 밖에 *The Clinton Administration's Policy on Critical Infrastructure Protection: Presidential Decision Directives 63*, The White House(May 22, 1998); "National Infrastructure Assurance Council," Executive Order, The White House(July 14, 1999) 참조.

의 취약점을 파악하는 것이었다. 언론 보도에 따르면, 훈련을 위해 2명으로 구성된 팀이 (아시아 지역 병력 10만 명을 감독하는) 하와이의 미 태평양 함대 본부를 비롯하여 몇몇 군 기반 시설을 목표로 공격을 실시했다. 한 명은 공격자의 역할을 맡고, 다른 한 명은 공격 행위가 각본에 따라 움직이는지 확인하는 역할을 했다고 한다. NSA의 해커들은, 인터넷에서 쉽게 구할 수 있는 해킹 도구들만으로, 수많은 시스템에 침입하여 기밀 정보에 접근하는 데 성공했다. 그들은 군 기반 시설이 교란될 수 있으며, 병력 동원이 필요할 경우 동원 작전이 차질을 빚을 수도 있다고 결론지었다. 또 이 훈련에는 전력망과 911 응급 시스템에 대한 공격 시나리오도 포함돼 있었으며, 실제로 서비스가 교란되는 결과가 나타났다. 911 시스템의 경우, 그들은 "911 시스템에 문제가 있으니 911에 신고하라"라고 권하는 전자우편을 다량 발송하는 것만으로 필요한 목적을 이뤘다. 호기심을 느낀 전자우편 수신자들이 일시에 911에 전화를 걸어 시스템에 과부하를 일으켰기 때문이다. 민간 기반 시설에 대한 실제 공격은 이루어지지 않았다(CIWARS *Intelligence Report*, 1998b; *Info Security News*, 1998; Pasternak and Auster, 1998: 37).

사이버 공격에 대한 상업적 시스템의 취약함은 앞에서 언급된 것처럼 조사 결과를 통해 지속적으로 드러났다. 비정부 시스템이 정부 시스템보다 더 또는 덜 취약하다거나, 양쪽 중 어느 한쪽 또는 둘 모두의 보안 태세가 향상되고 있다는 증거는 없다. 비록 정보 보안 도구의 보급이 늘어나 이전보다 쉽게 구해 쓸 수 있는데도 말이다.

결론

인터넷은 분명히 정치적 토론의 지평을 변화시키고 있다. 인터넷은 정보의 수집과 발표, 국제적 수준의 의사소통과 행동 조정, 정책결정자들에 대한 접근을 돕는 새롭고 저렴한 수단들을 제공한다. 인터넷은 공개된 의사소통과 사적인 의사소통을 모두 지원한다. 세계의 시민 단체들과 개인들은 인터넷의 이러한 특성들을 이용해 정부의 대외 정책에 영향을 미치려 한다.

몇몇 사례연구들은 인터넷이 일반적이고 비교란적(nondisruptive)인 방법으로 쓰일 경우, 특히 (신문과 방송 같은) 기존 미디어나 정책결정자들과의 직접 만남과 결합할 경우 효과적인 액티비즘의 도구가 될 수 있음을 보여준다. 인터넷은 자금 사정이 좋은 대규모 조직뿐만 아니라 가용 자원이 적은 소규모 단체나 개인들도 큰 힘을 발휘할 수 있도록 해주는 기술이다. 인터넷은 대중 및 언론에 대한 홍보, 자금 모금, 지역적 경계를 넘는 연합 단체 형성, 탄원서 및 행동 지침의 유포, 지역적 또는 국제적 수준의 행사 계획 및 조정 등을 가능하게 한다. 억압적인 국가의 활동가들도 인터넷을 통해 국가의 검열과 감시를 피할 수 있다. 사회 시스템을 교란하기 위해 해킹 도구와 기술을 사용하는 핵티비즘의 경우, 인터넷은 핵티비스트들의 주장에 대중의 관심을 기울이게 하는 효과를 가져온다. 이러한 사건을 대부분 언론이 보도하기 때문이다. 그러나 이렇게 주목을 받는다 해서 애초 기대한 대로, 문제가 된 이슈에 대한 정책을 변화시키는 효과가 일어날지는 미지수이다. 핵티비스트들은 정부의 컴퓨터들을 통제하고 언론의 주목을 받으면서 대단한 힘을 가진 것으로 느낄지 모르나, 그렇다고 해서 그것이 반드시 그들이 원하는 대로 정책 변경을 이끌어낼 수 있으리란 것을 의미하지는 않는다. 지금까지 사례를 보면, 대부분의 경우 정책 변경을 이끌어낼 가능성은 거의 없는 것으로 보인다.

해킹 도구를 사용하여 인명 살상 같은 대규모 피해를 일으키는 사이버 테러리즘을 생각해 볼 때, 대외 정책에 대한 사이버 테러리즘의 잠재적 영향력을 단정해서 판단하기에는 아직 이른 것 같다. 아직 사이버 테러리즘의 범주에 넣을 만한 사건이 실제로 일어난 적이 없기 때문이다. 한 가지 말할 수 있는 것은, 사이버 테러리즘의 위협은 일반적 해킹 위협과 결합돼 국가 및 국제적 수준에서 사이버 방어에 관련된 정책결정에 영향을 미친다는 점이다. 사이버 테러리즘의 잠재적 영향에 관한 통찰을 얻기 위해 일반적인 테러리즘을 조사해 봐도, (논란이 되는) 대외 정책에 대한 테러리즘의 영향을 평가하는 것은 역시 힘들다는 것을 발견하게 된다. 물론 이 경우에도 테러리즘의 위협(특히 화생방 테러의 경우)은 국가의 국방 정책에 중요한 영향을 미친다.

참고문헌

Adam, Barbara. 1999, June 16. "J18 Hackers Could Target Australian Companies on Friday." *Australian Associated Press.*

Allison, Rebecca. 1999, March 31. "Belgrade Hackers Bombard MoD Website in 'First' Internet War." *PA News.*

Arquilla, John, David Ronfeldt, and Michele Zanini. 1999. "Networks, Netwar, and Information-Age Terrorism." in Ian O. Lesser et al. *Countering the New Terrorism.* RAND.

Barr, Stephen. 1999, May 12. "Anti-NATO Hackers Sabotage 3 Web Sites." *Washington Post.*

"Beijing Tries to Hack U.S. Web Sites." 1999, July 30. *Associated Press.*

Boyle, Alan. 1999, January 26. "Crypto Can Save Lives." *ZDNet.*

Bridis, Ted. 1999, July 7. "Hackers Becomes an Increasing Threat." *Associated Press.*

Briscoe, David. 1999, May 17. "Kosovo-Propaganda War." *Associated Press.*

Brown, Andrew. 1999, April, 26. "Editors Wanted." *New Statesman.*

Carr, Chris. 1999, February 7. "Internet Anti-Impeachment Drive Yields Big Pledge of Money, Time." *Washington Post.*

Carter, Janelle. 1998a, June 6. "Hackers Hit U.S. Military Computers." *Associated Press* (Washington D.C.).

Carter, Janelle. 1998b, June 5. "Hackers Now Setting Their Sights on Pakistan." *Newsbytes.*

CIWARS Intelligence Report. 1998a, May 10.

CIWARS Intelligence Report. 1998b, June 21. Centre for Infrastructural Warfare Studies.

"China Suspends Contacts with U.S." 1999, May 9. *Associated Press*(Beijing).

Collin, Barry. 1997. "The Future of Cyberterrorism." *Crime and Justice International*, March.

"Conflict in the Balkans-Cook Enlists Internet to Send Serbs Message." 1999, April 2. *Daily Telegraph*(London).

"Dangerous' Militant Stalks Internet." 1998, November 9. *Detroit News.*

Davis, Richard. 1999. *The Web of Politics.* Oxford University Press.

Dobbs, Michael. 1999, April 19. "The War on the Airwaves." *Washington Post.*

Docherty, Alan. 1999, March 13. "Net Journalists Outwit Censors." *Wired News.*

Dunn, Ashley. 1999, April 3. "Crisis in Yugoslavia-Battle Spilling over onto the Internet." *Los Angeles Times.*

"E-Mail Attack on Sri Lanka Computers." 1998. *Computer Security Alert*, No.183(June). Computer Security Institute.

Eudes, Yves. 1997, November 16. "The Zorros of the Net." *Le Monde.*

Farley, Maggie. 1999, January 4. "Dissident Hack Holes in China's New Wall." *Los Angeles Times.*

Glave, James. 1998, June 3. "Crackers: We Stole Nuke Data." *Wired News.*

Glave, James. 1999, January 12. "Confusion Over Cyberwar." *Wired News.*

Gross, Tom. 1999, February 7. "Israel Claims to Have Hacked Saddam Off the Net." *London Sunday Telegraph.*

Hang, Annie. 1999, August 9. "Hackers' War Erupts Between Taiwan, China." *Associated Press*(Taipei, Taiwan).

Harmon, Amy. 1999, October 31. "Hacktivists' of All Persuasions Take Their Struggle to the Web." *The New York Times.*

Harris, Edward. 1999, August 5. "Web Becomes a Cybertool for Political Activists." *Wall Street Journal.*

Hu, Jim. 1998, July 6. "Political Hackers Hit 300 Sites." *CNET.*

Internet Freedom. 1997. "Anti-Terrorist Squad Orders Political Censorship of the Internet." press release(September).

"Internet Heavies Back New Net-Policy Group." 1999, July 14. IDG.

Kahney, Leander. 1999, April 2. "Yugoslavia's B92 Goes Dark." *Wired News.*

Kaplan, Carl. 1998, May 1. "For Their Civil Disobedience, the 'Sit-In' Is Virtual." *Cyberlaw Journal, The New York Times on the Web.*

Lohr, Steve. 1997, March 17. "Go Ahead, Be Paranoid: Hackers Are out to Get you." *The New York Times.*

McKay, Niall. 1998a, September 10. "Pentagon Deflects Web Assault." *Wired News.*

McKay, Niall. 1998b, December 1. "China: The Great Firewal." *Wired News.*

McShane, Larry. 1999, April 17. "Yugoslavs Condemn Bombs over E-mail to U.S. Media." *Nando Times.* http://www.nandotimes.com.

Mirapaul, Matthew. 1999, April 15. "Kosovo Conflict Inspires Digital Art Projects." *The New York Times(Cybertimes).*

Montgomery, Rick. 1999, April 19. "Enemy in Site-It's Time to Join the Cyberwar." *Daily Telegraph*(Australia).

Murdoch, Lindsay. 1999, August 18. "Computer Chaos Threats to Jakarta." *Sydney Morning Herald.*

National Research Council. 1991. *Computers at Risk*. Washington D.C.: National Academy Press.

Oaks, Chris. 1999, June 14. "Every Web Site a Chat Room." *Wired News*.

Oosthuizen, Adrian. 1999, February 2. "Dissidents to Continue E-Mail Activity Despite Court Verdict." *South China Morning Post*.

Pasternak, Douglas and Bruce B. Auster. 1998, July 13. "Terrorism at the Touch of a Keyboard." *U.S. News and World Report*.

"Pentagon Computer Systems Hacked." 1998, June. *Info Security News*.

Pollitt, Mark M. 1997. "Cyberterrorism: Fact or Fancy?" Proceedings of the 20th National Information Systems Security Conference(October).

Pollock, Ellen Joan and Andrea Oetersenm. 1999, April 8. "Unsolicited E-Mail Hits Targets in America in First Cyberwar." *Wall Street Journal*.

Power, Richard. 1999. "1999 CSI/FBI Computer Crime and Security Survey." *Computer Security Issues and Trends*, Vol.V, No.1(Winter).

"Pro-China Hacker Attacks Taiwan Government Web Sites." 1999, August 9. *Reuters*.

Raney, Rebecca Fairley. 1999, March 24. "Flood of E-Mail Credited with Halting U.S. Bank Plan." *The New York Times(Cybertimes)*.

Reporters Sans Frontiers. 1999, August 9. "The Twenty Enemies of the Internet." press release.

Riley, Patrick. 1999, April 15. "E-Strikes and Cyber-Sabotage: Civilian Hackers Go Online to Fight." *Fox News*.

Rodger, Will. 1999, August 25. "Online Human-Rights Crusaders." *USA Today*.

"Serb Hackers Declare Computer War." 1998, October 22. *Associated Press*.

"Serb Hackers Reportedly Disrupt U.S. Military Computers." 1999, March 28.

SRNA(Bosnian Serb news agency).

Schmitt, Bob. 1997, March 31. "An Internet Answer to Repression." *Washington Post*.

Schwartau, Winn. 1996. *Information Warfare, 2nd ed., Emeryville*. Calif.: Thunder's Mouth Press.

Soo Hoo, Kevin, Seymour Goodman, and Lawrence Greenburg. 1997. "Information Technology and the Terrorist Threat." *Survival*, Vol.39, No.3(Autumn), pp.135~155.

Stone, Martin. 1999, March 3. "Prof to Build Archive of Insurgency Groups." *Newsbytes*.

Taylor, Neil. 1999, August 26. "CDC Says Hackers Are Threat." *IT Daily*.

Todorovic, Alex. 1999, April 18. "I'm Watching Two Different Wars." *Washington Post*.

Ungoed-Thomas, John and Maeve Sheehan. 1999, August 15. "Riot Organisers Prepare to Launch Cyber War on City." *Sunday Times*.

Verton, Daniel. 1999, April 19. "Net Service Shields Web Users in Kosovo." *Federal Computer Week*.

Vesely, Rebecca. 1997a, August 28. "Controversial Basque Web Site Resurfaces." *Wired News*.

Vesely, Rebecca. 1997b, December 16. "Two More Basque Politicians Get ETA Death Threats." *Reuters*(San Sebastian, Spain).

"Web Sites of Falun Gong Hit." 2000, April 14. *South China Morning Post*.

Whitelaw, Kevin. 1998, June 22. "Terrorists on the Web: Electronic 'Safe Haven'." *U.S. News and World Report*.

Williams, Martin. 1999, May 10. "Federal Web Sites Under Attack After Embassy Bombing." *Newsbytes*.

Wolf, Jim. 1998, May 5. "First 'Terrorist' Cyber-Attack Reported by U.S." *Reuters*.

제9장 사회운동의 구조: 환경운동과 그 반대자들
The Structure Of Social Movements:
Environmental Activism And Its Opponents

루터 P. 걸락

■ 편자 초록: 'SPIN 사이클'에 대비하라. 미네소타대학의 걸락 교수는 미국의 사
회운동에서 찾아볼 수 있는 '분절되고 다중심적이며 통합된 네트워크'의 성격
을 규정짓는 조직적·전략적 역동성에 대해 탁월한 분석을 보여준다. 이 글은
완전한 네트워크적 시각에서 사회운동을 논의한 몇 안 되는 분석 중 하나이다.
편자들은 그의 관찰 중 많은 부분이 여러 '비시민사회' 행위자에게도 적용된다
고 본다. 이 장은 조 프리먼(Jo Freeman)과 빅토리아 존슨(Victoria Johnson)이 편
집한『저항의 물결(Waves of Protest)』(1999)에 수록된 걸락의 논문을 허가를 받
아 재출판한 것이다.*

---

* 그 논문이 수록된 출처는 다음과 같다. Luther P. Gerlach, "a study of social
movements since the 1960s," in Jo Freeman and Victoria Johnson(eds.), *Waves of
Protest*(Lanham, Mass.: Rowman and Littlefield, 1999). 루터 걸락은 이 논문의
편집을 사려 깊게 도와 준 조 프리먼에게 감사를 전한다.

1960년대 말에 버지니아 H. 하인과 필자는 몇몇 사회운동의 구조를 탐구한 바 있다. 필자와 하인은 가장 일반적인 형태의 조직은, 중앙 집중적이고 관료적인 조직도 아니며 반대로 형태가 불분명한 조직도 아닌, 분절되고(segmentary) 다중심적이며(polycentric) 통합된(integrated) 네트워크 (network), 즉 SPIN이라는 사실을 발견했다(Gerlach and Hine, 1970, 1973; Gerlach, 1971/1983).

- 분절: 다수의 다양한 그룹들로 구성돼 있으며, 이 그룹들은 성장하고 소멸하며, 분열하고 합치며, 확산되고 위축된다.
- 다중심적: 종종 일시적으로 복수의 중심들이 있으며, 때로 지도자나 영향력의 중심들이 서로 경쟁한다.
- 네트워크: 여러 네트워크를 떠도는 이른바 '여행자들(travelers)', 중복되는 회원 자격, 공동 행동, 공통된 상황 인식, 생각의 공유, 적의 공유 등 다양한 연결점을 가진 느슨한 그물 모양의 통합된 네트워크를 형성한다.

필자와 하인은 이렇게 분절되고 다중심적이며 네트워크화된 조직이 중앙 집중적인 조직보다 사회와 문화에 도전하며 이를 변화시키는 과제에 좀더 적합하다고 주장했다. 그 당시 사회운동에 참여하는 사람들조차도 중앙 집중화된 관료 조직이 아니라면 모두 비조직적이거나 초기 단계의 조직이라고 생각할 뿐, SPIN 조직의 장점을 완전히 인식하지는 못했다. 그 후로 SPIN 조직이 많은 장점을 갖고 있으며 그 장점이 사회운동에만 한정된 것은 아니라는 공감대가 널리 퍼지기 시작했다. 이 장에서는 이러한 분석을 재검토하고 보충하려 한다. 1960년대 이래 많은 사회운동에서 예를 찾을 수 있겠지만, 필자는 한때 생태운동(ecology movement)이라 불렸던 환경운동(environmental movement)과 환경 활동(environmental action)에 반대했던 '현명한 사용[Wise Use(또는 재산권)]' 운동을 예로 들겠다. 그에 앞서 우선 SPIN의 각 성격을 살펴본다.

분절

사회운동은 분열과 융합, 그리고 새로운 창조를 통해 변화하는 다양한 조직적 요소들로 구성돼 있다. 전형적인 SPIN은 준자치적인 부분들로 이루어져 있다. 새로운 부분들은 기존 부분들의 분열, 새 부분의 추가, 분열과 그에 뒤따른 새 기능의 추가 등으로 만들어진다. 각 부분들은 서로 복잡하게 겹치고 엉켜있어서, 사람들은 동시에 여러 부분들의 구성원이 된다. 그래서 한 사람이 한 부분에선 지도자이고 다른 부분에선 추종자일 수도 있다.[1] 우리가 '참여적 생태운동(participatory ecology movement)'이라 불렀던 1969~1970년대의 운동들을 조사해 본 결과, 이에 참여한 운동 집단들은 다음과 같이 분류될 수 있음을 발견했다.

- 이미 오래 전에 설립된, 관료적으로 조직된 국가적 또는 국제적 기구의 지역 지부. 여기에는 시에라클럽(Sierra Club, 1892), 오더번학회(Audubon Society, 1905), 야생학회(the Wilderness Society, 1935), 전국야생동물연맹(the National Wildlife Federation, 1936), 아이작월튼리그(Isaac Walton League, 1922) 등이 있다.
- 이러한 전통 있는 조직들의 대안으로 최근에 형성된 조직들로는 환경보호펀드(Environmental Defense Fund, 1967), 지구의 친구들(Friends of the Earth, 1968), 인구무증가(Zero Population Growth, 1968) 등을 들 수 있다.
- 이데올로기나 전술 측면에서 매우 급진적인 다수 집단들로는 인민

---

[1] 구조와 역할이 매우 다르다는 점에서 이러한 운동의 부분은 서로 비슷하고 특화되지 않은 아프리카 부족의 분절적 족보(lineage) 시스템과는 다르다.

의 건축가(People Architects), 식량음모(the Food Conspiracy), 생태행동
(Ecology Action), 생태의 이단아(Ecology Freaks), 생태특공대(Ecology Com-
mandoes) 등이 있다.

- 각 지역을 배경으로 전국에서 우후죽순처럼 생긴 수많은 소규모 집
  단들은 인근 지역의 발전소, 비행장, 댐, 쓰레기 소각장, 기타 산업
  설비나 부동산 개발 프로젝트에 반대해 조직됐다.

생태운동은 계속해서 발전하고 자라며 변화하고, 또 변화를 촉진하고
있다. 1970년대 언제부터인가 사람들은 이를 환경주의(environmentalism)라
고 부른다. 1980년대 말에서 1990년대 초 사이에 걸쳐 '녹색인(the Greens)'
이라는 유럽식 용어가 인기를 얻었다. 오늘날 남아있는 환경 관련 운동은
대개 환경운동이나 녹색운동(Green Movement)이라 불린다.

단체들이 분열하는 이유

일부 단체들은 구성원들이 이데올로기와 전술에서 견해 차이가 있을
때 분열한다. 일부는 의도적으로 새 세포조직을 분화시킨다. 운동의 이
데올로기에 영감을 받았거나 비슷한 조건에 자극받은 사람들이 새로운
조직을 만들 수도 있다. 이러한 분화(segmentation)에 기여하는 네 가지 요
소를 발견했다.

① 개인적 힘(personal power)은 종종 운동의 신념 체계(belief system)의 한
   요소이다. 카리스마적인 종교운동의 경우, 참여자들은 자신들이 신
   과 직접 접촉할 수 있다고 믿으며, 이는 그들의 힘을 강화시킨다.
   환경운동은 참여자들에게 '지구적으로 사고하고, 지역적으로 행동
   (Think globally, act locally)'하도록, 또 환경운동을 지지하는 전문가들
   사이에서 충분한 의견 일치가 없다고 주장하는 사람들 말에 귀 기

울이지 말라고 요구한다. 이러한 운동에서 개인 또는 소규모 지역
단체들은 (각 개인이나 집단이 중요하게 여기는) 운동 목표를 이루기
위해 주도권을 잡을 필요를 느낀다. 그들은 대답이 돌아올 때까지
기다리지 않는다. 이러한 경향은 이데올로기나 전술에 따라 개인이
나 집단의 분열을 촉진한다. 또 참여자들에게 자신들의 새 활동을
지원할 다른 참여자 모집 활동을 벌이도록 한다. 예를 들면, 자연
환경을 위협하는 개발 계획에 대항하여 방해 활동을 벌이는 지구
해방전선(ELF: Earth Liberation Front, 이하 ELF)은 자신들의 웹사이트
에 누구나 ELF의 이름으로 같은 행동을 할 수 있다고 밝혔다. 이는
물론 사보타주에 동참하는 사람들의 수를 늘이는 효과를 가져올
것이다.

② 사회·경제적 차이, 분파주의, 개인적 갈등 등에서 연유한 기존의 갈
등(preexisting cleavages)도 종종 조직 내에 옮겨 와서 분열 경향을 부
채질한다.

③ 경제적·정치적·사회적·심리적 보상을 놓고 운동 참여자들, 특히 지
도자들이 경쟁(competition)을 벌인다. 운동을 통해 받는 혜택으로는
추종자, 언론의 관심, 영향력, 재단이나 정부의 지원금, 운동의 목
표를 성취해 가고 있다는 만족감 등이 있다. 경쟁은 분열의 원인이
되며 추종자들을 재배치하고 새 참여자들을 모으며 지지 기반을
넓히려는 노력을 강화시킨다.

④ 이데올로기의 차이는 새로운 집단 형성의 주요 원인이다. 어떤 운동
에 강하게 헌신하는 사람은, 이데올로기적 순수성에 대해 보통 사
람들이 자신이나 가족의 안위에 위협이 가해질 경우에나 느끼는
정도로 민감하게 반응한다. 그래서 환경 단체들은 환경보호를 위해
일반 사회나 문화가 얼마나 바뀌어야 하는가, 그리고 이러한 변화
를 끌어내기 위해 얼마나 공격적인 전술을 사용해야 할 것인가에
대한 의견 불일치 때문에 거의 정기적으로 분열한다. 일부 단체들

은 환경보호를 사회 개혁이나 다국적 기업 같은 다른 이슈들과 얼마나 연계시킬 것인가를 놓고 분열하기도 한다.

분열은 대부분 운동의 성장기에 일어나며 운동의 확산에 기여하지만, 사실 분열은 언제라도 발생할 수 있다. 반드시 그런 것은 아니지만 새로운 집단은 종종 규모가 작고 탈집중적이다. 많은 경우 결정은 합의로 이루어져 실행되지만, 강력한 개인이 주도하는 (비록 일시적일지라도) 경우도 있다. 때로는 기존의 관료적인 대규모 조직이 운동 단체가 되기도 하는데, 이 과정에서 종종 심대한 변화를 겪는다. 급진주의를 좇고 권위와 조직화를 거부하는 집단은 좀더 분열되기 싶다. 분열은 자주 일어나지만, 분열할 때 대부분 낙담하기 마련이다. 그러나 이를 포용하는 경우도 있다. '지구먼저'는 캘리포니아의 삼나무 벌목에 항의하기 위해 1989~1990년에 레드우드서머(Redwood Summer) 캠페인을 시작했다. 이 연합체에는 환경 및 지역 수원 보호 단체뿐만 아니라 평화 및 사회정의 운동 단체들도 포함돼 있었다. 이 단체는 얼마 안 가 여러 단체들로 분리됐다. 참여자들은 자신들이 배운 것을 각자의 고향 주(州)에서 실천하고 그들 자신만의 독특한 단체를 조직했다(Pickett, 1990: 8).

다양한 단체들이 함께 활동하면, 사회운동은 여러 가지 일을 할 수 있으며 다양한 사람들을 대상으로 운동을 전개할 수 있다. 레드우드서머에 참여한 사람들 중 일부는 현장 보호 활동에서 캘리포니아 삼림 보호를 위한 투표운동으로 활동 영역을 변경했다. 그 후 그들은 일시적으로 환경보호정보센터(Environmental Protection Information Center)를 조직했으며, 이 센터는 그들의 제안에 대한 지지표 확보운동을 위해 생긴 수많은 새 단체들을 조정하는 역할을 했다. 1990년대 중반 '지구먼저'는 벌목과 자원 개발을 방해할 때 폭력을 더 이상 사용하지 않겠다고 선언했으나, ELF를 비롯한 다른 운동 단체들이 나타나 자신들이 환경 위협으로 간주하는 개발 계획들에 대해 사보타주를 주장했다.

때로 사회운동은 그에 대한 반대운동을 불러일으키기도 하며 이들도 분절적이다. 환경운동은 '현명한 사용' 또는 재산권 운동을 촉발했다. 벌목업자, 중장비 노동자, 목축업 종사자, 농부, 광부, 자연 자원 개발업자, 설창차(snowmobile) 및 험로용 오토바이(dirt-bike)업자, 자산 보유자, 자유주의자(libertarians), 대중주의자(populists), 정치적 보수주의자, 그리고 일부 종교 근본주의자들은 수많은 지역 단위의 단체들을 조직했다. 이런 단체로는 재산권에 대한 포괄적 접근법을 취한 자유기업방어센터(Center for Defense of Free Enterprise), 국립공원과 연방 소유지에 대한 접근을 요구한 것으로 잘 알려진 전미 국립공원 내 토지 소유자 및 다용도 토지 연합(National Inholders/Multiple-Use Land Alliance), 아이다호 포카텔로(Pocatello, Idaho) 지역의 레저용 차량 동호회 푸른리본연합(Blue Ribbon Coalition), 몬타나(Montana)의 여성광업연맹(Women's Mining Coalition), 펄프·제지근로자연맹(Pulp and Paper Workers Union), 캘리포니아 새크라멘토 지역의 태평양법률재단(Pacific Legal Foundation) 등을 들 수 있다. 이들의 출신 배경은 제각각이지만, 이들은 모두 환경운동과 생태 관리를 명분으로 한 연방 또는 주의 규제가 자신들의 이익을 침해한다는 견해를 공유하고 있다. 1980년대 말과 1990년대에 걸쳐 이들은 습지 보호를 위한 법안이나 멸종 위기종 보호법(Endangered Species Act) 등의 법률 제정에 조직적으로 저항했다. 이들은 연방 또는 주 소유지의 다목적 사용, 자연 자원의 지역적 관리와 국유지의 사적 소유 환원 등을 주장했다.

다중심성

이러한 운동들은 지도자 또는 리더십의 구심점이 많이 있다. 여기서 다중심성은 이러한 많은 지도자들이 중앙 집중적인 지도자 한 명의 지휘 계통에 따라 지시나 명령을 받지 않는다는 뜻으로 쓰였다. 지도자들은 부분들과 마찬가지로 위계적으로 조직되지 않는다. 그들은 '비위계적'이다. 그들에게는 최고사령관이 없다. 운동 전체를 대변한다고 주장할 수 있는 특정한 개인도 없다. 또 운동 전체를 대변하는 하나의 특정한 단체도 없다.

애초에 필자와 하인은 이러한 운동을 설명하기 위해 '머리가 여럿인(polycephalous) 조직'이란 단어를 썼다. 필자와 하인이 함께 연구한 1960년대 운동들에선, 지도자가 여러 명 있었고 위계적인 지휘 계통에 따라 조직되지 않았기 때문이다. 필자와 하인은 이 용어를 '다중심적'이라고 바꿨다. 1960년대 이래 많은 운동 참여자들은 자신들의 조직엔 특별한 지도자가 없다고 주장했으며, 상황에 의해 지도적 역할을 맡은 사람의 영감과 영향력이 명령으로 변질될 때는 실망감을 나타냈다. 리더십에 대한 태도가 어떤 것이건 간에, 사회운동들에는 리더십의 구심점이 많이 있다.

언론은 종종 한 사람을 집중적으로 등장시켜 그의 발언을 인용하지만, 실제로 운동 구성원들이 특정 한 사람을 지도자로 간주하는 경우는 드물다. 운동의 지도자는 관료적이라기보다는 카리스마적이다. 리더들은 주로 정치적 또는 조직적 기술이 아닌, 다른 사람들에게 영감과 영향을 주는 능력으로 리더의 자리에 오른다. 이러한 리더십은 대개 상황과 밀접한 관련이 있다. 즉, 지도자는 그 운동의 진행 과정에서 나타난 특정한 상황이나 도전에 대응하면서 등장한다. 지도자는 계속해서 자신의 가치를 증명해야 하며 종종 경쟁자들의 도전을 받는다.

1970년대에 아모리 로빈스(Amory Lovins)가 원자력 에너지에 반대하고 태양열 에너지 사용을 주창하는 운동의 국제적 지도자로 부상했다. 1980년대 말에는 데이브 포어먼(Dave Foreman)이 삼림 벌목을 막기 위해 펼친 직접행동 운동의 지도자로 유명해졌고, 페트라 켈리(Petra Kelly)는 서독 녹색운동의 지도자이자 환경운동의 국제적 주창자로서 주목을 끌었다. 1990년대에는 론 아놀드(Ron Arnold), 앨런 고틀리에프(Alan Gottlieb), 찰스 쿠시먼(Charles Cushman) 등이 현명한 사용 또는 재산권 운동의 창시자이자 지도자로 인정받았다.

운동 참여자들이 공통의 세계관을 공유하지만, 그렇다고 모든 점에서 항상 동의하는 것은 아니다. 서로 다른 지도자들이 있다는 것은 이러한 불일치를 반영한다. 환경운동의 경우, 많은 사람들이 경제성장과 환경보존은 양립이 불가능하다고 생각한다. 반면 효율적이고 선의의 '소프트' 기술로 성장과 발전이 지속 가능하다고 생각하는 사람들도 있다. 어떤 사람들은 변화를 강제하기 위해 과격한 직접행동이 필요하다고 생각하지만, 다른 한편에서는 정해진 규범 내에서 평화적으로 일하려는 사람들도 있다. 비교적 규모가 작은 레드우드서머도 걸프전에서 미국의 행동에 항의하려는 사람들과 벌목 중단에 초점을 맞추려는 사람들로 갈라졌다.

모든(또는 대다수) 운동 참여자들을 하나로 묶어 결정을 내릴 수 있는 어떤 한 사람이나 단체는 없다. 이 때문에 협상과 타협은 (불가능하지는 않더라도) 더 어려워진다. 임시 지도자는 반대 행동을 중단시키려고 합의에 도달할 수 있지만, 다른 누군가가 새로운 항의운동을 시작하는 것을 막을 수는 없다.

지도자들은 개인적 역량이나 능력을 보여줄 필요와 (추종자들의 행동을 추동하는) 민주적 참여 욕구에 관심을 기울일 필요 사이의 균형을 조심스럽게 맞춰야 한다. 운동 참여자들이 기존 질서에 도전하도록 동기를 부여하는 것은 바로 이러한 욕구이며, 이러한 욕구는 기존 질서와 투쟁하면서 더욱 자양분을 얻는다. 사회운동 단체들은 종종 모든 사람의 동의 또는 합의에 따라 결정을 내리려 하며, 지도자들은 이 같은 길고 힘든 과정 속에서 일하는 법을 배워야 한다. 지도자들은 종종 '동등한 사람들 중에서 가장 앞선 사람(first among equals, primus inter pares)'으로 처신해야 한다. 미국에서 이러한 운동의 지도자들은 능력과 성실을 통해 '풀뿌리'에서부터 올라왔으며, 인민을 대변할 수 있는 사람으로 알려지는 것이 유리하다는 것을 체득해 왔다.

네트워크화

한 운동의 여러 단체들은 서로 고립돼 있는 것이 아니다. 그들은 참여
자들의 비위계적·사회적 연계를 통해, 그리고 참여자들이 공유하는 이해,
정체성, 공통의 적 등을 통해 통합된 네트워크를 형성하거나 그물 모양
의 조직을 형성한다. 네트워킹을 통해 운동 참여자들은 정보와 생각을
공유하고 공동 행동을 조정할 수 있다. 네트워크가 정해진 한계를 갖고
있는 것은 아니나, 주로 단체들이 상호 작용하거나 갈라섬에 따라 확산
되거나 줄어들곤 한다.

운동 참여자들은 내부적으로만 연계하는 것이 아니라 태도와 가치를
공유하는 외부의 다른 운동 참여자들과도 연계한다. 이러한 연계를 통해
서 운동은 물질적 지원을 얻고 새 지원자를 모집하며 공동 행동을 위해
협력을 강화할 수 있다. 1970년대에는 핵과 화석연료 발전소에 반대하는
세력들이 태양열이나 기타 재생 가능한 에너지 기술을 개발·판매하는 조
직들과 연대를 형성했다. 1980년대에는 환경주의자들이 도시 엘리트 계
층의 운동이라는 이미지를 불식시키기 위해 여성·노동·시민운동 단체들
과 관계를 맺었다. 1990년대의 '현명한 사용' 회원들은 서부의 시골 및
교외 지역이라는 기반을 벗어나려 했다. 그들은 동부 도시의 단체들과
손잡고 지대(地代)통제법 반대운동을 벌였으며, 보수파 인사들의 공직 진
출을 위해 정치적·종교적 우파들과 연합했다.[2]

연계

개인적 관계(personal relationships)는 친척 관계, 결혼, 우정, 이웃 생활,
그리고 기타 인연을 통해 다른 단체의 참여자들을 연결해 준다. 단체가
분열하더라도 개인적 연계는 유지된다. 한 사람이 여러 단체에 참여하는

---

2) 1998년 론 아놀드와 가진 대화에서 파악한 내용.

경우도 종종 있다. 지도자들은 특히 인적 관계(네트워킹) 형성에 적극적이
다. 사실 지도자가 되고 그 지위를 유지하는 방법 중 하나는 참여자들을
끌어들이고 다른 단체들과 연결을 추진하는 것, 즉 많은 단체들을 연결
하는 노드가 되는 것이다.

순회 전도자(traveling evangelist)나 방문자들은 운동들의 네트워크에 살
아있는 연결 고리를 제공한다. 그들은 단체들을 오가며 네트워크에 정보
를 확산하고, 그들이 방문하는 사람들과 개인적 관계를 구축한다. 언론
에 의해 어떤 운동의 지도자로 지목된 사람은 실상 이 운동의 가장 적극
적인 설파자로 이해하는 것이 좀더 정확하다. 그들은 운동 지도자로서
참여자들의 행동을 지휘하기도 하지만, 그 운동을 전체적으로 전파하는
좀더 중요한 역할을 한다. 일반적으로 전도자란 어떤 운동의 이데올로기
를 열성적으로 전파하는 사람을 말한다. 그들은 자신들 운동의 사상을
홍보하고, 참여자들의 신념을 강화하며, 참여자들에게 실천을 촉구하고,
신입 회원들을 끌어들여 소그룹을 형성하며, 자금을 모으고, 적대 세력
에 대항해 자원을 동원하는 역할을 한다. 종종 이런 사람들은 가는 곳마
다 군중들을 끌어모으며 지도자로 인식된다. 이들 중에는 자신들의 소식
지에 그들의 여행과 방문지에 대한 글을 쓰는 평범한 참여자도 있다.
1960년대와 1970년대에 학생들은 종종 운동의 네트워크를 따라 미국과
서유럽 일대를 여행하곤 했다. 이들은 그 지역 운동 참여자들의 도움을
받았으며, 다른 곳의 회원들에 관한 정보를 얻어 여행을 계속했다.

전도자로서 명성을 얻은 사람들만 운동의 네트워크를 따라 여행하며
다른 분파를 방문하는 것은 아니다. 일반 참여자들도 이같이 하며, 이 과
정에서 소식지에 여행 보고서를 작성하여 네트워크에 활기를 불어넣고
아이디어를 네트워크 곳곳에 전달한다. 1960년대 말과 1970년대에 걸쳐
이른바 '반문화(counterculture)' 운동에 참여한 학생들은 그들이 '자매단체
(affinity group)'라고 불렀던 단체들의 네트워크를 따라 미국과 서유럽 일
대를 여행했다. 이들은 일명 '교환기(switchboard)'라 불리는 지역 정보 센

터 사람들의 도움을 받았다. 이 정보 센터들은 여행자들에게 한동안 같이 지낼 수 있는 자매단체들을 어디서 찾을 수 있으며, 여행하는 동안 어디에서 다음 교환기나 자매단체들을 만날 수 있는지를 알려줬다. 1960년대에서 1990년대에 걸쳐 사람들은 이러한 네트워크를 따라 이동하며 시위에 참여하거나 운동의 한 분파가 개최한 회의에 참여하곤 했다.

집회나 회의, 워크숍, 토론회, 시위 등의 대규모 회합(large gatherings)에서도 참여자들은 여러 아이디어를 배우고 공유하며 이를 바탕으로 행동한다. 사람들은 이러한 집회에 참여해 운동의 이데올로기를 배우고, 운동의 대의에 대한 그들의 헌신을 과시하며, 서로 관계를 형성하거나 재구축한다. 역으로 지역 조직을 통해 사람들을 이런 회합에 참여하도록 해서 운동의 연계를 강화한다. 최근 들어 환경, 권리, 노동 등 다양한 운동가들을 모으고 연결하는 방법이 늘어나면서, 이 활동가들은 세계무역에서 기후 변화와 유전자 조작에 이르기까지 국제 경제 및 자원 문제를 논의하는 세계 지도자들의 회합 장소에 모여 시위를 벌일 수 있었다.

전화, 라디오나 텔레비전 토크쇼, 편지, 소식지, 회원제 잡지 등의 **통신기술**(communications technologies) 덕택에 개인들은 자신이 속한 단체의 범주를 넘어서 훨씬 많은 사람들에게 자신의 생각을 전할 수 있게 됐다. 1980년대 중반 이래 전자우편과 인터넷이 새로운 통신수단으로 떠올랐다. 각 개인과 단체들은 자신들의 관계를 강화·확장하고 서로 상담하며 정보와 해석을 공유한다. 이는 구성원들이 멀리 떨어져 있는 경우에도 활동을 조율하고 공동으로 행동할 수 있게 했다. 전자우편과 인터넷은 앞에서 언급한 세계무역이나 자원 관리를 위한 회의들에 맞서 시위를 벌이기 위해 사람들을 동원하는 주요 채널 기능을 한다. 독립미디어센터 (IMC: Independent Media Center or indymedia) 같은 단체는 이 같은 시위에 관한 보고서를 만들어 인터넷과 기타 매체를 통해 배급하는 활동을 벌였다. 이 운동은 후에 풀뿌리 운동으로 자리 잡았다(Stringer, 2000).

웹이란 이름은 이런 운동을 설명하는 데 적절한 표현이다. 인터넷의 등장과 함께 운동 참여자들은 이제 '사이버 회의(cyberconference)'나 '가상 회의(virtual conference)'를 조직해 전자우편과 웹사이트를 통해 정보와 아이디어를 교환한다. 많은 환경·생태 단체들이 웹사이트를 운영하고 있다. 물론 '현명한 사용' 운동의 주요 조정 노드인 자유기업방어센터나 (지구 온난화 같은 환경 위협에 대한 환경주의자들의 주장에 맞서는) 현명한 사용의 싱크탱크인 하트랜드 인스티튜트(Heartland Institute)도 웹사이트를 갖고 있다.[3]

연계와 정보 공유

운동 참여자들은 이러한 개인적 관계, 순회 전도자, 회합, 멀티미디어 통신 기술 등을 활용해 정보를 공유하며, 정보 공유는 이들의 통일된 행동을 가능하게 해준다.

1980년대 말까지, 환경운동이나 현명한 사용 또는 재산권 운동 참여자들이 공유한 가장 중요한 정보는 활동, 사상, 지도자, 다른 조직 등에 관한 것이었다. 이들이 각각 개최하는 컨퍼런스의 기능 중 하나는, 이런 정보를 서로 소통하고 참여자들이 반대편과 맞서 싸울 수 있도록 격려하는 것이었다. 두 운동이 서로 상대편은 진정한 대중운동이 아니라 음모의 산물이라 주장하며 상대방의 정통성을 공격한 것은 흥미로운 일이다. 현명한 사용 회원들은 '생태 단체'들이 얼마나 '경제를 망치며' 환경보호의 가면을 쓰고 어떻게 '사회주의적' 의제나 '우상숭배(paganism)' 및 단일 세계정부를 설파하는지를 설명하는 강연을 듣고 유인물을 읽는다. 반대로 환경론자들은, 현명한 사용 운동이 그 지도자들의 주장과 달리 자발적 조직이 아니라 대규모 오염 산업, 정유, 광업, 목재, 그리고 기타 자원 개발 산업의 앞잡이 노릇을 하는 일부 선동가와 사기꾼들의 창작품이라고 주장하는 연설을 듣고 유인물을 읽는다.

---

3) 웹사이트 주소는 참고문헌에 있다.

통합 요소

사회운동 네트워크의 각 부분도 공유하는 요소들로 통합돼 있다. 이것들 중엔 공동의 적과 공유된 이데올로기도 포함된다. 이러한 요소들은 서로 보완하며 특정 운동의 문화 형성을 돕는다.

공동의 적

외부 반대 세력에 대한 인식은 단체들이 단결하고 확장하는 데 도움이 된다. 연이 바람에 맞부딪히며 높이 날 듯 운동은 반대가 강할수록 더 성장한다. 반대는 '그들(them)'에 대한 '우리(us)'라는 연대 의식을 만들어 낸다. 운동 참여자들은 대부분 자신들의 대의를 기성 체제의 골리앗에 대항하는 작고 영웅적인 다윗으로 간주한다. 사회의 '희생자' 또는 '약자(underdog)'로서 그들은 자신들의 차이점을 잠시 접어두고 함께 일해야만 한다.

환경운동가들과 현명한 사용 활동가들의 대립처럼, 한 운동이 자신들에 반대하는 다른 운동과 대립할 때, 양측은 상대방의 위협을 자신의 역량을 동원하는 기회로 활용하며 서로 선전전(propaganda war)을 벌인다. 환경주의자들은 그들의 상대편이 힘을 키워가고 있으며, 그 지도자들은 '환경운동을 궤멸시키려' 하고 있고(Western States Center, 1993: 1), 그들의 배후 지원자는 눈앞의 경제적 이익을 위해 환경을 이용하려 하는 산업가이자 개발업자들이라고 경고했다. 현명한 사용의 이론가인 아놀드와 고틀리에프는, 대중 연설과 출판물(Arnold and Gottlieb, 1993: 53~77), 그리고 인터넷(www.cdfe.org)을 통해, 환경운동은 정부 기관 및 대형 재단과 밀접한 관련을 맺고 있으며 이들의 연대를 분쇄하기 위해 현명한 사용의 사상을 공유하는 '시민 단체'의 단결과 헌신이 필요하다고 주장했다.

두 운동 진영은 정기적으로 상대방을 연구하고 상대의 문제점들을 고

발하곤 했다. 현명한 사용의 회원 찰스 쿠시먼은 그의 비정기 소식지를
통해 '전미 국립공원 내 토지 소유자 및 다용도 토지 연합' 회원들에게
환경주의자들의 위협에 대해 경고했다. 벌목업, 광업, 그리고 목장업자들
이 '지구먼저'를 조사하기 위해 고용한 사설 조사관(private investigator) 배
리 클라우젠(Barry Clausen)은 『아슬아슬한 줄타기: 지구먼저에 침투한 경
험담(Walking on the Edge: How I Infiltrated Earth First!)』이라는 책을 통해,
그들은 벌목업과 광산업자의 삶을 위협하고 환경론자들을 속이는 생태
테러리스트라고 주장했다(Clausen, 1994). 전문 조사가이자 환경운동가인
데이브 마자(Dave Mazza)는 현명한 사용과 기독교 우파(Christian Right) 운
동의 연계에 관해 책(1993)을 썼고, 칼 딜(Carl Deal)은 『반환경 단체에 대한
그린피스 가이드(The Greenpeace Guide to Anti-Environmental Organizations)』
(1993)를 출판했다. 윌리엄 버크(William Burke)는 현명한 사용이 뉴잉글랜
드에서 펼친 활동들을 조사했고, 야생학회는 미디어 및 정치 컨설팅 업
체인 맥윌리엄스 코스그로브 스나이더(MacWilliams Cosgrove Snider)가 행
한 현명한 사용 운동의 역량과 한계에 관한 연구 및 보고서 발간(1993)을
후원했다. 아놀드와 고틀리에프는, 이 같은 조사는 소수의 사설 재단의
자금을 지원받은 것으로, 자신들의 운동에 대한 이해를 증진시키기보다
는 파괴하려는 것이라고 반박했다.

　1990년대 이후, 반자본주의적 무정부주의자와 환경, 사회정의, 농업,
그리고 노동 분야의 운동가들은, 세계경제 통합과 성장을 추구하는 다국
적 기업과 국제금융, 무역, 경제개발 기구 등이 인류의 복지와 환경을 위
협하고 있음을 규명하려는 노력을 여러모로 강화해 왔다. 이 활동가들은
이러한 지구적 위협에 대한 자신들의 생각을 개인적 접촉과 인쇄 매체,
특히 인터넷을 통해 전파했다.4) 세계 국제기구 지도자들의 회합도 활동
가들에게는 한데 모여서 시위를 벌이고 자신들이 인식하는 위협을 공개
적으로 사람들에게 알릴 수 있는 장이 된다. 그들이 종종 과격한 시위를

---

4) http://indymedia.org; http://www.zmag.org/globalism/globalecon.htm 참조.

벌여, 경찰이나 지방정부는 강경 대응하지 않을 수 없었다. 이러한 대응
은 다시 그들을 통합시키는 새로운 외부 탄압의 기능을 했다. 1999년 11
월 말에서 12월 초까지 미국 시애틀에서 열린 WTO 회담에서 벌어진 일
은 가장 주목할 만한 사례이다.5)

공유된 이데올로기

  운동의 이데올로기는 두 가지 수준에서 작동한다. 모든 참여자들은 기
본적 신념이나 핵심 전제(theme)를 공유하며, 이것은 종종 슬로건이나 격
언의 형태로 나타난다. 생태운동은 생태계, 상호 의존성, 제한된 자원, 재
생 가능한 자원, 우주선으로서의 지구(spaceship earth), 무성장 경제(no-growth
economy) 등의 개념을 사용했다. 현명한 사용은 경제와 생태의 조화를 뜻
하는 균형이라는 개념을 채택했다. 다른 수준에서는 이 주제들에 관해
수많은 서로 다른 해석과 강조점들이 존재한다. 이들에 동의하지 않는
경우 분열이 일어날 수도 있지만, 공유된 신념은 하나의 운동에 참여한
다는 의식 형성에 기여한다. 때로 이런 통합적 교의는 한 운동뿐만 아니
라 한 사회 전체의 담론을 형성하는 주요 개념이 되기도 한다. 생태학
(ecology)이라는 말이 대중적으로 널리 알려지자, '생태(eco)'라는 접두어는
다른 단어에 새로운 의미를 부여하는 말로 널리 쓰였다[예: 생태여성학
(ecofeminism)]. 때로 신념이나 슬로건은 시간이 흐르면서 변하기도 한다.
1960년대에서 1990년대 사이에 생태학이라는 단어는 환경주의로 바뀌
었으며, 1970년대 말 과 1980년대 초 독일에서 녹색운동이 인기를 끈 이
래 '녹색(green)'이란 말은 생태학과 환경주의를 포괄하는 표현으로 자리
잡았다.

---

5) Paul De Armond, "Netwar in the Emerald City," Public Good Project (Bellingham,
   Wash.) (February 2000), from http://www.nwcitizen.com/ publicgood/reports/wto; 이 책
   7장 참조.

핵심 신념은 모호하고 유연하기 때문에 공유될 수 있으며, 상황에 맞게 변화될 수 있기 때문에 지역적으로 다양할 수 있다. 1972년에 생물학자이자 환경운동의 초기 전파자였던 르네 뒤보(Rene Dubos)는 "지구적으로 생각하고 지역적으로 행동한다"라는 구호를 만들어냈다. 세계 환경보호 프로그램은 세계 어느 지역에서나 통일적으로 쉽게 적용될 수 없고, 지역의 생태·경제·문화적 조건에 맞게 조정돼야 한다는 점을 말하기 위해서였다(Dubos, 1981). 1980년대에 이르러 환경주의자들은 이 구호에 다양한 의미를 부여하기 시작했다. 어떤 사람들은 각 지역의 개별 활동이 모여 세계적으로 좋은 결과를 가져올 것이란 기대를 품고, 환경 문제에 대한 지역 활동을 독려하기 위해 이 표현을 사용했다. 일부는 세계적 환경 위협이 지역의 환경 문제를 압도한다는 의미로 이 구호를 사용했다. 지역의 대의를 위한 지역적 행동이 세계의 가난과 오염 문제 해결을 돕는다는 주장을 뒷받침하기 위해 이 구호를 사용하는 사람도 있다(Gerlach, 1991).

활동가들은 다른 운동가들과 연대를 구축하기 위해 공통의 이해관계를 찾고 이를 포용력 있는 이데올로기로 표현하려 한다. 예를 들면, 환경운동가들은 시민 및 인권 단체와 협력하고 환경운동이 부유한 자들의 운동이라는 비판을 극복하기 위해 환경적 정의라는 개념을 발전시켜 왔다. 그래서 시에라클럽은 2001년 1월 '인권침해 및 화석연료 사용에 따른 환경 파괴'를 강조하기 위해, 지구의 날 2001 네트워크(Earth Day 2001 Network)와 앰네스티 인터내셔널(Amnesty International)과 협력한다고 웹사이트에 발표했다. 이 발표에 따르면, 이 단체들의 캠페인 목적은 다음과 같다.

세계의 소외되고 무력한 공동체들이 다국적 기업과 비민주적이고 억압적인 체제의 결합체에 대항해 스스로를 지킬 수 있도록 도울 것이다.[6]

경제의 세계화에 따른 환경적·사회적 비용에 반대하는 운동에 참여하

---

6) 시에라클럽의 인권 캠페인 웹사이트에서 인용.

는 사람들도 자신들은 세계화를 반대하는 것이 아니라 세계적 정의 구현
을 원한다고 주장한다.

이러한 운동의 참여자들이 그들 내부의 다양한 단체들의 행동을 조정
하고 다른 운동과 협력하는 것은, 그들이 이러한 이념과 상징을 생산·사
용하고 자신들의 진화하는 관심에 부응하며 변화하는 도전들에 대처하
기 위해 이들에 대한 재수정 노력을 계속하는 과정에서 이루어진다. 단
체들이 지도자와 전도자를 공유하고, 특정한 행동을 위해 일시적으로 연
합하며, 관료적·비관료적 채널을 통해 재정적·물질적 자원의 흐름을 관리
하는 것도, 그리고 외부의 반대를 인식하고 조직적으로 저항하며 공통의
목적을 위해 단결할 수 있는 것도 이 때문이다.

적응적 기능

여기서 SPIN이라 묘사한 형태의 조직은 종종 비조직적이다, 엉성하게
조직돼 있다, 느슨하게 조직돼 있다, 그리고 비성숙하다라는 딱지가 붙
었다. 그래서 반대 세력이나 외부 관찰자뿐만 아니라 한때는 운동 참여
자들의 비판을 받았다. 운동 자체뿐만 아니라 조직 형태도 조직이나 문
화적 진화 정도가 낮은 단계에 있다는 것이 일반적인 평가였다. 중앙 집
중적 관료제가 더 효율적이고 적응 능력이 강하며 좀더 발전된 것이기에,
느슨하게 조직된 단체나 사회는 중앙 집중적 관료제로 진화할 것이라고
보는 통념이 있다. 필자와 하인은 이러한 평가에 반대하며, SPIN은 특정
한 혼돈 상황에 좀더 적합한 특성을 많이 가지고 있다고 본다.

SPIN 스타일의 조직은 강력한 반대에 직면했을 때, 조직의 빠른 성장
을 가져오며 개인이 헌신하도록 영감을 불어넣고 급격히 변화하는 조건
들에 유연하게 적응할 수 있도록 해준다. SPIN은 다음과 같은 이유들 때
문에 매우 적응력이 강하다.

① SPIN 조직은 당국이나 반대편의 탄압을 피할 수 있다. 자치적이고 자족적인 정도에 따라 각 지역 단체 중 일부는 다른 세력의 파괴 공작에서 살아남을 수 있다. 이것은 지도자들에게도 마찬가지다. 다른 지도자들이 제거되거나 은퇴하거나 변절하더라도, 일부 지도자는 살아남아 더욱 활동적이고 급진적이 될 수 있다. 어떤 단체나 지도자가 사라지더라도, 마치 신화에 등장하는 수많은 머리를 가진 히드라처럼 새로운 단체나 지도자가 등장하는 것이다. 운동의 일부 요소를 통제한다고 해서, 전체 운동의 행동을 예측하거나 통제하기란 쉽지 않다. 1960년대와 1970년대, 당국은 다양한 항의운동을 조사하고 통제하는 일의 어려움을 미꾸라지를 잡는 것에 비유했다. 2001년에도 FBI가 ELF의 회원을 찾아내려는 노력에 같은 비유를 사용할 정도였다(Jackson, 2001: 35).

단속을 하려 해도 완전 소탕을 시도하면 희생자가 발생한다. 단체들이 여러 개라면, 완전히 소탕하는 것은 쉽지 않다. 1970년대 에너지 갈등 시기에, 한 전력선 반대 단체가 전력 시설 건설 중단 운동을 포기하면, 다른 단체가 나타나 항의를 이어갔다.

② 분파주의와 분열은 운동이 사회의 각 틈새 분야로 침투하는 것을 돕는다. 기존의 사회·경제적 또는 문화적 분열을 따라 발생하는 분파주의는 광범위한 배경, 계급, 그리고 이해관계를 가진 사람들을 모집할 수 있도록 한다. 단체들은 많은 분파나 공동체로 구성될 수 있다. 레드우드서머나 '지구먼저'는 개인적 위험을 감당할 수 있는 젊은 성인들을 회원으로 주로 끌어들였다. 환경보호정보센터는 정치적 관점이 다른 환경 단체보다는 중도적인 중상류층의 백인 캘리포니아 주민들을 주로 끌어들였다. 많은 미국 원주민(인디언)들도 자연 자원에 대한 그들의 권리를 보호하기 위해 조직을 구성했다. 물새나 대형 동물을 사냥하는 일부 사냥꾼들은 자연보호 운동가들 및 환경 단체들과 제휴했다. (동물들이 삶을 의존하고 있는) 습지대나 다

른 야생동물 서식지를 획득하고 보호하기 위해서였다(Gerlach, 1995). '현명한 사용' 역시 다양한 분파를 갖고 있다. 이 운동에는 목장주와 농부, 벌목업자, 광산업자, 유흥차량(RV) 이용자, 토지 개발업자, 기타 재산권 옹호자는 물론 사냥꾼과 낚시꾼도 참여한다. 일부는 자유주의자들과 자유 시장 옹호론자들을 끌어들이는가 하면, 또 다른 사람들은 환경운동이 일종의 새로운 이교 신앙이라고 걱정하는 종교 근본주의자들을 끌어들이려 한다.

③ 내부에 다양한 단체가 존재하면, 일의 분업과 환경에 대한 빠른 적응이 가능해진다. 단체들의 차이가 클수록, 그 운동은 더 많은 동조자에게 뭔가 목표 달성을 위해 할 일을 줄 수 있게 된다. 환경운동의 경우, 어떤 단체는 북 캘리포니아의 삼나무 숲이나 미네소타의 소나무 벌목을 막기 위해 직접 벌목업자들을 막는가 하면, 다른 단체는 변호사나 홍보 대행사와 함께 법원과 의회에 벌목 금지 로비를 벌인다. 1997년과 1998년 '지구먼저'의 활동가들은 미네소타에서 다른 환경 단체인 지구보호자(Earth Protector)의 창립자에게 1급 국가 삼림(Superior National Forest)에서 벌목에 대한 자신들의 직접 시위 활동을 보완하기 위해 법적 행동을 취해 달라고 요청했다. 북 캘리포니아에서는 헤드워터스포레스트(Headwaters Forest)사의 삼나무 벌목을 저지하기 위해 '지구먼저'의 직접행동과 환경보호정보센터의 법적 노력, 그리고 의회 로비 운동을 적절히 결합했다. 현명한 사용도 많은 분파를 갖고 있다. 기업 및 산업계는 법적·재정적 자원을 지원하며, 전문 활동가(issue entrepreneur)는 정보 센터 및 대중 동원의 역할을 맡는다. 환경 규제 때문에 자신들의 삶의 양식이 위협받을 것을 우려하는 일반 개인들도 포함된다(Switzer, 1996, 1997).

④ 분절되고 다중심적이며 네트워크화된 조직은 시스템의 신뢰성에도 기여한다. 각 부분이 서로 연결된 것은 아니기 때문에, 한 부분의 실패가 반드시 다른 부분에도 영향을 미치는 것은 아니다(Landau, 1969).

대신 각 단체들은 실패에서 교훈을 얻으며, 그 운동에서 실패한 부분을 자유롭게 거부할 수 있다. 운동 내 한 단체가 더 이상 기능을 발휘할 수 없을 때 다른 단체들이 언제든 이를 이어받을 준비가 돼 있는 것처럼, 각 단체는 다른 단체의 행동이 자신들을 위험하게 하면 이를 자유롭게 거부할 수 있으며, 반대로 성공적인 것으로 드러나면 언제든지 자유롭게 이를 모방할 수 있다.

⑤ 단체들 간의 경쟁을 통해 운동은 더욱 증폭된다. 한 단체나 지도자가 다른 단체나 지도자보다 더 많은 관심을 받는 경우, 다른 쪽은 주도권을 되찾기 위해 활동을 강화한다. 어떤 운동 단체가 기존 단체나 조직을 위협하면, 기존 사회 세력은 좀더 온건한 기존 단체와 협상을 시도하려 할 수 있다. 이는 그 운동으로서는 일보 전진이며, 기존 질서 내에서는 교두보를 마련하는 일이다. 그러나 과격한 집단들은 종종 이런 협상에 대해 대의를 팔아넘긴 것이라며 비난한다. 이는 협상을 주도한 온건 단체가 좀더 전투적으로 자세를 다잡게 하거나 기존 체제에 더 많은 것을 요구하게 한다. 이런 과정이 되풀이되면서 이전의 수확들이 통합되고 새로운 전선이 형성된다. 1970년대에 주류 환경 조직인 아이작월튼리그(Isaac Walton League)의 미네소타 지부 지도자는 의회에 주 경계 수역(Boundary Waters)을 자연 카누 지대(Canoe Area Wilderness)로 지정하는 법안을 통과시키라고 촉구하면서, "만약 '어린 세대'들이 시스템 내부에서 환경을 보호할 수 있다는 것을 보지 못한다면 그들은 좀더 '감정에 기반한' 급진 단체에 합류할 것"이라고 말했다. 인터뷰에서 그는 자신을 환경보호 운동의 '톰 아저씨'라고 부르는 젊은 생태 활동가들이 틀렸음을 보이기 위해 이 같은 의회 활동을 전개하게 됐다고 말했다.

⑥ SPIN 조직에서는 선택적 거부(disavowal)와 이식(emulation)을 통해 시행착오 학습(trial-and-error learning)이 효과적으로 이루어진다. 운

동 단체들은 자신들이 지지하는 이념과 이 이념을 알리기 위해 사용하는 전술, 양 측면에서 기존 질서와 기성 문화에 도전한다. 시행착오를 통해 성공적으로 적응하는 사회적·문화적 형태를 발견할 수 있다. 각 단체들은 사회적 관계와 정보 흐름의 네트워크에 연결돼 있기 때문에 성공과 실패에 관한 지식은 한 단체에서 다른 단체로 급속히 퍼진다. 일부 환경운동가들이 벌목업자들을 멀리하는데 반해, 눈앞의 이익을 위해 수확 가능한 나무들의 삼림을 고갈시키는 것은 대기업들이라며 벌목업자들과 연대를 추진하는 단체들도 있다. 무성장을 요구하는 환경주의자들의 주장이 경제적 기회와 복지를 위협하는 것으로 여기며 이를 거부하는 사람들이 있는가 하면, 적절한 기술과 자원 관리를 통한 '지속 가능한 개발(sustainable development)' 이라는 대안적 개념을 들고 나온 환경주의자들도 있다. 사람들이 핵발전소와 화석연료 발전소를 건축하지 않을 때 나타나는 결과를 우려하면, 태양열 에너지 옹호론자들은 이를 태양에너지 기술을 개발하고 홍보하는 기회로 사용한다.

⑦ SPIN은 사회·문화적 변화를 이끌어내고 정착시키려는 노력과 개혁, 그리고 조직적(entrepreneurial) 실험을 장려한다. 환경 단체들은 자원 보호와 쓰레기 재활용에 대한 인식을 확산시켜 왔다. 그들은 생태학을 가르치는 새로운 접근법들을 개발했으며, 호수와 강의 수질 감시에 어린이와 어른들의 참여를 이끌어냈고, 정부와 재단, 그리고 기업에 새로운 접근법을 제도화하도록 설득했다. 또 산업계에 오염이 적고 자원을 효율적으로 쓸 수 있는 기술을 사용하도록 압력을 넣었고, 정부에 환경 관련 법안을 제정하라고 요구했다. 환경 단체들은 화석 및 핵에너지 기술에 전투적으로 저항하고 태양열 에너지의 사용을 촉구함으로써, 정부와 산업계가 핵에너지의 미래에 대해 다시 생각하도록 했다(Gerlach, 1978, 1979; Gerlach and Eide, 1978). 1980년대 이래 세계의 환경 단체들은 정부 및 공공단체에

세계적인 기후 및 기타 환경 변화의 위험성을 경고해 왔으며, 대기와 바다에 버려지는 배출물을 감소시키고 통제하기 위한 국제 협약 체결에 기여했다. 현명한 사용도 환경론자들의 의제를 보완하거나 반박했다. 의사결정 과정에 참여하게 해달라는 이들의 요구는, 의사 진행 과정의 공개에 기여했으며 환경보호와 경제 발전의 균형을 어떻게 맞출 것인가에 대한 논쟁을 촉발시켰다. 또 이들은 개발은 생태적으로뿐만 아니라 사회적·정치적으로도 지속 가능한 것이어야 한다는 사상을 확립시켰다(Gerlach and Bengston, 1994).

결론

분절적이고 다중심적이며 네트워크화된 사회운동은 매우 효과적인 형태의 조직이다. 특히 이런 형태의 조직에서 참여자들은 기존 질서에 도전해 변화를 일으키고, 압도적인 반대에도 살아남을 수 있다. SPIN 조직은 억압하기 힘들며, 다양한 사회·경제 집단 및 하위문화 집단에 최대한 침투하여 이들을 회원으로 확보한다. 또 대리 기능을 위한 잉여(redundancy)와 복제(duplication), 그리고 중복(overlap)을 통해 시스템의 신뢰성을 높이며, 참여자와 그 목적의 다양성에 기반을 두고 적응·변화하는 능력을 극대화한다. 사회 개혁과 문제 해결도 촉진한다. SPIN은 미래 세계의 조직 형태라 할 수 있다. 개인적 이해관계뿐만 아니라 공공선을 위해, 그리고 민족적 독립뿐만 아니라 생태적·경제적 상호 의존성의 제도화를 위해, 전지구적으로 동시에 지역적으로, 포괄적이면서도 민주적으로 행동하려는 필요를 충족시키기에 가장 적합한 조직 형태라고 할 수 있다.

참고문헌

Arnold, Ron and Alan Gottlieb. 1993. *Trashing the Economy: How Runaway Environmentalism Is Wrecking America*. Bellevue, Wash.: Distributed by Merril Press.

Burke, William Kevin. 1992. *The Scent of Opportunity: A Survey of the Wise Use/Property Rights Movement in New England*. Cambridge, Mass.: Political Research Associates(December).

Clausen, Barry with Dana Rae Pomeroy. 1994. *Walking on the Edge: How I Infiltrated Earth First!* Olympia: Washington Contract Loggers Association, distributed by Merril Press.

Cushman, Charles. 1980s. *National Inholders Association(NIA), Multiple-Use Land Alliance (MULTA) Newsletter*. Bellevue, Wash.: Occasionally published since the early 1980s.

Deal, Carl. 1993. *The Greenpeace Guide to Anti-Environmental Organizations*. Berkeley, Calif.: Odonian Press.

Dubos, René. 1981. "Think Globally, Act Locally." in *Celebrations of Life*. New York: McGraw-Hill.

Environmental Protection Information Center(EPIC). 1997. *Wild California, A Newsletter of the Environmental Protection Information Center*, Spring, p.2.(P.O. Box 397, Garberville, Calif. 95542).

Freeman Jo and Victoria Johnson(eds.). 1999. *Waves of Protest: Social Movements Since the Sixties*. Lanham, Mass.: Rowman and Little-field.

Gerlach, Luther P. 1971. "Movements of Revolutionary Change: Some Structural Characteristics." *American Behavioral Scientist* 14: 812~836. Abridged version in Jo Freeman(ed.). 1983. *Social Movements of the Sixties and Seventies*. New York: Longman.

Gerlach, Luther P. 1978. "The Great Energy Standoff." *Natural History* 87(January).

Gerlach, Luther P. 1979. "Energy Wars and Social Change." in Susan Abbot and John van Willigen(eds.). *Predicting Sociocultural Change*. Southern Anthropological Society Proceedings #13. Athens: University of Georgia Press.

Gerlach, Luther P. 1991. "Global Thinking, Local Acting: Movements to Save the Planet: Evaluation Review." special issue, *Managing the Global Commons* 15, No.I(February).

Gerlach, Luther P. 1995. "Innovations in Cooperation: The North American Waterfowl Management Plan." in Ariel Dinar and Edna Loehman(eds.). *Resolution of Water Quantity and Quality Conflicts*. Westport, Conn., Greenwood Publishing, pp. 337~353.

Gerlach, Luther P. and David Bengston. 1994. "If Ecosystem Management Is the Solution, What Is the Problem?" *Journal of Forestry* 92, No.8(August), pp.18~21.

Gerlach, Luther P. and Paul Eide. 1978. *Grassroots Energy*, 16-mm 27-minute, sound, color film. University of Minnesota Media Resources. Distributed by Penn State University Film.

Gerlach, Luther P. and Virginia H. Hine. 1970. *People, Power, Change: Movements of Social Transformation*. Indianapolis: Bobbs-Merrill.

Gerlach, Luther P. and Virginia H. Hine. 1973. *Lifeway Leap: The Dynamics of Change in America*. Minneapolis: University of Minnesota Press.

Grow, Doug. 1998. "For Him, It's All Passion, No Profit: Activist Trying to Save Red Pines While Looking for a Place to Live." *Star Tribune*, January 5, Metro/State, Minneapolis, p.B2.

Jackson, David S. 2001, January 15. "When ELF Comes Calling." *Time*.

Landau, Martin. 1969. "Redundancy, Rationality, and the Problem of Duplication and Overlap." *Public Administration Review* 24(July/August), pp.346~358.

MacWilliams Cosgrove Snider(media, strategy, and political communications firm). 1993. *Report on the Wise Use Movement*(authors anonymous). Clearinghouse on Environmental Advocacy and Research, Center for Resource Economics(1718 Connecticut Ave., N.W. #300, Washington, D.C., 20009) for the Wilderness Society.

Mazza, Dave. 1993. *God, Land and Politics: The Wise Use and Christian Right Connection in 1992 Oregon Politics*. The Wise Use Public Exposure Project: Western States Center, 522 S.W. 5th Ave., Suite #1390, Portland, OR 97204; Montana AFL-CIO, P.O. Box 1176, Helena, Mont., 59624.

National Inholders Association(NIA). 1991. *Multiple-Use Land Alliance(MULTA)*, newsletter, Bellevue, Wash., January 21, p.1.

Pickett, Karen. 1990. "Redwood Summer." *Earth First! Journal* 11, No.1(November 1), p8.

Stringer, Tish. 2000, December. *Molecular Decentralization*, unpublished manuscript.

Switzer, Jacqueline Vaughn. 1996. "Women and Wise Use: The Other Side of Environmental Activism." Paper delivered at the annual meeting of the Western Political Science Association, San Francisco, March 14~16.

Switzer, Jacqueline Vaughn. 1997. *Green Backlash: The History and Politics of Environmental Opposition in the U.S. Boulder*. Colo., Lynne Rienner.

Western States Center. 1993. "Inside the 1993 Wise Use Leadership Project." *Western Horizons*, newsletter of the Wise Use Public Exposure Project's Grassroots Information Network, Vol.1, No.3, special issue, September. Western States Center, 522 S.W. 5th Ave., Suite 1390, Portland, Oreg., 97204, in collaboration with the Montana State AFL-CIO, P.O. Box 1176, Helena, Mont., 59624.

웹사이트 주소

Center for the Defense of Free Enterprise(www.cdfe.org)
Earth First!(www.envirolink.org/orgs/ef)

The Environmental Protection Information Center(www.igc.org/epic/)

Environment '97(www.environment97.org/framed/village/index.html)

The Heartland Institute(www.heartland.org)

Independent Media Center(http://indymedia.org)

Natural Resources Defense Council(www.nrdc.org/field/enashrae/html)

Protest.Net(www.protest.net)

Public Good Project(http://nwcitizen.com/publicgood)

Sierra Club(www.sierraclub.org/human-rights)

Z Net(www.zmag.org/Globalism/GlobalEcon.html)

제10장 네트워크와 네트워의 미래
What Next For Networks And Netwars?

데이비드 론펠트·존 아킬라

■ 편자 초록: 다른 새로운 갈등의 방식처럼 네트워 역시 실제가 이론을 앞서고 있다. 이 마지막 장에서는 네트워크에 대한 학술적 관점, 특히 조직적 네트워크 분석에 기초해 네트워 이론이 어떻게 발전될 것인지를 살펴본다. 한편 워싱턴 및 각지의 전략가들과 정책결정자들은 — 특히 테러리스트와 범죄 조직들을 중심으로 — 네트워의 어두운 면을 인식하기 시작했다. 그러나 국가와 시민사회 행위자들이 함께 협력할 수 있는 전략을 마련함으로써 네트워의 장점을 이용할 여지가 많은 것도 사실이다.

네트워크 형태 조직의 확산

편자들의 분석을 길잡이하는 근원적 역학 관계는, 바로 정보혁명이 네트워크 형태 조직의 등장에 유리하게 작용한다는 것이다. 네트워크는 종족이나 위계제, 그리고 시장의 뒤를 잇는 주요한 조직 형태가 될 것으로 보인다. 네트워크는 사회를 재정의하고, 그렇게 함으로써 갈등과 협력의 본질도 재정의할 것이다. 서장에서 언급했듯이, '네트워'라는 말은 네트워크 기반의 분쟁과 범죄가 앞으로 주된 현상이 될 것이라는 전망을 주목하게 한다. 이 책의 여러 장에서 이러한 전망의 초기 증거들이 제시됐다.

더 나은 세계를 위한 변화

네트워크의 등장은 더 나은 세계를 향한 많은 변화를 가져오고 있다. '전자 민주주의', '네트워크화된 기업', '지구촌 시민사회', 심지어 '네트워크 중심의 전쟁' 등에 관한 글들에서 보듯이, 어떤 사람들은 사회의 특정 부분이 새로운 형태를 띠게 될 것이라는 전망을 제시한다.[1] 네트워크 등장에 따른 영향은 매우 광범위하며, 사회 전체를 재정의하게 될지도 모른다. 연구자들은 '네트워크 사회', '네트워크 세대', 심지어 '네트워크 국가 (nations as networks)'로 국가를 재정의하는 등 네트워크 등장의 여러 양상을

---

1) 각 개념들에 관한 문헌은 이제 상당히 많이 축적돼 있다. 단 '네트워크 중심의 전쟁' 개념에 관한 문헌은 아직 많지 않다. 이 개념에 대한 중요한 자료로는, Vice Admiral Arthur Cebrowski and John Garstka, "Network-Centric Warfare," *Proceedings of the United States Naval Institute*, Vol.24, No.1(January 1998), pp.28~35을 들 수 있다. 일부 연구자들은 '지구촌 시민사회'라는 용어보다 '초국가적 시민사회'라는 용어를 선호한다. 이에 관한 예로는, Ann M. Florini(ed.), *The Third Force: The Rise of Transnational Civil Society*(Washington, D.C.: Carnegie Endowment for International Peace, 2000).

알리고 있다.[2] 또 세계화에 관한 주요 학문적 연구 성과들은 지구적 네
트워크의 성장과 이 네트워크와 지역 수준 네트워크의 상호 관계에 대한
관찰을 중심으로 이루어진다.[3] 관련 저술들이 대부분 사변적이지만 일
부, 특히 경영에 관한 글들은 매우 실제적이며, 주로 어떤 종류의 네트워
크 구조와 과정이 효과적으로 작동하며 어떤 것이 그렇지 않은지를 연구
한다.[4]

대이론 수준(grand theoretical level)에서 보면, 삶은 '존재의 거대한 사슬'

---

2) 네트워크 세대에 대해서는, Kevin Kelly, *Out of Control: The Rise of Neo-Biological
   Civilization*(New York: A William Patrick Book, Addison-Wesley Publishing Company,
   1994); Jessica Lipnack and Jeffrey Stamps, *The Age of the Network*(New York: Wiley and
   Sons, 1994) 참조. 네트워크 사회에 대해서는, Manuel Castells, *The Information Age:
   Economy, Society and Culture*, Vol. I , *The Rise of the Network Society*(Malden, Mass.:
   Blackwell Publishers, 1996); Shumpei Kumon, "Japan as a Network Society," in
   Shumpei Kumon and Henry Rosovsky(eds.), *The Political Economy of Japan*, Vol.3,
   Cultural and Social Dynamics(Stanford, Calif.: Stanford University Press, 1992),
   pp.109~141 참조. 네트워크 국가에 대해서는, Michael Dertouzos, *What Will Be:
   How the New World of Information Will Change Our Lives*(San Francisco: HarperCollins,
   1997) 참조.

3) David Held and Anthony McGrew(eds.), *The Global Transformations Reader: An
   Introduction to the Globalization Debate*(Malden, Mass.: Polity Press, Blackwell
   Publishers, 2000) 참조. 특히 이 책의 2장과 11장을 참조하기 바란다. 이 밖에
   James N. Rosenau, *Turbulence in World Politics: A Theory of Change and Continuity*
   (Princeton, N.J.: Princeton University Press, 1990); Joseph S. Nye and John D.
   Donahue(eds.), *Governance in a Globalizing World*(Washington, D.C.: Brookings Institu-
   tion Press, 2000) 참조.

4) 《하버드비즈니스리뷰(Harvard Business Review)》는 경영에 관해 참고할 수 있
   는 좋은 자료이다. 은행 네트워크에 관해서는, Philip B. Evans and Thomas S.
   Wurster, "Strategy and the New Economics of Information," *Harvard Business
   Review*(September-October, 1997), pp.71~82; Kevin P. Coyne and Renée Dye,
   "The Competitive Dynamics of Network-Based Businesses," *Harvard Business
   Review*(January-February, 1998), pp.99~109 참조. 기업 구조에서 위계제의 중요
   성에 대한 고전적 변호에 관해서는, Elliot Jacques, "In Praise of Hierarchy,"
   Harvard Business Review(January-February, 1990), pp.127~133 참조.

또는 위계제의 진보라고 보는 구시대적 관념이 네트워크가 인생 이해의 열쇠라는 새로운 관념에 자리를 내주고 있다. 이론가들은 위계 구조나 네트워크가(또는 시장이) 인류의 고도로 발달된 조직 형태이며 본질적으로 둘 중 하나가 세계 모든 질서의 기초가 된다고 주장한다. 사회과학을 예로 들면, 일반 시스템 이론(Beralanffy, 1968)과 사회적 복잡성(Simon, 1969)에 관한 1960년대 주요 연구들은 삶의 여러 영역에서 계층구조의 기능을 높이 평가하는 입장을 취했다. 그러나 1970년대 이후, 특히 1990년대에, 네트워크가 핵심 뼈대라는 생각이 천천히 대두됐다. 그래서 "실제 체계는 대부분 위계제와 네트워크의 혼합"이며(Pagels, 1989: 51; La Porte, 1975), "인생망은 계층구조가 아니라 네트워크들 안의 네트워크들로 이루어져 있다"(Capra, 1996: 35; Kelly, 1994)라는 주장이 힘을 얻고 있다. 현재 복잡한 네트워크(complex network)에 관한 연구에서 많은 발전이 이루어지고 있다.

우리가 신경생물학, 유전학, 생태학, 금융, 그리고 월드와이드웹(WWW)에 넘쳐나는 자료들을 해석하려 할 때 네트워크적 사고는 결국 모든 과학 분야의 본질이 될 것이다(Strogatz, 2001: 275).

어두운 면

많은 사람들은 새로운 형태의 조직이 '옳은 일'을 하는 '좋은 사람'들에 의해 주도되고, 그래서 더욱 견실하게 성장하길 바랄지 모른다. 하지만 역사는 이런 주장을 뒷받침하지 않는다. 새로운 형태가 등장한 초기에는 체제 반항자, 악한들, 그리고 새로운 방법을 조작·악용·장악해서 이득을 보려고 혈안이 돼있는 교묘한 기회주의자들이 가장 앞서서 이런 기회를 이용하는 것을 볼 수 있다. 예를 들면, 수세기 전, 협의 조직인 전통적 부족 형태를 대신해 위계 형태의 조직이 처음 등장한 초기에는, 군사적 정복에 몰두한 사악한 군주와 계급이 운영하는 폭력적 비밀 결사가 나타났다. 이후 오랜 시간이 흘러, 위계 사회는 국가, 제국, 전문 행정 관료체제 등의 제도화를 통해 성숙해졌다. 이와 비슷하게, 불과 수세기 전, 시장 조직의 초기 확산기에도 국가의 통제를 피해 사업을 벌였던 고리대금업자, 해적, 밀수업자, 그리고 독점업자들이 우글우글했다.[5]

이런 패턴이 네트워크 시대에 반복되지 말란 법은 없다. 새로운 형태의 조직이 발생하면서 양지와 음지 사이에 미묘하고 불가사의한 변증법적인 상호 작용이 나타나는 듯하다. 양지의 행위자들은 확립된 사회조직에 이미 너무 깊숙이 자리를 잡았고 그에 따른 제재를 받기 때문에, 대부분 새로운 조직 형태의 초기 혁신자나 수용자가 되기 어렵다. 반면 발빠른 악한들은 좀더 자유롭고 첨단단 조직 형태를 쉽게 채택할 수 있다. 그리고 이런 악한들에 대응하는 과정에서 결국 양지의 행위자들도 혁신을 하지 않을 수 없게 되는 것인지 모른다.

네트워크 형태와 그 기술의 전파는 분명히 새로운 모험과 위험을 가져온다. 이는 자유와 사생활에 위협을 야기할 수도 있다. 감독, 감시, 그리고 위치 추적을 위해 새로운 방법들이 개발되고 있다. '에셜론(Echelon)', '시맨틱포레스트(Semantic Forests)', '카니보어' 등의 정보 체계에 대한 우려의 목소리들은 향후 무엇이 우리 사회의 난제가 될 것인지 보여준다. 금융 및 보건을 위한 주요 상업적 데이터베이스와 정보 체계들은 물론이고, 전력, 통신, 교통과 같은 주요 국가 기반 시설들도 컴퓨터 해커와 사이버 테러리스트들의 공격에 취약하다. 더 나아가, 정보를 '가진 자'와 '못 가진 자'들 사이의 '정보격차(digital divide)'는 새로운 사회적 불평등의 전조가 되고 있다. 이 모든 것들이 세계의 민주주의에 새로운 부담이 되고 있다. 더 나쁜 것은 정치적 통제를 목적으로 신기술을 능숙하게 사용하는 정보 시대의 독재자가 등장할 가능성이 있다는 것이다.

---

5) 론펠트의 연구(1996)에서 수정.

네트워의 상극적인 역동성

이 책에서 잘 보여주듯이, 네트워는 모든 종류의 갈등에 다양한 형태로 퍼지고 있다. 폭력적 테러리스트, 인종적 민족주의자, 범죄자, 미국의 안보와 정책에 거부 반응하는 사상적 광신도 등 그 예는 얼마든지 있다. 전투적이지만 대부분 평화를 추구하는 많은 사회적 네트워들이 독재 정권에 반대하는 민주주의 세력들과 각종 위험한 정부 및 기업 정책에 반대하는 운동가들에 의해 전 세계에서 진행 중이다. 이들 중 많은 이들은ー비록 어떤 경우에 그들의 생각과 행동이 미국의 특정한 국익 및 정책과 상반되는 것처럼 보이기는 하지만ー긍정적인 변화의 대리자이다.

다시 말하면, 네트워는 상극적인 형태의 갈등이며, 이중적인 본성을 가진다. 네트워의 어두운 측면과 관련된 디스토피아적인 추세가 앞으로 만연할 것이라 보기는 힘들지만, 때로 그들은 치열하게 네트워의 긍정적 측면과 싸우게 될 것이다.

네트워는 일시적으로 지나가는 유행이 될 것 같지는 않다. 정보혁명이 전 세계에 걸쳐 확산되고 깊이 유입될수록, 네트워의 가능성은 분쟁과 범죄의 모든 영역에 걸쳐 퍼져나갈 것이다. 마찬가지로 정교한 기술과 최첨단 무기들도 급속히 퍼져나가 여러 집단들이 쉽게 구할 수 있을 것이다. 현재 네트워의 등장은, 세계 시스템이 냉전 종식으로 절정기에 이른 현대에서 아직은 뭐라 명명할 수 없는 새 시대로 전환되는 혼란하고 민감한 과도기에 처해있다는 사실과 관련이 있다. 네트워는 네트워크에 의존하기 때문에, 세계적으로 국경을 뛰어넘는 연결성이 급격히 늘면서 촉진된다. 또 다른 의미의 연결성 증대ー즉, '아웃사이더'와 '인사이더'가 서로 접근할 수 있고, 심지어 인사이더들이 사회의 한 부분이나 조직 안에서 비밀리에 숨을 수 있는 능력ー를 위한 기회가 늘어나면서 네트워는 더욱 힘을 얻게 됐다.[6] 이 모든 것은 네

---

[6] 슬로보단 밀로세비치 체제를 전복시키려는 저항단체 '옷포(Otpor: 저항이란 뜻)'의 성공은 내부자·외부자 결합 전략(combined insider-outsider strategy)의 한 예이다.

트워가 일시적인 현상이 아니라 새 시대의 영구적 양상이 될 것이라는 것을 의미한다.

진정한 조직적 네트워크란 무엇인가?[7]

네트워는 네트워크의 역동성에 의존한다. 그러면 도대체 '네트워크'라는 말의 의미는 무엇인가? 네트워크에 관한 토론이 급격히 늘어나고 있으며, 크게 세 가지 용례가 널리 쓰이지만, 그 세 가지 사이에 확연한 차이는 보이지 않는다. 첫 번째 일반적인 뜻은 의사소통의 격자(grid) 또는 회로(circuit)이다. 이 견해는 네트워킹을 일종의 기술적 현상으로 간주한다. 마치 군부대와 같은 특정한 조합의 행위자들을 격자 위에 올려놓으면, 이들이 자동적으로 네트워크를 형성한다는 식이다. 이것은 제한적 의미의 용법이다. 이미 이전 연구에서 이런 용법의 문제점을 얘기한 바 있으므로 여기서 더 이상 깊이 다루지 않겠다.

널리 쓰이는 다른 정의에서 이 용어는 사회적 네트워크나 조직적 네트워크 또는 둘의 융합을 의미한다. 그러나 사회적 네트워크와 조직적 네트워크는 다소 다른 조직체이다. 이 차이는 네트워 이론에 있어서나 실제에 있어서나 중요한 사안이며, 네트워의 역동성에 대한 이해에 영향을 미치기 때문에 여기서 논의할 필요가 있다. 확실히 네트워크 분석의 영역은 사회적 네트워크 분석이 대부분이었다. 그러나 조직적 네트워크 분석이 네트워의 본질을 이해하는 데 훨씬 더 도움이 될 수도 있다. 요점은 네트워(그리고 역네트워)가 제대로 작동하기 위해서는 적절한 사회적·기술적인 역동성이 요구되지만, 네트워는 기본적으로 조직적 역학이라는 것

---

7) 이 절을 리뷰하고 비평과 비판을 해준 스티븐 보가티와 피터 몬지에게 특별히 감사를 전한다.

이다. 그러나 좀더 중요한 점은 '네트워크'의 의미를 분명히 하고 정책결정자들과 전략가들을 위해 좀더 유용하고 손쉬운 분석 방법론을 제시하기 위해서는 아직 많은 연구가 필요하다는 것이다. 사회적 네트워크와 조직적 네트워크 학파, 둘 다 이 부분에 기여할 수 있다. 그러나 양측은 서로 다른 경향을 가지기 때문에 다른 방식으로 기여할 것이다.

사회적 네트워크 분석[8]

사회적 네트워크 분석은 비교적 소수의 인류학자, 사회학자, 그리고 조직 이론가들만이 연구해 온 학문적 전문 분야이다. 이것의 영향력은 지난 수십 년 동안 꾸준히 증가했다. 일반적으로 말해, 그들은 모든 사회 조직을 포함한 모든 사회적 관계가 네트워크 측면에서 분석될 수 있고 분석돼야 한다는 입장을 가지고 있다. 여기서 네트워크란 정형화된 구조를 가진 일단의 행위자들(노드)과 연계들(링크)을 말한다. 『네트워크와 조직(Networks and Organizations)』, 『사회적 구조: 네트워크적 접근(Social Structures: A Network Approach)』, 『사회적 네트워크 분석(Social Network Analysis)』 같은 책이나 '사회적 네트워크 분석을 위한 국제 네트워크(INSNA: International Network for Social Network Analysis)'의 웹사이트를 참조하기 바란다(Nohria and Eccles, 1992; Wellman and Berkowitz, 1997; Wasserman and Faust, 1994).[9]

사회적 네트워크 분석의 뿌리는 수십 년 전, 특정한 상황에서 서로 다른 행위자들 사이의 연계—이것은 점차 네트워크로 알려지게 됐음—를 도표로 나타내는 소시오그램(sociogram)을 개발하려는 노력에서 찾아볼 수 있다. 이후 몇몇 사회적 네트워크 분석가들은 사회심리학자 및 [그 당시에는 조직 집합(organization-sets)이라고 불리던 것을 연구한] 조직적 사회학자들과 함께, 네트워크가 종종 몇 가지 기본 형태 또는 위상(topology)으로

---

8) 이 부분의 일부는 론펠트의 연구(2000)를 요약한 것이다.

9) INSNA의 웹사이트 주소는 www.heinz.cmu.edu/project/INSNA/이다.

나타난다는 점을 발견했다. 특히 구성원들이 한 줄로 연속적으로 연결돼 있어 정보가 반드시 인접한 행위자를 거쳐야만 다음 행위자에게 전달될 수 있는 사슬 또는 라인 네트워크, 구성원들이 중앙 노드와 연결돼 있고 서로 정보를 주고받기 위해서는 반드시 중앙 노드를 통과해야 하는 허브, 별 또는 바퀴살 네트워크, 모든 사람들이 연결돼 있고 다른 사람과 직접 정보를 교환할 수 있는 모든 채널이나 완전 연결 또는 완전 매트릭스 네트워크 등이 대표적인 예이다(evans, 1972).[10] 격자(grid/lattice), 중심부·주변부(center/periphery) 네트워크, 파벌 네트워크 등[11] 다른 형태의 네트워크들도 규명됐다. 다양한 방법으로 연결된 수많은 노드들이 불규칙하게 뻗은 네트워크ー때로 '거미줄' 네트워크라 불리는 결합형 또는 혼합형 조직ー도 식별됐다. 또 어떤 특정한 네트워크는 주위 네트워크들 사이에 내재돼 있기도 한다. 그러나 이런 위상에 대해 이러쿵저러쿵 많이 언급하는 사회적 네트워크 분석가는 거의 없다. 그들의 관심은 주로 데이터가 스스로 말하도록 하는 것이다.

고전적인 연구는 학생들 사이의 친구 집단, 회사 이사회 임원들의 연계, 개인적 연줄에 기반을 둔 구직 및 직업 이동 패턴, 기업체들의 파트너십, 심지어 세계경제 및 정치 체계의 구조 같은 주제에 관심을 가진다. 사회적 네트워크 분석가들은 원시 부족, 계층적 관료제 또는 시장 시스템을 연구할 때, 그 바닥에 깔려 있는 공식적·비공식적 네트워크를 분석하고, 사회조직과 시스템의 운용에서 그러한 네트워크의 기능을 강조한다.[12]

---

10) 얼마나 많은 노드와 연계의 변형을 고려하느냐에 따라 좀더 정교한 구조의 네트워크를 그릴 수도 있다. 편자들은 여기에 언급한 단순명료한 구조의 세 가지 네트워크만으로도 충분히 논의를 진척시킬 수 있다고 보지만 쇼(Shaw, 1976)는 3~5명으로 구성된 좀더 복잡한 네트워크를 묘사했다. 그는 '모든 채널'이란 용어 대신 '콤콘(comcon)'이란 용어를 사용한다.

11) 중심부·주변부, 파벌 네트워크 등에 대한 좀더 자세한 논의를 위해서는, www. analytictech.com/borgatti에 실린 스티븐 보가티의 저술 참조.

12) Mark S. Granovetter, "Economic Action and Social Structure: The Problem of Embeddedness," *American Journal of Sociology*, Vol.91, No.3(November 1985), pp.481~510 참조.

이런 관점에서, 권력과 영향력은 자원, 태도, 행위 등 한 사람의 개인적 특성보다는 그 사람의 인간관계 — 네트워크 안에서 또는 네트워크에 연결된 개인의 위치와 특성 — 에 더 의존한다. '분석의 단위'는 개인이라기보다는 개인이 속해있는 네트워크이다. 사회적 네트워크 분석가들은, 복잡성 이론가들(complexity theorists)처럼 네트워크를 네트워크의 일부와는 다르면서, 동시에 네트워크의 일부보다 더 큰 체계적인 전체(systematic whole)로 보았다. 그들의 본질적 목적은, 네트워크 각 부분의 속성들이 네트워크화된 상호 작용에 의해 어떻게 정의되는지, 그리고 네트워크 자체가 어떻게 기능해 그 안에 속한 개인에 대해 기회나 제약을 만드는지 보이는 것이다.

많은 사회적 네트워크 분석가들은 위치의 중요성을 강조한다. 행위자의 권력과 특권이 네트워크 안의 '중심 위치'에 기인한 것인지 아닌지, 만약 그가 '구조적 공백(인근 네트워크의 행위자에게 입구나 통로의 역할을 할 수 있는 '비중복적' 위치)'13)에 위치한다면 더 많은 자치권과 잠재 권력을 가질 수 있는지 아닌지 등을 보는 것이다. 행위자들 사이의 연계의 중요성을 강조하는 연구자도 있다. 즉, 연계가 강한지(밀접하게 결합됐는지) 또는 약한지(느슨하게 결합됐는지), 그리고 이런 관계가 네트워크 내 또는 그 주변에서 발생하는 정보를 획득하고 그것을 바탕으로 행동을 하는 데 어떤 차이를 만드는지를 연구하는 것이다.14) 네트워크의 전반적인 '연결성

---

13) 버트(1992)의 용어. 노리아와 에클스가 쓴 책(1992)에서 버트가 쓴 장 및 그가 http://gsbwww.uchicago.edu/fac/ronald.burt/research/에 올린 게시물 참조. '구조적 공백'은 사회적 네트워크 분석에 관한 문헌에서 매우 중요한 개념이다. 이와 비슷한 흥미로운 개념으로 수학계에서 독자적으로 발전된 '작은 세상 네트워크(small world network)'가 있다.

14) 강한 연계와 약한 연계에 대한 고전적인 참고문헌으로는, Mark Granovetter, "The Strength of Weak Ties," *American Journal of Sociology*, Vol.78, No.6(May 1973), pp.1360~1380이 있다. 밀결합과 소결합 시스템에 대해서는, Charles Perrow, *Complex Organizations: A Critical Essay*, 2nd edition(Glenview, Ill.: Scott, Foresman and Company, 1979) 참조.

392 제3부 네트워의 현재와 미래

(connectedness)'과 네트워크 안에서 정보 흐름과 교환의 특징을 결정짓는
'상호 작용(reciprocity)'과 '상호관계(mutuality)'의 정도에 관한 질문들도 제
기될 수 있다.

　사회적 네트워크 분석가들이 한 개인에 관련하여 민감하게 관심을 갖
는 것은 '인간자본(human capital: 개인의 속성)'이 아니라 '사회자본(개인 간
또는 관계적 속성)'이다. 사회적 네트워크는 종종 사회자본으로 구축된다.
사업적 제휴 관계를 비롯해 사회적 지지를 받는 것들이 상호 존중과 신
뢰가 높을 때 번영한다. 그러나 마약이나 매춘에 접근하는 불법적 네트
워크처럼 다른 종류의 사회적 네트워크의 응집력과 그 운용은 높은 수준
의 존중과 신뢰가 필요하지 않을지 모른다.

　사회적 네트워크 분석은 수학적 모델과 시각적 테크닉[15]을 중요시하
며 복잡한 방법론을 사용하는 경향이 있다. 효율성 및 효과의 측정과 관
련하여 예외가 있을 수도 있지만, 경영 합작이나 사회운동 같은 특정한
분야에서 어떤 한 가지 네트워크 구조가 다른 구조보다 좋을 수도 있다는
것을 연구한다는 점에서, 이러한 분석들은 일반적으로 규범적(normative)이
거나 관례적(prescriptive)이지 않다. 또 네트워크가 최근에서야 형성된 독자
적 형태의 조직이라는 점에서, 이러한 연구들은 진화적(evolutionary)이지
않다. 많은 사회적 네트워크 분석가들에게 네트워크는 모든 조직 형태의
모체이며, 전 세계는 네트워크들의 네트워크이다.

---

15) 시각적 테크닉의 역사에 관한 탁월한 논의를 보려면, Linton C. Freeman,
　　"Visualizing Social Networks." *Journal of Social Structure*, Vol.1, No.1(February 4,
　　2000). available only online, www.heinz.cmu.edu/project/INSNA/joss/vsn.html
　　참조.

조직적 네트워크 분석[16]

조직적 네트워크 분석가들은 — 이 표현은 그리 많이 사용되지 않기 때문에, 네트워크적 관점을 통해 조직 형태를 연구하는 연구자라고도 바꿔 말할 수 있음 — 사회적 네트워크 분석을 위해 개발된 방법론과 수단들을 이용한다. 그러나 그들의 접근법은 사뭇 다르다. 그들은 네트워크를 의사소통 기술의 발달 덕분에 강점을 얻게 된 독특한 형태의 조직으로 간주한다. 또 그들 중 다수는 네트워크 형태의 조직이 위계제 같은 다른 형태의 조직보다 탄력성, 적응성, 그리고 대응 속도 면에서 유리하다고 생각한다. 사회적 네트워크 분석가들은 서로 연결되어 있는 일련의 노드(행위자)들은 그것이 무엇이든 간에 네트워크가 된다고 말한다. 그러나 조직적 분석가들에게는 이것만으로 충분치 않다. 그들은 행위자들이 특정한 네트워크에 자신들이 참여하는 것을 인식하는지, 그리고 네트워크로서 활동하며 참여하는지 등을 알고 싶어한다.

이 책은 주로 조직사회학·경제사회학의 연구 분야와 경영학의 연구 성과에 기반을 두고 있다. 누가 처음으로 네트워크화된 조직 형태의 등장에 주목했는지에 대해서는 다양한 설명이 존재한다. 그러나 연구자들은 대부분 기계적(mechanistic: 계층적·관료적) 경영 시스템과 유기적(organic: 계층을 형성하기는 하나 네트워크화된) 경영 체계를 구분한 경영학 지향의 초기 연구(Burns and Stalker, 1961)라고 본다. 유기체 형태는 급변하는 상황

---

16) 마찬가지로 여기 논의도 주요 내용만 골라 요약한 것이다. 조직 형태와 조직적 네트워크 분석에 관한 좀더 포괄적인 논의를 보려면, Peter Monge and Noshir S. Contractor, "Emergence of Communication Networks," in F. M. Jablin and L. L. Putnam(eds.), *The New Handbook of Organizational Communication: Advances in Theory, Research, and Methods*(Thousand Oaks, Calif.: Sage, 2001), pp.440~502; Peter Monge and Janet Fulk, "Communication Technology for Global Network Organizations," in Gerardine DeSanctis and Janet Fulk(eds.), *Shaping Organizational Form: Communication, Connection, and Community*(Thousand Oaks, Calif.: Sage Publications, 1999), pp.71~100 참조.

과 예측불허의 사건들을 다루는 데 좀더 적합했다. 왜냐하면 "수직 방향
이 아니라 수평적 의사소통을 가진 통제와 권위, 그리고 의사소통의 네
트워크 구조"를 취하기 때문이다(Burns and Stalker, 1961: 121).

네트워크 형태의 조직에 관한 여러 통찰력 있는 연구들이 있었지만,[17]
관련 학파가 결집된 모습을 보이기까지는 수십 년이 걸렸다. 특히 한 독
창적인 논문(Powell, 1990)은 비공식적인 사회적 네트워크에 집중돼 있던
연구 범위를 확대하여, '공식적인 조직적 네트워크'가 (경제 거래 이론가들
을 비롯해, 일부 조직경제학자와 경제사회학자들이 강조한) '계층 조직 및 시
장'과는 확연히 구분되는 형태로서, 특히 비즈니스 세계에서 강점을 얻고
있다고 주장했다.

> 널리 알려진 시장-계층 연속체(market-hierarchy continuum)는 네트워크
> 형태의 조직 개념을 제대로 인정하지 않는다.…… 그러한 배열은 시장 거
> 래나 위계적 지배 구조가 아니라 그 자신의 논리를 가진 분리되고 독자적
> 인 교환의 방식, 즉 네트워크이다(Powell, 1990: 296, 301).

그러나 이러한 새로운 생각은 주로 경제조직과 비즈니스 경쟁에 대한
혁신적 접근에 초점을 두었다.[18] 게다가 무엇이 네트워크 형태의 조직인
지에 관한 정의 문제가 아직 해결되지 않은 채로 남아있다. 경영 환경에
는 적합한 정의가 네트워크화된 사회운동의 분석과 같은 다른 상황에서

---

17) 이에 관한 연구로는 Charles Perrow, *Complex Organizations: A Critical Essay*, 2nd
   edition(Glenview, Ill.: Scott, Foresman and Company, 1979); Raymond E. Miles
   and Charles C. Snow, "Organizations: New Concepts for New Forms,"
   California Management Review, Vol.28, No.3(Spring 1986), pp.62~73 등이 있다.
18) 예를 들면, 어떤 연구는 왜 네트워크 조직이 비즈니스 세계에서 성공하는 경
   우보다는 실패하는 경우가 더 많은지 논의했다(Miles and Snow, 1992). 또 다
   른 연구는 조직간 경영 시스템(interorganizational business system)을 연구했는
   데 그 구분(topology)은 각각 사슬, 허브, 모든 채널 네트워크에 대응한다
   (Kumar and Dissel, 1996). 이 장 각주 4번의 참고문헌 참조.

는 잘 적용되지 않을지도 모른다.

1990대 초부터 네트워크에 관한 연구 문헌이 폭발적으로 늘었다. 그러나 사회적 접근법과 조직적 접근법 사이의 차이점들은 학문적 논쟁의 근원으로 남아있다. 이 논쟁을 중재하려는 시도가 있었는데, 이 시도는 "네트워크가 조직의 특정한 특성을 말하는지 아니면 조직의 특정한 형태를 언급하는지" 탐구하는 데 초점을 맞췄다(Nohria and Eccles, 1992: vii). 이 질문은 결국 풀리지 않은 채 남아있다. 서장을 쓴 저자는 형태 중심 (pro-form)의 견해가 대부분 수사에 불과하다고 주장한 반면, 결론 부분을 쓴 저자들은 학문적 논란이 경영 전략가들이 새로운 형태를 개발·적용하고 있다는 '사실'보다 중요할 수는 없다고 했다.[19] 네트워크는 독자적 형태의 조직이라고 믿는 일련의 학자들은, 이러한 현상과 의사소통 기술 발전의 관계를 규명하기 위해서는 여전히 많은 과제가 남아있음을 강조하는 것으로 결론을 맺었다(DeSanctis and Fulk, 1999). 주요 과제는 조직 형태를 구분하는 좀더 유용한 유형을 창조하는 것이다. 현재 조직 형태의 연구가 여전히 "시장 대 계층 구조나 관료제 대 포스트 관료제처럼 이분법적 개념이 지배하는 경향"이 있기 때문이다(DeSanctis and Fulk, 1999: 498).

최근, 네트워크를 어떻게 생각할 것인가라는 미해결된 논쟁들이, 사회가 전반적으로 어디로 향해 가는가에 관한 저서들에 영향을 미쳤다. 예를 들면, 프랜시스 후쿠야마의 『거대한 분열(The Great Disruption)』(1999)에 나타난 것을 생각해 보기 바란다. 여기서 저자는 네트워크를 새롭게 부상하는 독자적 형태의 조직으로 보지 않는다.

만약 우리가 네트워크를 공식적 조직의 한 형태가 아니라 사회자본으로 이해한다면, 네트워크의 진정한 경제적 기능이 무엇인지에 관해 훨씬

---

19) 이 책에서 페로는, 자체적으로 완전히 통합된 '미국식' 대기업은 시민사회에 부정적 영향을 끼치고 중소기업 네트워크의 성장은 시민사회에 새로운 활력을 불어넣을 것이란 새로운 주장을 폈다(Perrow, 1992).

나은 통찰을 갖게 될 것이다. 이 관점에 의하면, 네트워크는 신뢰의 도덕
적 관계이다. 네트워크는 일반적인 시장 거래에 필요한 규범이나 가치를
넘어서는 '비공식적' 규범과 가치를 공유하는 개인들의 모임이다. 이런 정
의에 따른 규범과 가치는 두 친구 사이의 단순한 상호성의 규범에서부터
체계화된 종교에 의해 만들어진 복잡한 가치 체계에까지 확장될 수 있다
(Fukuyama, 1999: 199).

이것은 『네트워크 사회의 도래(The Rise of the Network Society)』(1996)에
서 마누엘 카스텔이 제시한 관점과 다르다. 후쿠야마처럼 그 역시 가치
와 규범이 네트워크나 다른 형태의 조직 운영에서 갖는 중요성을 인식한
다. 그러나 핵심 요점은 네트워크가 독자적 형태의 조직으로서 확산되며
힘을 얻고 있다는 것이다.

인간 행동과 경험의 영역들에 등장하는 사회적 구조들에 관한 연구 결
과, 우리는 무엇보다 중요한 결론에 도달한다. 정보 시대에는 주요 기능
과 과정이 네트워크들을 둘러싸고 형성되는 경우가 많으며, 이는 역사적
추세이다. 네트워크는 우리 사회의 새로운 사회적 형태를 구성한다.……
네트워크 형태의 사회조직은 다른 시대나 장소에도 존재했지만, 새로운
정보 기술 패러다임은 사회구조 전반에 걸친 네트워크 확산의 물질적 기
반을 제공한다(Castells, 1996: 469).

후쿠야마의 관점은 주로 사회적 네트워크의 접근법을 반영하고, 카스
텔은 조직적 접근법을 반영한다. 그리고 카스텔의 관점은 정보혁명의 영
향에 좀더 밀착되어 있다. 편자들의 관점은 명확하게 후자에 속한다
(Arquilla and Ronfeldt, 1996, 2000; Ronfeldt, 1992, 1996). 그러나 이것이 핵
심은 아니다. 요점은 이 논쟁이 아직 해결될 기미를 보이지 않는다는 것
이다. 이는 상당 기간 계속될 것이다. 그러는 사이 네트워에 관심을 가지

고 연구하는 곳에서는 ― 적이 네트워 행위자인지 아닌지 또 그 정도는 어떠한지를 평가하고, 그들이 특정한 전략이나 전술에 얼마나 잘 맞는 구조를 가졌는지를 분석하는 연구자들을 예로 들 수 있다 ― 사회적 접근만큼이나 조직적 접근에도 몰두해야 한다. 행위자들이 개인인 경우에도 조직 구조는 중대한 요소이다.

사회운동에서 조직적 네트워크의 (커져 가는) 기능을 연구하는 인류학자와 사회학자, 그리고 정치학자들 덕분에 네트워크 분석은 상당히 발전하고 있다. '네트워크'에 대한 그들의 정의가 이전 것보다 항상 나은 것은 아니다. 예를 들면, 다국적 시민운동의 선구적 연구는, 네트워크를 '자발적·상호적·수평적인 의사소통 및 교환 패턴을 특징으로 하는 조직의 형태'라고 다소 모호하게 정의한다(Keck and Sikkink, 1998: 8). 그러나 그들의 논의는 효과적인 사회운동과 네트워 행위자들이 필요로 하는 조직적·사상적·기술적·사회적 역동성을 모두 고려한다.

이 책의 1장에서 언급했듯이, 이런 방향성을 지적한 초기 연구들 중 하나로 1960년대의 SPIN 운동이 있다. 당시 사회학계나 조직학계에서 이 개념에 주목한 학자는 거의 없었지만, 이 개념은 네트워의 이론과 실제를 이해하는 데 여전히 유효하다. 이 책 9장에서 SPIN 역동성에 관한 루터 걸락의 요약과 최근 견해를 실은 것도 이 때문이다. 그는 SPIN 개념을 미국의 사회운동에 초점을 맞추었지만, 이 개념은 전 세계의 다양한 테러리스트, 범죄자, 민족적 국수주의자, 그리고 근본주의자 네트워크의 발달 기저에 깔려 있는 역동성도 밝혀준다.

게다가 자연과학과 사회과학의 복잡성 이론가들 ― 모든 자연과 인간 체계에 걸친 '복잡성의 구조'를 설명하는 공통의 원리를 찾으려는 이론가들 ― 은 네트워크를 주요 구성 원리로 하는 생물학, 생태학, 그리고 사회적 체계들의 구조와 역동성을 파고들고 있다.[20] 그들이 발견해 낸 많은 규칙적

---

20) Steven H. Strogatz, "Exploring Complex Networks," *Nature*, Vol.410(March 8, 2001), pp.268~276 참조.

인 패턴 중에서 특별히 언급할 만한 가치가 있는 것이 하나 있다. 이러한 체계들은 대부분 허브로 기능하는 (고도로 연결된) 소수의 노드와 (다른 노드와 그리 많이 연결되지 않은) 수많은 일반 노드들을 가지고 있다. 이러한 패턴은, 중심 허브가 붕괴되거나 파괴되지 않는 한, 체계에 대한 충격을 견딜 수 있다.[21] 이것은 다중의 허브를 가지고 잘 구조화된 '거미줄' 네트워크나 상호 연결된 중심부·주변부 네트워크와 비슷하다. 또 이것은 시애틀이나 멕시코의 사회적 네트워에서 볼 수 있는 것과 같은 종류의 패턴이다. 여기에는 핵심 허브 역할을 하는 행위자가 하나 이상 있고, 그 주위에 많은 행위자들이 연결돼 있으나 행위자 서로 간에는 그렇게 고도로 연결돼 있지는 않다. 그러나 모든 행위자들이 서로 정보를 교환할 수 있는 모든 채널 네트워크는 형성돼 있다. 그리고 이는 이제 막 형성되고 있는 일부 테러리스트나 범죄자 네트워크에서도 볼 수 있다.

네트워크를 효율적으로 만드는 다른 요소들[22]

무엇이 네트워크를 하나로 유지시키는가? 무엇 때문에 네트워크는 효율적으로 기능하는가? 이에 대한 대답은 앞에서 강조한 조직적 관점 이상의 훨씬 많은 문제들과 관련된다. 네트워크 형태의 조직을 분석하는 표준 방법론은 없지만, 이미 친숙한 이론들과 네트워 행위자들이 보여준

---

21) 다음 글은 이러한 패턴이 어떻게 복잡성 이론의 관심사인 수학적 '힘의 법칙(power law)'를 반영하는지 개략적인 설명을 제공한다. George Johnson, "First Cells, Then Species, Now the Web," *The New York Times*(December 26, 2000), pp.M1, M2.
22) 이 부분의 일부는 편자들의 저서(Arquilla and Ronfeldt, 1996, 2000)에서 따온 것이다. 그러나 분석 범위에서 '서사적 수준'을 추가한 것은 새로운 점이다.

실례들은 네트워크의 구조와 운용이 다섯 가지 분석 수준에서 좌우됨을 보여준다(이 다섯 가지 분석 수준은 실제 행위의 수준이기도 하다).[23]

- 조직적 수준(Organizational level): 네트워크의 조직적 구조
- 서사적 수준(Narrative level): 이야기
- 교리적 수준(Doctrinal level): 협력 전략과 방법
- 기술적 수준(Technological level): 정보 체계 ·
- 사회적 수준(Social level): 신뢰와 충성을 보장하는 개인적 유대

네트워크의 힘은, 특히 모든 채널 구조를 가진 네트워크의 힘은 이 다섯 수준에 좌우된다. 조직 구조가 마음을 사로잡는 이야기와 잘 다듬어진 교리로 뒷받침되고, 이 모든 것들이 발달된 의사소통 체계에 자리 잡고 있으며, 그 기반에는 강력한 개인적·사회적 유대가 깔려 있는 경우, 네트워크는 가장 강력한 힘을 발휘할 것이다. 중복성과 다양성이 있다면, 각각의 수준과 총체적인 구조는 더욱 힘을 얻게 된다. 각 단계의 특징은 다른 단계의 특징에 영향을 줄 것이다.

이것은 지루한 학문적 논쟁거리가 아니다. 계층구조나 시장구조를 '제대로' 이해하는 것만큼, 네트워크 형태를 '제대로' 이해하는 것도 미묘한 작업이다. 새로운 네트워크를 구축하거나 이미 있는 네트워크를 조정하려는 실천가들로서는 다양한 선택들을 고려하는 것이 유익할 것이다. 그리고 그들은 평가 과정에서 조직적·서사적·교리적·기술적·사회적 단계들이 잘 구성되고 통합되어 있는지를 확인해야 한다.

이것은 모든 분쟁 영역에서 네트워와 역네트워 행위자들에게 적용된다. 그러나 편자들의 논의는 사회적 네트워 행위자들, 특히 NGO에게서

---

23) 이는 우선 네트워크를 조직할 수 있는 충분한 행위자와 자원이 있다는 점을 전제로 한다. 그렇지 않다면 네트워크를 강력하고 효율적으로 만들기 위해 '조직원 모집'과 '자원' 수준을 추가해야 할 것이다.

얻은 증거들을 중심으로 한다. 그들은 테러리스트나 범죄자 등 폭력적이고 은밀한 행위자들보다 개방적이기 때문이다. 이 논의는 앞 장들에서 나타난 몇몇 사례에 의존했지만, 다른 최근의 예도 거론할 기회가 있을 것이다.

각 분석 수준은 여기서 다루는 것보다 더 자세히 다룰 필요가 있다. 편자들의 목표는 사람들이 이러한 측면에서 생각하고 나아가도록 방향을 제시하는 것이다. 물론 최종적인 방법론적 가이드를 제공했다고는 말할 수 없지만 말이다.

조직적 수준

행위자 또는 행위자 무리는 네트워크로서 어느 정도까지 체계화되는가? 그 네트워크는 어떤 모습인가? 이것은 행위자 또는 행위자 무리가 네트워에 얼마나 적합한 구조를 갖고 있는지 평가하기 위한 출발점이다.

요즘 테러리스트나 범죄자, 그리고 운동가에 관한 많은 연구들은 여러 단체들이 하나로 모여 네트워크로 조직되는 경향을 보여주고 설명한다. 그러나 분석가들은 이것 이상의 내용을 구체화할 수 있어야 한다. 무엇보다 조직적 수준의 평가에서는 정확하게 어떤 형태의 네트워크 구조가 사용됐는지, 구성원들이 자율적으로 행동하는지, 그 자율성을 어떻게 실천하는지, 지도 세력이 어디에 있으며 지도력은 어떻게 배분되는지, 또 위계적 역동성이 네트워크의 역동성과 혼합돼 있는지, 그렇다면 어떻게 혼합돼 있는지 등을 규명해야 한다.

앞서 말했듯이, 네트워크는 사슬, 허브, 그리고 모든 채널, 이렇게 세 가지 주요 유형으로 나뉜다. 또 '거미줄'이나 중심부·주변부, 파벌 네트워크 등 다수의 노드와 링크가 연결된 복잡한 조합들이 있다. 또 네트워크와 위계 구조가 혼합된 구조도 있다. 중요한 측면은 네트워크 내부와 네

트워크 사이에 존재하는 다양한 '구조적 공백'과 '교량(bridge)'의 다양함
이다. 그리고 '작은 세상 네트워크'에서처럼 멀리 있는 행위자들이 중재
자를 가로질러 단번에 연결될 수 있는 '지름길(short cut)'의 존재 여부도
중요하다.[24] 헨리 민츠버그(Henry Mintzberg)는 서로 다른 분야 출신의 구
성원으로 조직된 팀에서 '상호 조정'의 실천이 늘어나면 지름길의 등장이
촉진될 수도 있다고 말한다. 그는 '조정 현상(adjustment phenomenon)'이
'실무 조직과 참모 조직(line and staff)'의 구별 및 기타 다른 구별을 파괴하
는 현상이 종종 발생하는 경영 조직에 대한 연구에서 이러한 점을 지적
했다(1981: 5).

네트워 분석가들이 정책결정자와 전략가들에게 조언을 해주기 위해서
는 네트워크의 세부 사항을 정확히 파악하고 묘사할 수 있어야 한다. 그
들은 네트워크 조직을 묘사할 때도—특히 그것이 테러리스트나 범죄 조직
이라면 더욱—전통적으로 적의 지도부 구조를 도표로 나타낼 때만큼이나
정확하게 그 특징을 포착할 수 있어야 한다. 전형적인 네트워에서, 그 구
성 단위들은 모든 채널 네트워크로서 행동하는 분산되고 인터넷으로 연
결된 노드들의 배열과 비슷한 모습을 띤다. 최근 NGO들이 국가와 기업
에 대항하여 벌이는 사회적 네트워(예: J18, N30, A16)를 보면, 운동가들
이 자유로운 토론과 정보 공유를 통해 힘을 얻는 개방적 모든 채널 및
다중 허브 구조를 형성함을 알 수 있다. 미얀마, 멕시코, 그리고 시애틀
의 전투를 다룬 장들이 이것을 입증한다.

'국제대인지뢰금지운동'은 NGO 활동가들이 발전시킨 사회적 네트워

---

24) '구조적 공백'과 '교량'에 대해선, Ronald S. Burt, *Structural Holes: The Social Structure of Competition*(Cambridge, Mass.: Harvard University Press, 1992); 버트의 웹사이트 참조. '작은 세상 네트워크'에 대해서는, Duncan J. Watts, *Small Worlds: The Dynamics of Networks Between Order and Randomness*(Princeton, N.J.: Princeton University Press, 1999); Steven H. Strogatz, "Exploring Complex Networks." *Nature*, Vol.410(March 8, 2001), pp.268~276 참조. 왓츠와 스트로가츠는 수학자로서 복잡한 네트워크의 연구에 접근했다.

의 가장 대표적인 사례이다. 이 네트워크는 미국처럼 지뢰 금지에 부정
적인 국가들에 대한 압력을 강화하기 위해 캠페인에 일부 정부 관료들도
동참시키는 데 성공할 정도였다. 이 운동의 주요 지도자 중 한명인 조디
윌리엄스는 이 캠페인을 '외교의 새로운 모델(new model of diplomacy)'라고
불렀다.

그것은 시민사회와 정부가 서로를 적으로 볼 필요는 없다는 것을 증
명한다. 그것은 작은 세력이 시민사회와 함께 일해서 깜짝 놀랄 만큼
빠른 속도로 인도주의적 관심사를 제기할 수 있다는 것을 실제로 보여
준다. 그것은 이러한 파트너 관계가 탈냉전기 세계의 새로운 '슈퍼파워
(superpower)'임을 보여준다.…… 사상 처음으로 중소 규모의 세력들이
초강대국 한 나라의 정책 수행의 편의를 도모하기 위해 국제 조약을
약화시키려는 슈퍼파워의 강력한 압력에 굴복하지 않고 저항했다(Jody
Williams, 1997 Nobel Lecture, December 10, 1997, www.wagingpeace.org/
articles/nobel_lecture_97-Williams.html).

이 캠페인은 중심 본부나 관료 조직이 없었다. 그 대신 네트워 구조를
갖고 있었다. 이 캠페인은 독립적으로 일하면서도 공동의 목적을 위해
서로 지속적으로 협력한 전국적 운동 조직들로 이루어졌다. 그리고 운동
조직들 간의 네트워킹은 지속적이고 개방적인 의사소통과 조정을 특징
으로 한다.[25]
　이러한 개방성은 비밀과 은닉을 기반으로 하는 테러리스트나 범죄자
또는 다른 폭력적 네트워 행위자들에게는 불가능할 것이다. 위계 조직과
네트워크의 혼합 또는 세포조직 네트워크나 위계 조직이 그들에게 적합

---

25) Jody Williams and Stephen Goose, "The International Campaign to Ban Landmines,"
　　in Maxwell A. Cameron, Robert J. Lawson, and Brian W. Tomlin(eds.), *To Walk
　　Without Fear: The Global Movement to Ban Landmines*(New York: Oxford University
　　Press, 1998), pp.20~47 참조.

하다. 기원이 불분명한 급진적 환경단체, 'ELF'를 생각해 보자. 사실 ELF는 단지 소수의 핵심 추종 세력이 있어서, 이들만이 뉴욕 롱아일랜드 같은 야생지에서 진행되는 건축 현장에서 방화와 약탈 같은 폭력적 행위를 하는 것인지 모른다. 그러나 ELF 대변인 크레이그 로즈브라우(Craig Rose-braugh)에 따르면, ELF는 "명령 체계나 회원 명부도 없이 전 세계에 걸쳐있는 일련의 세포조직들"로 구성되어 있다. 이 단체는 공유하는 이데올로기와 철학으로 유지된다. "일반 조직은 최고 지도자를 제거하면 그 조직의 기능을 마비시킬 수 있지만, ELF는 중심 지도부가 없기 때문에 그런 식으로 무너뜨릴 수 없다"(Barry and Baker. 2001: A15).[26] 다시 말해 ELF는 모두가 완전 지하조직인 '자치적 세포조직'으로 이루어져 있다고 한다. 이것은 나중에 다룰 '지도자 없는 저항'과는 다르다. 지도자 없는 저항은 지하조직과 지상조직이 혼합되어 있다. 또한 이것은 2장에서 논의한 준자치 조직들 사이의 수평적 조율을 특징으로 하는 테러리스트 네트워크와도 다르다.

네트워의 주도자들은 지도자 없는 구조를 만들려고 모든 노력을 다 할지 모르지만, 네트워에서 지도력은 여전히 중요하다. 지도자 없는 구조를 만드는 한 가지 방법은, 중앙 통제나 위계 구조 없이도 서로 조율해서 행동하는 지도자들을 네트워크 전반에 많이 분산시켜 놓는 것이다. 이것은 네트워크 구조의 전형적 약점인 조율 문제를 야기할 수 있다. 그러나 자주 언급한 대로, 이는 핵심 지도부를 목표로 하는 공격을 미연에 방지할 수 있다. 네트워를 발전시키고 지휘하는 데 가장 적합한 지도자의 유형은, 흔히 봐왔던 '위대한 사람'이나 행정적 지도자가 아니라, 의사소통의 흐름, 네트워를 표현하는 '이야기', 그리고 (전략과 전술을 제시하는) 교리를 형성하는 역할을 하는 '교리적 지도자(doctrinal leadership)'이다. 이 점은 매우 중요한데도 종종 무시돼 왔다. 이러한 지도자는 지휘관(commander)

---

26) ELF는 때로 동물해방전선과 제휴해 활동한다. 웹사이트 www.earthliberation-front.com 참조.

과는 거리가 먼 유형이다.

편자들은 종종 네트워크와 싸우기 위해서는 네트워크 형태를 취해야 한다고 가정한다. 그러나 테러리스트, 범죄자, 그리고 기타 폭력적 범법자들과 역네트워를 벌이기 위해선, 정부 간 기구의 구조는 위계 구조와 네트워크의 혼합 형태가 되어야 할 것이다. 정부는 위계 조직을 모두 없앨 수 없으며 하지도 말아야 한다.[27] 앞의 장들, 특히 테러리스트, 범죄자, 그리고 갱을 다룬 장들에서 이 점을 자세히 다뤘다.

서사적 수준

왜 네트워크의 구성원들은 네트워크 형태를 취하게 됐는가? 왜 그런 형태로 남아있는가? 다른 형태의 조직들처럼 네트워크도 사람들이 말하는 서사나 이야기에 의해 유지된다.[28] 우리 마음속에 남아있는 성공적인 서사는 단순한 수사 또는 조작할 목적으로 '휘갈겨 쓰거나 지어낸 이야기'가 아니다. 이러한 서사들은 사람들의 공통의 경험·관심·가치를 표현

---

27) 편자들은 이전에도 위계제와 네트워크의 혼성 시스템의 필요성에 대해 논의한 적이 있다. 이와 관련된 가장 최근 내용으로는 군사적 스위밍에 관한 것이 있다(Arquilla and Ronfedlt, 2000). 그러나 이와 같은 혼성 시스템은 사회생활의 일반적 형태라는 의견도 수십년 동안 학계에 퍼져 왔다. 1970년대의 대표적 저술(La Porte, 1975)에서 저자들은 소수의 사회 행위들만이 '나무(위계제)'나 '완전 매트릭스(모든 채널 네트워크)'와 비슷한 구조를 갖고 있다고 주장했다. 조직들은 대부분 어색하게 연결된 위계제와 네트워크의 혼합과 유사한 '준격자(semilattice)' 구조를 갖고 있다.

28) 편자들은 새로운 사고방식을 장려하기 위해, 이러한 내용을 서사적 수준에서 논의했다. 이는 '누구의 이야기가 이기는가?'라는 점이 모든 종류의 네트워에서 핵심적인 측면이라는 편자들의 생각과 맥을 같이 한다. 편자들은 전통적 방식에 따라 이러한 수준의 분석을 문화적, 정치적, 이데올로기적 그리고(또는) 정치적 수준에서 제시하는 것도 검토했다. 그러나 '서사'와 '이야기'의 개념은 사람들이 실제로 서로 어떻게 의사소통하는지 잘 나타낼 수 있는 유용하고 좀더 역동적인 개념으로 보인다.

한다.[29] 첫째, 이야기는 정체성과 소속감을 나타내어, '우리'는 누구이며, 왜 우리가 함께 해야 하며, 왜 우리가 '그들'과 다른가를 나타낸다. 둘째, 이야기는 대의·목적·사명을 나타낸다. 목적과 방법뿐만 아니라 문화적 성향, 즉 '우리'의 믿음, 우리가 하려는 것, 그리고 그것을 어떻게 할 것인가 등을 표현한다.

그러므로 제대로 된 이야기는 네트워크 특유의 느슨함 때문에 변절을 막기 힘든 네트워크 조직의 구성원들을 하나로 묶어두는 데 도움을 줄 수 있다. 또한 제대로 된 이야기는 다른 네트워크 사이에 다리를 놓는 것을 도와준다. 그리고 제대로 된 이야기는 그들의 운동이 언젠가 승리할 것이며, 시간은 그들의 편이라는 인식을 생성할 수 있다.[30]

교리적 지도자와 기타 지도자들은 승리의 이야기를 만들고, 그 이야기를 둘러싼 조직 문화를 만드는 데 핵심적 역할을 할 수 있다. 이것은 기업 경영인들이 오랫동안 인정해 온 것이다.[31] 이는 네트워 행위자들에게도 마찬가지다.

이 책에서 살펴본 모든 네트워 행위자들은 서사적 확신을 이끌어내려 하며, 그렇게 하기 위해 신구 매체를 공히 사용한다. 그들은 네트워크를

---

29) 이는 네트워 이전 시대의 솔 앨린스키(Saul Alinsky)로부터 진 샤프(Gene Sharp)와 같은 현대의 전략가에 이르기까지 미국의 급진운동가들의 강력한 주제였다.

30) 물론 이것은 이전의 갈등 형태에서도 마찬가지다. 현대 게릴라 전쟁은 상대방에게 비타협적인 반정부 봉기를 결코 쉽사리 제압할 수 없을 것이란 확신을 심어줌으로써 승기를 잡는 것을 매우 강조한다. 봉기에 대응할 때도 토착 주민들의 마음을 얻기 위해 비슷한 노력이 이루어진다.

31) 고전적인 조직 이론(Schein, 1985: 2)에 따르면, "지도자가 해야 할 매우 중요한 일 중 하나는 바로 문화를 형성하고 관리하는 것이라고 할 수 있다." 월트 디즈니이미지니어링(Walt Disney Imageneering)의 전 사장 브란 페런(Bran Ferren)은 "리더십의 핵심 요소는 이야기하기(storytelling), 비전을 구체화하고 효율적 의사소통을 통해 이를 주위 사람과 나눠 임무를 달성하게 하는 것"이라고 말했다. 페런이 디자인한 해군 지휘함의 새 명령 센터에 대해서는, Tony Perry, "Navy Takes a Scene Out of Hollywood," *Los Angeles Times*(November 27, 2000), pp.C1, C5 참조.

유지하고 외부인들의 참가를 유도하기 위해 사용한 이야기에 매우 민감하다. 이야기는 테러리스트들에게 영웅적 행동을, 범죄자들에게는 탐욕의 모험을, 그리고 사회운동가들에게는 인류의 필요를 충족하는 캠페인을 이끌어내는 기능을 한다. 범죄자들을 이렇게 묘사하는 것이 이상하게 들린다면, 콜롬비아—멕시코를 비롯한 다른 지역은 말할 것도 없이—마약 밀수자들이 교회, 병원, 그리고 학교에 기부금을 내고 침체에 빠진 지역 경제에 합법적인 투자를 하는 등 지역사회를 위해 봉사하는 애국자라고 긍정적인 관점에서 자신들을 인식하고 그렇게 행동한다는 사실을 기억할 필요가 있다.

이 점에 관해, 마누엘 카스텔(1998: 197~201)은 콜롬비아의 카르텔에서 이루어지는 행위가 자신의 주장(문화적 정체성이 범죄 네트워크의 구조, 기능, 그리고 전략에서 얼마나 중요한지에 관해 논함)을 뒷받침한다고 본다.

·

마약 밀수 조직이 자신의 나라와 근거 지역에 집착하는 것은 전략적 계산 그 이상의 것 때문이다. 그들은 그들의 문화, 전통, 그리고 지역사회에 깊이 뿌리내렸고 지금도 그렇다. 그들은 자신들의 출신 도시와 부(富)를 나누고, 국가에 재산의 상당 부분을 (대부분은 아니다) 투자할 뿐만 아니라, 지역 문화를 부흥시키고, 지방 경제를 재건하는 역할을 했다. 또 지역의 성인(聖人)이나 기적에 대한 그들의 믿음과 종교적 감정을 확언하고, 민속음악을 지원하며(그래서 콜롬비아 시인들에게서 찬가를 선사받기도 했음), (전통적으로 약체였던) 콜롬비아 축구팀을 국가의 자랑거리로 만들고, 메델린과 칼리의 잠자고 있던 경제와 사회를 다시 살아나게 했다. 폭탄과 자동소총이 그들의 즐거움을 방해하기 전까지는 말이다(1998: 199).

그의 핵심 요지는 중동의 주요 테러 단체들에게도 적용된다.

사회운동에 관한 저술들은 서사적 수준에 대해 특히 민감하다. 켁과 시킨크(Keck and Sikkink, 1998)는 '인과적 이야기(causal story)'를 바탕으로 한 '전략적 기술(strategical portrayal)'의 이야기를 따르는 것이 사회운동의 성공에 결정적이라고 했다. 러더퍼드(1999)는 국제대인지뢰금지운동의 성장을 이 운동이 선택한 이야기와 관련짓는다. "무엇을 어떻게 논의해야 할지 의제들을 통제함으로써, 국제대인지뢰금지운동은 지뢰 논쟁을 (군사적인 것이 아니라) 인도주의의 문제로 만들었다." 또 밀로셰비치를 축출하고 세르비아를 민주화하기 위한 네트워 방식의 지하운동, 옷포가 비폭력 교리를 선택한 것도 비슷한 이유였다. 단지 비폭력이 윤리적이기 때문만이 아니라, 비폭력이 정권을 자극시켜 정권이 폭력에 의존하도록 하기 위해서였다. 정권의 폭력 사용은 스스로의 정당성을 약화시키는 반면, 옷포에는 그들의 이야기가 승리할 것이라는 강력한 근거를 주었다 (Cohen, 2000).

군사작전 역시 누구의 이야기가 승리하느냐에 좌우된다. 예를 들면, 1994~1996년 전쟁에서 고도로 네트워크화된 체첸군은 러시아에 대항해 승리를 거두었다. 또 그들은 비틀거리는 사악한 늙은 제국의 마지막 자취를 자신들의 땅에서 몰아내는 기개 있는 자유 용사로 자신들을 묘사함으로써 이야기의 전쟁에서도 승리했다. 그러나 1999년에 벌어진 두 번째 전쟁에서는, 러시아군이 소규모로 흩어져 네트워크화된 부대로 싸우는 능력을 향상시켰을 뿐만 아니라 두 번째 전쟁을 반테러전으로 묘사함으로써 — 체첸과의 첫 번째 전쟁을 반대했던 많은 단체들을 포함해 — 러시아 사회 전체의 힘을 결집시켰다. 1999년 러시아 도심에서 발생한 폭탄 폭발 사고에서 발전된 이 이야기는 산업화된 서구 사회에서도 잘 먹혀 들어갔다. 이에 따라 러시아군은 카프카스 지역에서 일어날 일들 때문에 새로운 차관을 보류하겠다는 위협을 받지 않고 자유롭게 체첸을 휘저었다.

최근 인티파다에서 팔레스타인과 이스라엘은 '이야기의 전투'를 끊임없이 변화시키며 벌여왔다. 팔레스타인은 이스라엘을 오슬로 조약을 파기한 당사자로 묘사했으며, 이스라엘은 아라파트와 그의 참모들을 그 어떤 양보도 하지 않으려는, 심지어 정당한 양보도 하지 않으려는 사람들

로 이야기했다. 게다가 팔레스타인은 ─ 양측의 무력 충돌이 팔레스타인 자
신들의 폭력적 행동 때문에 악화된 측면이 있는데도 ─ 이스라엘이 과도한 무
력을 사용한다고 묘사했다. 그러는 사이 양측은 사이버 공간을 통해 세
계에 흩어져 있는 자기 민족들과 접촉해서, 도덕적·경제적 지원을 얻어
냈다. 또 양편은 분산 서비스 거부(DDOS: distributed-denial-of-service, 이하
DDOS) 공격을 통해 상대편의 정보 체계를 공격하라고 촉구했다. 심지어
이스라엘에서는 일반 시민들이 다양한 컴퓨터 공격 도구를 다운로드해
서 사이버 테러에 동참할 수 있도록 하는 웹사이트가 개설되기에 이르렀
다. 팔레스타인도 사이버 세계에서 특별한 서사적 수준의 방식을 사용했
다. 이스라엘에 대항하여 '사이버 성전'을 선포한 것이다. 그 결과 모로
코에서 파키스탄에 이르기까지 많은 이슬람교도들이 이 사이버 전쟁에
참여하게 했다. 특히 헤즈볼라는 이스라엘의 정보 기반 시설에 대한 컴
퓨터 스워밍 공격 및 이스라엘과 사업을 하는 기업들에 대한 선택적 공
격 전략을 펼쳤다(Hockstader, 2000; Gentile, 2000).

　허위 정보, 와전, 그리고 노골적인 거짓말은 서사적 수준에서 간과할
수 없는, 부정적인 면이다. 몇몇 행위자들은 교활하게 자신들의 입맛에
맞는 내용을 언론에 흘릴지도 모른다.[32] 그런데도 최근 정보 시대의 주
요 추세는 ─ 예를 들면, 모든 매체의 글로벌하고 지속적인 성장, 센서와 감시
기기들의 확산, 지구촌 시민사회의 강화 ─ 세계가 그 어느 때보다 더 투명해
질 것임을 암시한다. 이것은 당연히 혼합된 축복이다. 그러나 이것은 민
주국가와 개방성을 위해 투쟁하는 비국가 행위자들에게 유익이 되어야
한다(Florini, 1998; Brin, 1998).

---

32) 고윙은 의도는 좋으나 고지식하고 주제 파악 못하는 인도주의 NGO들이
　　1990년대 중반, 아프리카 그레이트 레이크(Great Lake) 지역을 무대로 정보의
　　통제와 조작을 둘러싸고 벌어진 전투에서 어떻게 르완다 관료와 그 제휴 세
　　력들에게 이용됐는지에 대해 설명한다(Gowing, 1998). 로스코프는 (비록 그가
　　제시한 사례들이 네트워와 관련된 것은 아니지만) 역정보 시대(disinformation
　　age)의 출현을 경고한다(Rothkopf, 1990).

이렇게 되면, 자신들의 메시지를 전파하기 위해 공공을 상대로 외교술을 사용하는 쪽이 더 유리할 것이다. 제이미 메츨(Jamie Metzl, 1999: 178, 191)은 이렇게 설명한다.

전 세계에서 일어나는 중요한 사안에 영향을 미치려는 투쟁이 점차 정보 전쟁으로 되어가고 있다. 전쟁에서 국가의 행위를 해석하지 못한 상태에서는, 실제적 행동은 효과가 떨어진다.…… 대외 정책에서, 비밀을 유지하고 비밀 협상을 수행하는 것은 여전히 중요하다. 그러나 광대한 정보 네트워크의 발전과 국가 및 비국가 행위자들과의 일시적인 소규모 동맹을 통해 얻을 수 있는 개방성이 대외 정책 성공의 열쇠임을 인식하는 데서 새로운 변화가 시작될 것이다.

이는, 사회적 네트워를 지향하는 NGO들 같은 비교적 약한 행위자들이 국가 같은 비교적 강한 행위자들을 대할 때 소프트 파워를 갖게 할 수 있다. 마틴 리비키(Martin Libicki, 1999~2000: 41)는 이렇게 주장한다.

인식의 세계화 ― 모든 사람들이 세계에서 일어나는 일들을 시시각각 자세히 알 수 있는 능력과 점점 더 그것에 관심을 갖는 경향 ― 는 소수가 다수를 견제할 수 있는 또 다른 방법이다.

서사적 수준의 분석을 위한 많은 접근법들이 소프트 파워, 정치적 담론, 서사적 패러다임, 이야기 모델링, 의제 설정, 은유 프레임 메시지 및 관점 설정을 연구하는 학자들에 의해 발전되고 있다. 일부 접근법은 심리학, 선전, 이데올로기, 그리고 미디어를 이해하려는 기존 사회과학의 노력을 반영한다. 그리고 이러한 접근법들은 정치학 분야에서 지배적인 '네오리얼리스트(neorealist)' 패러다임에 대한 대안으로 규범 지향적(norm-oriented)인 '구성주의' 패러다임을 발전시키려는 기존 사회과학의 노력을 반영한다.33) 피에르 부르디외(Pierre Bourdieu), 자끄 데리다(Jacques Derrida), 미셸 푸코(Michel Foucault), 질 들뢰즈(Gilles Deleuze), 그리고 펠릭스 가타리 (Felix Guattari)의 저술처럼 학계에서 '포스트모더니즘(postmodernism)'의 부상 을 반영하는 접근법들도 있다. 이들은 모두 서사적 수준의 분석과 실천의 중요성을 보여준다.

교리적 수준

네트워크 형태의 조직을 가장 잘 활용하기 위해서는 어떤 교리들이 존 재하는가? 이 분석 수준은 구성원들이 중앙의 명령이나 지도자에 의존하 지 않고도 전략적·전술적으로 활동할 수 있도록 하는 것이 무엇인가를 설명하는 데 매우 중요하다. 특히 다중 허브와 모든 채널 구조의 성과는 모든 노드에 영향을 미치며, 모든 구성원들의 마음에 깊이 새겨진 공유 된 원칙이나 실천들에 의존한다. 이렇게 지침이 되는 일련의 원리와 실 천들, 즉 교리는 구성원들이 분산되어 다른 일들을 수행할 때도 '한 마음 을 가진 모두'가 되도록 할 수 있다. 교리는 전술적 탈중심화가 가능하도 록, 중심적 관념·전술·운용의 일체성을 제공한다. 전체적으로 이것은, 정 책결정과 운용에서 기존의 우익이나 좌익운동보다는 좀더 느슨한 접근 법이다. 이러한 접근법은 "명령은 전략적 목표를 위해 집중되고, 전술적

---

33) 네오리얼리즘에 대한 기본 문헌으로는 케네스 왈츠(Kenneth Waltz)와 존 미어 샤이머(John Mearshimer)의 저술을 비롯해, 다양하게 존재한다. 구성주의에 관 한 저술들은 훨씬 최근에 등장했고 아직 완전히 자리 잡지 못했지만, 주로 에 마누엘 애들러(Emanuel Adler), 피터 카첸스타인(Peter Katzenstein), 테렌스 호 프(Terrence Hopf), 알렉산더 웬트(Alexander Wendt) 등의 저술을 중심으로 논 의가 이루어진다. 리시(Rissie, 2000)는 사람들이 그들의 이야기를 어떻게 주장 하는가에 초점을 맞춤으로써 그 차이를 분명하게 드러내려고 했다. 서사적 수 준에 관한 편자들의 관심은 부분적으로는 '누폴리틱' 개념에 관한 편자들의 연구(Arquilla and Ronfeldt, 1999; Ronfeldt and Arquilla, 2000)에서 비롯됐다.

목표를 위해 분산되어야 한다"라는 마오쩌둥의 격률과 비교된다.

현재까지 두 가지 교리적 실천이 네트워 행위자들에게 적당한 것으로 보인다. 하나는 지도자 한 명을 두드러지게 세우지 않고 다수로 세우며 (또는 지도자가 다수인 것처럼 보이게 하며), 의사결정 과정에 협상과 합의 절차를 사용해 가능한 한 '지도자가 없는' 형태의 네트워크를 조직하는 것이다.[34] 이 원칙은 이 책의 여러 사례에서 아주 잘 드러나 있다. 두 번째는, 수많은 소규모 단위들이 평소에는 분산되어 있다가 목표가 생기면 모든 방향에서 목표로 집결해 공격을 감행하고, 다음 작전을 준비하기 위해 다시 흩어지는 식으로 스워밍 전략 및 전술을 사용하는 것이다. (편자들이 연구한) 행위자들이 스워밍을 확실히 지지하거나 채택한 것은 아니나, 폭탄 테러 목표로 집결하기 위해 여러 곳에서 미국으로 입국하려는 중동의 테러리스트와 1994년 멕시코, 1999년 시애틀에 집결한 NGO 운동가들의 활동 속에 묵시적으로 담겨 있다. 물론 스워밍은 아직 좀더 다듬어질 필요가 있는 것이 사실이며, 사례들 대부분에서 이를 확인할 수 있다.

첫 번째 원리의 예는 극우파 루이스 빔이 발전시킨 '지도자 없는 저항'의 교리이다. 이 교리는 '유령 세포(phantom cell)'로 구성된 네트워크 조직을 선호하며 위계 구조는 경시한다. 이것은 운동이 네트워크화된 조직 형태로 바뀌면 바뀔수록, 방어는 더 견고해지고 공격은 더 유연해질 것이라는 믿음을 보여준다.

모든 개인들과 단체는 '지도자 없는 저항' 개념을 활용하여, 서로 독립적으로 활동하며 지시나 지침을 얻기 위해 중앙 본부나 지도자 한 명에게 보고하지 않는다.…… 유령 세포나 개인 활동을 통해 지도자 없는 저항에

---

34) 이러한 접근법의 단점으로 자주 지적되는 것은, 결정이 이루어지지 않을 가능성, 무책임한 결정이 이루어질 가능성, 네트워크가 '구심점'을 결여할 가능성 등이 있다.

참여한 사람들은 자신들이 하는 일과 그 수행 방법을 정확히 알아야 한
다.…… 누구나 쉽게 이용할 수 있는 신문, 광고 전단, 컴퓨터 등의 정보
유통 수단을 통해 각 사람들에게 사건과 행사 소식을 알린다. 이는 계획
된 반응을 가능하게 하지만 동시에 여러 변형을 일으킬 수도 있다. 그 누
구도 다른 사람에게 명령을 내릴 필요가 없다(Beam, 1992).

원래 빔의 교리에서 지하활동은 네 가지 유형의 분산된 비밀 세포조직
을 요구했다. 그것은 명령, 전투, 지원, 그리고 성명서 발표이다. 각 세포
는 언제든 활동에 뛰어들 수 있는 8명 남짓으로 구성되며 각기 지도자가
있다. 그러나 1990년대 후반에 이르러, 실제 관행은 이 교리에서 벗어났
으며, 스스로 주도권을 가지고 폭탄 테러 같은 폭력적 행위를 선동하는
'외로운 늑대들'이 생겼다.

지도자 없는 저항의 교리는 미국의 극우 세력에 깊이 스며들었다.[35]
게다가 독일의 증오 세력에까지 퍼져서 그들 중 일부는 무기와 폭발물을
쌓아놓고, 웹사이트에 사망자 명단을 올리기도 한다.

---

35) Tom Burghardt, *Leaderless Resistance and the Oklahoma City Bombing*(San
Francisco: Bay Area Coalition for Our Reproductive Rights(BACORR), April
1995); Tom Burghardt, *Dialectics of Terror: A National Directory of the Direct
Action Anti-Abortion Movement and Their Allies*(San Francisco: Bay Area Coalition
for Our Reproductive Rights(BACORR), October 1995); Kenneth Stern, *A
Force upon the Plain: The American Militia Movement and the Politics of Hate*(New
York: Simon and Schuster, 1996) 참조.
폴 드 아몽에 따르면, 많은 극우주의자들이 이제는 지도자 없는 저항을 퇴행
적인 것으로 간주한다고 한다. 왜냐하면 지도자 없는 저항은 그들이 대규모
정당을 조직하거나 그들의 지도자와 목적에 대해 공공연히 밝혀서는 안 되며
그럴 수도 없다는 것을 의미하기 때문이다. 지도자 없는 저항에 관한 좀더 심
도 깊은 논의를 위해서는, Michael Barkun, *Religion and the Racist Right: The
Origins of the Christian Identity Movement*, Revised edition(Chapel Hill, N.C.:
University of North Carolina Press, 1997) 참조.

반파시스트 잡지 ≪서치라이트(Searchlight)≫의 유럽 편집장인 그레임 애킨슨(Graeme Atkinson)은 "극우 조직 내에 테러 자행과 관련된 매우 우려할 만한 추세가 존재합니다"라고 말한다. "그들은 테러리스트 세포들의 '지도자 없는 저항'운동을 조직하고 외국인들을 농촌과 소도시에서 몰아내 '해방' 지역을 건설하려고 논의합니다"(Lee, 2000: M2).

지도자 없는 저항은 그 자체로는 네트워 교리를 향한 부분적 단계일 뿐이다. 실제로 어떤 행동이 작고, 분산돼 있으며, 기동성 있는 네트워크 세력들에게 가장 효과적일까? 간단히 말하면 답은 스워밍이다.[36] 만약 네트워를 위한 최적의 조직 형태가 분산된 네트워크라면, 이에 걸맞은 교리는 분명히 스워밍이어야 한다. 스워밍은 정보 시대 갈등의 핵심적 형태가 될 것이다. 그러나 스워밍의 교리와 전략은 테러와 범죄, 그리고 사회 갈등의 현장에서 이제 막 나타나기 시작했다.

이 책에서 사파티스타와 시애틀의 경우는 스워밍의 실제 사례를 보여준다. 오늘날 사회적 네트워를 위해 가장 세련된 교리를 개발한 단체로 DAN을 들 수 있다. DAN은 시애틀에서 열린 WTO 회담을 저지하기 위해 비폭력적인 직접행동과 시민 불복종을 이용하기로 한 운동가들의 연합을 통해 발족했다. 네트워에 대한 그들의 접근법은 스워밍이었다. 참가자들은 스스로 선택해서 소규모(5~20명 정도) '유사 단체' ─ 어떤 원칙, 목표, 관심, 계획이나 함께 일할 수 있는 유사점을 공유한 사람들의 소규모 자치팀 ─ 를 구성한다.[37] 각 단체는 단순한 가두 점거에서 체포 가능성이 있는 좀더 위험한 행동까지 어떤 행동을 취할 것인지 구

---

36) 자세한 내용은 John Arquilla and David Ronfeldt(eds.), *In Athena's Camp: Preparing for Conflict in the Information Age*(Santa Monica, Calif.: RAND, MR-880-OSD/RC, 1997); John Arquilla and David Ronfeldt, *Swarming and the Future of Conflict*(Santa Monica. Calif.: RAND, DB-311-OSD, 2000) 참조.

37) DAN의 웹사이트(www.directactionnetwork.org)참조. 이 웹사이트는 이 단락에 실린 관찰과 인용의 원자료이다.

성원 스스로가 결정한다.[38] 함께 행동을 취하는 단체들은 더 나아가 '군집(Clusters)'을 형성한다. 그러나 상황에 맞춰 필요에 따라 움직이는 '부유하는 단체들(Flying groups)'도 있다. 각 단체에 있는 각 사람들은 각기 다른 기능을 맡고 있으나(예: 경찰과의 연락), 그 어느 단체도 지도자를 한 명만 갖지 않는다는 것을 확실히 하기 위해 노력한다. 각 단체가 대표자를 보내는 대표자 회의에서 모든 것이 조율되며, 결정은 ('지도자 없음'에 대한 또 다른 접근법으로서) 민주적인 협의와 합의로 이루어진다.

이러한 접근법은 시애틀 전투에서 보기 드문 융통성, 기동성, 그리고 자원 공유를 가능하게 했다. 7장에서 상세히 언급했지만, 또 다른 증인의 진술을 들어보자.

실제로 이런 형태의 조직을 통해 단체들은 봉쇄 중에도 상당한 유연성을 발휘해 움직이고 상황에 대응할 수 있었다. 만약 어떤 지역에 더 많은 사람들이 필요하다면, 유사 단체들은 그들이 있는 곳에 필요한 사람 수를 가늠하고 인원을 움직일 것인가를 선택할 수 있었다. 최루탄이나 고무탄 공격을 받을 때, 각 단체와 개인은 이에 대한 대항 능력을 얼마나 갖고 있는지 스스로 평가할 수 있었다. 그 결과, 봉쇄 라인들은 믿을 수 없을 정도의 경찰 폭력에 대항해 라인을 사수할 수 있었다. 한 단체가 최루탄과 곤봉 세례를 견디다 못해 흩어지면, 다른 단체가 와서 그들의 자리를 대신 방어했다. 우리 같이 폐와 등이 좋지 않은 중년의 사람들로 구성된 유사 단체들도 할 수 있는 일이 있었다. 우리는 비교적 평화로운 지역에 방어선을 구축하고 경찰 측 대표자들과 대화하며 그날 낮에 수만 명이 모여든 노동자 행진을 지원했다. 그 대혼란의 상황을 조율할 수 있는 중앙 지도부는 존재할 수 없었으며, 필요하지도 않았다. 우리는 유기적 자치 단체가 훨씬 더 힘이 있고 효과적임을 증명해냈다. 그 어떤 권위적인 인물도 사람들에

---

38) 유사 단체의 역할 중 하나로 경찰과 연락을 취하는 연락책이 있다. 이 사람은 그룹의 지도자로 오인될 위험성이 있다. 그러나 실제로 이 그룹은 흔히 말하는 지도자는 없으며 모든 의사결정은 합의를 통해 이루어진다.

게 최루탄이 난무하는 곳에서 봉쇄선을 지키라고 강요할 수는 없다. 그러나 자유 의지를 가진 사람들은 그날 그렇게 하기로 결정했다(Starhawk, 1999).

이것은 매우 훌륭한 네트워 교리이다. 명백한 스워밍 교리는 아니지만, 거의 그와 가깝다.

지도자는 분명히 없지만 거대 군중을 조직해 다소 무질서하고 단선적인 스워밍을 실현한 느슨한 네트워크 조직으로는, 샌프란시스코 베이 지역의 크리티컬매스(CM: Critical Mass. 이하 CM)를 들 수 있다. 이들은 친(親)자전거·반(反)자동차 운동을 벌였다. 1992년에 시작한 이래로, CM의 자전거 운동가들은 (때로 2000명을 상회하기도 했음) 매월 마지막 주 금요일 교통량이 최대가 되는 시간에 샌프란시스코 각지에서 시내 한 곳에 모여 미리 정해진 길을 따라 움직이며 교통을 방해해 왔다. 그들은 교통 흐름을 가로막아 방해하며 대기오염을 비롯한 자동차 문화가 끼치는 손실을 소개한 홍보물을 나누어준다. CM 참여자들은 공식적인 조직이나 지도부가 없다는 사실을 자랑스럽게 생각한다. 대신 그들에게는 이른바 '제로크라시(Xerocracy)'라고 부르는 독특한 운영 구조가 있다. 제로크라시는 시위 경로 같은 활동 의제를 복사해 온라인이나 현장에서 배포하고 투표를 통해 의사결정을 내리는 이들의 운영 방식이다. 그들의 핵심 교리는 '지도자들이나 조직적 지원이 없어도 CM 시위를 매월 현실화시키는 조직된 우연(organized coincidence)'이다. 이를 통해 '누구도 책임질 필요는 없지만 모든 사람이 기여할 수 있다'.

이들의 목표는 집단으로 자전거를 타는 것이다. 물론 하나로 뭉쳐 거대한 군중을 이루면 좋겠지만, 안전이나 다른 이유 때문에 자전거 시위대는 여러 소규모 집단(minimasses)으로 나뉜다. 언제 어디서 자전거 시위대의 경로를 바꿀 것인가는, 앞장서서 타고 가는 사람들 중에 이른바 '역동적인 거리 멋쟁이(dynamic street smarts)'들이 주행 도중에 결정한다. 이들은 둘씩 짝을 짓는 '버디시스템(buddy system)'을 통해 군중 안에서 서로 안전을 확보한다. 몇 가지 명령과 통제(예: 멈춰, 가, 돌아)를 위해 휘파람 사인이 사용된다. 휴대폰은 소규모 개별 시위대들 사이의 의사소통을 위해 사용된다. 이는 특히 시위자들이 작은 단체들을 하나로 묶어 좀더 큰 시위대를 구성하려 할 때 도움이 된다. 자전거 시위의 전술로는, 교차로를 가로막는 '코르크 작전(corking)'과 혼자 가는 차를 둘러싸는 '스워밍' 등을 들 수 있다. 1990년대에는 시위대와 경찰이 서로 대립하는 경향이 있었다. 이런 대립은 시위대뿐만 아니라 그들을 '에스코트(escort)'해서 '이끌려는(herd)' 경찰에 의해서도 조장됐다. 그러나 1999년쯤에 이르러 CM은 '악의가 없고 충돌은 피하면서, 창조적 자치(creative self-governance)와 신나는 실험(celebratory experimentation)이 주도하는 자전거 타기 행사'가 됐다.[39]

스워밍은 종종 현실 세계뿐만 아니라 사이버 공간에서도 나타난다. '전자적 시민 불복종'을 위한 근거와 능력을 찾으려는 노력에서부터 시작해 핵티비스트 사이에서는 지도자 없는 스워밍 교리에 대한 열망이 존재해 왔다. 핵티비스트는 컴퓨터 시스템, 전자우편 박스, 웹사이트 등을 공격 대상으로 삼아 대량의 정보를 전송해서, 시스템의 활동을 저해하고 심지어 파괴하는 온라인 도구의 사용을 옹호하는 사람들을 말한다.[40] 거의 누구나 이러한 도구들을 사용해서 몇 개의 명령어만으로도 자동화된 DDOS

---

39) 이 내용의 원자료로는, Dylan Bennett and Gretchen Giles, "Spokes Persons: Bicylists See Transportation As Critical," *Sonoma Country Independent*(April 3~9, 1997), www. metroactive.com/papers/sonoma/04.03.97/bikes-9714.html; *Critical Mass*, undated brochure, http://danenet.wicip.org/bcp/cm.html; Joel Pemerantz, "A San Francisco Critical Mass Glossary: 7 Years of Building a Culture and Learning Lessons, As Reflected in Our Terminology"(September 1999), http://bok.net/~jig/CM/glossary.html; Joel Pomerantz, "A Few Comments on Critical Mass: A Brief Introduction to the Critical Mass Glossary"(October 1999), http://bok.net/~jig/CM/glossaryintro.html이 있다.

40) Stefan Wray, "Electronic Civil Disobedience and the World Wide Web of Hacktivism: A Mapping of Extraparliamentarian Direct Action Net Politics," paper for a conference on The World Wide Web and Contemporary Cultural Theory, Drake University(Des Moines, Ia.)(November 1998), from http://www. nyu.edu/projects/wray/wwwhack.html 참조.

공격을 가할 수 있다. 예를 들면, 'EDT'라는 이름의 집단이 개발한 '플러드넷'이라는 장비는, 1990년대 후반 이래 멕시코, 중동, 유럽, 그리고 미국의 정부와 기업 웹사이트를 대상으로 하는 공격에 사용됐다. EDT로 연합된 핵티비스트들은 'SWARM'이라는 이름의 새로운 기기를 개발하려 한다. 이는, 플러드넷을 강조했던 초기 단계를 넘어서 '디지털 사파티스모(digital Zapatismo)' 운동을 계속 발전시키고, 전투적 활동을 위해 새로운 종류의 '전자 파동 체계'(electronic pulse system)를 창출하기 위함이다.41)

믹스터(Mixter)라는 이름의 독일 핵커가 프로그래밍한 '트라이벌 플러드넷(Tribal FloodNet)'이라는 새로운 장비는 기술적으로 훨씬 더 강력하다. 이것은 일개인이 플러드넷보다 훨씬 강력한 DDOS 공격을 펼칠 수 있도록 한다. 플러드넷의 경우, 공격의 성공적 수행을 위해서는 많은 수의 대중이 공개적으로 참여할 필요가 있었다. 트라이벌 플러드넷은 2000년 초에 야후와 기타 주요 미국 사이트들을 폐쇄시키는 데 사용되면서 악명을 떨치기도 했다. 그러나 그 이후, 두 시스템의 대조점은 이념적 논쟁을 불러일으켰다. 플러드넷을 찬성하는 핵티비스트는, ─ 이들 중에는 EDT 뿐만 아니라, 전자히피와 다소 수는 적지만 CDC 출신이 많다 ─ 불의에 항의하기 위해 전 세계의 사람들이 (대중의 동시적 참여가 필요한 플러드넷을 통해) 한 자리에 모인다는 사실에 의미를 부여한다. 그들은 트라이벌 버전이 비민주적이고 비밀주의적이라며 비판한다.42)

---

41) 관심 있는 독자는 www.nyu.edu/projects/wray/ 및 기타 관련 웹사이트를 방문해 보기 바란다.

42) Stefan Krempl, "Computerized Resistance After the Big Flood: Email Interview with Ricardo Dominguez," *Telepolis*(European online magazine)(February 16, 2000); www.heise.de/tp/english/inhalt/te/5801/1.html과 www.sfgate.com/cgi-bin/article.cgi?file=/chronicle/archive/2000/11/20/BU121645.DTL에 실린 Carrie Kirby, "Hacking with a Conscience Is a New Trend," *San Francisco Chronicle* (November 20, 2000)에서 인용. EDT, 전자히피, 그리고 CDC의 홈페이지 참조.

기술적 기반 구조

조직적 네트워크 안에서 소통되는 정보 및 의사 교환의 패턴과 역량은 과연 어떠한가? 어떤 기술들이 이것들을 뒷받침하는가? 이것들은 서사적 수준이나 교리적 수준뿐만 아니라 조직 구조에도 얼마나 잘 들어맞는가? 새로운 정보 기술과 의사소통 기술은 네트워크 형태의 조직과 교리가 가능하도록 하는 데 결정적 기능을 한다. 이에 대한 연구는 이미 방대한 규모로 축적됐으며, 계속 발전하고 있다.[43] 실제로 대역폭이 넓으면 넓을수록, 그리고 송신·수신·저장의 수단들이 널리 분산돼 있을수록 네트워크 형태의 조직이 성공할 가능성은 더 높다. 특히, 다중 허브와 모든 채널 구조는 각 구성원 사이에 정보를 조밀하게 의사소통할 수 있는 능력, 즉 기반 구조를 가졌는가에 좌우된다. 냅스터(Napster), 퍼블리우스(Publius), 프리넷(FreeNet) 등 최근 두드러진 P2P 컴퓨팅의 발전은 앞으로 네트워 행위자들에게 더욱 강력한 첨단 기술을 제공해 줄 것이다.[44]

그러나 1장에서 밝힌 바와 같이, 네트워는 꼭 인터넷이나 다른 첨단 기술을 사용하지 않고도 수행할 수 있다. 이 수준은 구식 기술과 신식 기술, 낮은 수준의 기술 능력과 최첨단 기술 능력이 혼합된 것이다. 인편을 통해 정보를 직접 전달하거나 얼굴을 직접 보고 만나는 것은 여전히 필수적인 요소로 남을 것이다. 특히 테러리스트나 범죄자들처럼 비밀리에 활동하는 행위자들에게는 더욱 그렇다.

---

43) 이에 관한 예로는, Gerardine DeSanctis and Janet Fulk(eds.), *Shaping Organizational Form: Communication, Connection, and Community*(Thousand Oaks, Calif.: Sage Publications, 1999) 참조.

44) 편자들은 P2P 컴퓨팅의 중요성을 지적해 준 RAND의 밥 앤더슨(Bob Anderson)에게 감사를 전한다. 그는 P2P 컴퓨팅을 사용하면, 문서에 대한 검열을 피하고 익명성을 보장받을 수 있을 뿐만 아니라 작동하지 않는 연결 포인트를 제거하고 하나의 노드에 통제 기능이 집중되는 것을 막을 수 있음을 관찰했다. 또 문서를 효율적으로 저장·배포할 수 있으며 원치 않는 네트워크 관리자의 접근을 효과적으로 차단할 수 있다.

이 책의 많은 장에서 이것을 말했다. 추가 증거들도 다른 흥미로운 네트워의 사례들에서 찾을 수 있다. 국제대인지뢰금지운동의 발전을 생각해 보자. 1990년대 초, 국제대인지뢰금지운동 지도자들은 주로 전화와 팩스에 의존해 운동을 시작했다. 그들은 1990년대 중반에 이르러서야 처음 인터넷을 사용했다. 그것도 처음에는 내부 의사소통을 위해 사용하고 나중에서야, 인터넷을 통해 외부 활동자들과 매체에 정보를 전달했다. 그러므로 인터넷이 국제대인지뢰금지운동의 초기 활동에 필수적이었다는 생각은 '낭만적으로 묘사된 엉터리' 이야기이다. 전자우편과 웹 기술은 캠페인 후반기에 들어서야 비로소 널리 사용됐으며, 그 이후에도 정부 관료들은 거의 사용하지 않아 그 활용이 극히 제한적이었다. 그렇지만 뒤늦게 사용한 새로운 기술은 의사소통과 조율 능력을 향상시켰고, 국제대인지뢰금지운동이 빈틈없이 잘 짜여져 활동 중이며 세상이 귀 기울여야 할 이야기가 있다는 느낌을 만들어내고 이를 세상에 제시하는 데 도움이 되었다. 국제대인지뢰금지운동의 기술 사용에 관해 손꼽히는 학계 분석가, 켄 러더퍼드는 다음과 같이 결론짓는다.[45]

> 국제대인지뢰금지운동 사례의 가장 중요한 점 중 하나는, 이것이 NGO 연합들이 의사소통 기술을 사용해 어떻게 국가의 행위를 변경시킬 수 있는가를 보여준다는 점이다. 이것은 국가가 다룰 수 없을 것으로 보였던 안보나 사회적 문제들을 NGO들이 어떻게 제기할 수 있는가를 보여준다는 점에서 중요하다.…… 미래의 국제 NGO 연합들에게 의사소통 기술의 기능은 지뢰 사례에서 드러났던 것보다 더 중요해질 것이다.

---

45) 전자우편 교환을 통해 러더퍼드의 연구(1999)의 본래 내용을 일부 수정했다. Jody Williams and Stephen Goose, "The International Campaign to Ban Landmines," in Maxwell A. Cameron, Robert J. Lawson, and Brian W. Tomlin(eds.), *To Walk Without Fear: The Global Movement to Ban Landmines*(New York: Oxford University Press, 1998), pp.20~47 참조(특히 pp.22~25 참조).

이것은 잘 조직된 운동의 사례이다. 그러나 새로운 기술은 충동적인 시위운동의 갑작스럽고 급격한 발생을 촉진시킬 수도 있다. 이에 대한 증거는, 그리고 미래에 네트워 현상이 널리 퍼질 것이란 증거는, 2000년 9월 영국에서 광란의 일주일 동안 드러났다. 당시 폭등하는 유가에 놀란 피켓 시위대 2,000명이 신속하게 작은 무리로 분산, 지역 주유소에 가서 연료 배달을 방해했다. 시위대들은 휴대폰, 시민 대역 라디오[Citizens Band(CB) Radio], 차량에 장착된 팩스, 노트북 컴퓨터를 통한 전자우편 등으로 연락해 함께 모였다. 특정한 지도자는 없었고, 조정 본부는 계속 장소를 옮겼다. 친기업 단체인 '영국산업협회(British Industrial Society)'의 윌 휴턴(Will Hutton) 사무총장은 이것을 "정보 기술이 가능하게 만든 21세기의 위기"라고 불렀다.

> 과거의 조직 형태는 이제 네트워크라는 새로운 개념의 형태로 넘어가고 있다.…… 휴대폰을 통해, 그 전에는 만난 적이 없고 시위의 경험도 없던 사람들이 — 실제로는 만나지 않으면서도 — 공동의 목표를 가지고 연합할 수 있다(MacLeod, 2000).[46]

시위운동을 지지하기 위해 첨단 통신 기술을 사용한 선례로는, 1980년대 폴란드연대운동(Polish Solidarity movement)을 들 수 있다. 계엄령이 선포되고 대거 체포와 잔혹 행위가 자행되자, 연대는 구성원들을 동원하고 정보를 전달하는 데 어려움을 겪었다. 공산 정권을 약화시키려고 활발히 활동하던 미국은, 감시나 위치 포착을 쉽게 당하지 않는 고도의 통신 장비들을 운동권에게 제공하기까지 했다. 새로운 장비는 운동권에 힘을 실어주어, 다시 한번 파업과 시위를 벌일 수 있게 됐고, 폴란드 정부

---

46) 매클라우드(MacLeod)는 최근의 경제 관행이 이러한 사회적 네트워에 대한 영국 사회의 취약성을 증대시켰다는 점에 주목한다. 많은 유조차 운전사들은 프리랜서로, 정유 회사에 대해 어떤 계약적 의무 사항도 지니지 않는다. 또 많은 주유소들도 재고를 거의 남겨두지 않는 JIT(just-in-time) 배달 시스템에 따라 운영된다.

와 KGB는 계속 시위대의 시달림을 당해야 했다.[47]

사회적 지원

네트워크의 완전한 기능을 위해서는 구성원들이 서로 얼마나 잘 아는지, 그리고 어떤 방법을 통해 알고 연결돼 있는지가 중요하다. 이것은 사회적 네트워크 분석의 고전적인 수준이다. (우정이나 긴밀한 유대를 형성해 주는) 공통의 경험에 의존하는 강력한 개인적 유대가 높은 신뢰와 충성도를 보장하는 경우가 많기 때문이다. 네트워크가 잘 작동하기 위해서는 위계 조직의 경우보다 더 높은 수준의 개인 상호 간 신뢰를 요구한다. 정보 시대에도 이론과 실제의 양 측면에서 이러한 전통적 수준은 여전히 중요하다.

이 책의 테러리스트, 범죄 조직, 그리고 갱 조직에 관한 장들에서—그것이 혈연이 됐건 형제애가 됐건 간에—혈족 관계의 중요성을 언급했다. 오사마 빈 라덴과 그의 네트워크 알카에다가 이집트에서 '아프간아랍인들(Afghan Arabs: 반미 테러리즘과 이슬람 근본주의에 헌신하는 사람들을 지칭)'과 수년에 걸쳐 형성한 개인적 관계에 의존하고 있음이 계속 드러나고 있다. 빈 라덴의 아들이 2001년 1월, 빈 라덴의 오랜 동지이자 유력한 후계자인 아부 호프스 알 마스리(Abu Hoffs al-Masri)의 딸과 결혼한 것은 이들의 혈족 집단적 모습을 잘 드러내준다.[48]

---

47) 슈바이처(Schweizer, 1994: 146)는 CIA가 폴란드연대운동에 첨단 통신 기기를 지원한 과정을 상세히 연구했다. 그는 "미 행정부가 폴란드연대운동이 팩시밀리, 컴퓨터, 첨단 인쇄 기기, 그리고 기타 첨단 장비를 완전히 갖추기를 원했다"라는 점을 주목했다. 우드워드(Woodward, 1987: 66)는 이러한 보안 통신 라인이 CIA와 노조운동의 접촉을 유지하는 데 쓰였음을 관찰했다. CIA는 이 통신 라인을 통해 활동가들과 지도부에 대한 군사정부의 단속 계획을 사전에 경고할 수 있었다.
48) '거룩한 전사(Holy Warriors)'에 관한 뉴욕타임스의 3부작 시리즈 기사 참조. 이 시리즈의 첫 기사는, Stephen Engelberg, "One Man and a Global Web of Influence," *The New York Times*(January 14, 2001), pp.A1, A12~A13이다.

사회운동가들의 네트워에 관한 장에서도 개인의 우정과 유대 경험이 종종 성공적인 연대나 유사 단체의 결성 및 활동의 밑받침이 된다는 것을 밝혔다. 국제대인지뢰금지운동의 사례는 이 수준의 중요성을 다시 한 번 강조한다. 이 운동의 창설자 조디 윌리암스는 신뢰를 이 캠페인의 기반으로 간주한다.

> 비록 모든 사람들이 독자적으로 자신의 방법에 따라 행동하지만, 모든 사람들은 모두와 충분히 정보를 공유하기 위해 애썼다. 이를 통해 우리는 이 거대한 조직(machinery)이 무언가 중요한 일을 해낼 수 있다는 믿음을 나눌 수 있었다.…… 그리고 다시 한번 말하지만, 중요한 것은 사후 확인, 지속적 의사소통, 그리고 신뢰의 형성이었다. 첫째도 둘째도 셋째도 신뢰이다. 정치 행위에서 가장 중요한 요소는 신뢰이다. 신뢰를 잃어버리면 모든 걸 잃은 것이다. 그것은 다시 얻기 어렵다.[49]

네트워크를 사회자본과 신뢰의 통합이라고 보는 일부 학파들의 경향은 이 수준의 분석에 도움을 준다. 그러나, '실행 공동체(communities of practice)'(Brown and Duguid, 2000), '앎의 공동체(communities of knowing)', 그리고 '인식론적 공동체(epistemic communities)'(Haas, 1992) 등 다른 중요한 개념들도 있다. 어떤 면에서, 이 모든 개념들은 가족, 혈연, 그리고 부족에 대한 소속감과 그것과 자신의 정체성을 결부시키려는 오래되고도 긴요한 필요성을 반영하는 것이라 할 수 있다.

한편 전통적인 사회적 네트워크 분석과 경제 거래 분석은 '무임승차' 하려는 사람들이나 팀워크에 대한 헌신이 부족한 참여자 때문에 발생할 수 있는 위험을 경고한다. 실제로 부족이나 친족(tribal/clan)형태의 조직

. 49) 1998년 11월 6일 버지니아대학에서 열린 노벨평화상 수상자 모임(International Organization in the International Campaign to Ban Landmines)에서 행한 조디 윌리엄스의 연설, 관련 내용은 www.virginia.edu/nobel/transcript/jwilliams.html 참조.

및 위계적 형태의 조직과 비교해 볼 때, 네트워크는 조직에 대한 구성원의 정체성과 충성심을 확립하고 강화하는 데 더 많은 어려움을 겪는다. 이것은 네트워크 형태의 주요 약점 중 하나이다. 역네트워를 계획할 때도 이 약점을 파고들 수 있다. 이는 부분적으로 네트워크에 종종 조직의 '구심점'이 부족하다는 사실에서 기인한 것이다.

네트워와 역네트워의 실제

다섯 가지 수준에서 모두 강력한 네트워 행위자들은 사실상 매우 강력하다. 네트워는 모든 유형의 행위자(선인이나 악인, 시민사회 및 비시민사회 행위자)에게 유용하다. 일반적으로 봤을 때, 지금까지 네트워 행위자들은 모두 국민국가와 다양하게 대치하면서 상당히 잘 해왔다고 할 수 있다. 이제 중요한 질문은 미래에는 어떤 형태의 네트워 행위자들이 우세할 것인가 하는 점이다. 인권과 고도의 윤리 기준을 선도하는 NGO들이 전 세계와 국가 체제를 재편할 것인가, 아니면 테러리스트, 범죄 조직, 민족적 국수주의자들이 어두운 면에서 더 큰 영향력을 가지게 될 것인가, 아니면 모든 형태의 네트워크가 다같이 앞으로 전진할 것인가?

네트워의 어두운 면에 대한 점증하는 인식

네트워가 벌어지는 여러 곳에서 실제가 이론을 뛰어넘고 있다. 조직적 네트워크(그리고 네트워크화된 조직)에 관한 설명과 사례연구들은 대부분 기업 세계의 경쟁력 개발에 관심을 두어왔다. 그러나 2000년을 전환점으로, 미국 정부는 미국의 적들의 네트워크화 추세를 생각하고 그들을 다루는 새로운 방안들을 고안하는 데 상당한 발전을 이뤘다. 정부와 군 관

런 연구 기관들이 가장 큰 관심을 쏟았으며,[50] 고위 관료나 일반 관리들
도 많이 뒤쳐지지는 않았다.

첫 번째 기념비가 될 만한 것은, 2000년 4월 미국 국무성 대테러 조정
관실(U.S. State Department's Office of the Coordinator for Counterterrorism)에
서 펴낸『1999년 세계 테러리즘의 패턴(Patterns of Global Terrorism: 1999)』
이라는 연례 보고서였다. 이 보고서는 네트워크화 추세에 관해 그때까지
가장 강력한 언급을 했다.

미국 대테러 정책의 초점은 테러리즘의 변화 추세라고 간주되는 것에
대한 대응에 맞추어져 있다. 테러 조직의 변화 추세 중 하나는 국가의 지
원을 받는 잘 조직되고 지역화된 조직들에서 느슨하게 조직된 테러리스
트들의 국제적인 네트워크로의 변모이다. 이런 네트워크는 — 비록 실패
하기는 했지만 — 지난 12월 폭발물과 폭발 장치를 시에틀로 밀반입히려
던 시도를 지원하기도 했다. 국가의 재정 지원이 줄어들면서, 느슨하게
네트워크화된 이들 개인 및 조직 테러리스트는 개인 후원자, 마약 밀매,
범죄, 불법 무역 등의 다른 재정 지원 수단에 의존도를 높이고 있다.[51]

이러한 추세에 대한 지적 — 그리고 범죄와 테러 사이의 연계가 늘고 있다
는 지적 — 은 국제범죄에 대한 미국 부처 간 기구의 보고서에서 더욱 많
이 찾아볼 수 있게 됐다. 여전히 많은 범죄 조직들이 두목과 하수인이

50) 이에 관한 예로는, Thomas E. Copeland(ed.), *The Information Revolution and National Security. Carlisle*(Pa.: Strategic Studies Institute, U.S. Army War College, 2000) 참조[특히 제임스 로즈너(James Rosenau)와 스티브 메츠 (Steve Metz)의 글 참조].

51) *Patterns of Global Terrorism, 1999*, Department of State Publication 10687, Office of Secretary of State, Office of the Coordinator for Counterterrorism의 '서문'에서 인용. 이 자료는 2000년 4월 발표됐으며, www.state.gov/www/global/terrorism/1999report/ 1999index.html 에서 볼 수 있다.

있는 위계적 구조로 있지만, 『국제범죄의 위협에 대한 평가(Internationl Crime Threat Assessment)』라는 보고서는 다음과 같이 지적한다.

국제범죄 네트워크가 — 기존의 범죄 조직과 마약 밀매 조직을 포함하여 — 기술, 국제정치, 그리고 세계경제의 급진적 변화를 활용하면서, 그 운영이 더 세련되고 유연해졌다. 그들은 자신들의 범죄 활동을 지원하는 광범위한 세계적 네트워크와 기반 구조를 가지고 있다.…… 과거 그 어느 때보다, 범죄 조직들은 서로 네트워크화하고 협력하여, 전문적인 기술을 습득하고 영역을 넓힐 수 있게 됐다. 많은 범죄 집단들이 서로를 경쟁자로 생각하기 보다는 비교 우위의 원칙을 따라 정보, 서비스, 재원, 그리고 시장 접근을 공유하고 있다(U.S. Government Interagency Working Group, 2000).

2000년 12월에 국가정보위원회는 15년을 내다보는 예측 보고서 『글로벌 트렌드 2015(Global Trends 2015)』를 출간했다. 이 보고서는 NGO 전문가들의 조언을 구하기 위해 미국 CIA가 개최한 회의에서 나온 내용에 주로 바탕을 두고 있다(National Intelligence Council, 2000). 이 보고서는 '네트워크'라는 단어를 자주 사용하며 전 세계와 세계의 행위자들, 활동들, 기반 구조들이 그 어느 때보다도 네트워크화되어 있다고 보았다. 하지만 네트워크의 역동성은 전면적인 역할보다는 배경에서 더 잘 드러나는데, 이 보고서는 네트워크의 역동성을 그리 많이 드러내지 않았다. 더욱이 이 미래 예측은 모든 종류의 다양한 네트워크화된 비국가 행위자들의 커져가는 힘과 영향력을 강조하기는 하지만, 주된 내용은 시민운동 NGO들이 국가에 가하는 도전들과 테러리스트나 범죄 조직 같은 잠재적 적들의 위험에 관한 것이다. 이 보고서는, 시민사회 행위자들이 네트워크를 통해 지속적으로 힘을 얻고 국가가 NGO들과 함께 민주주의에서 안보까지 상호 관심사가 되는 중요한 문제들을 개선하기 위해 서로 의사소통하고 조율하며 연대 행동해 세계를 변화시킬 수 있는 가능성에 대해서는 거의 언급하지 않았다.

민족주의, 세계화, 그리고 네트워의 양면성

네트워의 어떤 측면이 우위를 장악할 것인가는 어떤 세계가 실현되는가에 달려 있다. 20세기의 주요 이야기들은 이미 끝이 났다. 예를 들면, 제국주의는 사실상 근절됐다. 1900년에는 세계의 반 이상이 식민지 통치하에 있었으나,[52] 지금은 극히 소수의 식민지만이 남아있을 뿐이다. 세계의 주요 전체주의 국가도 이제 구시대의 유물이 됐다. 1930년대에는 파시즘은 세계 강대국 절반과 많은 약소국들이 선호하는 통치 방식이었으나 오늘날은 거의 사라졌다. 1950년대 세계의 위협이 됐던 공산주의는 새 천년의 모퉁이에서 그림자만을 남기고 있다.

과거의 주요 세력 중 오늘날에도 여전히 강력하게 활동하는 것은 바로 민족주의, 특히 폭력 성향의 국수적 민족주의이다. 민족주의의 계속적인 힘과 국가가 가지는 매력(조직 형태와 민족주의적 충성심)을 잘 보여주는 것은 바로 현존하는 국가의 숫자이다. 제2차세계대전 이후 세계 거의 모든 나라가 참여하여 유엔이 결성됐을 때, 그 회원국은 54개국이었다. 반세기가 지난 후, 회원 국가는 세 배를 넘어 거의 200개국에 가깝다. 국가의 지위가 없는 민족은 국가를 원한다. 그리고 종종 국가를 세우기 위해 테러 활동을 벌인다. 실제로 테러리스트 단체들은 대부분 오랫동안 민족주의적 동기에서 봉기했다(Hoffman, 1998).[53]

---

52) V. I. Lenin, *Imperialism. The Highest Stage of Capitalism*(New York: International Publishers, 1939), p.76 참조. 그의 조사에 따르면, 1900년에 아프리카의 90%, 아시아의 60%, 폴리네시아와 오스트레일리아 전체, 아메리카 대륙의 약 1/3 이 식민 지배하에 있었다.

53) 호프먼은 종교도 테러리즘의 배후 동인으로 부상하고 있다는 점에 주목한다(Hoffman, 1998).

오래되고 영속하며 종종 분열을 일으키는 민족주의 세력에 대항하는
세력으로서, 새롭고 좀더 단결하는 힘으로는 세계화가 있다. 어떤 면에서
이것은, 산업과 무역의 성장을 통해 이해관계의 조화(harmony of interests)에
의해 통치되는 하나의 평화로운 세계가 창조될 것이라 보았던 19세기의
'맨체스터 신조(Manchester Creed)'의 환생이다.54) 그러나 오늘날 세계화의
개념은 많은 새로운 요소와 역동성을 갖고 있는데, 특히 국가를 강조하
지 않는 점과 정보혁명과의 연관성을 중요시한다는 점에서 그렇다.55)

민족주의와 세계화는 맨체스터 신조와 고전적인 힘의 정치학이 공존
했던 것처럼 계속 공존할 것이다.56) 둘 다 전 세계에서 일어나는 모든
종류의 네트워들을 계속 자극할 것이다. 폭력적 테러리스트, 범죄 조직
들, 그리고 인종적 네트워들은 대부분 주로 민족주의적 기원과 목적을
가진 반면, 사회적 네트워는 대부분 세계화 차원에서 활동한다. 그러므
로 오늘날 세계의 두 주요 세력(민족주의와 세계화)은 네트워의 두 얼굴의
중요한 양상을 반영한다. 이것은 지적할 만한 가치가 있다. 왜냐하면 네
트워크화된 행위자들과 정보 시대의 갈등에 대한 오늘날의 많은 논의들
이, 그것들을 주로 세계화의 산물로 간주하고 민족주의의 중요성은 간과
하기 때문이다. 물론 몇몇 '암흑의 네트 전사들'(예: 범죄 네트워크)은 민족

---

54) Edward Hallett Carr, *The Twenty Years' Crisis, 1919~1939*(London: Macmillan, 1939), pp.41~62 참조.

55) David Held and Anthony McGrew(eds.), *The Global Transformations Reader: An Introduction to the Globalization Debate*(Malden, Mass.: Polity Press, Blackwell Publishers, 2000) 참조. 특히 이 책의 2장과 11장을 참조하기 바란다. 이 밖에 James N. Rosenau, *Turbulence in World Politics: A Theory of Change and Continuity*(Princeton, N.J.: Princeton University Press, 1990); Joseph S. Nye and John D. Donahue(eds.), *Governance in a Globalizing World*(Washington, D.C.: Brookings Institution Press, 2000) 참조.

56) 19세기에는 적어도 — 1815년 나폴레옹의 몰락에서부터 1848년 사회혁명이 시작할 때까지는, 그리고 다소 확신이 약해지기는 했지만 제1차세계대전 발발 이전까지는 — 이해관계의 조화 개념이 현실주의 정치학(realpolitik)을 압도했다. 반면 20세기는 주로 현실주의 정치학의 산물이었다고 볼 수 있다.

주의적 동기와 거의 또는 전혀 관련이 없다는 점을 유념할 필요가 있다.

결국 주된 질문은, 소프트 파워에 의존하는 세계 시민사회의 출현을 바탕으로 한 새로운 '이해관계의 조화'가 하드 파워 중심의 민족국가 정치학의 우세를 잠식할 수 있을까 하는 것이다. 어느 정도까지는 네트워의 이론과 실제의 발달이 이 두 가지 세계 추세에 영향을 줄 것이다. 즉, 범죄와 테러에 대비하여 어떻게 더 잘 네트워크를 구축할 것인가를 학습하는 것은, 국수적 민족주의와 초민족주의(hypernationalism) 문제들 중 일부를 억누를지 모른다. 또 비국가 시민사회 행위자들을 잘 양성하는 법을 배운 국가들은, 테러에 대한 '수요'와 민족국가를 건설하려는 시도들을 줄이는 데 도움을 얻을 수 있을지 모른다. 어떤 식으로 전개되든 간에, 네트워는 주요 전환점마다 반드시 나타날 것이다.

1장에서 논의한 야누스의 양면성이 여기 또 나온다. 아서 코슬러(Arthur Koestler, 1978)의 현대적 해석에 따르면, 야누스는 개인적 자기 확신의 필요성과 더 크고, 궁극적으로 세계적인 집단들 속에 통합될 때 가능한 발전 사이의 영원한 긴장을 상징한다. 개인의 노력을 허용하지만 전체적으로는 세계 속에 연계될 것을 권면하는 시스템 속에서 균형을 찾을 때, 이 두 가지 정신 중 밝은 면이 드러나게 된다. 오늘날 이러한 경향은 인권과 정치적 민주주의를 위해 사회적 네트워를 벌이는 NGO 운동가들에게서 볼 수 있다. 그들은 보편적이고 세계적인 가치를 바탕으로 한 시민사회 모델을 중심으로 세계를 통합시키려 한다. 그러나 "열악한 조건 속에서 균형은 깨지고 비참한 결과를 가져온다"(1978: 58).[57] 코슬러의 1970년대 저서에 따르면, 문제는 개인이 전제주의 사회에 종속되어 있을 때 생겨난다. 그는 스탈린주의자들의 난폭함, 나치 학살, 그리고 1950년대 악명 높은 밀그램(Milgram)의 '권력 실험'을 예로 들었다. 오늘날 이에 해당하는 네트워 행위자로는 협소한 목표를 위해 자기 확신을

---

57) 코슬러(1978)는 세계와의 연결을 거부하는 것이 해악으로 이어지는 불균형(disequillibrium)의 종류를 적절히 고려하지는 않는다.

추구하는 테러리스트, 범죄 조직, 그리고 국수적 민족주의자 등을 들 수 있다.

전략의 두 축

테러리스트, 범죄 조직, 그리고 갱단 네트워크에 관한 장들은 네트워에 대처할 수 있는 역네트워의 강화에 대한 의견과 권고로 끝을 맺었다. 사회적 네트워—미얀마, 멕시코, 시애틀—에 관한 장들은 비록 미얀마 정부, 멕시코 정부, 그리고 시애틀 시가 취한 방어 수단들을 언급하긴 했지만, 이런 식으로 끝내진 않았다. 대신 후자의 사례연구들은 사회적 네트워가 권위주의 정권에 압력을 가해 민주화를 촉진시키고, 민주 정권을 더욱 투명하게 만들 수 있다는 점을 시사했다.

다시 말해서, 네트워는 항상 막아야만 하는 한결같이 나쁜 것만은 아니라는 것이다. 네트워는 언제나 정부의 행보를 가로막는 갈등 형태인 것은 아니다.

국가는 네트워크화된 비국가 행위자들을 다루는 전략을 다양하게 갖고 있다. 네트워의 어두운 면과 밝은 면 중 어느 쪽이 우세할지는 어떤 전략을 사용하느냐에 따라 좌우될 수 있다. 미국과 그 동맹국들은 어두운 면(테러리스트, 범죄자들, 위험한 국수적 민족주의자들)을 반드시 막아야 한다. 그러나 때때로 특정한 상황에서, 사회적 네트워는 정부의 전략을 보완할 수도 있다. 누가 네트워의 어떤 면을 통해 이득을 볼 것인가는 해당 국가 정부의 성격에 달려 있다.

기본적으로, 전략은 다른 행위자들을 다루기 위해 목표와 수단을 연결하는 방법론적 기술이다. 편자들은 전략적 대안의 영역은 두 개의 축(axe)으로 이루어졌다고 본다. 하나는 군사적·경제적 하드 파워를 바탕으로 한 것이고, 또 다른 하나는 신념을 기반으로 한 소프트 파워를 바탕으로

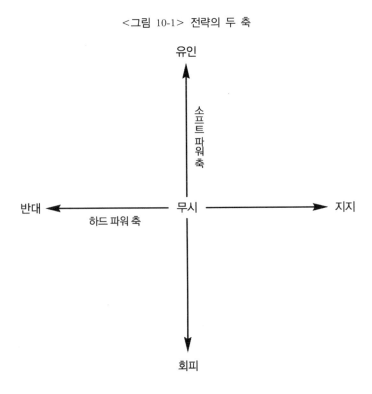

<그림 10-1> 전략의 두 축

한 것이다(<그림 10-1> 참조). 대대수 전략가들에게 중요한 축, 그리고 그들이 설명하기 쉬운 쪽은 하드 파워 축이다. 그 한쪽 끝에는 적극적인 반대가 있고, 다른 한쪽 끝에는 물질적 지원이 있다. 요즘 식으로 표현하면, 이 축은 한쪽 끝의 봉쇄와 억제에서 다른 쪽 끝의 햇볕정책과 제휴까지 걸쳐있다. 한 가지 예를 들면, 이 축은 오늘날 중국에 대한 미국의 논의들 대부분에 스며들어 있다.

그러나 이것이 유일한 축은 아니다. 전략가들은 소프트 파워 전략의 축을 따라서도 사고한다. 이 축에서는 다른 행위자들을 반대하거나 지원하기 위해 군사적 또는 경제적 수단을 사용하는 것을 의도적으로 회피한다. 소프트 파워 축의 한쪽 끝은 아마도 다른 행위자에 대해 실망했기 때문에 다른 행위자를 철저하게 피하는 것이 될 것이다. 다른 행위자의 행동에 대해 적절한 조치를 취할 생각이 없거나 상대방이 좀더 긍정적으로 행동하도록 자극하기 위해 상대방의 행동을 비난하는 것도 포함된다. 반대쪽 끝에는 가치, 규범, 그리고 기준―'해도 되는 것(dos)'과 '할 수 없는 것(don'ts)', 희망과 두려움―을 제시함으로써 간접적으로 행위자의 행동에 영향을 주려는 노력이 있다. 이러한 가치와 규범, 그리고 기준에 따라 미래에 그 행위자를 지지할지 아니면 반대할 지를 결정한다. 이것은 전략에 대한 '언덕 위의 봉화'식 접근법으로 볼 수 있다.58) 이 축의 중심은―이것은 하드 파워축의 중심이기도 하다―원점이며, 원점은 행위자에게 뚜렷한 이익이 없거나 불확실하기 때문에, 아무런 조치도 취하지 않는다.

이 이중 축은 국가들이 서로를 대할 때 사용하는 대안 전략들의 범위를 형성한다. 오랫동안 미국은 이 모든 것을―종종 혼합해서―사용해왔다. 예를 들면, 냉전 기간에 미국의 전략은 주로 하드 파워 축을 중심으로 이루어졌으며, 소련을 견제하고 NATO 동맹을 강화하는 것을 강조했다. 전 세계에 분명한 선이 그어져 국가들은 어느 한쪽에 서야 했다. 그러나 오늘날의 느슨하고 다극화된 세계에서는 소프트 파워 축의 역할이 더 크다. 한때 봉쇄의 수위를 높였던 몇몇 국가들(예: 쿠바)은 이제 그저 무시하는 것이 더 나은 전략이다. 현재 미국 전략의 많은 부분은 소프트 파워를 더 많이 사용하여 미국의 기준을 주지시키거나, 목표 국가(예: 베

58) 이는 의도하지 않게 로널드 레이건 전 대통령의 주장을 바꿔 말하는 셈이 된다. 1981년 6월에 발표된 그의 국가 안보 전략은 미국적 가치의 확산을 통해 미국의 힘의 새로운 차원을 창출할 것을 요청했다. 그는 세계가 미국의 예를 통해 '(숨길 수 없는) 산 속의 빛나는 마을'을 볼 수 있게 될 것을 원했다. 그는 1989년 1월 11일의 고별 연설을 통해 이렇게 말했다.
저는 정치 생활 내내 빛나는 도시에 대해 말해 왔습니다. 그러나 제가 그 말을 했을 때 제가 꿈꾸던 것을 제대로 전달했는지는 잘 모르겠습니다. 제 마음 속에서 그 도시는 반석 위에 세워진 웅장하고 자랑스러운 도시로서, 파도와 바람을 이겨내며, 하나님의 축복을 받았으며 모든 사람들이 조화와 평화 속에 살고 있습니다. 그 도시는 자유의 기지이며 상업과 창의성이 가득합니다 (Hannaford, 1998: 278).

트남)를 미국과 비슷한 체제로 만들려는 의도를 품고 있다. 한편 멕시코나 캐나다 같은 몇몇 국가들은 여러 대안 전략의 대상이 되어왔다. 시기와 사안에 따라, 미국은 이웃 국가들을 무시하거나 유인하고, 지원하거나 심지어 조심스럽게 반대해 왔다.

모든 형태의 비국가 행위자들 ─ 특히, 이 책에서 분석한 시민사회 및 비시민사회 행위자들 ─ 이 전 세계에 걸쳐 너무 강력해져서, 국가의 안보 전략가들이 이들을 쉽사리 무시할 수 없게 됐다. 전략가들이 네트워를 시도하는 자들에 대처하려 할 때, 전략에 대한 이중 축의 관점은 선택 가능한 옵션을 분석하는 유용한 틀을 제공한다. 각 옵션은 네트워의 미래에 대해 각각 다른 함의를 시사한다.

각 전략에는 장점이 있는 만큼 비용과 위험이라는 단점도 있다. 예를 들어, 범죄 네트워크를 진압하려면 ─ 이는 오늘날 국제사회가 선호하는 전략임 ─ 모든 나라들이 범죄자(이 경우에는 테러리스트도 포함)들에게 어떠한 종류의 '은신처'도 제공하지 않아야 하며 이를 위해서는 협조 체제를 유지해야 하기 때문에 엄청난 투자가 뒤따른다. 이러한 전략 선택은, 국가와 네트워크 간의 세력 균형에서 국가가 여전히 훨씬 우세하며 범죄 네트워크가 통제 불능으로 성장하기 전에 확고한 조치가 취해져야 한다는 전제를 바탕으로 한다. 물론 어떤 독재국가에서는, 공격 목표가 되는 네트워크가 범죄 조직이 아니라 시민사회를 확장하고 민주주의를 조성하려는 목표를 지닌 지역 또는 초국가적 NGO일 수 있다.

무시 전략은 많은 국가들이 NGO에 대해 취하는 접근법이다. 국가는 기본적으로 NGO에 대해 무관심하지만, 한편으로는 그들이 성장하고, 국가 행위자의 활동에 개입하며, 심지어 때로는 국가에 압력을 넣어 자신들이 원하는 정책을 현실화하도록 허용한다(대인지뢰금지운동과 국제형사재판소 설립을 위한 노력을 그 예로 들 수 있다). 이 전략의 장점은 단지 필요할 때만 비국가 시민사회 행위자들에 대응함으로써 그들을 다루는 데 드는 비용을 최소화한다는 것이다. 또한 그것은 미래의 어떤 시점에서 NGO에 직접적으로 반대할 것인지 아니면 그들을 적극적으로 수용할 것인지에 대한 국가적 선택을 유보하는 것이다. 이러한 전략 선호는 아마도 국가의 힘이 여전히 비국가 행위자들의 에너지와 능률을 저해한다는 가정에 바탕을 두었다고 볼 수 있다. 그러나 이것은 상대적인 힘의 차이가 곧 좁혀지지는 않을 것이라 믿는다는 점에서 앞서 언급한 '진압' 전략과는 다르다. 이런 행위 패턴은 몇몇 국가 내부의 범죄 네트워크에도 적용될 수 있다.

한편 국가들은 최종적으로 적극적으로 반대할 것인지 아니면 지원할 것인지를 결정할 기준을 제시하는 '지침(beacon)' 접근법을 추구할 수도 있다. 이러한 접근법은 미국에 상당한 유익을 줄 것으로 전망된다. 사실 미국은 명백히 드러내지는 않으면서도 이런 접근법을 실행해 왔다. 이것은 또 다른 저서에서 편자들이 '누폴리틱'이라 명명한 것의 또 다른 표현이다(Arquilla and Ronfeldt, 1999). 이런 접근법은 보통 미국의 정책결정자나 전략가들보다 인권을 비롯한 여러 분야의 NGO들이 더 많이 사용해왔다. 조지 케넌(George Kennan)의 인생과 연구는 두 축이 실제로 적용되는 예를 보여준다. 그는 냉전 시대에 하드 파워 중심의 적극적 봉쇄 정책을 위한 청사진을 제시했으며, 한편으로는 새 시대에 걸맞는 소프트 파워의 이상과 가치에 대한 요청에 화답하려 했다.[59] 최근 콜롬비아 정부가, 국내에서 많은 지역을 통제하는 게릴라 단체들을 다루기 위해, 하드 파워적 접근법에서 소프트 파워 접근법으로 바꿨다.

마지막으로, 국가들은 유망한 비국가 행위자들과 그들의 네트워크를 적극적으로 수용·육성해서 그들의 성장을 도모하고, 잠재력을 향상시키며, 그들과 협조하여 일해 나갈 수 있다. 둘의 목표가 일치할 때, 이것은 국가 경영에 도움이 될 수 있다. 그러나 이 전략은 국가가 부지불식 중에

---

59) 케넌은 이 점을 정확히 지적했다. 그는 우리가 '지침' 전략이라고 부른 것이 타자에 대한 우리의 판단이 아니라, 우리 자신의 행동에 대한 도덕성에 의한 공헌의 가능성을 모색하는 정치가 될 것이라고 밝혔다(Kennan, 1996: 282).

세계 사회에 새롭고 네트워크화된 조직이 만들어지도록 협조하여, 이 조
직이 결국엔 (이해관계의 충돌이 있을 때) 국가를 압박할 정도로 강력하게
성장하게 될 위험이 있다. 이것은 용인할 만한 위험일수도 있다. 그러나
이에 대한 철저한 평가가 이루어져야 한다.[60] 오늘날 세계를 돌아보면,
국가가 시민사회 행위자들의 네트워크를 포용하는 경우는 거의 찾아볼
수 없고, 단지 몇몇 국가들이 일부 초국가적 범죄 조직 및 테러 네트워크
와 접촉하고 있다는 희미한 증거들만 볼 수 있을 뿐이다.[61]

비국가 네트워크에 대한 개별 국가들의 전략은 실제로 이런 접근법들
을 혼합해서 사용하는 특징을 보인다. 특히, 미국은 범죄와 테러 네트워
크에 대해서는 대립하는 한편, NGO들의 목표가 정부 정책과 불일치할
때는(예: 대인지뢰금지운동과 국제형사재판소 설립운동) 이를 무시하려고 노
력한다. 팔레스타인의 인티파다 투쟁의 경우, 미국의 전략은 (이스라엘의

60) 편자들은 몇몇 저술(Arquilla and Ronfeldt, 1999)에서 국가는 여전히 국제 체
제의 주요한 행위자로 남을 것이라는 의견을 밝혀왔다. 정보혁명의 결과로 비
국가 행위자들은 계속해서 힘과 영향력을 강화할 것이다. 그리고 이는 국가의
성격에 변화를 일으키겠지만 국가의 소멸을 일으키지는 못할 것이다. 국가 성
격이 변모하면서 일부 국가들은 NGO 및 기타 비국가 시민사회 행위자들과
협력할 수 있는 능력을 통해 그 어느 때보다 강력해질 것이다. 이러한 과정이
진행됨에 따라 전 세계에 걸쳐 국가, 시장, 그리고 시민사회 행위자들 사이의
관계의 균형이 재조정될 것이다. 또 이 과정에서 '누폴리틱'이 현실주의 정치
학에 비해 유리한 위치를 차지하게 될 것이다.
61) 예를 들면, 아프가니스탄의 탈레반 정부는 오사마 빈 라덴의 인도를 거부하고
있지만 자신들의 이익을 위해 그를 보호하고 있다는 증거는 거의 보이지 않는
다. 탈레반의 입장은 1980년대 소련의 아프가니스탄 점령기에 활약한 영웅적
투사에 대한 일종의 의무감에서 비롯된 것으로 보인다. 콜롬비아는, 정부가
범죄 네트워크를 포용하기는커녕, 정부가 범죄 네트워크 때문에 위태로워질
지경이다. 국가가 테러 공격에 연루되어 비국가 조직과 접촉한 유일한 사례로
는 이란과 헤즈볼라를 들 수 있다. 헤즈볼라는 레바논 남부 지역에서 활동하
며 최근 20여 년간 레바논에 주둔하던 이스라엘 방위군을 축출하는 데 성공했
다. 마지막으로 중국 정부가 현대판 해적을 비롯해서 일부 범죄 네트워크와
일정 정도 협력한다는 조짐들이 있지만, 그 증거는 아직 매우 빈약하다.

권리는 물론이며) 팔레스타인의 '권리'를 적극적으로 지지하면서, 폭력 행위와 관련된 사람들은 어느 편 사람이든 간에 '무시하는' 특징을 보인다.

NGO들을 장려하고 그들과 협조하는 전략으로 이행하기 위해서는 더욱 많은 노력을 해야 한다. 미국의 정책결정자들은 주로 비국가 행위자들이 제기하는 위협을 강조하는 경향이 있기 때문에,[62] 지금까지 세계 시민사회 구축에 개입해 얻을 수 있는 잠재적인 기회들을 많이 놓쳤다. 그러나 이런 사안에 대해 소홀했기에 초래된 비용은 이미 상당하며(예를 들면, 미국은 대인지뢰반대운동에 대한 지원이 부족했기 때문에 정치적 비난을 감수하고 있음) 앞으로 더 커질 것이다.

NGO와 단순히 공존하는 것이 아니라 NGO와 공동으로 작업하면서 사회적 문제들을 해결하고 새로운 지배 구조를 창출하는 것이야말로 가장 첨단의 정책이며 전략이라 할 수 있다.[63] 미국이 이 분야에서 선도적 위치를 차지하려면, '정보 개입(information engagement)'이라는, 새롭게 떠오르는 개념과 연계해야 한다고 권고하고 싶다. 그러나 NGO와의 협력에 좀더 적극적인 나라들은, 당연히 하드 파워를 덜 보유하고, 경쟁적 현실 정치에 관심이 적은 나라일 것이다. 비국가 행위자들의 좋은 친구인 스웨덴은 최근 200년간 실제 전쟁에 참가한 적이 없다. 아마도 강대국들이 스스로 이 과정을 진척시키지 못한다면, 앞에서 규명했던 비국가 행

---

62) 최근 발표된 『글로벌 트렌드 2015』의 앞부분 논의 참조. 이 보고서는 네트워크화된 범죄 및 테러 조직에 대해서는 많은 부분을 할애해 강조하지만, 비국가 시민사회 행위자들과 협력하거나 이들을 지원함으로써 얻을 수 있는 기회에 대해서는 거의 언급하지 않았다.

63) NGO와 국가의 협력을 위한 교훈과 선택 사항을 규명하려는 문헌과 연구들이 늘어나고 있다. 편자들이 최근 참조한 연구로는 Florini(2000), Reinicke(1999~2000), Gerlach, Palmer, and Stringer(2000), Simmons(1998), Fukuyama and Wagner(2000) 등이 있다. 또 갈등 관리 상황에 관한 연구로는 Chayes, Chayes, and Raach(1997), 인권 문제에 관한 연구로는 Tuijl(1999), 세계 시민사회에 대한 지나친 기대를 경고하는 연구로는 Carothers(1999~2000), Clark, Friedman, and Hochstetler(1998) 등을 참조했다.

위자들을 향한 '기준 세우기' 및 육성 정책들이 세계 정치 체계의 주변부에서 핵심부로 확산되는 데에는 오랜 시간이 소요될 것이다.

이 결론 부분을 좀더 철저하면서도 미묘한 의미가 많이 담기도록 할 수도 있었다. 그러나 비록 간략하고 선택적이기는 하지만, 이 결론부는 편자들이 중요한 핵심이라고 생각하는 것을 잘 나타낸다. 네트워의 부상과 초기의 많은 성공 사례들은, 정부가 정보혁명의 결과를 적나라하게 보여주는 시민 및 비시민운동들에 적응해야 할 필요를 보여준다. 사실상 국가가 이러한 운동들에 의해 강제로 변모할 것이라고 보는 것이 정확할 것이다. 국가 안보에 관한 중심 개념들은 대부분 지난 반세기를 걸치면서 낡은 것이 됐다. 봉쇄, 상호 억제, 강압적 외교 등, 이 모든 것이 그 어느 때보다 국가가 현재 직면하는 도전과 무관해 보인다. 네트워─분산돼 있는 소규모 집단들을 강조하고, 이야기의 힘에 의존하며 스워밍에 능숙하고 지도자 없는 네트워크에 딱 맞는─는 네트워를 채택하려는 사람들 사이에서나 반대하는 사람들 사이에서나 모두 전략적 사고의 르네상스를 일으킬 것이다. 이 개념적 재탄생은─만약 계속해서 성장한다면─의심할 여지없이 기존의 패러다임을 무력화할 것이다. 억제와 강압이 국가의 도구로서 완전히 사라지지는 않을 것이다. 그러나 무력 사용의 유용성은 제한적이라는 것이 분명해지면서, 설득의 중요성은 점점 더 커질 것이다.

참고문헌

Arquilla, John and David Ronfeldt. 1996. *The Advent of Netwar*. Santa Monica, Calif.: RAND, MR-789-OSD.

Arquilla, John and David Ronfeldt. 1999. *The Emergence of Noopolitik: Toward an American Information Strategy*. Santa Monica, Calif.: RAND, MR-1033-OSD.

Arquilla, John and David Ronfeldt. 2000. *Swarming and the Future of Conflict*, Santa Monica. Calif.: RAND, DB-311-OSD.

Barry, Dan and Al Baker. 2001, January 8. "Getting the Message from 'Eco-Terrorists': Mystery Group Takes Its Campaign East." *The New York Times*.

Beam, Louis. 1992. "Leaderless Resistance." *The Seditionist*, Issue 12(February), text can sometimes be located at www.louisbeam.com/leaderless.htm.

Bertalanffy, Ludwig von. 1968. *General Systems Theory: Foundations, Development, Applications* (revised edition). New York: George Braziller.

Brin, David. 1998. *The Transparent Society: Will Technology Force Us to Choose Between Privacy and Freedom?* Reading, Mass.: Addison-Wesley.

Brown, John Seely and Paul Duguid, 2000. *The Social Life of Information*. Boston: Harvard Business School Press.

Burns, Tom and G. M. Stalker. 1961. *The Management of Innovation*. London: Tavistock.

Burt, Ronald S. 1992. *Structural Holes: The Social Structure of Competition*. Cambridge, Mass.: Harvard University Press.

Capra, Fritjof. 1996. *The Web of Life: A New Scientific Understanding of Living Systems*. New York: Anchor Books.

Carothers, Thomas. "Civil Society." *Foreign Policy*, No.117, Winter 1999-2000, pp.18~29.

Castells, Manuel. 1996. *The Information Age: Economy, Society and Culture*, Vol. I , *The Rise of the Network Society*. Malden, Mass.: Blackwell Publishers.

Castells, Manuel. 1998. *The Information Age: Economy, Society and Culture*, Vol.III, *End of the Millennium*. Malden, Mass.: Blackwell Publishers.

Chayes, Antonia Handler, Abram Chayes, and George Raach. 1997. "Beyond Reform: Restructuring for More Effective Conflict Intervention." *Global Governance*, Vol.3, No.2(May-August), pp.117~145.

Clark, Ann Marie, Elisabeth J. Friedman, and Kathryn Hochstetler. 1998. "The Sovereign Limits of Global Civil Society: A Comparison of NGO Participation in UN World Conferences on the Environment, Human Rights, and Women." *World Politics*, Vol.51, No.1(October), pp.1~35.

Cohen, Roger. 2000, November 26. "Who Really Brought Down Milosevic." *The New York Times Magazine*, pp.43~47, 118, 148.

Evan, William M. 1972. "An Organization-Set Model of Interorganizational Relations." in Matthew Tuite, Roger Chisholm, and Michael Radnor(eds.). *Interorganizational Decisionmaking*. Chicago: Aldine Publishing Company, pp.181~200.

Florini, Ann M. 1998. "The End of Secrecy." *Foreign Policy*, No.111(Summer), pp.50~63.

Florini, Ann M.(ed.). 2000. *The Third Force: The Rise of Transnational Civil Society*. Washington, D.C.: Carnegie Endowment for International Peace.

Fukuyama, Frank. 1999. *The Great Disruption: Human Nature and the Reconstitution of Social Order*. New York: The Free Press.

Fukuyama, Frank and Caroline S. Wagner. 2000. *Information and Biological Revolutions: Global Governance Challenges Summary of a Study Group*. Santa Monica, Calif.: RAND, MR-1139-DARPA.

Gentile, Carmen. 2000, November 15. "Israeli Hackers Vow to Defend." *Wired News*.

Gerlach, Luther. 1999. "The Structure of Social Movements: Environmental Activism and Its Opponents." in Jo Freeman and Victoria Johnson(eds.). *Waves of Protest: Social Movements Since the Sixties.* Lanham, Mass.: Rowman and Littlefield, pp.85~98.

Gerlach, L. P., G. B. Palmer, and Tish Stringer. 2000. "Managing Global Change Through Segmentary and Polycentric Networks." paper presented at the annual meeting of the American Anthropology Association, San Francisco, November 14, posted at www.unlv.edu/faculty/gbp/gerlach/managing2.htm.

Gowing, Nik. 1998. "New Challenges and Problems for Information Management in Complex Emergencies: Ominous Lessons from the Great Lakes and Eastern Zaire in Late 1996 and Early 1997." paper prepared for a conference on Dispatches from Disaster Zones: The Reporting of Humanitarian Enterprises, London, May 27.

Haas, Peter M. 1992. "Introduction: Epistemic Communities and International Policy Coordination." *International Organization*, Vol.46, No.1(Winter), pp.1~36.

Hannaford, Peter. 1998. *The Quotable Ronald Reagan.* Washington, D.C.: Regnery Publishing, Inc.

Hockstader, Lee. 2000, October 27. "Pings and E-Arrows Fly in Mideast Cyber-War." *Washington Post Foreign Service.*

Hoffman, Bruce. 1998. *Inside Terrorism,* New York: Columbia University Press.

Keck, Margaret E. and Kathryn Sikkink. 1998. *Activists Beyond Borders: Advocacy Networks in International Politics.* Ithaca: Cornell University Press.

Kelly, Kevin. 1994. *Out of Control: The Rise of Neo-Biological Civilization.* New York: A William Patrick Book, Addison-Wesley Publishing Company.

Kennan, George. 1996. *At a Century's Ending.* New York: Morrow.

Koestler, Arthur. 1978. *Janus.* New York: Random House.

Kumar, Kuldeep and Han G. van Dissel. 1996. "Sustainable Collaboration: Managing

Conflict and Cooperation in Interorganizational Systems." *MIS Quarterly*, September, pp.279~300.

La Porte, Todd R.(ed.). 1975. *Organized Social Complexity: Challenge to Politics and Policy*. Princeton, N.J.: Princeton University Press.

Lee, Martin A. 2000, Decemver 21. "Neo-Nazism: It's Not Just in Germany's Beer Halls Anymore." *Los Angeles Times*.

Libicki, Martin. "Rethinking War: The Mouse's New Roar?" *Foreign Policy*, No.117, Winter 1999-2000, pp.30~43.

MacLeod, Alexander. 2000, September 19. "Call to Picket Finds New Ring in Britain's Fuel Crisis." *The Christian Science Monitor*.

Metzl, Jamie Frederic. 1999. "Popular Diplomacy." *Daedalus*, Vol.128, No.2(Spring), pp.177~192.

Metzl, Jamie F. 1996. "Information Technology and Human Rights." *Human Rights Quarterly*, Vol.18, No.4(November), pp.705~746.

Miles, Raymond E. and Charles C. Snow. 1992. "Causes of Failure in Network Organizations." *California Management Review*, Summer, pp.53~72.

Mintzberg, Henry. 1981. "Organizational Design: Fashion or Fit?" *Harvard Business Review*, January-February.

National Intelligence Council. 2000, December. *Global Trends 2015: A Dialogue About the Future with Nongovernment Experts*, NIC 2000-02. Central Intelligence Agency. www.cia.gov.cia/publications/globaltrends2015/index.html.

Nohria, Nitin and Robert G. Eccles(eds.). 1992. *Networks and Organizations: Structure, Form, and Action*. Boston: Harvard Business School Press.

Pagels, Heinz R. 1989. *The Dreams of Reason: The Computer and the Rise of the Sciences of Complexity*. New York: Bantam Books(originally, Simon and Schuster, 1988).

Perrow, Charles. 1992. "Small Firm Networks." in Nitin Nohria and Robert G. Eccles(eds.). *Networks and Organizations: Structure, Form, and Action*. Boston: Harvard Business School Press, pp.445~470.

Powell, Walter W. 1990. "Neither Market Nor Hierarchy: Network Forms of Organization." in Barry M. Staw and L. L. Cummings(ed.). *Research in Organizational Behavior: An Annual Series of Analytical Essays and Critical Reviews*, Vol.12, Greenwich, Conn.: JAI Press Inc., pp.295~336.

Reinicke, Wolfgang H. "The Other World Wide Web: Global Public Policy Networks." *Foreign Policy*, No.117, Winter 1999~2000, pp.44~57.

Risse, Thomas. 2000. "'Lets Argue!'— Communicative Action in World Politics." *International Organization*, Vol.54, No.1(Winter), pp.1~39.

Ronfeldt, David. 1992. "Cyberocracy Is Coming." *The Information Society*, Vol.8, No.4, pp.243~296.

Ronfeldt, David. 1996. *Tribes, Institutions, Markets, Networks—A Framework About Societal Evolution*. Santa Monica, Calif.: RAND, P-7967.

Ronfeldt, David. 2000, February. "Social Science at 190 MPH on NASCAR's Biggest Superspeedways." *First Monday*, from http://firstmonday.org/issues/issue5_2/index.html.

Ronfeldt, David and John Arquilla. 2000. "From Cyberspace to the Noosphere: Emergence of the Global Mind." *New Perspectives Quarterly*, Vol.17, No.1 (Winter), pp.18~25.

Rothkopf, David J. 1999. "The Disinformation Age." *Foreign Policy*, No.114(Spring), pp.83~96.

Rutherford, Ken. 1999, December. "The Landmine Ban and NGOs: The Role of Communications Technologies." draft paper presented at a conference sponsored by The Nautilus Institute, San Francisco, from www.nautilus. org/info-policy/workshop/papers/rutherford.html.

Schein, Edgar. 1985. *Organizational Culture and Leadership*. Oxford: Jossey-Bass.

Schweizer, Peter. 1994. *Victory: The Reagan Administration's Secret Strategy That Hastened the Collapse of the Soviet Union*. New York: The Atlantic Monthly Press.

Shafritz, Jay M. and J. Steven Ott. 1996. *Classics of Organization Theory*, 4th edition. New York: Harcourt Brace.

Shaw, Marvin. 1976. *Group Dynamics: The Psychology of Small Group Behavior*, 2nd edition, New York: McGraw-Hill Book Company.

Simmons, P. J. 1998. "Learning to Live with NGOs." *Foreign Policy*, No.112(Fall), pp.82~96.

Simon, Herbert A. 1969. "The Architecture of Complexity." (1962). in Herbert A. Simon. *The Sciences of the Artificial*. Cambridge, Mass.: The M.I.T. Press.

Starhawk. 1999, December. *How We Really Shut Down the WTO*. http://www.reclaiming.org/starhawk/wto.html

Tuijl, Peter van. 1999. "NGOS and Human Rights: Sources of Justice and Democracy." *Journal of International Affairs*, Vol.52, No.2(Spring), pp.493~512.

U.S. Government Interagency Working Group. 2000, December. *International Crime Threat Assessment*, Chapter 1. from http:// www.whitehouse.gov/WH/EOP/NSC/html/ documents/pub45270/pub45270chap1.html#4.

Wasserman, S. and K. Faust. 1994. *Social Network Analysis: Methods and Applications*. Cambridge, Mass.: Cambridge University Press.

Wellman, Barry and S. D. Berkowitz. 1997. *Social Structures: A Network Approach* (updated edition). Greenwich, Conn.: JAI Press.

Woodward, Robert. 1987. *Veil: The Secret Wars of the CIA, 1981~1987*. New York: Simon and Schuster.

후기: 2001년 9월, 미래를 둘러싼 전쟁이 격화되고 있다[*]

Afterword(September 2001):
The Sharpening Fight For The Future

존 아퀼라·데이비드 론펠트

이론이 현실이 되어 우리 앞에 나타났다. 이제 미국은 최악의 테러리스트 네트워와 맞서야 한다. 사회 활동가들과 공공의 선을 추구하는 사람들을 도왔던 바로 그 기술이, 사악한 의도를 가진 자들 수중에 들어가 파괴에 악용되고 중세적 분노를 품은 자들에게 휘둘리고 있다.

이 책을 막 탈고하자마자, 테러리스트들이 뉴욕과 워싱턴을 공격했다. 2장에서 언급한 경고가 현실로 드러났다(지금 생각하니 너무 짧게 언급한 것 같다). 2장은 알카에다 같은 정보 시대 테러 조직들이 단순히 테러 한 두 건을 일으키는 정도를 뛰어넘어 스워밍을 통해 다양한 방향에서 다중의 목표를 공격하는 능력을 배양하여, 테러의 패러다임을 바꾸고 전쟁과 비견할 만한 갈등을 일으킬 수 있다는 사실을 경고했다.[1] 또한 2장에서 증가 추세에 있다고 지적한 바와 같이, 이러한 테러조직들은 인터넷 전자

---

[*] 이 장은 www.firstmonday.org에 처음 실린 아퀼라와 론펠트의 논문(2001)의 마지막 부분 "코다(Coda)"를 증보한 것이다.

[1] 전쟁 패러다임을 개발하는 테러리스트들에 대한 개념은 Lesser et al.(1999)와 Arquilla, Ronfeldt, and Zanini(2000)에 좀더 자세히 설명돼 있다.

우편과 웹사이트를 이용하여 의사소통하며 때로는 보안을 위해 암호나 스테가노그래피(자료 은폐 프로그램)를 사용하기도 한다. 한편으로는 이러한 테러 네트워크의 모습이 ― 비록 여전히 불투명하기는 하지만 ― 3장에서 제시한 분석, 즉 어떻게 범죄 또는 다른 네트워크가 다양하면서도 특화된 역할을 하는 구성원들로 핵심(core)과 주변부(periphery)를 구성하는지에 관한 분석을 입증해준다. 또한 3장에는 그런 네트워크와 그들의 자금 및 기타 활동을 어떻게 분쇄할 수 있는가에 관한 설명이 있다. 게다가 알카에다와 그 연계 세력들은 9장에서 설명한 SPIN 타입의 조직 및 역학을 닮았다. 마지막으로, 이번 테러 사건을 계기로 로스앤젤레스에서는 4장에서 거론한 혁신적 테러 대비 조직 'TEW'가 본격 가동됐다.[2] 갑자기 이 책은 편자들이 당초 기대했던 것보다 훨씬 더 현실적인 책이 됐다.[3]

이번 테러의 주범이 예상대로 오사마 빈 라덴의 알카에다 조직이라면 ― 이라크와 같은 테러 지원 국가가 주범일 가능성도 아직 배제할 수는 없지만 ― 10장에서 설명한 5단계 ― 조직(organizational), 서사(narrative), 교리(doctrinal), 기술(technological), 사회(social) ― 의 이론과 실제의 관점에서 이 네트워크 조직을 바라보는 것이 유용할 것이다.[4]

---

2) 이 책 7장의 저자인 폴 드 아몽은 고맙게도 2001년 9월 12일 편자들에게 9·11 테러에 관한 전자우편을 보내주었다. 그는 이 전자우편에서 테러리스트들이 네트워와 스워밍 패러다임을 이용한 방법을 설명하고 미국이 테러에 대응하려면 정보 전략을 적절히 사용해야 한다고 지적했다.

3) 한편 이러한 측면에 관한 연구 성과도 계속 늘어나고 있다. 특히 Kalathil and Boas(2001), Kapstein(2001), Metzl(2001) 등이 주목되며, 이들은 모두 어떤 측면에서든 정부와 NGO 사이의 협력이 증진되어야 한다고 지적했다. 에스테르 하르기타이(Eszter Hargittai)와 미겔 앙헬 센테노(Miguel Angel Centeno)가 편집하고 국제 네트워크 기록 보관서[International Networks Archive(www.princeton.edu/~ina)]가 후원한 "Special Issue on Mapping Globalization," *American Behavioral Scientist*, Vol.44, No.10(June 2001) 참조.

4) Joel Garreau, "Disconnect the Dots," *Washington Post*(September 17, 2001)은 사회적 네트워크 분석가와 가진 인터뷰에 바탕을 두고 테러리스트 네트워크를 어떻게 공격할 지에 대한 논의를 제공한다.

우선 조직 단계에서는, 위계적·국가 행위자와 네트워크적·비국가 행위자 사이에 심각한 대치가 있다. 미국과 동맹국들은 서로 더욱 잘 연계된 네트워크를 만들어야 한다. 정보 공유 측면에서는 이미 어느 정도 네트워크화가 진행되고 있지만, 테러에 대처하는 세계적 네트워크를 구성하기 위해서는 아직 갈 길이 멀다. 현재 미국의 관료 조직에게는 군, 치안, 그리고 정보기관 사이의 광범위한 모든 채널 네트워크를 추진하는 것이 특히 중요하다. 이들 사이의 협력은 성공의 핵심 요소이다. 미국의 각 정부 기관들은 수년 동안 마약 퇴치와 테러 대비를 위해 네트워크 구축을 추진해 왔지만, 부처 사이의 라이벌 의식과 불신 때문에 진척은 더딘 편이었다.

알카에다와 관련하여, 조직 측면의 과제는 이 네트워크가 빈 라덴을 중심으로 한 단순 축(hub) 형태인가를 판단하는 일인 듯 하다. 만약 그렇다면, 그의 죽음이나 체포가 곧 그 조직의 패배를 의미할 것이다. 그러나 테러 조직이 다중의 중심부와 주변부를 가진 '거미줄' 모양의 다중 축 형태라면 원상 복구 능력은 커지고 이를 뿌리 뽑기도 어렵다.5) 이와 비슷한 경우로, 미국에서 냅스터의 활동이 법원 판결로 중지됐을 때 더 많은 공짜 음악들이 단속이 느슨한 다른 개인 간 파일 교환(P2P) 네트워크를 통해 다운로드되고 공유된 것을 주목할 필요가 있다.

또 1990년대에 콜롬비아에서 메델린과 칼리의 강력한 카르텔이 와해됐지만, 수많은 소규모 조직들이 빈 자리를 차지하면서 마약 밀거래는 더욱 번창했다는 것도 주목해야 한다. 거대한 네트워크를 성공적으로 무너뜨리더라도 소규모의 민첩한 네트워크들이 우후죽순 생겨날 위험은 상존한다.

둘째 서사 단계에서, (자유 시장, 자유 시민, 그리고 개방 사회에 대한) 서

---

5) 알카에다에 관해 연구한 여러 문헌들을 종합한 "Special Report: Al-Quaeda," *Jane's Intelligence Review*(August 2001), pp.42~51은 알카에다의 조직 구조, 역사, 그리고 활동에 관해 심도 깊은 분석을 제공한다.

구 자유주의 사상과 (이슬람 세계에 대한 서구의 침입은 착취적·침략적이며 저열하다는) 모슬렘의 확신 사이에는 메우기 힘든 갈등이 있다. 사무엘 헌 팅턴(Samuel Huntington)의 표현을 빌리자면, 이 갈등은 '문명의 충돌(clash of civilizations)'과 관련이 있다.

또 서사 단계에서 이것은 '시간의 전쟁(time war)'이라고 할 수 있다.6) 종족 중심적·중세기적이며, 절대주의적이고, 구세주 대망적인 테러리스 트들의 사고방식은 16세기의 이상을 21세기에 실현하려는 도전이며 미 국인들의 미래에 대한 희망을 파괴하려는 노력이라고 볼 수 있기 때문이 다. 사실 미국으로서는 이 사건을 문명의 충돌보다는 시간의 전쟁이라는 관점에서 접근하는 것이 더 타당하다.

빈 라덴은 아랍 모슬렘이지만, 그를 그런 관점으로만 봐서는 안 된다. 그는 여러 면에서, 노만 콘(Norman Cohn)의『천년의 추구(The pursuit of the Millennium』(1961)7)와 에릭 호퍼(Eric Hoffer)의『참 신자(The True Believ-

---

6) Jeremy Rifkin, *Time Wars: The Primary Conflict in Human History*(New York: Simon and Schuster, 1987) 참조.

7) 중세 유럽을 휩쓸었던 천년왕국설(chiliasm)로 알려진 메시아적 열광에 대한 콘 (1961: 314~315)의 다음 진술을 생각해 보기 바란다.

중세에 혁명적 천년왕국설에 열광했던 사람들은 마을과 장원에 완전히 통합된 농부도 아니었고 길드에 완전히 소속된 장인도 아니었다. 이러한 사람들은 때 로는 가난하고 억압받는 사람들이기도 했으나, 때로는 상대적으로 부유하고 독 립적인 사람들이었다. 그들은 때로는 반항하고, 때로는 상황에 순응했다. 그러나 전체적으로 봤을 때 그들은 천년왕국에 열광하면서 신통한 '예언자(propheta)'를 따라다니는 사람들은 아니었다. 땅이 없거나 너무 적게 가진 농민, 끊임없이 실 직의 압력을 받은 비숙련 노동자, 거지와 방랑자가 넘쳐나는 사회 주변부 인구 는 혁명적 천년왕국설의 힘의 근원이었다. 이들에게는 전통적 사회 집단이 제 공하는 물질적·감정적 지원이 부족했다. 그들의 혈연 집단은 붕괴됐으며, 그들 은 마을 공동체나 길드에 효과적으로 통합되지 못했다. 그들은 자신들의 불만 을 표출하거나 자신들의 주장을 전할 정규적이고 제도화된 수단을 갖지 못했 다. 대신 그들은 자신들을 하나의 집단으로 묶어줄 예언가를 기다렸다. 그리고 절망에서 연유한 광폭한 열정에 의해 진행된 어떤 운동의 등장과 함께 고대하 던 예언자들이 나타났다.

er)』(1951)8)의 광신도와 비슷하다. 빈 라덴이 병적으로 '미쳤다'는 것이 아니라, 그와 그의 추종자들은 문화적으로, 그리고 시간적으로 뒤틀어져 있다는 것이다.9)

이런 기본적인 생각을 바탕으로, 미국은 이번 테러 공격이 미국인을 대상으로 한 '전쟁 행위'일 뿐만 아니라, '문명 세계'에 대한 대항이라고 강조했으며, 미국의 여론은 다시 찾아온 진주만의 기억으로 들끓었다. 사실 민간인 대량 살상 테러는 그 본질상 정의의 분노를 자극할 수밖에 없다. 이에 대해 테러리스트들은 자신들의 '성전' 이미지를 강조하겠지만, 이슬람 세계 밖에서는 이 이미지를 이용하기가 쉽지 않다. 더구나 그들이 익명성 속에 숨어있는 한 더욱 그렇다. 미국이 세계 여러 곳에서 '서사의 전쟁'에서 유리한 입장에 처해있지만, 중동으로 전쟁을 수행하기 위해 군을 파견한다면, 어떻게 그 우세를 유지할 것인지 심사숙고해야 한다. '정보 전략'이라는 새로운 영역의 진전이 그 어느 때보

8) 급진적 대중운동에 참여한 '참 신자'에 대한 호퍼(1951: 11~12)의 다음 진술을 생각해 보기 바란다.

사람들이 거대한 변화의 추구에 앞뒤 안 가리고 뛰어들기 위해서는 현재의 상황에 대해 매우 불만족해야 하나 동시에 지나치게 가난해서는 안 된다. 또 강력한 교리나 무흠한 지도자 또는 (새로운 기술을 소유함에 따라) 저항할 수 없는 힘의 원천에 접근하게 됐다는 느낌을 가져야만 한다. 그리고 자신들의 미래와 잠재력에 대해 터무니없이 낙관적인 전망을 가져야만 한다. 마지막으로, 자신들의 거대한 과업을 수행할 때 예상되는 난관들을 무시해야 한다. 반면, 대중운동은 자신을 사랑하고 자신을 발전시키려는 사람들에게는 호소력이 없으며, 원하지 않는 자신의 모습을 없애려는 사람들에게 강하게 호소한다. 대중운동은 자아 발전의 소망을 만족시키기 때문이 아니라 자아 포기의 열망을 만족시키기 때문에 추종자가 생기는 것이다.

9) 그리스 신화와 비극을 빌려 해석하면, 빈 라덴은 미국의 '오만(hubris)'을 응징하기 위해 '복수의 여신(Nemesis)'이 되려고 한다. 이 복수의 여신은 제우스의 명을 받아, 신처럼 되고 싶어하는 자만의 중죄를 저지른 사람들을 처벌한다. 그러나 빈 라덴이 '오만-복수' 콤플렉스를 가졌다는 것은 아직 명백히 드러나지 않았다. 배경 지식을 위해서는, David Ronfeldt, *The Hubris-Nemesis Complex: A Concept for Leadership Analysis*(Santa Monica, Calif.: RAND, MR-461, 1994) 참조.

448

다 필요하다.10)

세 번째, 교리 측면에서 알카에다 네트워크는 전투 공간의 비선형적 특징과 분산된 소규모 부대에 의한 다방면 공격의 가치를 잘 알고 있는 것으로 보인다. 이런 식의 공격을 정말 알카에다가 자행했다고 전제하고 얘기하면, 그들의 첫 번째 움직임은 1996년 사우디 아라비아 코바르 타워 폭탄 공격이었으며, 그 후 급발전하여 1998년 아프리카 대사관 폭탄 테러로 이어졌다. 그 사이에, 그리고 그 이후로도 여러 지역에서 사소한 충돌이 수없이 있었고, 일부는 성공했으며 일부는 정보 유출 때문에 차단됐다. 빈 라덴과 그의 추종자들은 비밀리에, 세계 여러 곳 중 자신들이 주도권을 유지하기 유리한 곳을 골라 네트워크의 여러 노드를 통해 일시적으로 공격을 감행하는 스워밍 전략을 발전시켜 온 것으로 보인다.11)

이와는 반대로, 미국은 아직 준비가 돼있지 않은 것 같다. '병력 보호'를 강화하는 방어적 노력이 일부 있어왔다. 또 1998년 아프가니스탄과 수단에서 펼친 미사일 공격은, 미국 측 교리의 공격 측면이 전략적 포격이라는 고전적 관념을 밑바탕으로 이루어졌음을 보여준다. 네트워, 스워밍, 그리고 미래의 갈등에 대한 편자들의 생각이 정확하다면, 말할 것도 없이 이전의 전략은 승리의 길이 아닐 것이다. 소규모 단위의 스워밍 개념을 바탕으로 완전히 새로운 전략이 개발돼야 한다. 1986년 무아마르 카다피(Muammar Qaddafi), 1991년 사담 후세인, 1993년 모하메드 아이디

10) '특수 미디어 부대(special media forces)'의 창설에 관해서는, John Arquilla and David Ronfeldt, *The Emergence of Noopolitik: Toward an American Information Strategy*(Santa Monica, Calif.: RAND, MR-1033-OSD, 1999) 참조.

11) 최근의 이론적 문헌들을 보려면, '스웜 논리(swarm logic)'에 대해서는, Steven Johnson, *Emergence: The Connected Lives of Ants, Brains, Cities, and Software*(New York: Scribner, 2001) 참조. '스웜 정보(swarm intelligence)'에 대해서는, Eric Bonabeau and Christopher Meyer, "Swarm Intelligence," *Harvard Business Review*(May 2001), pp.107~114 참조. 스워밍은 '개인 간 컴퓨팅(peer-to-peer computing)'의 발달로 더 힘을 얻을 수도 있다. 이에 대해서는, Andy Oram(ed.), *Peer-to-Peer: Harnessing the Power of Disruptive Technologies*(O'Reilly and Associates, 2001) 참조.

드(Mohamed Aidid), 그리고 1998년 빈 라덴에 시도된 '지도부 타격'은 계속 이어질 수 있다. 지금까지 이러한 노력은 모두 실패했다.12) 하지만 그 때문에 미국이 '지도부 타격'을 중단하지는 않을 것이다. 왜냐하면 이것은 미국의 전략 패러다임의 일부이기 때문이다. 게다가 비록 가능성이 낮기는 하지만, 만약 빈 라덴이 알카에다 조직의 유일한 축이라면 그의 죽음이나 생포 또는 축출이 이 전쟁의 흐름을 바꿀 것이기 때문이다.

네 번째, 기술 측면에서 미국은 다양한 최첨단 시스템을 갖춘 반면, 알카에다는 상대적으로 첨단 시스템을 거의 갖고 있지 않다. 그뿐만 아니라 위치 노출과 추적의 위험 때문에 발달된 정보통신 시스템 사용을 점점 더 꺼리고 있다. 하지만 이 부분을 이렇게 단순하게 분석해서는 안 된다. 예를 들면, 미국은 정보를 수집하고 원하는 정보를 발견하기 위해 광범위한 '국가적 기술 수단'을 이용하지만, 이 수단들 중에서 네트워크로 연결되고 분산돼 있는 테러리스트에 대한 정보 수집을 위해 쓸 수 있는 것은 거의 없다. 미국 정보망의 중심인 인공위성망(orbital asset)은 빈 라덴에 관한 정보를 캐는 데 거의 쓸모가 없을 것이다. 동시에 알카에다는 쉽게 구할 수 있는 상업적 기술들을 사용하는데, 이것들은 그들의 작전에 크게 기여할 수 있다.

다섯 번째, 사회적 수준에서 이 네트워크는 ('우리'와 '그들'이라는 부족적 관점을 공유하는) 테러리스트 사이의 강한 종교적·혈족 유대를 특징으로 한다. 이런 면에서 알카에다가 가지는 장점은 서사 수준과 연관된다. 이 슬람교는 ('이방인'과 싸우는) '성전' 이야기와 (오직 한 가지 마음과 목표로 무장된, 증오심이 가득하고 목숨을 버릴 각오가 되어있는) 병력을 모집·배치하는 능력 사이의 중심축이 된다. 이에 반하여, 미국은 사회적 수준에서 심

12) 러시아는 1차 체첸 전쟁(1994~1996년)에서 드호카르 두다예프(Dzhokhar Dudayev)를 살해하는 데 성공했다. 러시아군은 그가 휴대폰을 사용할 때 삼각 측량법으로 그를 추적했다. 그러나 네트워크화된 체첸은 지도자 없이도 뛰어난 전쟁 수행 능력을 보였다.

각한 도전에 직면하고 있다. 미국인들은 — 민족주의가 부흥하고 있기는 하지만 — 안전을 확보하기 위해 사회의 개방성을 축소하려는 잠재적 필요에 어떻게 반응할 것인가? 서사 차원에서 아주 중요한 진주만의 기억이 미국인들에게 다시 일어난다면, 그리고 미국의 작전이 초기에 성공적으로 맞대응한다면, '테러와의 전쟁'을 지지하는 여론이 들끓을 수도 있다. 하지만 미국에 대한 공격에 '전쟁' 패러다임으로 대응할 것인지, 아니면 '법적 제재' 패러다임으로 대응할 것인지를 놓고 미국과 유럽 사이에 사회적 분열이 일어날 지도 모른다.

요컨대, 알카에다가 테러의 주동 세력 또는 그중에 하나라는 전제하에 알카에다와의 싸움을 여러 측면에서 네트워의 관점으로 보면, 새 천년의 첫머리를 장식한 커다란 갈등의 맥락과 행태에 관해 몇 가지 흥미로운 통찰을 얻을 수 있다. 현재 빈 라덴과 알카에다는 사회 수준과 교리 수준에서 우세를 유지하고 있는 듯하고, 조직 면에서는 확실히 우세하다. 미국과 그 동맹 국가들은 아마도 서사와 기술 수준에서 최소한의 우세를 유지하고 있는 것 같다. 전략 면에서 보면, 알카에다는 향상의 여지가 거의 없을 듯하다. 그러나 만약 알카에다가 빈 라덴을 중심으로 한 허브 네트워크에서 탈피한다면, 알카에다의 견고한 교리적·사회적 기초는 좀 더 강화될 것이고, 취약점은 제거될 것이다. 사실 이것이 알카에다에게 최적의 전략일 수 있다. 왜냐하면 또 하나의 전략적 대안인 서사 수준에서 개방적 '이야기의 전투'를 개전하는 데는 한계가 있기 때문이다

미국과 그 동맹국들은 조직과 교리 수준에서 향상의 여지가 아주 많다. 간단히 말하면, 서구 사회는 자신들의 네트워크를 구성해야 하며, 추적 범위를 좁혀 적들이 궤멸할 때까지 스워밍 공격법을 습득해야 한다. 또 미국과 그 동맹국들은 테러를 지원하거나 은신처를 제공하는 나라에는 어느 곳이든 압력을 가해서 주도권을 잡아야 한다. 서사 수준의 우위를 전 세계에 걸쳐 확실하게 유지해야 하지만, 이것은 상당한 노력을 기울여야만 얻을 수 있다. 혁신적인 작전 개념을 계발하고 네트워크화된

테러리스트들에 대항해 스워밍 공격을 가할 수 있도록, 적절한 네트워크를 구축하는 데 전력을 기울여야 한다. 왜냐하면 결국 네트워에서는 조직과 교리가 기술적인 면보다 훨씬 더 중요하기 때문이다. 현재와 미래의 네트워 결과가 이것을 확인시켜 줄 것이다.

참고문헌

Arquilla, John, David Ronfeldt, and Michele Zanini. 2000. "Information-Age Terrorism." *Current History*, Vol.99, No.636(April), pp.179~185.

Cohn, Norman. 1961. *The Pursuit of the Millennium: Revolutionary Messianism in Medieval and Reformation Europe and Its Bearing on Modern Totalitarian Movements*. New York: Harper Torch Books.

Hoffer, Eric. 1951. *The True Believer: Thoughts on the Nature of Mass Movements*. New York: Harper and Row.

Kalathil, Shanthi and Taylor C. Boas. 2001. "The Internet and State Control in Authoritarian Regimes: China, Cuba, and the Counterrevolution." *First Monday*, Vol.6, No.8(August), from http://firstmonday.org/issues/issue6_8/ kalathil/.

Kapstein, Ethan B. 2001. "The Corporate Ethics Crusade." *Foreign Affairs*, Vol.80, No.5(September/October), pp.105~119.

Lesser, Ian O., Bruce Hoffman, John Arquilla, David Ronfeldt, Michele Zanini, and Brian Jenkins. 1999. *Countering the New Terrorism*. Santa Monica, Calif.: RAND, MR-989-AF.

Metzl, Jamie F. 2001. "Network Diplomacy." *Georgetown Journal of International Affairs*, Winter/Spring, p.796.

Ronfeldt, David and John Arquilla. 2001. "Networks, Netwars, and the Fight for the Future." *First Monday*, Vol.6, No.10(October), from http://firstmonday. org/issue6_10/index.html.

Tarrow, Sidney. 2001. "Transnational Politics: Contention and Institutions in International Politics." *Annual Review of Political Science*, Vol.4, pp.1~20.

■ 지은이

폴 드 아몽(Paul de Armond)은 호전적인 과격 사회운동에 관해 연구하는 '공공선 프로젝트(Public Good Project, 워싱턴 소재)'의 책임자이다.

티파니 대니츠(Tiffany Danitz)는 언론인으로, 입법부 관련 정치 뉴스를 다루는 온라인 매체 ≪스테이트라인(stateline.org)≫ 기자이다. 그 전에는 ≪인사이트매거진(Insight Magazine)≫과 ≪워싱턴타임스(The Washington Times)≫에 국내 및 국제정치 기사를 정력적으로 기고했다.

도로시 데닝(Dorothy Denning)은 조지타운대학 컴퓨터학과 교수로, 『암호화와 데이터 보안(Cryptography and Data Security)』과 『정보전과 안보(Information Warfare and Security)』의 저자이다.

숀 에드워즈(Sean Edwards)는 RAND 대학원 박사급 연구원으로, 『스워밍 전쟁: 과거, 현재, 미래(Swarming on the Battlefield: Past, Present, Future)』의 저자이다.

루터 걸락(Luther Gerlach)은 미네소타대학 인류학과 명예교수이다. 그는 『인민, 권력, 변화: 사회 변동의 움직임(People, Power, Change: Movements of Social Transformation)』을 공저했으며 사회운동과 환경적 위험에 관한 수많은 논문을 발표했다.

워런 스트로벨(Warren Strobel)은 언론인으로, ≪워싱턴타임스≫, ≪유에스뉴스앤드월드리포트≫ 등을 거쳤으며, 현재는 나이트리더뉴스서비스(Knight Ridder News Service)에서 일하고 있다. 그는 광범위한 국제 문제에 관한 기사를 써왔다.

존 설리번(John Sullivan)은 로스앤젤레스 보안국(Los Angeles Sheriff's Department) 책임자이다. 테러리즘, 갈등, 도심지 작전, 그리고 경찰학 관련 전문가로, ≪변화하는 경찰(Transit Policing)≫의 편집자이며, TEW 공동 창설자이다.

필 윌리엄스(Phil Williams)는 피츠버그대학 국제관계학 교수이며, 리지웨이 국제 안보 연구 센터(Ridgway Center for International Security Studies) 소장이다. 초국가적 범죄 네트워크 관련 연구의 권위자이다.

미셸 자니니(Michele Zanini)는 RAND 대학원 박사급 연구원으로, 정보 시대의 테러리즘, 발칸반도와 지중해 지역에서의 NATO의 전략, 유럽 방위 계획 등에 관한 저술 활동을 하고 있다.

■ 엮은이

존 아퀼라(John Arquilla)는 해군대학원(Naval Postgraduate School)의 방어분석(defense analysis) 교수이며 RAND의 자문역이다.

데이비드 론펠트(David Ronfeldt)는 RAND 국제정책보안그룹(International Policy and Security Group)의 선임 연구원이다.

이들의 저서로는 『아테네의 캠프에서(In Athena's Camp)』, 『멕시코의 사파티스타 '사회적 네트워'(The Zapatista 'Social Netwar' in Mexico)』, 『누 폴리틱의 등장(The Emergence of Noopolitik)』, 『스워밍과 갈등의 미래 (Swarming and the Future of Conflict)』 등이 있다.

■ 옮긴이

한세희

1992년 연세대학교 사학과 입학
1999년 연세대학교 사학과 졸업
2002년 연세대학교 국제학대학원 졸업(국제협력 전공)
2002년~현재, 전자신문 국제부를 거쳐 디지털산업부 재직
주로 IT 산업이 사회에 미치는 영향에 대해 관심을 가지고 취재 중

한울아카데미 785

네트워크 전쟁
테러·범죄·사회적 갈등의 미래

ⓒ 한세희, 2005

엮은이 │ 존 아퀼라·데이비드 론펠트
옮긴이 │ 한세희
펴낸이 │ 김종수
펴낸곳 │ 도서출판 한울

편집책임 │ 안광은
편집 │ 이수동

초판 1쇄 인쇄 │ 2005년 11월 10일
초판 1쇄 발행 │ 2005년 11월 15일

주소 │ 413-832 파주시 교하읍 문발리 507-2(본사)
        121-801 서울시 마포구 공덕동 105-90 서울빌딩 3층(서울 사무소)
전화 │ 영업 02-326-0095, 편집 02-336-6183
팩스 │ 02-333-7543
홈페이지 │ www.hanulbooks.co.kr
등록 │ 1980년 3월 13일, 제406-2003-051호

Printed in Korea.
ISBN 89-460-3437-8 03340

* 가격은 겉표지에 있습니다.